金满楼 著

武夫治国

北洋枭雄的发达往事

山西出版传媒集团
山西人民出版社

图书在版编目（CIP）数据

武夫治国：北洋枭雄的发达往事／金满楼著．—太原：山西人民出版社，2015.10
ISBN 978-7-203-09191-2

Ⅰ．①武… Ⅱ．①金… Ⅲ．①北洋军阀史-史料 Ⅳ．①K258.206

中国版本图书馆 CIP 数据核字（2015）第 196091 号

武夫治国：北洋枭雄的发达往事

著　　者：	金满楼
责任编辑：	李　鑫
装帧设计：	陈　婷
出 版 者：	山西出版传媒集团·山西人民出版社
地　　址：	太原市建设南路21号
邮　　编：	030012
发行营销：	0351-4922220　4955996　4956039　4922127（传真）
天猫官网：	http://sxrmcbs.tmall.com　电话：0351-4922159
E - mail：	sxskcb@163.com　发行部
	sxskcb@126.com　总编室
网　　址：	www.sxskcb.com
经 销 者：	山西出版传媒集团·山西人民出版社
承 印 厂：	山西出版传媒集团·山西人民印刷有限责任公司
开　　本：	720mm×1010mm　1/16
印　　张：	25.75
字　　数：	345千字
印　　数：	1—5000册
版　　次：	2015年10月　第1版
印　　次：	2015年10月　第1次印刷
书　　号：	ISBN 978-7-203-09191-2
定　　价：	50.00元

如有印装质量问题请与本社联系调换

自 序

清朝覆亡后是北洋时期,从 1912 年到 1928 年仅 16 年,论时间并不算长,但其中派系争斗最为纷繁错杂,非深知内情者不能得其真相。如时人在报上做打油诗曰:"怀芝步步学曹锟,光远遥遥接李纯",此句既提及当时的四个军阀(张怀芝、曹锟、陈光远、李纯),而其中又蕴含了不止一个典故。

先说上句"怀芝步步学曹锟"。张怀芝系山东东阿人,与曹锟、段祺瑞等均为小站练兵出身,他常与人说:"曹三爷是我长兄,他走一步,我随一步;他跑一步,我亦跑一步。"这话直白却也不假,如民国六年(1917 年)张勋复辟时,总统黎元洪派人运动曹锟拥护,曹锟发电支持,张怀芝也跟着发电支持,尔后曹锟受段祺瑞运动,宣言否认黎元洪,张也跟着宣言否认。后来,曹锟当了直隶督军,张怀芝也嚷着要做山东督军,不为其他,"要跟曹三爷走也"!

不过,张怀芝作参谋总长时,不识字而好弄文,某日下一命令,"派某人到参谋部",孰料"派"字写成了"抓"字,结果所派之人,被抓到参谋部等候发落,闹出一个大笑话。事后,北洋元老王士珍莞尔笑道:"怀芝事事学曹仲山,仲山不乱动笔,自为藏拙;怀芝独对此事,未曾学得到家。"

下句"光远遥遥接李纯",说的是江西督军陈光远与江苏督军李纯之关系。民国二年(1913 年),南方原民军五都督举兵抗袁,李纯以第六镇师长镇压有功而坐镇江西,陈光远时为旅长。袁世凯复辟帝制败亡后,黎元洪续为大总统,冯国璋为副总统,后来黎元洪被张勋逼走,冯国璋便在原北洋同袍们的拥戴下入京代理大总统。冯入京前,将亲信李纯安排继任自己的江苏督军之位,而李纯遗下的江西督军一职则由陈光远接任。陈光远虽为一省督军,但其个人无主见并无大作为,事事随李纯主张;李纯死后,陈光远彷徨无所适从,不久即被其部下取而代之。

当然,北洋时期的军阀政客远不止这四位,稍微扒拉一遍,赫赫有名者即不下二三十位。作为民国初年最重要的团体,这里有必要说说北洋派的来历渊源。时人吴虬在《北洋派之起源及其崩溃》一书中称,清廷在鸦片战争后与洋人约定五口通商,直隶总督兼为北洋通商大臣,两江总督兼为南洋通商大臣,这是"北洋、南洋"的最初来源,尔后又衍生出北洋水师、南洋水师等诸多名目。当时有滑稽家戏称,"东洋、西洋","南洋、北洋",中国之"两洋"与外国之"两洋"遥遥相对,正好囊括了整个世界。

但这里说的"北洋",与民国史上所称的"北洋系"却有区别。但凡说到"北洋系",必然要从清末袁世凯的"小站练兵"说起。小站原名新农镇,西距天津六十里,这儿原本是块荒凉之地,最初由淮军周盛传所部"盛字营"屯垦于此,其间凿川引水,经营了近二十年。甲午战争爆发后,"盛字营"北上应战,战败后四散溃逃,营制不再,此地便成废垒。战争结束后,一支新式部队开拔进来,这就是长芦盐运使胡燏棻编练的"定武军"。"定武军"成立不久,胡燏棻改调卢汉铁路督办,袁世凯接手"定武军"将之改名为"新建陆军",这即是历史上著名的"小站练兵",也是北洋系之滥觞。

"小站"原本不是地名,只因大沽至天津的铁路修通后,新农镇成为其中一个小站,而新军队伍入驻开始,通过铁路来往的军事及其商贸活动与日俱增,小镇也日渐繁华,以至于后来人们忘记了"新农镇"的名字,而习惯性地将之称为"小站"。袁世凯的起家源于小站,在其称帝败亡多年后,当地人仍对昔日练兵的壮观场面耳熟能详:茫茫旷野,炮声隆隆,年青的军官们纵马驰骋,手持新式枪械的大兵们阵地上一字排开,整齐划一,壁垒一新……好一个清末新军!

小站原本毫不起眼,但练兵伊始,这里却走出了清末民初诸多重要人物，史家也习惯性将之称为"北洋系"。除首领袁世凯外，当年的小站旧人几乎囊括了后来北洋军阀中的所有重要人物，如"北洋三杰"王士珍、段祺瑞、冯国璋，担任各省督军或巡阅使的李纯、曹锟、吴佩孚、王占元、陈光远、段芝贵、倪嗣冲、陆建章、张怀芝、张敬尧、田中玉、卢永祥、齐燮元、孙传芳，等等。就连后来闹复辟的张勋，也曾一度投身小站，而小兵出身的冯玉祥，还有孙岳等革命党，当年也都是袁世凯部队的出身。除一干武人外，袁世凯还在日后的升迁中笼络了一批文臣，如徐世昌、朱家宝、周自齐、梁士诒、曹汝霖、陆宗舆、王揖唐等，这些人也随着北洋系势力的消长而浮沉，并在清末民初的政治舞台上风光显赫一时。

庚子年后，袁世凯接替李鸿章任直隶总督兼北洋通商大臣，以其为领头羊的"北洋派"由此逐渐成形。即便是1916年袁世凯称帝败亡后，北洋系仍作为一个有形的势力长期存在，譬如北洋元老王士珍在受邀调和各派矛盾时，经常用的一句话便是"我北洋团体"，而盘踞湖北近十年的督军王占元也常在大庭广众之中自称"我们北洋派"如何如何。殊不知，派系原本是不上大雅之堂的私人党援之名，武人无识，竟然引以为荣。

小站练兵时，袁世凯常与部下戏言："到底是不识字的人靠得住。"但从后来事实看，也未必。袁世凯称帝时，北洋派已是各抱私心，摇摆不定，最终演化成"逼宫"之势。老袁以为不识字的人可靠，但不识字的人其实也靠不住。

袁世凯死后，北洋派难免分崩离析，各自为政，由此也导致了中国近现代史上一段最为复杂的时期。期间，各路军阀政客如同走马灯一样你方唱罢我登场，其中又派中有系，系中有派，朝秦暮楚，时聚时散，由此衍生出各种野史趣闻，可谓层出不穷，笑料百出。作为北洋时期的武夫政治，本书的作用还不仅仅是茶余饭后供消遣的谈资，更重要的是，它从侧面反映了这一时期的复杂历史并揭示了部分的历史真相。

是为序。

目 录

北洋魁首　绝世奸雄袁世凯

叹机缘：袁世凯的发迹之路 …………………………………… 002
闹翻脸：张謇为何讥刺袁世凯 ………………………………… 009
老上司：李鸿章痛斥袁世凯 …………………………………… 014
红顶子：袁世凯是否出卖"六君子" …………………………… 018
背运时：张之洞笑袁"无学有术" ……………………………… 023
拔树论：袁世凯玩弄清廷于股掌 ……………………………… 028
手无策："北京兵变"恐非操纵 ………………………………… 033
三雄会：袁世凯初会革命党 …………………………………… 041
公民团：袁世凯的"总统制造记" ……………………………… 046
子欺父：袁克定伪造《顺天时报》 …………………………… 050
滑稽戏：袁总统关门做"皇帝" ………………………………… 057
愧已晚：袁世凯后悔不听挚友言 ……………………………… 062
二陈汤：一剂催命剂要了老袁的命 …………………………… 067
临终言："关门皇帝"羞愤而终 ………………………………… 072
平凡人：袁世凯的生活点滴 …………………………………… 078

难奉共主　民国执政何其难

好运气：小协统当上了"大都督" ……………………………… 084

菩萨蛮：黎元洪拒受"武义亲王"	090
府院争：黎总统免了段总理的职	096
夺印记：黎元洪二度出山受辱而归	100
倔老头：段祺瑞的大脾气与真性情	105
小军机：徐树铮确有不世之才	112
念弥陀：段祺瑞吃斋念佛为哪般	117
旧朝恩：王士珍为何对前朝念念不忘	121
终不忘：冯国璋与禁卫军的不解缘	126
大忽悠：袁世凯愚弄冯国璋	131
难做主：冯国璋南下被困	135
吝啬人：冯国璋聚财有道	140
徐阁老：总统来得快去得也快	144
水晶球：徐世昌的"不倒"术	149
图一乐：贿选总统与猪仔议员	153

军阀割据　枭雄霸道总有术

飞将军：小凤仙义助蔡锷反袁	160
倪大炮：倪嗣冲炮轰总统黎元洪	164
辫子军：张勋调停是假复辟是真	168
大闹剧：溥仪复位竟是半推半就	173
遮住天：张勋敢扇恭亲王的耳光	178
风云变：张勋怒斥老友出卖	182
落幕戏：复辟失败后的余闻	186
保地盘：阎锡山自有贵人相助	192
冤报冤：徐树铮擅毙陆建章惹祸端	196
落水狗：张敬尧督湘三年落荒而逃	201
非常卒：江苏督军李纯死因成悬案	207
离间计：陈光远略施小计挫败张宗昌	212
巢难守：王占元被窝囊地赶下台	216

东北王：张作霖北人南相善于下手 …… 220
关外人：张作霖作风粗蛮惹人笑 …… 224
摆资格："东北王"瞧不起"吴秀才" …… 228
北秀才：曹锟夸吴佩孚"金星转世" …… 232
战鼓擂：吴佩孚四照堂上大点兵 …… 237
望满洲：吴大帅酒席折服东洋客 …… 243
大红人：给总统擦背也能升官发财 …… 247
闹兵变：冯玉祥一路走来颇多坎坷 …… 251
掏炸弹：逊帝溥仪被强逼出皇宫 …… 256
借外力：张宗昌的土匪团与白俄军 …… 260
三不知："狗肉将军"能屈也能伸 …… 264
性本粗：张宗昌附庸风雅笑料百出 …… 268
逞辣手：张宗昌枪杀名记林白水 …… 272
幕后人：张宗昌刺人亦遭人刺死 …… 276
郭鬼子：郭松龄为何倒张作霖的戈 …… 280
冷幽默：韩复榘演说令人哭笑不得 …… 287
报仇女：五省联帅孙传芳血溅佛堂 …… 292

政坛酱缸　究竟谁是弄潮儿

开头难：首任总理不好当 …… 300
起风波：唐绍仪不辞而别 …… 304
官难做：陆征祥被议员轰下台 …… 308
章疯子：章太炎大闹总统府 …… 313
熊凤凰：软肋被拿没话可说 …… 318
总统威：浙督朱瑞怕见袁世凯 …… 323
六君子：复辟小丑枉称"君子" …… 327
交通系：梁士诒"要头不要脸" …… 333
安福系：被金钱驱动的乌合之众 …… 337
龙虎斗：总理靳云鹏左右为难 …… 341

杂闻逸事　街头巷议采时风

胭脂虎：女杰沈佩贞大闹报馆 ………………………………… 346
痴怨男：唐群英被追风波迭起 ………………………………… 350
鱼龙沙：留日学生人品混杂 …………………………………… 354
真荒唐：知事考试趣闻多 ……………………………………… 357
为官易：都门酒徒笑论时政 …………………………………… 362
纪念日：民国五年国庆见闻 …………………………………… 365
蝶恋花：小翠喜有情成眷属 …………………………………… 369
离奇事：乡愚嫁女城隍神 ……………………………………… 373
上海滩：乡老沪上出洋相 ……………………………………… 377
散杂文：民国奇闻轶事数则 …………………………………… 380

北洋时期大事记 ………………………………………………… 385
北洋时期人物小传 ……………………………………………… 390
后　记 …………………………………………………………… 399

北洋魁首
绝世奸雄袁世凯

镇朝鲜、抚山东、练新军、总理北洋,世纪权臣发迹有术;清廷、洋人、维新派、立宪派、革命党,翻云覆雨任他玩弄;助襄共和大总统,洪宪皇帝骂名中,俱往矣,洹水钓翁成旧梦,袁家权术何去又何从?

叹机缘：袁世凯的发迹之路

袁世凯是中国近代史上的大人物、大枭雄，这是人所皆知的。但老袁一不是皇亲国戚，二不是进士举人，在当年森严的等级制度和严格的科考路上，他是如何在晚清官场中步步升迁，最后竟一举搞垮了大清朝，并当上民国大总统的呢？这事说来也真是机缘天定，一点都不含糊。

袁世凯，字慰庭，其生于咸丰九年（1859年），老家是河南项城县袁寨。入清以来，老袁家虽说家道殷实，但数代人也不过是耕读传家，谈不上什么名气。到了道光年间，也不知是他家祖坟的篙子翘了，还是文曲星偶然路过他家，这袁家突然间便忽喇喇的发了……从袁世凯的叔祖父袁甲三开始，父子进士，弟兄举人，一门两代四贵人，乖乖，这在当时科场上真可谓凤毛麟角，实在是了不得。于是乎，项城袁家也就成了当地望族。

有人说，袁家之所以发迹，主要是因为他家祖坟风水好。这不，曾有专门看风水的相士去袁家坟头上看过，说老袁家的坟地"左龙右凤"，龙凤相配，有帝王之相。这事说来挺邪乎，信则灵，不信则不灵，估计也就那些靠这混饭吃的风水先生故意附会而已。

风水不风水且不去管它，但"父子进士，弟兄举人"可是千真万确，没掺一点水分。所谓"父子进士"，说的是袁世凯叔祖父袁甲三和堂叔袁保恒（袁甲三长子），这父子俩分别于道光十五年（1835年，比曾国藩早一届）和道光三十年（1850年，比李鸿章晚一届）

中了进士；而"弟兄举人"，指的是袁甲三次子袁保龄和袁世凯之叔袁保庆分别中了举人。

有人或许要说，这和袁世凯没啥直接关系嘛，中进士、中举人的，既不是他的祖父也不是他的父亲，血缘最近的也无非其亲叔袁保庆，他不过是中了个举人而已。但是，各位可别小瞧了，这举人也是过五关斩六将才考来的，当年范进中举后激动得发了疯，这虽是小说，但绝对是来源于现实哪。

古人常说，科举乃是"一命二运三风水，四积阴功五读书"。换句话说，读书人要想科举得中，一靠命，二靠运，三靠祖坟的风水，四要靠先辈积得阴功，这第五，才轮到读书。您要是不信，看看那些考到白了少年头的老童生便知。

大家想，那时参加科考的读书人多如牛毛，科考之路大多坎坷不平，譬如比袁世凯大一岁的康有为康老夫子，他老人家应该算是有才吧？但他光考秀才就考了三次，举人更是考了七次，耗费近二十年才中举，可见当年科考是何等的难考……考不中是正常，考中了那才叫稀罕。你想老袁家区区不过两代人，一下就出了两个进士、两个举人，这真是了不得、不得了啊。

袁世凯的祖父袁树三，他的文才不如弟弟袁甲三，他家的读书人也比不过弟弟家。袁甲三家出了两个进士、一个举人，袁树三只有次子袁保庆中了个举人，算是给他老人家挣回了点面子。不过，袁保庆有一遗憾，那就是他年近四十却依旧膝下无子（女儿倒有好几个），于是从兄长袁保中那里过继了一个儿子……这个人是谁呢，不说大家也猜到了，这就是鼎鼎大名的袁世凯啊。

说来也巧，袁世凯出生不久，袁保庆的夫人牛氏也产下一子，却不幸夭折，而袁世凯的生母刘氏奶水不足，于是袁世凯便交给了牛氏哺乳。牛氏丧子之余，自然把所有母爱都转移到袁世凯身上，她对小袁视同己出，极为疼爱。袁世凯七岁那年，袁保庆要去济南做官，于是袁世凯便正式过继给了袁保庆，并随嗣父一起前往济南。

袁世凯的生父袁保中也是个秀才，他在功名上不如弟弟袁保庆，也从来没有出去做过官，但他有一点比袁保庆强，那就是他能生儿子，而且一口气就生了六个，这过继给袁保庆的袁世凯排行老四，所以袁世凯的外号"袁老四"就是这么来的。

袁老四的运气着实不赖，他七岁后便跟着嗣父袁保庆在济南、南京这样的大城市生活，见过不少世面。袁保庆对袁世凯的教育非常重视，他请的塾师都是当地的名举人，但袁世凯虽然聪明，却不喜读书而好拳脚，当时有个名叫曲沼的老师，此人文武双全，他见袁世凯喜欢舞枪弄棒，于是教给他一套拳术，后来袁世凯喜欢驰马射箭，估计与此有关。

但不幸的是，袁保庆在南京任上突染时疫，不久即抛妻弃子，离开人世，年仅四十四岁。无奈之下，袁保庆的遗孀牛氏只好带着十四岁的嗣子袁世凯回到项城老家。一年后，袁世凯的生父袁保中也因病去世，可谓祸不单行。

袁家人在外做官的多，吃穿固然不愁，但此时的袁世凯母子毕竟是孤儿寡母，也颇为可怜。这时，袁世凯的运气又来了，他的堂叔袁保恒，这位在翰林院做编修的进士大老爷，他回乡省亲时见袁世凯年纪虽小，但看上去天资还算聪颖，似乎人才可造，于是将这个侄子接到北京，打算让袁世凯跟随他读书，日后走科举做官之路。于是，十五岁的袁世凯又跟着堂叔袁保恒去了北京。

袁保恒是个饱学的翰林，在其严格教导之下，袁世凯参加过两次乡试，但一次都没有考中。当时还有一位在外为官的堂叔袁保龄，他在看过袁世凯的文章后，也说袁老四在学问上天分不高、前途不大。羞愤之余，袁世凯将之前所作诗文全部付之一炬，并恨恨地说："大丈夫当效命疆场，安内攘外，焉能龌龊久困笔砚间自娱光阴耶？"

袁世凯的话颇有意思。当年洪秀全因考不上秀才而撕了圣贤书大骂："再也不考清朝试，再也不穿清朝服，老子以后要自己开科取士！"于是洪天王另立门户，造反了。

袁世凯出身官宦世家，自然还没到去造反那一步。据《朝野新谭》上说，袁保恒在天津海关道任上时曾带着袁世凯去拜见直隶总督兼北洋大臣李鸿章。李鸿章见袁世凯聪明伶俐，很是赏识，说要赏给他差事，但袁保恒还是希望袁世凯能通过科举之路出人头地，便替袁世凯婉拒道："我家侄儿年纪尚小，并无才学，大人如果派他差使的话，恐怕他成事不足、败事有余。"李鸿章听后，摇头说："你真的这样看不起你这侄儿吗？据我看啊，他将来的功名事业，恐怕在你的百倍以上呢！"

持此观点的人还不止李鸿章一人。据说，陈州府城隍庙前有位出名的相命先生名叫"矍然惊神算"，有一次袁世凯请他看相，这位"矍然先生"对袁端详许久后，以极其严肃的口吻说："公子天庭广阔，来自富贵之家。少年英发，出人头地，中年位跻公卿，五十微有挫折，但正是以退为进，祸为福倚，此后有七年大运，贵不可言。"

袁世凯走后，"矍然先生"望着他的背影，又补了一句："此子不同凡人，如宿命论定，必为乱世之枭雄。"以后来之事实验证，此人还真不愧为"神算子"。

当时陈州还有一位名叫段晴川的翰林学士，其号称知人论世，颇有独见之明，据说凡经他品题过的人，无不名声噪起。袁世凯得知后，也曾慕名前往谒见，段翰林认为袁世凯虽然制艺不足但才气有余，将来功业极可能凌驾于其叔祖袁甲三之上。

1878年，袁保恒病逝于开封任上，袁世凯只好再次返回了项城老家。所幸的是，四世同堂的袁家正好在这一年分家，袁世凯以袁保庆唯一的嗣子身份分得了一份丰厚的家产。分家后的袁世凯尽管已经自立门户，但家里人仍希望他走父辈的科举之路，袁世凯倒还头脑清醒，他知道自己不是科举这块料，于是决定放弃功名，另寻出路。

1881年5月，二十二岁的袁世凯有两个选择，一是去天津投奔李鸿章，当时他拿到一份有分量的荐书，而且堂叔袁保龄当时也在李鸿章的幕下；二是去山东登州投奔嗣父袁保庆的拜把兄弟、庆军统领吴长庆。在此人生的紧要关头，袁世凯考虑再三后，他觉得李鸿章的幕下名士如云，去了恐怕也未必会得到重用，而吴长庆的名气和地位与李鸿章相差甚远，但那里地方小，加上父辈的交情，弄不好倒有出人头地的机会。

吴长庆和袁世凯的嗣父袁保庆是生死之交，当年袁保庆突然病逝时，便是吴长庆亲自前来料理的丧事。吴长庆是当时淮系的重要成员，他统率庆军六营驻防登州，督办山东防务，颇得李鸿章的信任和重用。对于故人之子的到来，吴长庆自然是格外关照，袁世凯去后便在庆军营务处任会办一差。

后来的事实证明，袁世凯的这个选择相当正确，乱世人才多以军功起家，当年的曾国藩、左宗棠、李鸿章等，包括袁世凯的祖父辈袁甲三、袁保恒、袁保龄、袁保庆乃至吴长庆等，都是如此。在局势变幻不定的19世纪末20世纪初，袁世凯投笔从戎，倒也不失为一个顺应潮流的明智之举。

1882年8月，朝鲜突发"壬午兵变"，清廷在朝鲜国王的请求下，派庆军入朝弹压，袁世凯也随同进入朝鲜。在朝期间，袁世凯崭露头角，他在帮办军务时以整顿军纪和镇压兵变有功，为朝鲜国王所器重，并获得清廷奖叙五品同知衔。

据《容庵弟子记》记载，庆军到达朝鲜后，袁世凯随同北洋水师统领丁汝昌下船探查士兵登陆处，中途因潮退而舟陷于滩，丁汝昌与袁世凯只好赤足而行，在砂石滩上走了数里远。等到登岸时，袁世凯两足都已破裂，丁汝昌见后，半是取笑半是夸赞地对小袁说："纨绔少年，亦能若是耶？"

清军进入朝鲜后军纪散漫，常有扰民之事发生，吴长庆便将整顿军纪的事情交给袁世凯。得到吴长庆的授权后，袁世凯大行霹雳手段，营中兵士一有犯令者即痛下杀手，以树立自己的威信。某次当地缙绅控诉清军士兵奸戏韩妇，袁世凯得报后立刻徒步往查，并带兵搜捕一昼夜而未进一餐，最终抓获元凶并亲手刃之。对于清兵吸食鸦片的现象，袁世凯最为痛恨，抓到必杀无赦，就连跟随吴长庆多年的武弁，也有被袁世凯所杀的。

不仅如此，袁世凯还帮朝鲜国王训练了一支五千人的德式新军，令朝鲜上下大为慑服，也充分展示了袁世凯的军事才能。后来，这支新军在朝鲜"开化党人"政变时发挥了重要作用，袁世凯协助国王控制局势并镇压了亲日的"开化党人"，日本在朝鲜的势力也因此大为受挫。

袁世凯在这些事件中的出色表现，给清廷及李鸿章等大员留下了深刻的印象。机缘巧合的是，当时袁世凯的堂叔袁保龄正在李鸿章的幕中并为后者所倚重，这对袁世凯的帮助很大。但凡国内有点风吹草动，袁保龄都会提前告知袁世凯并为之出谋划策，而在李鸿章的面前，袁保龄自然也少不了为自家侄子敲敲边鼓，并在适当的机会为之美言几句。

袁世凯一路升迁，靠的不仅仅是运气

1884年12月，在吴长庆去世后不久，袁世凯又在"甲申事变"中立下大功。次年11月，在李鸿章的保荐下，袁世凯被清廷任命为"驻扎朝鲜总理交涉通商事宜"的全权代表，一举成为清廷在朝鲜的"监国"大员，此时的袁世凯不过二十六岁。

二十六岁，多年轻！要知道，比袁世凯大一岁的康有为康老夫子，此时还在为考举人而埋头苦读，而比袁世凯大五岁的盟兄徐世昌在次年才考中进士（授六品翰林）。而此时，袁世凯已是三品的候补道台，他的堂叔袁保龄做官二十余年，此时也不过是三品的直隶候补道！

所以说，人的一生中，最关键的其实也就一两步，上天赐予的机会也不过两三次。成功的人，未必是最有才的，但一定是最善于把握机会的。风云际会，机缘巧合，袁世凯的升迁不可不谓为官场之奇迹也。

闹翻脸：张謇为何讥刺袁世凯

俗话说得好，从小看到老。袁世凯跟随堂叔袁保恒读书时，他的另一位堂叔袁保龄说他"资分不高而浮动非常"，科举上恐怕没有大的前途。而同在吴长庆幕下并一度当过袁世凯老师的张謇，这位日后成为状元郎的大才子，他在批改袁世凯文章时也认为其"文字芜秽，不能成篇"，以至无从删改。不仅如此，张謇还看出袁世凯这个人"好权术"，在道德文章、科举仕途上难成大器。

袁世凯不喜欢读书是有原因的，他学习科举制艺但又不守绳墨，不愿受此束缚。譬如他喜欢读周犊山的文章，但仅限于摘取文中豪迈不羁的语句而从来不肯卒读，也不求甚解。据说，袁世凯的老师王雁臣有一次以"普天之下，莫非王土；率土之滨，莫非王臣"为题，命他撰写一篇八股文。孰料袁世凯交卷后，王雁臣发现其所作之文有模仿周文皮毛的痕迹，但文章却蛮横无理，野性难驯，而且前后词句多不通顺。

文中，袁世凯有一段写得最为可笑，曰："东西两洋，欧亚两洲，只手擎之不为重。吾将举天下之土，席卷囊括于座下，而不毛者，犹将深入。尧舜假仁，汤武假义，此心薄之而不为；吾将强天下之人，拜手稽首于阙下，有不从者，杀之无赦！"

看完这篇文章，王老师差点给气背过去。

袁世凯的嗣父袁保庆还在世时，他在闲暇时常向袁世凯讲述自己多年的带兵心得和官场经验，因而袁世凯年轻时最爱读兵书。在

武夫治国

其书房中，曾摆满了六韬三略之类的兵书，各种版本都有，袁世凯虽不能通晓其中的含意，却喜欢在客人面前侃侃而言，大加卖弄，因而人送绰号"袁书呆"。

对于这个绰号，袁世凯很不以为然，他曾对人说："过去我好奋匹夫之勇，现在学了敌万人之书，才知道好勇斗狠其实没什么用处。三军不可夺帅，要是我手上有十万精兵，便可横行天下。"

《朝野新谭》中说，袁世凯投奔庆军统领吴长庆后，吴作为袁的长辈，他认为袁世凯年纪尚小，应多读一点书，于是让小袁拜在他的幕僚张謇和周家禄的门下学习，以求学业有所长进。张謇是个大才子，他对袁世凯的要求非常严格，袁世凯交上文章后常被批评，时间长了，两人均深以为苦。周家禄对袁世凯则比较宽容，常给予鼓励。或许因为如此，后来袁世凯做上直隶总督后，周家禄入了袁的幕府而与张謇几乎断交。

不过，袁世凯与张謇的交恶并非缘于当年受教之故，毕竟袁世凯虽然文章写得糟糕，但他处理军务却是如鱼得水，井井有条，似乎天生就是干实事的料。对此，张謇也在写给其堂叔袁保龄的信中称许说："慰廷（袁世凯的字）任事非不勇，治事非不勤，但他的举动总夹杂着世故客气的做作，不是一个有学问的人应该有的。不过，要说起他的才能，恐怕是您家族中谢玄那样的人物。他现在从军驻扎在动乱的地方（即朝鲜），希望您嘱咐他谨慎从事。"试问谢玄何许人？乃当年"淝水之战"的名将也！

在张謇的推荐下，袁世凯先后被吴长庆任命为先锋营管带等职。吴长庆去世后，庆军将领吴兆有继为朝鲜防务总办，袁世凯为营务处会办，但吴兆有等人昏庸无能，袁世凯反而大包大揽，成为清廷在朝鲜事务上的主心骨，由此也遭到了吴兆有等人的忌恨。1884年12月的朝鲜"甲申之变"中，吴兆有等人惊慌失措，乱成一团，而袁世凯行为果断，处置得当，这才挫败了日本和朝鲜亲日派的阴谋。

事后，袁世凯得到了清廷和李鸿章的大力褒奖，吴兆有等人十分不满，便将袁世凯在朝鲜飞扬跋扈的"劣迹"告知了当时回乡应试的张謇，试图借张之力来打压袁世凯。张謇在庆军幕府多年，一向为人所尊重，其在接到吴兆有等人借以挑拨的信件后，随后便写了一封长达千余言的信斥责袁世凯，口气十分严厉。

信中，张謇故意不叫袁世凯的字"慰亭"而称之为"袁司马"（当时袁世凯的官位是五品候补同知，按清代官制是州的佐官，即古之司马，其中也有暗讽袁世凯篡权之意），说"别后仅收到一封书信，想必是袁司马劳苦功高，日不暇给也"，意在提醒袁世凯只是一个营务处会办，如何能妄自尊大，竟然凌驾在总办吴兆有之上？接着，张謇又说，你既是吴兆有的会办，觐见朝鲜国王时应让吴兆有走在前面；处理朝鲜事务时，也应把吴兆有的职衔放在前面，如何事事任性，威福在我，凌蔑一切，你这是凭势力震慑人、靠权诈来处世吗？信的结尾，张謇更是毫不客气地说："此讯不照平日称而称司马，司马自思何以至此？若果然复三年前之面目，自当仍率三年前之交情，气与词涌，不觉刺刺，听不听，其司马自酌之！"

张謇的话说得非常刺耳，全文含讥带讽，处处直指袁世凯的要害，这已经不是出于师生之谊的劝导，而是为吴兆有等人张目了。袁世凯接到信后也是气愤难平，好在李鸿章在关键时候识人善用，并没有被吴兆有等人攻讦所误，因而袁世凯非但没有受到惩处，反而升任为朝鲜"监国大员"，这大概也是张謇所没有想到的。

经此一事，张謇和袁世凯便结下梁子，双方互不理睬近二十年之久。在此期间，袁世凯屡受升迁，甲午年后编练新军有功，不久调为山东巡抚，庚子年后又接任为直隶总督兼北洋大臣，清末又调任为军机大臣，可谓青云直上，风光无限。而张謇在退出庆军幕府后，虽说科举上也还算顺利，后来还考中了甲午年的恩科状元（康有为于次年中进士）。但时运不济的是，张謇刚当上状元郎不久，其父亲便撒手人寰，按历朝规矩，他得在家守制三年。

三年后，张謇到京销假却又赶上"百日维新"，其恩师翁同龢被慈禧太后罢官，自知官场险恶的张謇从此绝意仕途，并回到家乡南通，走上实业救国之路。直到清末实行预备立宪，张謇才投入到当时的立宪运动中,并成为江苏立宪派的主要干将。

由于袁世凯在清末新政和立宪中也表现积极,张謇才逐渐化解了与袁世凯之间的这段恩怨,并开始有了共同语言。1904年7月,张謇主动给袁世凯写信,希望他效法日本伊藤博文,主持立宪。袁世凯收信后当即回复,表示立宪时机未到,还需要等待时机,双方算是恢复了交往。

武昌起义后,张謇被以孙中山为首的南京临时政府提名为实业部长,但身为立宪派的张謇对革命党并不信任,他当时站在袁世凯的一边并认为只有袁世凯才能收拾局面。袁世凯当上临时大总统后,也曾盛情邀请张謇出任实业总长一职,但张謇认为当时局势不稳定,因而推却相邀而表示愿意在野为袁世凯出谋划策。

直到"二次革命"结束后,张謇才在熊希龄的内阁中担任农商总长,并希望借助袁世凯的力量实现其"实业救国"的理想。但是,袁世凯在帝制的道路上越滑越远,一心要搞实业的张謇终究难圆其梦,最终被迫辞职。

有意思的是,袁世凯初投庆军时,他在很长一段时间里都对张謇执弟子之礼,每次写信也都尊称张謇为"夫子大人"。但随着其地位的不断升迁,对张謇的称谓也日渐不同,开始由尊敬有加到平视之称"仁兄",令张謇感到啼笑皆非,心里很不痛快。

按中国的传统道德,一日为师,终生为师,张謇随后在给袁世凯的回信中调侃道:"足下之官位愈高,则鄙人之称谓愈小矣","謇今昔犹是一人耳,而老师、先生、某翁、某兄之称,愈变愈奇,不解其故"。

袁世凯宣布帝制后,他大概觉得在原来的那些老领导、老同事、老朋友面前不好意思,于是制定了"旧侣、故友、耆硕"等名分,用来安排他的那些老朋友。譬如张謇,当时便是袁世凯亲封的"嵩山四友"之一(其余三人为徐世昌、赵尔巽、李经羲)。

尽管袁皇上给予"嵩山四友"免跪拜称臣、赐朝服肩舆、入朝赐座并许以优厚年金(年薪二万银元)等待遇,但张謇对此并不领情,随后他便离京南下,回老家南通搞他的"实业救国"去了。

孔老夫子曾说,"君子坦荡荡,小人长戚戚",学问人未必是君子,但像袁世凯这样连学问也不肯去做的,大抵是做不成君子的。不过,君子有德有才如张謇者,时运不济,也未必能成事;而小人无德有才,反倒会顺风顺水,前途无限,这说来奇怪,其实一点都不奇怪。

武夫治国

老上司：李鸿章痛斥袁世凯

甲午战争爆发前，袁世凯在朝鲜知事无可为，托辞返回国内。回到天津后，李鸿章以袁世凯人才可用，委派他办理前敌营务，但袁世凯并不想从事后勤工作，因而在工作之余又背着李鸿章在京中托人找关系，另谋出路。

袁世凯之所以能够得到迅速升迁，这与李鸿章提拔重用是分不开的，但令李鸿章不能容忍的是，袁世凯竟然求到了自己的政治死敌翁同龢的门下，这在当时官场上可是犯了大忌。由此，李鸿章开始疏远并冷淡袁世凯，而后者更是一个现实主义者，他在甲午战败、李鸿章失势之后，干脆就改投门户，另找靠山。

经历甲午战争的惨痛失败后，清廷中改练新军的呼声渐高，而袁世凯凭借自己曾帮朝鲜练过新军的经验，也试图抓住这个机会，实现自己以西法练兵的计划。为此，袁世凯上下奔走，向权贵们推销他的练兵计划，并最终获得成功。

李鸿章从日本谈判回国后，便一直闲居京城贤良寺，对袁世凯的所作所为十分不屑。当时的李中堂，因为代表清廷签署了丧权辱国的《马关条约》，非但官居闲职、门前冷落，而且为舆论所不容，因而心态不免有些失衡。

时人刘体智在《异辞录》中说："甲午战后，军机大臣李鸿藻用袁世凯为将，并令其在小站以新法练兵。李鸿章从日本马关回来后，李鸿藻曾对他谈及此事，李鸿章冷冷道：'我是败军之将，等着袁大少爷练成新军后打一仗试试看.'袁世凯听说后,心里十分不悦,引以为终生憾事。"

无独有偶的是,曾国藩的孙女婿、当时入李鸿章幕府的吴永也在《庚子西狩丛谈》中记载了这样一件事,说李鸿章从日本回到天津后,他与直隶的官员及候补官员一同进见。当时的袁世凯已被授予直隶按察使的职务,但并未到任而是专职练兵。直隶按察使是地方大员,自然在觐见官员的前列。李鸿章到后,袁世凯便上前汇报练兵事宜,说初步计划业已部署,德国教习也已聘请,不日内即可签订合同,马上可以正式展开了。

令众人没有想到的是,一向有风度的李鸿章这次却没有等袁世凯说完便勃然变色,他举起手中的手杖,砰砰地敲打着地面,厉声道:"嘻!小孩子懂得什么练兵!又订的什么合同!我治兵数十年,现在尚不敢说有什么把握。兵是这么容易练的吗?你雇几个洋人,扛上几杆洋枪,喊几个洋口令,便算是西式军队了吗?"

袁世凯遭此斥责后,顿时面红耳赤,亦不敢反驳。周围的同僚们,从未看到李鸿章发那么大的火,大家都低着头,既不敢看李鸿章,也不好意思看袁世凯,场面十分的尴尬。在吴永看来,袁世凯当时已有崭露头角之像,李鸿章看起来倒是有意要杀杀他的威风。

事实上,此时的李鸿章正处于个人政治生涯中最低潮,他对于袁世凯奔走于政敌翁同龢门下而始终耿耿于怀。有一次,袁世凯来拜访这位过期的老领导时,李鸿章终于再次爆发并痛斥了袁世凯一顿。巧合的是,这次吴永又在旁边耳闻目睹。

据吴永的记载,当他与李鸿章在贤良寺闲聊时,袁世凯前来拜见,于是他避入别间。袁世凯在寒暄数句后,便为老上司的遭遇表示不平:"中堂当年铁马金戈,为朝廷立下了汗马功劳,如今朝廷只给予内阁首辅的空名,虽然每日随同上朝请安,实则无所事事,这样太不公正了。中堂大人不如暂时告假还乡,等到朝廷遇到难事了,届时必定会想到股肱老臣,这样中堂再次出山,岂不是名正言顺,而且能挽回昔日的声望。"

武夫治国

甲午后被权贵们排挤的李鸿章，此时却十分敏感。袁世凯的话音刚落，他就厉声呵斥道："停，停！慰亭，你这是给翁叔平（即翁同龢）当说客来了吗？我要是请辞出了缺，那他就可以依次升到协办大学士的位置……他想得倒挺美！你回去告诉他，让他想都别想！要是别人出了缺，让出一个位置给他，那我管不着。但要想让我空出一个位置来给他，这万万办不到！只要我有一口气在，就要鞠躬尽瘁、死而后已，决不会无故请辞，奏请开缺。我们这些做臣子的，对朝廷哪能说三道四，计较这、计较那的？你要是受他所托，在这里花言巧语，我是不会受你们愚弄的！"

袁世凯听后不敢反驳，只能向李鸿章道歉并唯唯而退。

袁世凯走后，李鸿章余怒未消，他把吴永招呼进来，问："刚才那个人，你认识吗？"吴永说："知道，但并不熟悉。"李鸿章恨恨地说："袁世凯你怎么会不知道？这个人真是个小人！他为了巴结翁叔平而来这里做说客，嘴巴里说得天花乱坠，想要欺骗我乞假开缺，一边给翁叔平让出一个协办大学士的位置……哼！我偏不退！当年老师（即曾国藩）教我'挺经'，这次倒可以用上！我就是要和他们挺着，看他们有什么招？我刚才当面训斥袁世凯，就是要免得他再来啰嗦。我在官场摸爬滚打了几十年，什么事情没有见过？我难道还会受这种人的捉弄吗？"

不过话说回来，李鸿章这次呵斥袁世凯却是错怪了他，因为按照翁同龢的作风，是决不会随便请一个人去做说客的，何况袁世凯同他还不算太熟悉。李鸿章之所以对袁世凯发怒，主要原因还是当时翁同龢得势而李鸿章失势，在世态炎凉的感叹之余，正好赶上袁世凯说了不中听的话，结果把火全发他身上去了。

相对而言，袁世凯做人还算可以，他在李鸿章失意时还常去看望这位老领导，原因就是李鸿章对他有知遇之恩。相比一些落井下石的朋友，袁世凯已是难能可贵。被李鸿章呵斥之后，袁世凯并没有任何不敬的言语和举动，就这点而言，他的官场修为和涵养，甚至已经超过了李鸿章呢。

再说了，瘦死的骆驼比马大，李鸿章虽然暂时失势，但他多年经营的淮系势力仍在，正如袁世凯说的，一旦国家有事，还得请老将出马，届时李鸿章为朝廷重用，也是指日可待的事情。数年后，庚子国变局势失控，当时清廷能想到的，还是被贬斥到广东做总督的李鸿章。可惜的是，此时的李鸿章已是油尽灯枯，他在完成与列强的谈判后便一病不起，不日即撒手西去。

据流传甚广的说法，李鸿章临终前办了一件大事，那就是向朝廷力荐袁世凯继任直隶总督兼北洋

暮年的李鸿章已不复当年之勇

大臣的职位，这也意味着袁世凯继承了李鸿章的衣钵（据考证似无此奏），而此时的袁世凯，不过四十出头。

袁世凯的付出，最终有了丰厚的回报，而袁世凯做上直隶总督兼北洋大臣，也确实在清末新政和立宪中表现突出，为中国的近代化转型立下了汗马功劳。由此可见，袁世凯有李鸿章这样识人善用的领导，幸莫大焉，而李鸿章能有袁世凯来继承他的事业，何尝不是"不幸中之大幸"？

武夫治国

红顶子：袁世凯是否出卖"六君子"

袁世凯在小站练兵后，对于维新派的变法自强运动一直积极支持，譬如1895年康有为的上清帝书苦于投递无门时，袁世凯就曾主动帮忙请求自己的上司荣禄代递。此事虽未成功，但也足见其态度诚恳。后来，维新派成立"强学会"，袁世凯也没少捐钱支持，并被列为发起人之一，再后来还经常与维新派人士一起谈论新政，并通过亲信徐世昌到北京与康有为、梁启超等人不断接触，以示关注。

如此一来，维新派也把袁世凯列入自己阵营，并建议光绪皇帝加以笼络重用。戊戌年中，当变法运动到了极为危险的时刻，光绪皇帝在康梁等人的建议下连续两次接见袁世凯并特赏其为侍郎。在顽固派即将反扑之时，谭嗣同认为只有袁世凯和他的新军才能挽救局势，于是当晚便自告奋勇前去说服袁世凯举兵勤王，杀荣禄，围颐和园，行非常之谋，成非常之功。

变法失败后，梁启超在《戊戌政变记》的《谭嗣同传》里便绘声绘色地记述了这样一个广为流传的故事：

八月初三深夜，谭嗣同径自造访了袁世凯的住地。

两人见面后，谭嗣同开门见山地问："你觉得当今皇上怎么样？"

袁世凯说："旷代少有的圣主啊。"

谭嗣同说："天津阅兵的阴谋（守旧派企图利用阅兵废黜光绪皇帝），你可知道？"

袁世凯说:"好像听说过这么回事。"

谭嗣同便拿出密诏给袁世凯看,并说:"如今能救皇上的只有你一人了,你愿意救就救!"

趁袁世凯看密诏时,谭嗣同手抚自己的脖子,说:"如果你不愿意的话,现在到颐和园密告慈禧太后,你也可以升官发财了。"

袁世凯听后,顿时正色厉声地说:"你把我袁某当作什么人了,圣主是我们共戴之主,我与足下同受非常知遇大恩,救护之责,不光是你一个人的责任。你有什么计划,愿闻其详。"

谭嗣同听到大喜,说:"荣禄密谋在天津阅兵时废黜皇上,足下及董福祥、聂士成三军,都受荣禄的节制。到时如果政变,足下以一军敌彼二军,保护圣主,恢复大权,清君侧,肃宫廷,将是不世之业。"

袁世凯说:"要是皇上在阅兵时疾驰入我部队的话,到时传号令诛灭奸贼,我必定跟随诸君子之后,竭死相救。"

谭嗣同还不放心,说:"荣禄对你向来信赖宽厚,你到时怎么对待他呢?"

袁世凯笑而不答。

这时,袁世凯的一个谋士插嘴说:"荣贼对待袁帅并非真心诚意。以前某公想增加袁帅兵力,荣禄说:'汉人未可假大兵权。'他向来不过是假意笼络罢了。"

谭嗣同沉吟了一下,说:"荣禄确有曹操、王莽之才,绝世之雄,对付他恐怕不容易。"

袁世凯怒目道:"若皇上阅兵时在我大营,杀荣禄不过像杀一条狗罢了。"

谭嗣同见袁世凯这么说,这才放下心来,随后两人讨论了具体计划。袁世凯最后表示,营中枪弹火药皆在荣禄亲信之手,而营哨各官也多是荣禄之人,要行此大计,须先回天津调换几个守旧的军官,同时准备枪支弹药。两人商议妥当后,谭嗣同这才在深夜中离去。

武夫治国

在梁启超的笔下,"谭嗣同夜访袁世凯"一事可谓绘声绘色,这事倒是确有其事,不过当事人到底说了什么,至今也是众说纷纭,也不好认定梁启超所说的便一定是真的。但是,后来的事实却完全反转,还没等维新派动手,风暴就已经提前爆发了。慈禧太后突然从颐和园返回皇宫,随后即软禁光绪皇帝,并下旨捉拿康有为等人。据时人苏继武在《戊戌朝变纪闻》里的描述,是日慈禧太后御临便殿,并召集庆王、端王、军机等御前大臣,跪于案右;光绪皇帝则跪于案左,太后设竹杖于座前。

慈禧太后开始便疾声厉色地讯问光绪皇帝:"天下乃是祖宗的天下,你何敢任意妄为!这些大臣,都是我多年历选,留以辅佐你的,你竟敢任意不用!竟敢听信叛逆蛊惑之言,变乱朝纲!康有为是个什么东西,能胜于我选用之人?康有为之法,能胜于祖宗所立之法?你难道昏了头了,不肖竟至于此!"

随后,慈禧太后又责骂群臣:"皇帝无知,你们为何不加以力谏,难道以为我真不管,听由他亡国败家吗?我早就知道他不足以承大业,不过国事艰难,不宜轻举妄动,只得暗中留心管束,现在我人虽在颐和园,但心时时在朝中,只惟恐有奸人蛊惑,所以经常嘱咐你们不可因他不肖,便不肯尽心国事,现幸我还康健,将来必不会辜负你们。今年春天,奕劻再三跟我说,皇上既肯励精图治,谓我也可省心,我因想外臣不知其详,并有不学无术之人,反以为我把持,不许他放手办事,今天总算知道这样是不行的。他是我立的皇帝,他要亡国,其罪在我,我能不问吗?你们不力净,便是你们的罪过!"

群臣听后如捣蒜般地叩头,连称有罪。这时,军机大臣刚毅面有喜色,说:"微臣屡次苦谏,但每次都被谴斥。其余众臣,也有言谏过的,也有不吭声的。"

慈禧太后听后,又问光绪皇帝说:"如有臣下变乱祖法,你可知道该当何罪?你想想,是祖宗之法重要,还是康有为之法重要?背悖祖宗而行康法,你何以昏愦至此?"

一番严斥之下，光绪皇帝早已被吓得魂飞魄散，其战栗对曰："是我自己糊涂，洋人逼迫太急，我只想保存国脉，通融试用西法，并不敢听信康有为之法。"

慈禧太后厉声怒道："难道祖宗之法不如西法，洋鬼子反重于祖宗吗？康有为叛逆，图谋于我，你不知道吗？还敢回护！"

可怜光绪皇帝早已魂飞齿震，脑子一片空白，竟不知所对。慈禧太后又厉声问道："你知还是不知？抑或你也是同谋？"

光绪皇帝战栗了半天，才勉强吐出两个字："知道。"

慈禧太后怒骂道："既知道，还不将康有为正法，反要放走？"

这个故事当然也够精彩，不过也有不实之处。如所说的"康有为叛逆，图谋于我"，很多人以为是袁世凯告密所导致，但近年来多数学者认为，戊戌政变并非因袁世凯告密而发生。就八月初六日慈禧太后重新训政来看，只是收回了光绪皇帝独立处理政务的权力，基本上是一场不流血的政变，手段也只限于下令捉拿康有为兄弟和将保举维新人士的宋伯鲁革职永不叙用。除此之外，并没有涉及其他变法人员，也没有立即宣布停止新政，光绪皇帝的人身自由也没有受到限制。

以往都盛传是袁世凯告密才导致戊戌政变发生，袁世凯也为此背上了千古骂名，当了多年的冤大头。"袁世凯告密说"大都认为：八月初三日晚谭嗣同至法华寺说袁世凯勤王后，袁伴作答允，初五日袁世凯回天津后向直隶总督荣禄告密，荣禄立即报告慈禧太后，太后遂于初六日训政。为此，当时社会上就流传着一首三言歌谣，讽刺袁世凯的出卖行径：

"六君子，头颅送；袁项城，顶子红；卖同党，邀奇功；康与梁，在梦中；不知他，是枭雄。"

但是，据目前学者的考证，"袁世凯告密说"在时间上是不成立的，因为假定袁世凯初五回天津向荣禄告密，荣禄初五日夜派人或亲自赴京告变，时间上是来不及的。而且，慈禧太后在初六日发布垂帘诏，但只下令拿办康有为兄弟，却未涉及罪行更大的谭嗣同，这说明慈禧太后并未接到天津方面的密报，不然无论如何也不会放过谭嗣同的。

当然，大多数学者也认为，戊戌政变虽然并非因袁世凯告密而发生，但袁世凯的告密却大大加剧了政变的激烈程度。事实上，袁世凯在八月初六日晚上得到政变消息后，为了保全自己，才向荣禄和盘托出了谭嗣同的密谋。慈禧太后在得知康、梁、谭嗣同等人有谋害自己之意后恼怒至极，顿时"雌"性大发，整个事件就此发生了根本性的变化，并进而转为一场流血的政变了。

据恽毓鼎在《崇陵传信录》中说，慈禧太后在得知光绪"围园之谋"后极为伤心愤怒，其厉声质问光绪，说："我抚养了你二十多年，今天你竟然听信小人之言来谋害我吗？"光绪战栗了半天，才嗫嚅着说："我没有这个意思。"慈禧太后看着这不争气的皇上，叹道："痴儿，今日无我，明日尚有汝乎？"

事实上，袁世凯确实知道康、梁等人的"围园之谋"，但据他后来的自辩，当场便吓得魂飞魄散，哪里敢去做这种叛逆之举？即便是真的围了颐和园，杀了慈禧太后和荣禄，这些维新派能否控制局面，这显然是一个未知数。

认真说起来，康、梁等人不过是书生意气，其政治经验和成熟度恐怕还不及袁世凯的一个指头，如何能成大事？倒是袁世凯平白无故的背上了杀害"戊戌六君子"的罪名，也算是"背骂名、得实惠"的例证罢！

背运时：张之洞笑袁"无学有术"

曾有人说，光绪临终之前，载沣去见过最后一面。这次会见中，光绪嘱托弟弟一定要诛杀袁世凯，为自己报仇雪恨。甚至还有人说，光绪被囚禁期间，每天在纸上画大头长身的各式鬼形，写上"袁世凯"三字，然后撕成碎片；又经常画一乌龟，龟背写有"袁世凯"三个字，然后贴在墙上用小竹弓射击，射烂之后还不解气，还要再取下来剪碎，"令片片作蝴蝶飞"。更玄乎的是，还有人说光绪临死时一言不发，唯用手在空中写了"斩袁"两字。

这些传闻流传颇广，听起来也颇像那么回事。毕竟，袁世凯在戊戌年中的确干下了出卖友人以图自保的告密勾当，光绪也因此被囚禁瀛台，"十年困辱，均由袁世凯致之"。慈禧太后死后，就连"乱党"康有为和梁启超也都致书载沣，说"两宫祸变，袁世凯实为罪魁，乞诛贼臣"。

这样看来，袁世凯在靠山慈禧太后死后，他的日子是不好过了。不过，有一点可以肯定，那就是传闻中的光绪和载沣这场兄弟会并未发生，因为载沣当时正接到慈禧太后的懿旨，让他赶紧把溥仪送进宫准备立为皇帝，这事已经够他忙活的了。

再退一步说，即使载沣和光绪见了面，恐怕也只能行个问安的常礼，因为光绪被囚禁后，他的一举一动、一言一行，都有人暗中监视并向慈禧太后报告。更何况，载沣当时也没有想到光绪会这么快驾崩。

不管有没有这场"杀袁"的兄弟会，载沣上台后首先要对付的就是袁世凯。清末实行新政以后，袁世凯在慈禧太后的庇护之下风光得很，也着实办了不少实事。但问题是，袁世凯的势力扩展太厉害了，军队、官制改革、立宪，他样样都来，而且朝中有人，门生故旧遍天下，特别是北洋新军里的那些将领，哪个不是惟他袁世凯马首是瞻？

皇族亲贵的担忧也不无道理。清朝本是马上打天下的，但经过两百多年的养尊处优后，太平军一起，八旗竟然已不能打仗，绿营也是遇战即溃，这才给了曾国藩、李鸿章等汉人势力兴起的机会。由此，地方督抚多为汉人掌握，清廷政权日渐软化。

乱世当中，偏偏那些旗人亲贵还不争气，这能做实事的找不出几个，却在朝廷中占着茅坑不拉屎，这朝政当然搞不好。正因为如此，戊戌变法的改革措施便直指满洲亲贵，幸好慈禧太后"英明"，及时扼杀了这场改革运动。事后，那些愚昧的亲贵们又乱出昏招，结果导致庚子之乱和八国联军侵华，险些葬送了清王朝。而在庚子年中，南方的那些督抚们拒不执行朝廷命令并宣布"东南互保"，清廷隐然已失去了半壁江山。

越是失去的，就越想夺回来。从官制改革到预备立宪，皇族亲贵看着汉人的势力在不但壮大，特别是袁世凯，党羽甚众又年富力强，他们怎能不忧心忡忡。果不其然，载沣刚刚上台主政，肃亲王善耆和镇国公载泽便密告载沣："内外军政，皆是袁之党羽，从前袁所畏惧的是慈禧太后，如今太后一死，在袁心目中已经无人可以钳制他。"他们建议载沣对袁世凯速作处置，不然，"异日势力养成，削除更为不易，且恐祸在不测"。就连和载沣有过节的恭亲王溥伟也拿着当年道光皇帝赐给他祖父的白虹宝刀，说要亲自手刃了袁世凯这个元凶巨恶。

载沣何尝不担心袁世凯。在1906年的官制改革会议上，袁世凯坚持要设立责任内阁，载沣至今都为袁世凯当时的猖狂劲而记忆犹新。虽然老太后在前两年已做先手，将袁世凯所辖的北洋新军六镇中的四镇收归陆军部,后又将他与张之洞一起上调为军机大臣,但冰冻三尺,非一日之寒,岂能轻易动摇袁世凯的势力?更何况,处置一个位极人臣的军机重臣,必须要经过其他军机大臣的同意,其所颁上谕也须有军机大臣的副署才能生效,满洲亲贵要诛杀袁世凯,谈何容易。

正因为如此,初握权柄的载沣才不敢贸然而行。再三思虑后,载沣和隆裕太后把首席军机大臣庆亲王奕劻请来商议,不料奕劻听后立刻伏在地上,一言不发。在隆裕太后的厉声质问下,奕劻才嗫嗫嚅嚅地说,这事得和军机重臣张之洞商量才能决断。

载沣没办法,只好又召见张之洞。后者听说后,忍不住长叹一声,半晌无语。张是汉人大臣,年纪又大了,听闻要诛杀袁世凯,未免有兔死狐悲之感。他说:"国家新遭大丧,主上又年幼,当前维持稳定大局最为重要。此时诛杀大臣,先例一开,恐怕后患无穷。"见载沣仍迟疑不定,张又说:"王道坦坦,王道平平。愿摄政王熟思之,开缺回籍可也。"

事实上,除了奕劻和张之洞反对诛杀袁世凯外,其他几个军机大臣也都表示反对,如那桐和世续,这二位都是袁世凯的私党,世续还暗地为袁通风报信。而在地方督抚中,端方是袁世凯的姻亲,东三省总督徐世昌更是袁世凯多年的把兄弟。另外,英国驻华公使朱尔典也都为袁世凯出面说情,这些人都构成了阻止杀袁的重要力量。

据时人刘体智在《异辞录》中的记载,慈禧太后去世当年的年末某日,在严办袁世凯的流言声中,袁世凯像往常一样,迎着冰冷刺骨的寒风前往内廷。载沣主政后,每日都要召集军机大臣商议朝政。这一天,当袁世凯走到殿廷时,早被买通的当值太监将他拦住,偷偷地说:"袁大军机可不必入内,今日摄政王怒形于色,听说严惩谕旨即下,恐怕对袁大军机不利,宜早筹自全之策。谕旨如何严峻,则非我辈所能得知。"

袁世凯听后,犹如被打了一记闷棍,在脑海一片空白的情况下,

武夫治国

失魂落魄地走回了自己家中。待到稍微清醒,袁世凯急忙将亲信幕僚招来商议对策。亲信张怀芝(也有说是袁克定)说,情势危急,不如立刻前往火车站乘三等车前往天津,毕竟直隶总督杨士骧是自己人。袁世凯听后,立刻简单地收拾行装,在张怀芝的保护下前往天津。

为防不测,袁世凯不敢到天津本站下车而是提前一站让张怀芝给杨士骧打电话,让他派人来接。杨士骧倒还镇定,他让袁世凯万可来督署,万不可让人看见,他随后就派人处理这事。正在袁世凯生闷气之时,杨士骧的亲信来了。他带来了北京的消息,说"罪只及开缺,无性命之虞"。袁世凯听后长舒了一口气,便决定立刻回京,预备明晨入朝谢恩,不然会引起更大的麻烦。

当时北京的袁府更是陷入了慌乱当中,袁世凯失踪的消息在京中不胫而走,一时间谣言纷纷,有人说袁世凯被秘密处死,也有人说袁世凯畏罪自尽,一时纷纷扰扰。直到后来,主持军机大政的张之洞听说袁世凯已经回来的确切消息后,心里的一块石头才算落了地。

事后,老张忍不住对左右调侃道:"人家都说袁世凯不学无术,我看哪,他不但有术,而且是多术,你看他这次仓皇出走,能找的地方都找遍了,谁能知道他躲在哪里?我现在算是知道什么叫'术'了。"

第二天,袁世凯终于见到了那道上谕:"内阁军机大臣外务部袁世凯,夙承先朝屡加擢用,朕御极复予懋赏,正以其才可用,俾效驱驰。不意袁世凯现患足疾,步履艰难,难

清末名臣张之洞在袁世凯面前也是自叹弗如

胜职任。袁世凯着即开缺回籍养疴，以示体恤之至意。"三天后，袁世凯怀着无比的委屈和幽怨，带着他的姨太太和亲信们，孤独而凄茫地离开了北京。

清末有这样一个说法，说"张之洞有学无术，袁世凯不学有术"。张之洞固然是忠厚老者，他和袁世凯的关系也不算太好，但在关键时刻，他的话实在是宽仁厚道的长者之语，不管他是为了大局着想或是其他，却在无意中保护了袁世凯。

说到底，再强的人，也有落难之时。袁世凯虽然混迹官场近三十年，不但"有术"而且"术"还挺多，但在皇权体制下，当他从庆王府听到"将对袁不利"的消息后，何尝不慌张？这时的他，也是惶惶然如丧家之犬，无计可施矣。

武夫治国

拔树论：袁世凯玩弄清廷于股掌

话说袁世凯被赶出京城后，他没有回老家河南项城。原因是这样，庚子年他做山东巡抚时，因严厉剿杀义和团而遭到朝廷大臣的弹劾，把他的长兄、时任营官的袁世敦拿出来顶罪，结果本已是候补知府的老哥，其大好仕途便被老弟毁于一旦。

袁世敦灰头土脸地回了项城老家后，不免含恨在心。数年后，袁世凯生母刘氏去世，身为族长的袁世敦（原配所出）坚决拒绝了袁世凯希望将生母葬入祖茔正穴的要求，理由是庶母不得葬入正穴，丝毫不给已是朝廷红人的老袁面子。表面上看，袁世敦是在维护族规，严守嫡庶之别，但真正原因恐怕还是当年旧事，袁世敦明摆着就是要让这个坏他前途的弟弟难堪，以出出自己胸中的一口恶气。

由此，袁家兄弟彻底闹翻。袁世凯一怒之下，发誓再也不回项城老家。可如今京城容不下他，老家又不好意思回，后来他只好在河南彰德的洹水北岸买了一座宅院，在此安身隐居。

归隐期间的袁世凯，每天的生活都很有规律：清早出去散散步，随后与亲戚朋友下下棋，要不就是和一些来访的文人墨客诗酒吟唱，打发落寞的时光。当时《东方杂志》上刊登了一副流传甚广的"披蓑垂钓图"，袁世凯以此来表示自己归隐山林、不问世事的用意。不过，从那张相片上看，袁世凯虽然头戴斗笠，手执钓竿，看似闭目养神，似有决裂于仕途之象，但其凝望沉思，又隐隐作姜太公钓鱼之状。

事实上，"退隐"后的袁世凯貌似与世无争，流连于山水之间，但实际上却时刻注视着清廷的动向。在袁世凯居室的不远处，据说有一个毫不起眼的小房间，这就是这座宅院中最现代，也是最为核心的一个地方：电报处。离开京城时，袁世凯特意带回来了一个小电台，其用意不言而喻。

通过电报处，袁世凯的亲朋故旧、北洋军的部属将领，还有他从前安插在政要部门的心腹爪牙，都能及时与他保持紧密联系，并向他报告外间的一切巨细信息。通过这个渠道，袁世凯足不出户而知天下事，身不在朝却一切尽在掌握。

据说，袁世凯一度耐不住寂寞而请了当地一个有名的瞎子给他算命，瞎子告诉他说，到辛亥八月中秋节，官星就动了。这瞎子算得还真准，等到武昌起义的消息传到后，机会真的来了。

果不其然，武昌义旗一起，山西、湖南、江西等省便纷纷响应，其他各省督抚的警报也如同雪花般直飞朝廷，要求增派军队，以防不测。摄政王载沣接到那些警报后，一下子就变得手足无措，只得慌忙召集内阁的一班大臣前来商议。

皇族内阁的这些亲贵，老的老，少的少，没事时吃吃喝喝，说说笑笑，要动真格了，这下倒好，一个个你看看我，我看看你，面面相觑，束手无策。看到这般景象，摄政王载沣气得是手脚冰冷，几乎要掉下泪来。

庆亲王奕劻资格最老，不得不出来打破这尴尬的沉默。老庆说，要保荐一个人，一定可以把革命党搞定。老庆不说则罢，一说便说到了载沣的痛脚上：你说他保的这人是谁？岂不正是那位被赶回老家的袁世凯？

载沣在听了老庆的话后，沉默良久，嘿然不答。

老庆在一边着急了，说："要不用袁世凯的话，就怕大清要完了。"

听到"完了"二字，载沣不免一个激灵。万般无奈之下，他只得厚着脸皮派人去请袁世凯。三天后，奕劻的亲笔信便送到了洹上村，开出的价码是请袁世凯出任湖广总督。

说实话，小小的湖广总督对袁世凯实在没什么太大的吸引力。要知道，袁世凯早在十年前就已是直隶总督兼北洋大臣了，这小小的湖广总督又算得了什么？如果按袁世凯的要价，至少也应是数年前他应得的内阁总理大臣位置哪。

于是，袁世凯摆足了架子，说自己"旧患足疾，迄今尚未大愈"，最近"交秋骤寒，又发痰喘作烧旧症，益以头眩心悸，思虑恍惚"，以此为由，他拒绝了清廷的开价。袁世凯的借口可谓冠冕堂皇：当年你载沣不就是以"足疾"为名将我赶出京城的吗？好，现在就给你来个"以其人之道，还其人之身"，先出了胸中这口恶气再说。

坐山观虎斗，我自坐钓台。袁世凯可以不急，但清廷这边就不行了，摄政王载沣环顾左右，军咨大臣载涛，海军大臣载洵，自己的两个弟弟都是少年亲贵，哪有能力收拾当前的局面。至于受命前去平叛的陆军大臣荫昌，他虽曾留学德国，好歹懂得一点军事，但他骨子里却是个学院派，没有自己的嫡系部队，也从未指挥过军队，更别说打过仗了。

据说，荫昌领旨率军前往湖北时，他身穿长袍马褂，脚上却蹬着军用长靴，简直就是个"三不像"。这时，旁边有人向他恭贺大任，荫昌眉头一皱，道："嗐，庆贺个啥，我手下一个兵都没有，朝廷让我去湖北督师作战，您说我这倒是用拳打啊，还是用脚踢呀？"

荫昌还算有先见之明，北洋军大都是袁世凯的旧部：统领冯国璋就不用说了，下辖第六镇统制李纯、第二镇第三协协统王占元、第四镇第八协协统陈光远，一个个都不肯用命，荫昌这光杆司令哪里指挥得动。

在军情急如星火的情况下，载沣也只好派出袁世凯的老友、内阁协理大臣徐世昌亲自去洹上村，看看袁世凯的葫芦里到底什么要价。袁世凯见是熟人，也没太多废话，当下提出了"召开国会、组织责任内阁、指挥水陆各军的兵权"等六点要求，不然决不出山。无奈之下，清廷只能全盘接受，袁世凯才勉强从河南彰德出发，前往湖北督师。

袁世凯一出马，北洋军的表现果然大不一样，很快便大举反攻，一举拿下汉口。局势稍微稳定后，袁世凯随后又返回京城，组建了一个完全听命于自己的新内阁。正当清廷盼望着袁世凯能尽快剿灭革命军时，袁世凯却突然不打了。

在袁世凯看来，当时的局势已不仅仅是武汉一地的问题，而是各省分崩离析的大势；即使能剿灭了武汉的革命军，但其他省份的革命党又如何对付？何况，袁世凯心里也清楚，清廷对他并不信任，一旦渡过难关，自己的命运又将如何呢？如今是天赐良机，他也得为自己打算打算。

此时的袁世凯，早已是百炼成钢，精敏老成，他绝不会轻易听从清廷的使唤，也不会随意附和革命党的意愿。他要做的，是凭借手里的北洋军从中操控，一方面利用革命军来要挟清廷，另一方面又借清廷的势力来威胁革命军，连哄带吓，既打又拉，将革命军和清廷玩弄于股掌之间。

据说，袁世凯曾给幕僚们说过这样一个故事："各位，你们知道拔树的办法吗？专用猛力去拔，是无法把树根拔出来的；过分去扭，树一定会断折。只有一个方法，就是左右摇撼不已，才能把树根的泥土松动。到时不必用大力，就可以一拔而起。清朝是棵大树，还是二百多年的老树，要想拔这棵又大又老的树木，不是一件容易的事情。闹革命的，都是些年轻人，有力气却不懂如何拔树；闹君主立宪的人懂得拔树却没有力气。我今天忽进忽退，就是在摇撼大树，等到泥土已经松动了，大树不久也就会拔出来的。"

汉口被攻下后，袁世凯派出了亲信蔡廷干前往武昌与革命党人进行接触，但因为双方立场差异太大，谈判久久不见成效，袁世凯于是又采取军事行动，以挫败革命军的士气。随后，北洋军向汉阳发起猛攻，并很快攻下。正当前军指挥冯国璋打算乘胜将武昌一举拿下时,袁世凯却命令暂时停战,这就让冯国璋一时摸不着头脑了。于是,冯国璋一边给袁世凯发电报,说"武昌唾手可得,机不可失",一边又下令继续炮击武昌,并无放弃进攻的表示。

袁世凯得知后勃然大怒,随后连发七道电报,严令冯国璋立刻停止进攻。为防止冯国璋坏了自己的好事,袁世凯随后将其调回京城出任禁卫军统领,而重新委派了另一名亲信段祺瑞为前敌指挥。说来说去,冯国璋毕竟只是个军人,他不懂得政治上的这么多道道,更不懂得他的袁主帅其实是在清廷和革命党之间进行平衡和博弈。

一番博弈下来,袁世凯最终用高超的政治技巧,不费一兵一卒便将那些皇族亲贵包括摄政王载沣在内一并扫地出门,赶出朝廷,最后又诱迫隆裕太后在清帝退位诏书上签字,最终结束了清朝两百多年的历史。

手无策："北京兵变"恐非操纵

辛亥年后，袁世凯夺得临时大总统职位，南京的革命党人心有不甘，他们试图以定都南京并要求袁世凯到南京就职来限制其势力，但袁世凯是何等人物，他岂有孤身南下，成为南方革命党的傀儡之理？

为促使袁世凯尽快到南京就职，孙中山派出以蔡元培为团长，宋教仁、王正廷、汪精卫等人为成员的专使团前往北京，迎接袁世凯南下。专使团到京后，被安排到一个特意准备好的馆舍休息，馆舍房间内窗明几净，整洁雅致，外面还有兵士环卫，加以特别保护。

当晚，京城知名人士纷纷来访，宾主双方展开闲谈，无外乎相互刺探口风：南方客人说民众期盼袁大总统早日赴南京就职，以安民心；北方人士则大多为袁世凯做说客，说什么袁大总统若是南下，北方无所依托，一旦人心不稳，未免生变云云。虽说是闲谈，双方却也各持己见，针锋相对，说了好大一会，彼此都不能相互说服。

次日一早，蔡元培、宋教仁、汪精卫等人去总统府商议南下一事，袁世凯倒也不曾怠慢，亲自出门相迎。待到双方行过礼，蔡元培便将参议院投票决定袁世凯任临时大总统的决议公文和孙中山的书函一并交给袁世凯，并说明来意。

袁世凯将公文书函略看了看，皱眉叹道："想我四年前便已退隐山林，不料去岁国事巨变，无奈之下方才重出江湖，以解黎民之困。如今共和已定，我只想做一太平百姓，为何南方诸君非得选中老朽，催促南下？难道这泱泱中华，竟没有比老朽更适合的人才吗？"

听了袁世凯自负无人却又故作谦抑的一番言辞，宋教仁心中不免冷笑，正待他想反唇相讥时，专使团负责人蔡元培却首先应道："老先生何必自谦，如今清帝已经退位，共和国一扫数千年之专制制度，老先生功莫大焉。南京临时参议院选举老先生为临时大总统，实乃众望所归，还望老先生以大局为重，早日赴南京就职，以慰各方人士之愿，则共和事业幸甚！"

袁世凯故作为难，道："南方人士希望我早日南下，北方人等又苦苦挽留我在北京，可我又没有个分身术，如何使得？我倒是想去南京就职，但如今北方局势不稳，恐怕形势不允许啊！"

宋教仁毕竟年轻气盛，这时终于忍耐不住，便朗声道："袁老先生此言差矣！此次推翻帝制，乃武昌起事，南京告成，何况南京已设临时参议院及临时政府，如今孙总统已辞职并推举老先生继任总统，即当以民意为重，为何迟迟不肯南下就职，有碍共和大业呢？"

袁世凯见宋教仁言辞激烈，不免也有些气忿，正当他想驳斥时，昨日一同从南京回来的议和代表唐绍仪却正好走了进来，顺便还帮领导解了围："宋兄！你又在这里大发高论了！如今各位来此，不过请袁公南下一就，何必多费唇舌？至于袁公之虑，也并非没有道理，只待北方局势稍微平静，即当拨冗启程，不负南方之盛意。"

袁世凯听后微微一笑，便起身道："各位所言极是，既然南方诸君盛情相邀，我亦当竭诚尽力，早日南行便是。"

袁世凯充满诚意的一席话，说得专使团的各位心里颇为舒畅，紧张气氛瞬时为之一变。袁世凯倒也善于把握机会，随后下令设宴款待远道而来的南方贵客，推蔡元培坐了首座，袁世凯自坐首席，唐绍仪也一起陪同。杯觥交错间，宾主相谈甚欢，却已不再论及国事。

待到散席回馆，专使团成员都有三分醉意，却还剩下七分清醒。

说实话，他们对交涉的结果虽然还算满意，但对袁世凯是否真的南下就职，却也说不上有十分的把握。

当晚，专使团正在商议对策时，突然城北传来数声炮响，随即便是人喊马嘶，仿佛有事变发生。蔡元培等人极为困惑，他们走到窗前推开窗户，却见不远处已是大火熊熊，一片乱象。

借着大火的余光，专使团发现不远街道上突然冒出成群的大兵，这些持枪的大兵老爷朝着天空不停开火，只见子弹带着长长的亮光，不断撕扯着本是安静祥和的夜空。清脆的枪声听起来不是那么的友善，更糟糕的是，这群乱兵一路上呼呼喝喝，沿途纵火抢劫，方向却似乎正朝着馆舍而来。

专使团等人大为惊恐，正待商议如何是好时，一颗流弹突然划破窗户飞了进来，将室内墙壁砸出一个洞又折射了出去。汪精卫大叫道："不得了！幸好这个子弹没有击中人，不然还不被它取了性命！"蔡元培说："不好，恐怕这是兵变了！"宋教仁却还算冷静，当即一语中的："这定是袁世凯的手段！"

宋教仁的话音未落，一群乱兵便已举着火把，"嘭嘭嘭"地猛砸馆舍大门，馆舍里管事人前去招呼说："这是南方专使团的所在，还望弟兄们不要惊扰！"

兵士们听后，反而更加大声嚷嚷道："什么专使不专使！越是专使，我们越要打他！"随后，乱兵们又是十几声乱枪，子弹"嗖嗖"地从专使团成员所住房间的窗户前呼啸而过，将蔡元培等人惊出一身的冷汗。

危急形势下，蔡元培对专使团的其他成员道："情况不妙，看来这些乱兵似乎是冲着咱们而来，不想我们使命尚未完成，却将性命白白送在这里！"汪精卫说："多说无益，我们不能在此束手待毙，不如从后院觅条出路逃生罢！"众人听后点头称是，当时也来不及收拾什么文件衣物，便一起下楼朝后院奔去。

还没等到后院，前面乱兵们已将大门砸出几个大窟窿，嚷嚷着要冲进来，蔡元培等人听到后，一个个急得像是热锅上的蚂蚁，恨

武夫治国

不能长出翅膀飞过墙外。要说馆舍后院并不算高,但黑灯瞎火的,专使团成员又都是些谦谦君子,一时间竟翻不过去。所幸后来有人从房内摸了一条板凳,专使团成员这才借以过墙逃生。

次日清晨,袁世凯得知蔡元培等人已逃到六国饭店避难后,随后派人前来慰问,并将他们接到府上压惊。等蔡元培等人再到总统府时,袁世凯也是一夜无眠,而且已换上马裤、马靴,一身戎装打扮。对于昨夜之事,袁世凯似乎也是一头雾水,正急急忙忙地命人四处打探,查明究竟是何人带头闹事,又闹成何等情形。

不久,各路探子回报,发生兵变的是曹锟统制的北洋第三镇,他们原本驻扎在北京城外,不知何故突然冲进城内,跑到东城和前门一带大肆哄抢,一路焚烧,还跑到专使团所住的煤渣胡同胡闹。到下半夜,兵变继续扩大,西城、北城也发生骚乱,当地的无赖闻风而动,趁火打劫,而部分巡警也加入了抢劫的行列。等到清晨,被砸被抢的店铺、钱庄、民居已有数千家,还有几百间房屋被焚烧,似乎是为了掩盖抢劫的痕迹。

这次兵变,是不是袁世凯一手导演,目前还没有确凿证据。不过,坊间倒有个传闻,说是袁世凯的长子袁克定曾找几个北洋军将领商议,说要是家父南下就职的话,到时直隶都督就要由别人接手,届时北洋军恐怕要被裁撤一部分,对大家很是不利,要想不让家父南下,首先要把南方专使团给赶跑。

曹锟等人听后,大为恼火,便说:"这事也不难办,只要我们让弟兄们趁夜把专使团住处围上一围,放两枪,把他们吓跑就是。"袁克定听后大为满意,说:"只要你们一闹就好办,到时就算专使团不跑,东交民巷的外交团也会出来抗议,那时家父就走不成了。"

还有人说,兵变第二天早上,正当唐绍仪向袁世凯汇报情况时,曹锟突然推门而入,向袁世凯报告说:"昨奉大帅密令,兵变之事已经办妥!"袁世凯见曹锟说漏了嘴,起身大骂道:"胡说八道,滚出去!"

目前历史书大多将这次兵变指为袁世凯的预谋,但又语焉不详,缺乏直接的史料证据证明，似有"因人定罪"之嫌疑。因此，也有部分史家反对这次兵变系"袁世凯策划"之说，如台湾学者吴相湘就在其著作中说："自来论北京兵变者大多以为袁氏所主使，甚至有指出此乃用杨度计者。然以今论之则均不免挟意气成见之讥。以天下众恶皆归之袁，固非历史真相也。"

蹊跷的是，这次兵变虽说抢劫的规模很大，但似乎是专门冲着有钱的地方而去，特别是城中银号更是一网打尽，遭灾最重，就连官府的存银处也遭到抢劫。据后来统计，乱兵们在当晚骚乱中至少抢走了三百万以上的银两。更令人奇怪的是，在当晚兵变中，袁世凯那些主管北京治安的亲信们毫无动作，譬如掌管警政的赵秉钧在当晚传令全城巡警一律撤岗，不得干涉，以至于不少巡警自己都参与了抢劫活动。

时任京畿五路备补军管带并亲历此事的冯玉祥在回忆录中说，"这天的兵变，最初是从东城铁狮子胡同总统府爆发，变兵是第三镇全体。起事的时候，他们把总统府团团包围，又撞进去放了一排乱枪，接着便大举抢掠，府中比较珍重的东西，搜刮净尽，连窗户什物也都捣毁一空。袁世凯的卧房也被击破了一角。这样闹了一阵，他们怒犹未息，又大举纵火，接着南北两城也陆续起火"。

冯玉祥认为，说这次北京兵变的主谋是袁世凯，显然高估了他的实力，因为袁世凯在回乡数年后，已经失去了控制第三镇的能力，何况第三镇的军纪本就极坏。据冯所说，这次兵变的直接原因是"段芝贵减饷"一事导致了兵变，因为按之前惯例，军队开拔前士兵每人加饷一两，"现在段芝贵却凭空把这一两银子减去。一两银子似乎算不了什么，可是在士兵的眼中，却非同小可。因为他们天天盼望的就是关饷。饷下来，扣除了伙食费，还剩得多少，他们一切打算和指望就都放在这上面。如今平白少去一两银子，这实在比要他们的性命还要严重。减饷的消息一传下来，士兵们无不愤激，口里不住地咒骂，算是袁世凯的八代遭殃，给他们骂烂了。……"

冯玉祥同时也认为，"这次的兵变，减饷的事实在是一个导火线"，根本原因还在于以下几点："第一，清政府虽已推倒，中华民国的金字招牌虽已挂了出来，可是整个社会的实质和政治方面机构，却并没有什么改变。一般人民的脑筋里，依旧牢固的存着一个皇帝的偶像。尤其是军队中，士兵们平素受的政治教育，只是忠于皇家，以革命为反叛。袁世凯以及他的左右，刚不久还是如此教育士兵，并且到处镇压革命，捕杀革命党。忽然一天抖身一变，自己做起大总统，成为革命国家的首领了。……这样，如何维系军心？当时老袁做了大总统，我就常常亲见亲闻许多官长目兵在背后切齿咒骂他，说他是个篡位的奸贼，愤激达于极点。第二，第三镇的队伍自在长春驻扎，军纪即极败坏。开到北京以后，堕落更甚。官长目兵，公开聚赌，纵饮狂嫖，无所不为，训练教育的事，完全废弛了。……第三镇这样，其余京畿一带的驻军无不如此。带兵的荒唐，目兵从而效尤，统帅者听任不问。好像他们以为皇帝倒了，世界变了，一切都可以胡作非为，用不着受拘束的了。"

王朝更替而不乱者几稀。无独有偶的是，后任南京国民政府军令部长的徐永昌（当时也在北京军中）也在回忆录中称，"正月十二第三镇在北京兵变，初非袁世凯所主使，有些人委称系袁世凯指使，以抗议南方代表要求迁都南京者，实乃诬传，不过袁适逢其会，利用兵变拒绝迁都，或者有之。因第三镇在汉口与革命军作战之后，士兵回京，仍不忘在外作战时期之不纪律生活习惯，而带兵者战时不知注意约束士兵的轨外行动，战后又疏于整顿与防范，故至酿成兵变，若谓第三镇兵变为袁主使，然则毅军兵变，亦将谓有人主使耶？"

原来，第三镇兵变后的第二天晚上，姜桂题的毅军也在西城哗变起来。接着，天津、保定也都相继发生哗变的事情。这些哗变，大都是以抢劫民财为目的，特别是在"截捕第三镇变兵后，得到意外的收获，军心即起浮动，每每想发横财"，因为在堵截中，"变兵被关押或处决，物品归公，而若干银钱饰物，不少都装入了堵截者的腰包。……经过一、二日截堵变兵，弟兄们仿佛像猫子吃惯了野食,派他们固然出去,不派他们亦要自动出去。……等到绝无变兵时,他们还有顺便偷劫城外居民的……"(此段系《徐永昌回忆录》)袁世凯可能没有想到,他离开北洋新军不过两三年,他亲手训练出来的部队已经成了这个痞样。

北京兵变后,东交民巷的外国公使团果然迅速作出反应,他们以外国人也遭到抢劫为理由,在向袁世凯提出了强烈抗议的同时,还从天津等地调集卫队入京,以加强使馆区的巡逻警戒。不仅如此,公使团还威胁说,如果中国不马上组建共和政府并恢复良好秩序的话,他们将调集更多兵力入京,大有重演当年"八国联军"侵华的架势。

在简单告知了兵变的情况后,南方专使团便被袁世凯请回了六国饭店。随后两天里,袁世凯也不再同他们会面,却不时派人将各地变乱的电报送给蔡元培等人阅看,其用意不说自明。专使团看到各地电报报来的尽是些坏消息,而北京当地报纸舆论都纷纷要求袁世凯留在北京以安定民心,免得局势进一步恶化而导致外国势力进行干涉。有的报纸甚至干脆指责是专使团的到来使得人心不稳,导

袁世凯与北洋军人合影

致了兵变发生云云。

在强大的舆论压力下，蔡元培等人也觉得局势悲观，他们向南京发去一电，称："北京及天津等地兵变后，无政府状态为害甚大，外人也似有干涉之像。经专使团几次会议讨论，全体成员一致认为，不能不牺牲我等此次来京之目的，以保全垂危之大局。"

所谓"高手过招，高下立现"，在政治权术和经验上，当时南方革命党毕竟远不如袁世凯来得老道；而在政治、经济、军事的资源上，他们也远不如北洋势力，哪能像袁世凯一样呼风唤雨，收发自如。情势压迫下，南京的孙中山、黄兴等人即使心有不甘，但也只能接受专使团的建议，放弃原来建都南京并坚持袁世凯来南京就职的主张。

1912年3月10日，袁世凯身穿大礼服，在北京外交大楼中（即前清外务部公署）宣誓就任中华民国临时大总统。是日，前清旧官僚们也都按前朝惯例，向新总统排班谒贺，就连蔡元培等人也不得不杂列其中，鞠躬相庆。如此结局，倒像当时流传的一首民谣说的："横商量，竖商量，摘下果子别人尝；今也让，明也让，吃人的老猿称霸王！"

但话说回来，大势所趋，不让又能如何？

三雄会：袁世凯初会革命党

孙中山解职临时大总统后，随后与胡汉民等人环游各省并宣传其民生主义。这段时间里，孙中山对铁路建设最感兴趣，并在各地不辞辛苦地向各界宣传他的筑路主张。而这段时期里，北京的政局却屡现危机。为调停党争并稳定当时的局势，袁世凯向孙中山和黄兴伸出了橄榄枝，邀请这两位民国革命元勋前来北京晤谈，共商国家大计。

为表示自己的诚意，袁世凯甚至派出专使，并让海军调出"海琛"号巡洋舰到上海护航迎接。人非草木，孰能无情，对于袁世凯的盛情相邀，孙中山和黄兴也不能不动心，随后两人便联名致电袁世凯，表示稍做准备便启程北上。

正在这时，由于发生了武昌起义元勋张振武被杀一案，很多同盟会员纷纷劝阻孙中山不可贸然进京。同盟会下的《民权报》当时还刊登了一幅漫画，名字叫《行不得也，哥哥!》：只见画中的北京城头张

革命元勋孙中山

开大网,正要捕捉北上的轮船,意思就是让孙中山、黄兴不能冒险,以至于羊入虎口。

在这种情况下,孙中山仍旧力排众议,他对众人说:"无论如何,我也不可失信于袁总统。别人都说袁世凯不可靠,我倒也试试自己的眼光。"孙先生以诚待人固然不错,但碰到袁世凯这样的权术老手,也不免要受他愚弄。

作为当时的权宜之计,同盟会经商议后决定让孙中山先行而让黄兴暂时称病,视情况而后定,以防袁世凯将两大革命领袖一网打尽。随后,在袁世凯的迎孙专使陪同下,孙中山与夫人卢慕贞、秘书宋霭龄及魏宸组、居正等人登上轮船招商局的"安平"号轮船,而这时的码头上已是人山人海,前来欢送的各界人士仍旧有劝阻孙中山北上的。

这时还发生了一个小插曲。一年轻漂亮的女同盟会员趁人不备,也随着孙中山一行混上了轮船。正当孙中山向送行人群挥手时,她走到孙中山面前并突然拔出手枪对准自己的头,大声说道:"孙先生欲投身虎穴,我誓死反对!如果孙先生一意孤行,我就立刻开枪自杀!"正当大家惊慌之时,孙中山还算镇定,他急忙温言抚慰,百般开导,这位女志士才放下手枪,怏怏而去。

在"海琛"号巡洋舰的护送下,孙中山一行人乘坐"安平"号抵达天津。在袁世凯的安排下,教育总长范源濂、工商总长刘揆一等人专程从北京赶来迎接,随后一行人乘花车专列离开天津,前往北京。

袁世凯给予孙中山的礼遇不可谓不高。等孙中山一行人抵达北京前门车站后,只见站台上早已耸起了高大炫目的彩棚,军乐队也奏起了雄壮的欢迎曲,而袁世凯的代表、总统府秘书长梁士诒带着各部总长早在车站等候,加上参议院的议员及其工商界、学界、报界、外宾等各界人士,前来迎接的竟有万人之多。

当然,这都是出于袁世凯的精心安排,但要说这时的孙中山一点都不感动,也不近人情。老袁在做人这一方面,还是极为圆熟妥帖的。

袁世凯派出自己专用的金漆朱轮马车前去火车站迎接孙中山，这辆专车由两匹白色骏马拉着，车上饰以黄绫，富丽堂皇，在人群中那是相当的耀眼，格外引人注目。前往迎宾馆的路上，只见街道上军警如林，马车经过之时，一个个都严肃认真地持枪敬礼，而被维持了秩序的路上也是人山人海，大家都争相前来一睹这位闻名已久的革命领袖。

事实上，孙中山对于如此高规格的接待颇不自在，于是他打开车窗，向热情的人群频频挥手并一再举帽致意。当晚，等孙中山一行人安顿好之后，袁世凯便派遣高级官员将他们迎至铁狮子胡同总统官邸赴宴。孙中山快到时，袁世凯还亲自到厅下迎接，这也是袁世凯和孙中山的第一次会面。在孙中山的北京之行后，这二位就再也没见过面了。

这次伟人间的握手，气氛还算热烈，至少表面上是如此。晚宴上，袁世凯为孙中山亲自执盏，可谓殷勤备至。致辞中，袁世凯用一种极诚恳的口气说："我盼望先生与克强（即黄兴）已经很久了，今天克强未与同行，不能共聆伟论，实在令人遗憾。所幸先生惠然肯来，让我感到十分欣慰。现在时局动荡，边警迭至，我又见识浅陋，能力有限，世凯谨代表四万万同胞感谢先生，还望先生不惜赐教、大力匡助！"

袁世凯的谦恭和马屁相当到位，孙中山自然也没话说，两人席间相谈甚欢。令孙中山感到惊讶的是，袁世凯对时局的看法和见识十分高明，与自己也很是合拍，几乎有相见恨晚之感。宴会结束后，两人又继续探讨国家大事，一谈就谈到半夜，这才握手告别。在同袁世凯的交谈中，孙中山提出："袁公任大总统十年，练兵百万；我则经营铁路，延伸二十万里。到那时，我们民国难道还能不富强吗？"

袁世凯听后，连连点头……不管孙中山说什么，袁总统总是说好。

武夫治国

次日,袁世凯在总统府举行盛大宴会,并邀请了各部总长、参议院议长、在京的高级将领及其各界名流和满蒙王公作陪。席间,袁世凯在欢迎辞中说:"孙先生游历海外二十余年,此次来北京与我商议国家大计,各项政见初见端倪,大大有助于民国前途。孙先生这次来京,与我相谈极其诚恳,可见之前谣传全是误会。民国由此更加巩固,此最可欢迎之事。"

说到这里,袁世凯向孙中山举酒致敬,并高呼道:"中山先生万岁!"

盛情难却下,孙中山也起立作答:"今日承大总统特开宴会,备极嘉许,实在感谢。大总统富于政治经验,善于练兵,如今担任国事,实在值得国人庆贺。"说完,孙中山也高呼道:"袁大总统万岁!中华民国万岁!五大民族万岁!"

前后两位临时大总统互呼"万岁",宴会气氛一时达到了高潮。

在袁世凯的盛情款待下,孙中山也失去了仅有的一点警惕。数日后,孙中山致电黄兴,敦促他早日赴京,以消除外界的各种谣传,促进南北统一。为维护稳定大局,黄兴与陈其美等人也离开上海,前往北京。黄兴还在途中时,袁世凯便宣布授予黄兴陆军上将的军衔(一同授衔的还有段祺瑞、黎元洪二人),以表示对黄兴的重视。同日,袁世凯发布命令,特授孙中山"筹划全国铁路全权、组织铁路总公司",并极为慷慨地让交通部每月拨给办公费三万元,而且一切行政用人之权,政府概不干涉。

黄兴

黄兴到京后,袁世凯给予

了与孙中山同样的接待规格。不过，黄兴显然要比孙中山清醒许多，他对于袁世凯的谬赞，却大多不置一词。在"三雄会"后，袁世凯曾这样评论孙、黄二人："孙中山志气高尚，见解亦超卓，但非实行家，徒居发起人之列耳。黄兴性质直，果于行事，然不免胆小识短，易受小人之欺。"

但是，同盟会中的激进派却对孙中山、黄兴等人功成身退甚至俯身于袁世凯的做法感到大惑不解。在孙、黄北上与袁世凯会谈后，元老级人物谭人凤即大发感慨，说："以前有人写诗，说'周公恐惧流言日，王莽谦恭下士时'，这两句正好应该送给孙、黄二人。不过一番款洽，竟然就中了袁世凯的圈套。孙中山还说什么愿袁世凯为十年总统的胡话，就连黄兴也立刻改变了论调，难道袁世凯真的有魔力吗？这些人怎么会被他玩弄于股掌之间而不悟呢？真是奇哉怪也！"

其实也不奇怪，如果袁世凯真的与孙中山、黄兴等革命派推心置腹，精诚合作，这于国于民未尝不是一件好事呢！

武夫治国

公民团：袁世凯的"总统制造记"

1913年宋教仁遇刺后，革命党发起"二次革命"，但因为力量悬殊而很快失败。在用武力打败革命党人后，袁世凯的威势暂时达到了高潮，而临时大总统"转正"也就成为老袁最关心的问题。

在民国的第二个"双十节"来临前，759名国会议员（按法定总人数在800人以上，俗称"八百罗汉"）来到选举会场，正式选举民国首任正式大总统。按新公布的《大总统选举法》，选举大总统须三分之二的议员出席，以无记名投票方式进行选举，候选人须得票四分之三以上方可当选。

刚开始时，选举还算正常。第一次投票后，经统计，袁世凯得471票，黎元洪154票，其他还有几个候选人只得零星数票。袁世凯这次虽然得票最高，但因为某些议员投了无效票，因而其得票仍未达到法定的四分之三多数，因此还需要再进行一次投票。

就在这时，选举会场外突然来了数千名貌似军人的不相干人等，他们打着"公民团"的旗号前来观看选举。当袁世凯没有当选的消息传来后，这些"观众"便整齐严肃地大踏步进入会场，将正在投票的议员们里三层外三层地围了个水泄不通，圈内人就算插翅也难飞。

议员们何时见过这等"民主"架势，只得推议长去交涉，要求这些人退出会场，不得干涉选举。谁知那帮人听后，反而大声嚷嚷起来："我们都是公民团，今日推选大总统，关系重大，倘若你们选出辜负众望的大总统，我们是不答应的！我们丑话说在前头，要是所选非人，今天各位就甭想走出会场！"

如此情形，议员们也就明白了七八分。但是，令人敬佩的是，当时那些议员们还是颇有些骨气的，在如此高压下，他们偏不肯将票投给袁世凯。第二次选举后，袁世凯虽然得了497票，但黎元洪也多得了几票（162票），袁世凯仍未达到法定多数。从效果上来看，"公民团"的做法其实是添乱，黎元洪多得的几票很可能就是国民党议员投的，虽然他们未必支持黎副总统。

由于大家对当时投票流程不甚熟悉，从发票、填票、投票、开票、唱票，这一圈搞下来大约要4个小时，因此议员们的肚皮也有些饿了，于是打算明日再进行第三次选举。但是，这些"公民团"们可就不答应，他们早已将会场团团围住，许进不许出，就连四面围墙也站满了军警，不选出"袁总统"，谁也别想跳出这禁锢圈。

时间拖到晚上，议员们饿得急了，想闯出大门找点吃的，但那也不行。议员们还没等走到门口，便被"公民团"的人拽住，轻则破口大骂，重则饱以老拳，把议员们打得抱头鼠窜，狼狈地逃回会场。最可笑的是，某些议员好吸大烟，一时间烟瘾犯了也没法补充，这群人在会场上哈欠连天，鼻涕不是鼻涕，眼泪不是眼泪，真是急得抓耳挠腮，捶胸顿足，徒然让"公民团"取笑。

也有送饭的。比如支持袁世凯的公民党给他们的议员送饭来了，"公民团"的人便放他们长驱直入。进步党也派人来送吃的，但这些凶神恶煞的"公民团"们不让他们随便进去，进步党的人急忙说："我们是拥护袁总统的！""公民团"们听了喜笑颜开，大手一挥，说："那就赶紧进去吧！"

国民党派人送饭来，说："我们是国民党的，给议员们送饭！""公民团"们大怒，骂道："国民党的不准进，多饿死他几个才好，活该！"

眼看不继续选举就不许出门，议员们也只好忍气吞声地接着进行第三次投票。按照《大总统选举法》第二条："两次投票无人当

武夫治国

选时,就第二次得票较多者二名决选之,以得票过投票人数之半者当选。"换言之,这次只在袁世凯和黎元洪中间选举一人,而且只要过半数就可当选。

待到选票发到各议员的手中,"公民团"们又叫嚷起来了:"选举袁总统!""谁不选袁总统就别想出门!""谁不选袁总统就别想吃饭!"

在此喧嚣声浪下,饥肠辘辘的国民党议员们早已是手脚发软,头昏眼花。但即便是这样,仍旧有部分硬骨头议员在选票上画叉,以示抗议。等到投票结束,袁世凯得了507票,自然是过了半数并当选为中华民国第一任正式大总统。

事实上,袁世凯当选为第一任正式大总统本毫无悬念,"公民团"的行为实在是弄巧成拙,本该下午就结束的投票非被他们弄到晚上十点才结束,差点还饿出几条人命来。等到宣布投票结果,那些议员们不是饿得发晕就是憋得发昏,哪还有力气去鼓掌祝贺新总统当选。

那些"公民团"们听到袁世凯当选后,倒是兴高采烈了一下,他们高呼了数声"大总统万岁",随后便一溜烟地呼啸而去——想必去规定地点领赏了。只可怜那些饿了十几个小时的国民党议员们,在一片狼藉

袁世凯就任正式大总统后的标准像

中，他们扶着墙颤颤巍巍地摸出门外……

啥也别说了,直奔面馆去吧!

此时总统府却是热闹非凡,里边鞭炮齐鸣,山呼万岁,前来热烈祝贺的人几乎挤破了门槛。由此,袁世凯导演的这幕选举丑剧终于拉上了帷幕。

唉,你说袁世凯如此权势,还要在背后动用武力搞小动作,这"民主、共和"还如何个搞法。尽管后面还有很多掩耳盗铃、强奸民意的丑剧要上演,但袁世凯作为第一个,开了如此恶劣之先例,其始作俑者,又能辞其咎乎?

子欺父：袁克定伪造《顺天时报》

袁世凯一生中共一妻九妾，其原配于氏是他当年返回河南乡试不第时在乡完婚的。两年后，其长子袁克定出生，这也是于氏唯一所出。

袁世凯到朝鲜后，陆续添了多房妾侍并生了众多子女（总共十七子，十五女），但这些弟弟妹妹们都与袁克定的年龄相差很大，譬如次子袁克文就比袁克定要小足足十二岁，因此袁世凯对袁克定当然是另眼相看，好生培养。袁克定从小就跟着父亲，无论袁世凯驻节朝鲜还是小站练兵，或者巡抚山东、总督直隶，袁克定都未曾离开过一步。

要说起袁克定，倒也还出落得相貌堂堂，一表人才，一改他父亲那种身材五短、赳赳武夫之形象。袁世凯清朝为官时，袁克定也供职于农工商部，但天有不测风云的是，1912年初袁克定在河南老家骑马时不慎摔伤，因为医治不及时而落下病根，走路有点跛态。袁世凯看后十分痛心，便于次年送他到德国继续治疗。

德皇威廉二世见中华民国大总统的长子前来就医，自然十分重视，招待也极为殷勤。威廉二世是个有野心的人，他当时正想在远东扩展势力，于是趁着宴会时在袁克定耳边吹风："中国现在搞的民主共和制，不适合中国国情。中国要想发达，必须向德国学习，非帝制不能发达。大公子回国后一定转告大总统，中国要恢复帝制的话，德国一定尽力襄助。"

不仅如此，威廉二世还在袁克定回国时特意写了一封信让他转交袁世凯，信中大意也是中德亲善提携并劝告袁世凯称帝云云。

在德国期间，袁克定为德国所取得的成就惊叹不已，由此也对德国帝制之功效深信不疑。1914年，三十六岁的袁公子在德国脚伤没治好，倒是怀揣着一个"皇帝梦"回了国。由此，袁克定在家中刮起了一阵"德国旋风"，他给自己和弟弟们都定做了一套威风凛凛的德国亲王将校服，隐然以"太子"自居。

可惜的是，袁世凯当上总统后却对家人、亲戚十分避嫌，他的几个成年儿子在前清时倒在官府里做过一些事情，但到民国后，在袁世凯的坚持下，反而没有一个人在外做官，这让袁克定十分郁闷。

好在机会很快就来了。民国建立后，袁世凯发现他的北洋军已经暮气沉沉，而且派系林立，自己掌控起来也不再得心应手。从之前的"北京兵变"中，袁世凯已经感觉到，原来他手下的那些将领们，现在大都各有山头，指挥不易。

于是，袁世凯在掌握政权后便着手重建自己的嫡系军队，而这时保定陆军学校的校长蒋方震提出编练"模范团"以重整军威，袁世凯便采纳了这个意见。所谓"模范团"，就是从各师中抽调各级军官分别充当军官和士兵，建制为团，训练半年后派到各师充当军官，以改造优化军队中的军官结构。

最开始时，袁世凯打算让云南来京的蔡锷（日本士官学校的高才生，辛亥革命时任云南都督）担任"模范团"团长，但这一提议因遭到北洋系将领的反对而作罢。袁克定听说此事后，他也想学习袁世凯当年小站练兵的经历，于是向老头子提出由他来担任"模范团"团长。袁世凯开始觉得不妥，袁克定便说自己在德国时，发现德国皇族在国内只能担任军职，不得干涉内政，这是一个值得效仿的好办法。

在袁克定的软磨硬缠下，袁世凯只好答应去和陆军总长段祺瑞商量下。段祺瑞本来就和袁克定有矛盾，他听说要让袁克定担任"模范团"团长后，立刻大摇其头："什么？让大公子担任团长？这

武夫治国

怎么行?！他对军事一点都不懂,派他去练兵岂不是大出洋相?再说了,他腿脚不好,实在有碍军容……"

没等段祺瑞嘟嘟囔囔地说完,袁世凯就气呼呼地走了。

由于"模范团"团长人选难产,袁世凯最后只好自己兼任了。直到办"模范团"第二期,段祺瑞当时已被排挤到西山"养病"去了,袁克定才如愿以偿,当上了"模范团"团长。但问题是,袁大公子可没有他老爹当年那份吃苦的劲头和责任心,他从小就是公子气派,怎肯和袁世凯当年那样"每日与士兵们共奔走"?颐使气指,目中无人,他倒是有一套。

尽管袁克定是个"野心大、能力小"的主,但凭着"袁大公子"的地位,当时仍有很多人趋奉其门下,毕竟袁克定是"太子"嘛,万一押宝押对了,岂不是鸡犬升天、飞黄腾达?中国从来就不缺这号势利钻营的人物。当时紧跟袁克定的人中,文有杨度、梁士诒之流,武有段芝贵、陈光远之辈,袁克定这"太子"尚未做成,"太子党"倒是人才济济,从中央到地方,到处都有袁克定的人。

之前的"北京兵变"一事,据说袁克定就颇有嫌疑。当时蔡元培等人专程前往北京迎接袁世凯南下,袁克定知道老头子不愿离开北京,于是背着他

袁克定为了当太子,硬要把老头子推上皇帝的宝座

策划了这场兵变。不过，袁克定的计划是指使北洋军第三镇攻进皇宫，将小皇帝溥仪赶走后效法宋太祖"陈桥兵变"，给袁世凯来个"黄袍加身"。

可笑的是，袁克定的计划没有通知禁卫军，结果禁卫军不知就里，拼死抵抗，袁克定的军队竟攻不进去，这帮大兵老爷恼羞成怒之下，最后演变成一场抢掠商家的浩劫。对于这事，袁世凯当时的表现也颇为惊慌，似乎事前确实不知，不过这也算是帮了大忙，他当时正愁找不到推脱去南京就职的借口呢。

袁世凯称帝前，有人称袁克定为"曹丕"，而他的那个二弟袁克文，因一向诗酒风流，温文儒雅，而被人称为"曹植"。据说，某次兄弟俩因为琐事吵了起来，袁克文竟对他大哥说："你要做曹丕，竟不许我做曹植？"这事后来让袁世凯知道了，老头子怒气冲冲地把两人找去臭骂一顿，说："怪不得外面有人骂我是曹操，原来是你们兄弟俩在自比曹丕、曹植，真是岂有此理！"

袁世凯复辟闹剧中，最令人捧腹的莫过于袁克定伪造《顺天时报》来蒙骗老头子一事。《顺天时报》是袁世凯每天都要读的，因为这份报纸不仅发行量大，而且是日本人在天津所办的汉文报纸，从中可以看出日本政府的动向，而当时袁世凯对日本的态度最为敏感。袁克定为了促成老头子称帝，竟然伪造了一份专门刊登一些鼓吹帝制、拥护袁大总统做皇帝之类消息的假报纸每天送给袁世凯看。

据袁世凯最宠爱的三女儿袁静雪回忆说："假版的《顺天时报》是大哥（袁克定）纠合一班人搞出来的，不但给父亲看的是假版，就是给家里其他人看的也是假的。大哥使我们一家人和真实的消息隔绝了开来。不料有一天，我的一个丫头要回家探望她的父亲，我当时是最爱吃黑皮的五香酥蚕豆，于是让她顺便买一些带回来吃。第二天，这个丫头买来一大包，是用整张的《顺天时报》包着带回来的。我在吃蚕豆时，无意中看到这张前几天的报纸，竟然和我们平时所看到的《顺天时报》的论调不同，就赶忙寻着同一天的报纸来查对，结果发现日期相同，而内容很多都不一样。我当时觉得非常奇怪，便去找二哥（袁克文）问是怎么回事。二哥说，他在外边早已看见和府里不同的《顺天时报》了，只是不敢对我父亲说明。他接着问我：'你敢不敢说？'我说：'我敢'。等到当天晚上，我便把真的《顺天时报》拿给了父亲，我父亲看了之后，便问从哪里弄来的，我便照实说了。我父亲当时眉头紧皱，没有任何表示，只说了句：'去玩去吧。'第二天清晨，他把大哥找了来，及至问明是他捣的鬼，父亲气愤已极，就在大哥跪着求饶的声音中，用皮鞭子把大哥痛打了一顿，一边打，一边还骂他'欺父误国'。从这以后，我父亲见着他就有气，无论他说些什么，我父亲总是面孔一板，从鼻子里发出'哼'的一声，不再和他多说什么话，以表示对他的不信任。"

虽然袁克定在紧要关头失去了老头子的信任，不过他还有一个撒手锏，那就是令袁世凯挥之不去的"家族魔咒"。袁世凯家族中，外出做官的都没有活过六十岁，如袁甲三、袁保恒、袁保龄、袁保庆这些大名鼎鼎的人物，乃至袁世凯的父亲袁保中，也是壮年而终。由此，六十岁这道大关也就成为压在袁世凯心中长久的梦魇，而从民国建立后开始，袁世凯的身体就每况愈下，这更是让他疑神疑鬼。

六十的大限即将来临时，袁克定称"只有称帝才能突破这一魔咒"，这就不能不对袁世凯产生强大的吸引力了。毕竟，皇帝是九五之尊嘛，世界上还有什么比这个更尊贵呢？或许，这个魔咒真的不敢侵犯真命天子？从这个角度上说，把板子全打在袁克定的屁股上也不公道，毕竟袁世凯在那个时代也是迷信的人哪。

据说，有一天袁世凯在书房睡午觉，一个婢女端着一碗参汤进了房间，一个不小心把汤碗掉在地上，这下可把小丫鬟给吓坏了，因为这个汤碗并非寻常的汤碗，而是慈禧太后当年亲赐的玉碗，最为袁世凯所钟爱。

袁世凯被惊醒后，发现自己最心爱的玉碗被打了个粉碎，他怒气冲冲地呵斥小丫鬟是怎么回事。这个小丫鬟却还聪明，她急中生智，扑通一声跪下说："大老爷，我端着参汤进房间时，突然看见大老爷的床上盘着一条金龙，我一害怕，就把玉碗给摔了！"

此时的袁世凯正忙于帝制，他听了这话立刻转怒为喜，非但没有怪罪小丫鬟，反而赏了她一百大洋，并叮嘱她不得在外面乱说。

说起这个小丫鬟打碎玉碗的事，其实还有另一种说法，那就是小丫鬟见到的不是金龙，而是一只超大的癞蛤蟆，这大概与袁世凯是癞蛤蟆转世的传闻有关。老北京常有这么个传说，说北京西山有"十暴戾"，即十个修炼千年的动物，它们通了人性，转投人间，祸害百姓。这十个精灵是熊、獾、鸮鸟、狼、驴、猪、蟒、猴、狐、癞蛤蟆，分别为多尔衮、洪承畴、吴三桂、和珅、海兰察、年羹尧、曾国藩、张之洞、慈禧太后和袁世凯，简称"西山十戾"。

据传，袁世凯闹登基的那年，北京陶然亭周围的蛤蟆叫声震天，就是因为袁世凯的元神到了陶然亭，这才引得那里的蛤蟆"叫坑"。当然，说袁世凯是蛤蟆转世肯定是牵强附会的迷信，只不过袁世凯脖子短、腿脚粗，样子有那么一点"神似"罢了。

和袁克定热衷于搞帝制形成鲜明对比的是，袁世凯的次子袁克文却对此漠不关心。不仅如此，这位"皇二子"甚至还写了首讽父诗，可算是民国古体诗中之极品，姑抄录如下：

> 乍着微棉强自胜，阴晴向晚未分明；
> 南回寒雁掩孤月，西落骄阳黯九城。
> 驹隙存身争一瞬，蛩声警夜欲三更；
> 绝怜高处多风雨，莫到琼楼最上层。

诗的最后两句是诗中重点，无外乎劝老头子千万"莫到琼楼最上层"，否则站得高，跌得重，老本全赔光。苏东坡在《水调歌头·中秋》中也说，"高处不胜寒"，想必袁大总统也跟着头脑一起发热，早已忘却了。

据传，袁世凯临死时曾嘟囔了一句："是他害了我。"当时也没说这个"他"到底是谁，一般人都认为是大公子袁克定。要说这复辟丑剧，袁克定还真要负一半责任，他自己想做太子想疯了，结果把老头子硬推到火上去烤，害得袁世凯一代枭雄，最后为这竖子所害，落得个可惜、可笑又可叹的千古骂名，真是窝囊之极。

袁克定这个人，不文不武，品不高，德不显，糊涂半生且不说，晚年还好男宠，结果因此而倾家荡产，潦倒而终。袁世凯有这样一个"太子"，又怎能不败。

滑稽戏：袁总统关门做"皇帝"

洪宪帝制中，最可笑的莫过于"梁大财神"梁士诒等人搞的请愿推举运动，但热闹归热闹，袁世凯心里却明白，请愿只能做个序幕，不能当成正戏。倘若非要搞拥戴，那正戏就应该召集国民会议议决国体，才能显示其名正言顺。

在袁世凯的暗示下，参政院很快制定《国民代表选举办法》，袁世凯也就半推半就，同意在民国四年（1915年）10月后举行国民选举，并将选举办法发各省操办。为加速帝制进程，国民代表直接在各省投票决定国体，无须来北京召开国民会议。

按说，之前国内已搞过几次选举了，各地也积累了不少经验，但这次的选举办法却与以往大不相同，因为这些"国民代表"大都已经指定，首先在京的军政人员便占了一大部分，这些人当然都是拥袁的，不过这次是按照其籍贯分回各省去投票而已。至于给各省留出的名额，也是由各省将军、巡按使来决定，方法就是各县（官）推选一个选举人前往本省指定的场所报到，而在投票前，办事人员会先招待选举人，试探下他们对帝制的态度，如碰到支支吾吾、不明确表态或者干脆就反对的，随后便有密令给原县官，指斥他办事不力，并限令重新推举选举人。

如此方法下，终于在全国范围内选出1993名国民代表，而在投票日，在各省将军和巡按使的监督下，代表们进行记名投票。此前，选票上早已印着"君主立宪"四个大字，代表们只需在下面空白处写上"同意"或"反对"二字，然后签上自己的大名，便可投票了。

投票前，每名代表都收到五百大洋的川资和公费，加上又是记名投票，谁要敢乱写，保准吃不了兜着走。于是乎，投票结果可想而知：1993张选票，无一不清清楚楚、工工整整地写着"同意"二字。

至于"皇帝"的推举，程序也与国体投票完全一样，只不过选票上印着"选举袁世凯为中华帝国皇帝，以国家最上完全主权之皇帝传之万世"的字样，也是写上"同意"或"反对"，然后签名投票。

最终的投票结果可谓蔚为壮观，全国1993名国民代表，赞成帝制并恭戴袁世凯为皇帝的票数一张不少，整整1993张，既没有一张废票，也没有一张反对派。后来者的操纵选举、选举舞弊等等，和这次"完美"的选举相比，简直就不值一提。

喜剧既然开场，想收脚也已经来不及了。1915年12月11日，参政院代行立法院召集各参政开会，在审查了国民代表的投票情况后，参政院决定以"全国总代表"的名义上推戴书，拥立袁总统为中华帝国之皇帝。决议既出，秘书厅的秘书员早已胸有成竹，不消十分钟便拟就了八九百字的劝进书，一气呵成，通过也就不在话下。

当天下午，参政院将劝进书的大红喜报送到总统府时，尽管袁总统的心里早已乐开了花，但面子工程还得做，得效仿下先贤的"三揖三让"，以示谦恭。第一份劝进书被退回后，参政院也不气馁，随后又命秘书厅重新拟定一份拥戴书。令人吃惊的是，秘书厅的秘书员竟然在十五分钟内再次拟定了一份新的劝进书。倘非提前准备，这位仁兄定是位无可匹敌的"超级大才子"。

说好的"三揖三让"，原本该是三道程序，但不知何故，袁总统竟然省去了中间第二道，在第二次拥戴书送来后的次日便急吼吼地加以接受。如此做法，实在是让参政院的大人们觉得意犹未尽，要知道，第三份劝进书成稿在胸，还没来得及写呢。但题外话就不说了，至此，经过三个多月的努力，帝制终于是大功告成了。

在承认帝制后，袁克定催促老头子赶紧举行登基大典，以免夜长梦多，但袁世凯认为登基仪式事关重大，应当按照中国人的传统习惯挑个良辰吉日，也好从容筹备，免得届时仓促行事，有失体面。随后，袁世凯便任命朱启钤为大典筹备处主任，并准备在1916年1月1日正式登基。

正式登基前，袁世凯决定先举行了一次百官朝贺会，并让袁克定挑个好日子。袁克定急不可耐，说："就明天——明天就是个好日子！"

次日上午，袁世凯在中南海举行百官朝贺会。由于时间仓促，事前也没有做什么准备，前来朝贺的官员只包括在京官员，地方大员们都没有参加。更滑稽的是，这次朝拜也没有统一服装，有的穿着长袍马褂，有的身着西装礼服，武官更是戎装入贺，而有的闲职人员干脆穿着便服就来了。

仪式由袁皇上的"御干儿"段芝贵主持，令他百思不得其解的是，皇上命朝贺时行三鞠躬礼，他想象中的三叩九拜竟然无从施展。9点整，在四名武官的引导下，袁世凯身着大元帅戎装来到居仁堂，而不是大家所猜想的那身价值百万的龙衮服和皇冠。这一天，袁世凯甚至连帽子都没有戴（因为他素来讨厌那顶插羽毛的元帅军帽），这幅装扮，反衬得他那大脑袋油光锃亮，仿佛紫气东来，洪福齐天。

尽管文武百官已经分成班次，但由于段芝贵是个武人，他也不懂得什么司仪规矩，还没有等袁皇上就座，他自己抢先拜了下去，而旁人因无人指挥，参拜时乱七八糟，有鞠躬的，有下拜的，也有喊"皇帝万岁"的，参差不齐，反弄得袁皇上坐也不是，站也不是，踌躇半天，只是左手扶着御座龙椅，右手还手掌向上，频频向鞠躬叩拜者点头示意。遇到年长位高的，袁皇上还上前搀扶，以示谦逊。

朝贺仪式结束后，袁皇上让大家散去，各自回去上班，就连筵席也没有请大家吃一顿。等大家走出居仁堂后，老袁这才回过神来：这朝贺仪式也未免太简陋、太节约了吧！就跟平常一样，好像是关门做皇帝，偷偷摸摸、见不得人似的……这算怎么回事嘛？

正因为如此，一直热心于此事的帝制派人物对主持仪式的"御干儿"段芝贵很不满意,由于没有过足瘾,这帮人见了那"御干儿"几乎就要老拳相加了。

不管怎么说,袁世凯虽然没有举行登基仪式,但也算皇帝即位了。新朝嘛,自然得有点新气象,譬如觐见礼就由跪拜改成鞠躬,也算是一大进步,遥想当年,大清王朝为了这个问题和列强们死掐,弄到最后,连圆明园也给人家烧了。另外,按照外臣有贺长雄的意见,宫中永远废除太监制度和宫女制度,改设女官,也算是与之前王朝划清了界限。

中国古代史上,但凡新王朝成立,往往都要"徙居处、改正朔、易服色、变牺牲"。这"牺牲"祭品变不变倒无关紧要,国都也是好不容易争取来的,因此"徙居处"也就大可不必,但在"改正朔"上,还需做做文章,那就是在1916年后废除民国纪年而改行洪宪年号,历法也改用《洪宪元年历书》,至于"易服色",按今文经学的"夏黑、商白、周赤"的三统循环理论,洪宪王朝应崇尚红色,因而登基三大殿的廊柱都要刷成红色,瓦也要换成红瓦,以示喜庆。

除此外,皇帝登基得对有功之臣封王赏爵,好处均沾,但这里也遇到了一点小问题,那就是之前的故人旧友,袁皇上也不好意思让他们称臣,于是将之列入旧侣(计有载沣、奕劻、世续、那桐、锡良等数人,均为前清王公或名督)、故友(即所谓"嵩山四友",徐世昌、赵尔巽、张謇、李经羲四人)、耆硕(王闿运、马相伯等)三类,这些人可享受不臣之礼。

至于其他的公、侯、伯、子、男(分三等),那受封的人就多了,大凡各省将军、巡按使、护军使、镇守使、师旅长以上人等,见者有份,一口气封了128个,就连已故的前国务总理赵秉钧也被追封了一等公。

在这欢快的日子里,也有不和谐音。譬如朝贺仪式上,前陆军总长、老部下段祺瑞和前副总统黎元洪(袁世凯做了皇帝,黎副总统当然就成了前副总统)就不曾前来,而这次封爵中,段祺瑞也是榜上无名。

据称，袁世凯即帝位前，他曾找了一位郭姓堪舆家（即风水先生）到河南项城看自己家的祖坟。郭某看过后，认为第七家即袁世凯生母之墓最不同凡响，他说："此坟来脉雄长，经九迭而结穴，每迭上加冕，应九五之象，左右边送护卫，罗列诸侯，直帝王肇陵之形势。"袁世凯听后十分兴奋，便问他"龙兴之运"有多少年。

郭某其实也不过胡诌骗钱，见袁世凯这么一问，他灵机一动，便以"八卦"与"阴阳二气"为名，说有"八二之数"。袁世凯大喜，问："是八百二十年，还是八十二年？"郭某一时间答不上来，便则故作神秘地道："八二之数，天机不可泄露。"袁世凯听后，自言自语地说："就算是八十二年，也有三代，我也很满足了。"

但是，后来袁世凯的洪宪王朝只维持了八十三天——弄了半天，郭某说的"八二之数"是八十二天，仅此而已，算他蒙对！

最有意思的是，1916年元旦，北京警视厅通令全市卖元宵者，一律改"元宵"为"汤圆"。原来，袁世凯认为"元宵"音同"袁消"，于新皇帝不吉，于是改"元宵"为"汤圆"。时人有诗云："偏多忌讳触新朝，良夜金吾出禁条；放火点灯都不管，街头莫唱卖元宵。"这首打油诗，讽刺的便是此事。

另外，还有人以"洪宪"二字作了一首嵌字联讽刺袁世凯：

洪水横流，淹没汉、满、蒙、回、藏；
宪章文武，尽是公、侯、伯、子、男。

最大煞风景的是，袁皇上本在称帝后封黎元洪为"武义亲王"，并派人将做好的亲王服给"黎亲王"送去，但这个前副总统却屡加拒绝，就是不肯接受，惹得前去送衣的步军统领江朝宗几乎要打上门去，但袁皇上却命暂且姑息，黎元洪也就闭门不出，在家苦练书法。

黎副总统拒受册封的事很快传遍了整个京城，一首童谣也就不胫而走："好江山，做不牢；好江山，做不牢；亲王奉送，没人要！"

武夫治国

愧已晚：袁世凯后悔不听挚友言

　　袁世凯称帝过程中，两位老友严修与张一麐却对复辟帝制明确表示反对，他们一再劝阻老袁不要走上这条绝路，但后者终究未曾醒悟。

　　严修，天津人，进士出身，他原本是贵州学政，袁世凯在直隶办新政时将其延请为直隶学校司督办，直隶境内的学校教育改革由此搞得有声有色。1905年，在袁世凯的举荐下，严修升任学部侍郎，并在全国推广"废科举、办新学"的教育改革运动。袁世凯被罢官时，严修公开站出来为袁上折鸣不平，而且是亲自前往车站送袁世凯回乡的少数几个人之一。为此，严修也被清廷罢官，两人可谓患难之交。

　　袁世凯复出后，几次请严修出任教育总长之职，这当然是对老友的一种报答与感激。但是，此时严修早已绝意仕途，他一心一意从事教育（南开中学、南开大学均为严修创办），就连袁世凯的几个儿子如袁克定、袁克文也与严修有师生之谊。在听说袁世凯要复辟帝制后，严修急忙从天津赶到北京，而袁世凯听说老友来了，也立即停下手里的工作接待严修。

　　严修见了袁世凯后也不客气，他开门见山地说："听说大总统受杨度等人的撮弄蛊惑，要变更国体，改行帝制，我心里十分着急。杨度这个人，一向阴险狡诈，为了自己的发达而不择手段，大总统一定要小心此人。如今，共和思潮已经深入人心，倘若逆历史潮流而动,必将天下大乱,后果不堪设想。大总统你想,历朝历代的帝王家有什么好下场?你何苦要去做什么皇帝呢?你别看现在外面搞请愿、搞选举,闹得乱哄哄的,可大总统对外面的事情真相,你知道多少呢?"

见袁世凯还不肯醒悟,严修有些激动起来:"大总统!现在的局面危险万状,你要不及时刹车回头的话,我真是为你担心,为克定和袁氏家族担心哪!"听到这里,袁世凯才频频点头,似有触动。但严修走后,袁世凯仍旧故态复萌。

曾在清末经济特科考试中获得一等第二名的张一麐也曾跟随袁世凯多年,并深得后者的信任。在袁世凯进京担任军机大臣并参与新政立宪事宜时,张一麐是袁最得力的助手,堪称形影不离。由此,袁世凯一出山,便立即把张一麐调到身边,后来任命他为机要局局长,所有重大事件的策划都少不了张一麐的身影,而机密文件也大都由后者来起草和保存。

作为袁世凯的心腹亲信,张一麐对帝制运动的猖狂感到忧心忡忡。一天,张一麐终于抓住机会向袁世凯进谏:"大总统,在辛亥革命时,我曾劝你自立为帝,取代清廷,但那时你没有答应。如今时机已失,民心已定,决不可改弦更张,重蹈覆辙啊!如果你现在非要冒天下之大不韪而帝制自为,恐怕真的要大祸临头呢!"

袁世凯听张一麐说得这么认真,便敷衍他说:"这都是外面的传闻,复辟帝制是没有的事,请仲仁(张一麐,字仲仁)放心!"张一麐听后很高兴,出去后逢人便说袁总统无称帝之意,为袁总统辟谣。袁克定和杨度等人听到后,气得直牙痒痒,后来终于想方设法将其改任为教育总长,目的就是要把张一麐从袁世凯的身边调开。

北洋系的武将中,段祺瑞是唯一公开反对帝制的。辛亥年中,段祺瑞在袁世凯的授意下联合北洋将领发电报逼宫,为老袁拿下江山起到了重要的作用,他也自认为是促成共和的有功之臣。等到"二次革命"后,帝制派的活动日益露头,段祺瑞看袁世凯也是真心想当皇帝,这下可把老段气坏了。

武夫治国

民国建立后,段祺瑞继续受到袁世凯的重用。尽管当时内阁总理像走马灯一样的更换,但段祺瑞担任的陆军总长却一直岿然不动。"二次革命"时,段祺瑞还亲自代理国务总理,组织战时内阁并一举击败南方革命党人。

中国古话说得好,"飞鸟尽,良弓藏;狡兔死,走狗烹"。在袁世凯巩固了自己的势力后,他发现段祺瑞在北洋军中也已自成一派,而且段祺瑞为人刚愎自用,很多事情不向袁世凯请示便自行决定,提拔的军官也大多是自己的学生部属。如此以往,恐有军权旁落的危险。

1901年,在段祺瑞的原配夫人去世后,袁世凯为笼络这位干将而将自己视同己出的义女张佩蘅介绍给老段作续弦,两家女眷来往非常密切,袁世凯的子女有时候也叫段祺瑞"姐夫"的。但在民国以后,段祺瑞与"太子"袁克定的关系一直不和,他对于袁克定试图插手军队十分反感,而袁克定则利用各种机会在袁世凯面前诋毁段祺瑞"擅权"、"图谋自立"等。时间久了,袁世凯终于起了疑心,后来便设立了陆海军大元帅统帅办事处,委派其侍从武官荫昌、陆军总长段祺瑞、海军总长刘冠雄、海军司令萨镇冰、参谋次长陈宦等人为办事员,并请出王士珍出来主持常务,一切军政要务均需报袁世凯定夺。

段祺瑞也是个聪明人,他知道袁世凯这是在有意削夺自己的兵权,于是他就干脆找各种借口不参加统帅办事处的会议,对于陆军部的事务也多交给次长徐树铮处理。有一次,袁世凯将段祺瑞召至总统府查问一件公事,段祺瑞不太清楚,说要到部里去查一下。袁世凯很生气,说:"你们部里的呈文都上来了,你还去部里查什么呢?"

原来,段祺瑞根本就没有处理过这事,呈文也是次长徐树铮代他签名送上去的。由此,袁世凯见人就大发牢骚:"你看看,我们北洋的人都成了什么样子!芝泉(段祺瑞)不到部里去办公,华甫(冯国璋的字)身为地方大员,每天睡到中午十二点才起床!这像什么样子!"

在一些重大问题上，袁世凯与段祺瑞也产生了尖锐的矛盾，比如袁世凯对陆军次长徐树铮非常反感（此人有才，但人缘极差，比段祺瑞的脾气还要大），几次想把他调走，但段祺瑞一直袒护徐树铮，并声称："要撤徐树铮的职也可以，那就将我也一起撤了！"

由于段祺瑞经常称病，袁世凯也就顺势让他养病休息，改由王士珍代理了陆军总长一职。袁世凯称帝前，段祺瑞曾召集心腹徐树铮、曾毓隽等人，他十分悲愤地说："项城看来真是要做皇帝了，无可救药啊！想当年，我领衔诸位将领发拥护共和之通电，如今我要是拥项城为帝的话，我在国人眼中还算人吗？试问二十四史，还能找出我这样的人物吗？所以无论公与私，我都宁死不参与帝制，我打算归隐山林，决不多发一言。"

不过话说回来，像段祺瑞这等人物，本就是民国的开国元勋，倘若按照民国政治的运作，他是完全有机会接袁世凯班的。如今，袁世凯要搞"家天下"，断了段祺瑞等人做国家元首的念想不说，还要做袁家特别是那个袁克定的臣属，这就是降志辱身，令人难以容忍了。话虽如此，段祺瑞毕竟跟了袁世凯这么多年，他当时并无反袁之心，不过以消极怠工加以杯葛，而袁世凯还是领着帝制的战车不断前冲，最后一哄而散，悔之晚矣。

开弓没有回头箭，世上终究没有后悔药可吃。在后来取消帝制的当天晚上，袁世凯把张一麐找来谈话并极其悔恨地说："我当时没有听你和范孙（严修的字）的话，现在想来真是又悔又愧啊！范孙跟随我多年，从来没有跟我提起过什么官阶升迁；你在我的幕府中也有十几年了，也从来没有提过什么个人要求。可见那些淡泊名利、荣华富贵、功名利禄的人是多么可贵，这才是真正的国士啊！那些曾经推戴我的人，难道他们真的是为国为民吗？他们今天推戴我为皇帝，明天就可能反对帝制，这种人真是比比皆是哪！总之，我办事情时多，读书时少，这也是咎由自取，怪不得别人。"

最后，袁世凯沉痛地说："只是误我事小，误国事大，当国者不能不引以为戒啊!"

　　李商隐有诗云,"嫦娥应悔偷灵药,碧海青天夜夜心。"苍天明月,故园秋风,想必此时的老袁也是愧悔自知,然往事不可追,虽悔何益?

二陈汤：一剂催命剂要了老袁的命

袁世凯称帝失败后，曾有人用这样一句话归纳其迅速败亡的原因，这就是"起病六君子，送命二陈汤"。

在中医里，"六君子"指的是"人参、甘草、白茯苓、白术、陈皮、半夏"这六味中药，但这里是暗指帝制运动中筹安会的杨度、孙毓筠、严复、刘师培、李燮和、胡瑛六人；"二陈汤"原本指中药半夏和橘红，这里却是指洪宪帝制后期陆续宣布独立的陕西镇守使陈树藩、四川将军陈宧和湖南将军汤芗铭这三人。

"筹安会六君子"鼓噪袁世凯称帝固然人所皆知，但"二陈汤"这三位前后不一的表现更是让人大跌眼镜。先说汤芗铭。汤芗铭，湖北人，系著名立宪党人汤化龙之弟，他在十八岁时中举，可惜后来清廷废除了科举考试，汤芗铭随后改习海军并出国深造。在巴黎时，汤芗铭结识了孙中山并一度加入革命党。

汤芗铭学成回国后，历任镜清舰机长、南琛舰长，并于1910年当上了海军统制萨镇冰的参谋长。武昌起义后，在兄长汤化龙的指引下，汤芗铭率舰队投入革命军，为袁世凯所忌惮。为拉拢汤芗铭，袁世凯在授予其海军中将的同时，又将他调任教育次长，以解除其兵权。直到"二次革命"爆发，袁世凯才再度启用汤芗铭，让他率海军与李纯的北洋第六师水陆并进，夹攻革命军。

由于在驱逐江西督军李烈钧的湖口之役中立下大功，汤芗铭随后被任命为湖南都督，时年不过三十出头，可谓少年得志。为向袁世凯表忠心，汤芗铭在湖南大开杀戒，被害的革命党及帮会分子仅有名可查的便多达两万余人，人送绰号"汤屠夫"。

袁世凯的帝制运动开始后，汤芗铭投其所好，其在湖南创办《民国新报》鼓吹帝制并率先在长沙成立筹安会湖南分会。在汤芗铭的操纵下，湖南国民代表在国体投票中全体一致赞成君主立宪并恭戴袁世凯为中华帝国皇帝，而且在各省都督将军中带头劝进，一时深得袁世凯的欢心。袁世凯称帝后，汤芗铭被册封为"一等侯"，而袁世凯的嫡系曹锟只封为一等伯，关外的张作霖才封为二等子，足见汤芗铭之得宠。

可惜的是，好运不长。护国军兴起后，湖南倍感压力，汤芗铭最后在其兄汤化龙的劝说下宣布湖南独立，并通电全国："芗铭虽有知遇之私情，不能忘国家之大义，但使有另途之悔悟，决不为萁豆之相煎。如必举全国而牺牲，唯有以我相见。情谊两迫，严阵上言。"

袁世凯看到汤芗铭的电文后，连呼："完了！完了！"由此病势加重，最终一命呜呼。不过，尽管汤芗铭"气袁"有功，但因为之前的种种表现，终为湘人所不容，最后在袁世凯死后逃出湖南，从此在政坛上一蹶不振，并以研究佛学而终其一生（后以九十高寿去世）。

陈树藩是陕西人，保定陆军速成学堂出身，他在辛亥革命时为陕西新军中的一名军械官，后来投机革命并陆续掌握了军权。陈树藩的为人一贯首鼠两端，善于巴结领导并敢于在关键时刻落井下石，比如在陆建章做陕西都督时，陈树藩百般讨好并做上了陕南镇守使。陆建章对革命党极为仇视，但陈树藩表面赞同，暗中却有意给革命党留下一条后路，以两边讨好。

由于陆建章在陕西严厉剿杀革命党，加上积极支持袁世凯的帝制运动，以至激起了陕人的极大愤怒。陈树藩见陆建章已经失去民心，随后便设计驱逐了老领导，并请求袁世凯任命自己为陕西都督。为笼络陈树藩，袁世凯对其要求百依百顺，但随着反帝制运动的不断高涨，陈树藩最终在北方各省中率先宣布独立，这无疑给了袁世凯一个沉重打击。

陈宧，字二庵，湖北安陆县人，其自幼聪颖过人，十五岁考中秀才，后来进入张之洞所设的湖北武备学堂就读。清末编练新军的热潮中，陈宧担任过北洋军第二十镇的统制，后来又随云贵总督锡良入滇为陆军镇统。辛亥革命后，黎元洪以副总统兼领参谋总长，陈宧正好与之交游，于是被推荐为参谋次长。由于黎元洪当时还兼任湖北都督，陈宧于是以次长身份代黎执行总长职权。这一安排，实则是袁世凯将其安插为黎元洪身边的监视人员。

据《世载堂杂忆》中称，章太炎在民国初年入京时，他一见陈宧便矍然道："中国第一人物，中国第一人物。他日亡民国者，必此人也。"此话传出后，陈宧深以为恨，后来设计诱章大师入京并将之囚禁在龙泉寺。有意思的是，当初人们都以为章太炎过于偏执，但从后来事实看，章大师确有先见之明。

民国初年，陈宧深得袁世凯的信任，当时即有"文有杨士琦，武有陈宧"的说法。作为参谋次长，陈宧曾向袁世凯献计，将全国大势之重心分别三处：一为北京，袁统治之；二为武昌，副总统黎元洪坐镇之；三为南京，留守黄兴指挥之。这三方各有声势，各有后援，陈宧向袁世凯献议，如何笼络黎元洪，如何推倒黄兴，如何沟通各地军人，如何芟除异己，有策略，有步骤，言之甚详。袁世凯闻之大悦，大有相见恨晚之意。

"二次革命"后，革命党兵力解散，党人尽走海外，陈宧又向袁世凯建议："对付武昌的时机到了，扫武昌如扫落叶耳"；"世界上无副总统领兵者，美国副总统为上议院议长，如今最好请黎元洪入京，行参政院议长的职权。届时湖北也无须副总统坐镇，派一统兵大员足矣。"随后，段祺瑞南下湖北，陈宧则密访黎元洪，对之"晓之以理"，黎元洪在段祺瑞到达武昌的当夜便乘车入京，湖北官员竟无一人事前得知。黎元洪的亲随试图跟从上车，但都被陈宧下令阻止，所以当时又有"陈二庵押解黎宋卿来京"之说法。

帝制运动发起后，陈宧向袁世凯大表忠心："我军人以定乱保安为天职，但知效忠元首，不知其他。……伏乞大总统俯顺舆情，毅然裁断，早定大计，以幸天下。"随后，陈宧又自告奋勇地请求出镇四川，以防止西南各省起事。离京赴四川上任时，陈宧更是伏地九叩首，膝行而前，大呼："大总统如不明岁登基，正位中国，陈宧死都不回来！"

这种肉麻的程度，连饱经沧桑的老袁都起了一身的鸡皮疙瘩。

事后，在座并有幸看到此丑行的曹汝霖也忍不住说："此种嗅脚仪式，乃是欧洲中世纪对罗马教皇所行的礼仪，陈宧居然在大庭广众中如此露骨，实在是官僚所不为也。"章太炎听说后，也讥讽道："陈宧真的能与袁世凯共始终吗？无论如何，谄佞之人，事出常情，大事既去，必生反噬。陈宧这次远离都门，实则为北洋旧人所倾轧，不过是借此深固袁世凯之宠信，难道这种人能始终忠于袁世凯吗？"

果然，就任四川将军没多久，陈宧因受到护国军的压迫而宣布独立并发表通电，其大意是："鄙人多次忠告项城，希望他能主动退位，切不可将退位和善后二事混为一谈，更不能以善后为由，加以推迟。最好的办法，是即日宣告退位，示天下以大信。鄙人为川民请命，项城虚与委蛇，是项城先自绝于川。我不能不代表川人，与项城告绝。自今日开始，四川省与袁氏个人，断绝关系；袁氏在任一日，其以政府名义处分川事者，川省皆视为无效。"

据说，袁世凯于某日拨款十万与陈宧，他问负责财政的梁士诒："陈宧靠得住否？"此时梁士诒已被陈宧买通，他向袁世凯保证陈宧是可信的。陈宧的独立电到后，袁世凯把梁士诒找来，并与之一同进膳。席中，袁世凯又问："陈宧靠得住否？"梁答道："靠得住。"袁世凯便将陈宧的独立电交给梁士诒，梁看完后呆若木鸡，袁世凯则拂袖而起，一怒而入，由此落下病根。

更有离奇的说法是，袁世凯当时吃的是馒头，每个馒头一切为四，总共有四个。袁世凯含恨带怒地吃完三个馒头后追问梁士诒，

"陈宦究竟如何？"梁士诒来之前听到点风声，便以"不致如此"对，袁世凯很生气，一口气把剩下的馒头给吃完了，由此消化不良，病势渐重云云。

话说回来，汤芗铭、陈树藩、陈宦这几个人原本是何等的忠心耿耿，何等地期盼袁世凯称帝，如今却调转枪头，反戈一击，这让老袁是何等的伤心与寒心哪。特别是陈宦，袁世凯对他可谓恩重如山，一而再，再而三的提拔，据说还将于夫人所收养的义女许配给他。现在好，"将在外，君命有所不受"，陈宦这些人被护国军逼得紧了，他们为了自保，只好宣布独立，这才暂时保住了自己的地盘。至于袁皇上怎么想，那就不是他们考虑的事情了。

最绝的，还是这个陈宦。他不但宣布独立，而且还宣布与袁世凯断绝一切个人关系。据说，袁世凯接到陈宦的电报后当场给气晕了过去。醒来后，袁世凯两颊红如炭火，双眼噙满泪水，半天都未出一言——估计陈宦这个投机小人把袁总统的心都伤透了，难怪连蔡锷都骂他是个四处讨好的无耻之徒。

说来好笑，护国战争其实是三军无主，不过是个"泡沫战争"，但袁世凯的洪宪王朝本质上也是"泡沫王朝"，一捅就破。没了老班底的支持，就算没有蔡锷等人的云南举义，袁世凯这个皇上恐怕也是做不成的。

罢罢罢，早知今日，又何必当初？

武夫治国

临终言："关门皇帝"羞愤而终

在洪宪帝制闹剧中，最可逗的是连老袁的家里人也不给他面子。洪宪王朝开张还没两天，袁世凯的弟弟袁世彤、妹妹袁书贞居然登报声明与袁皇上脱离兄弟姊妹关系，令袁世凯实在是哭笑不得。

袁世彤是袁世凯的六弟，他虽然从未出来做过官而一直在老家操持家务，但这个弟弟却很关心政治，时不时地写信给老兄，指斥他这个不对，那个无理，这回老兄要做皇帝了，袁世彤非但没有高兴的意思，反而大骂袁世凯是"清室之逆臣、袁家之不孝子孙"。

为此，袁世彤还在家里拉起一支二十来人的"讨袁军"，并号称"勤王"，要为清室讨伐袁世凯这个贼臣。袁皇上知道后，自然不能让他任意胡闹，于是电令当地警察局将这个袁家"讨袁军"给镇压了下去。

袁世凯的妹妹袁书贞，其早年嫁给原山东巡抚张汝梅之子为妻，她本来和袁世凯的关系还算不错，两家人逢年过节时经常走动，并常有书信往来，馈送更是长年不断。但这一次，因为袁世凯要复辟帝制，袁书贞写信给兄长称："袁、张二姓，世受清恩。兄长代清为民国总统，还可以说是民主，如今又要称帝，到时如何去见地下的隆裕太后？你虽假托民意，但以妹视之，其实就是叛逆罢了！"

就连袁世凯自己家里，也没有太平日子。在伪《顺天时报》的丑事露馅后，"太子"袁克定总觉得父亲已不再信任自己而打算改立其他弟弟，于是他还想来个"玄武门之变"，把假想敌老二和老六一并干掉，而新华宫里的那些姨太太们，也成天在那里为谁封"妃"、谁封"嫔"而吵闹不休。据说，开始是这样安排的，正室于夫人为皇后自然没有话说，姨太太们则有子的封"妃"，无子的封"嫔"。这下好，一些陪侍多年而无子的姨太太们不答应了，结果闹起来后，惹得老袁暴跳如雷。

护国战争起后，袁世凯在四面楚歌中宣布退位，但仍保留了总统的职位。为此，袁世凯先派人将自己的想法告诉了老友徐世昌和段祺瑞，并让徐世昌出任国务卿，段祺瑞出任参谋总长，以帮他解脱困境。袁世凯本以为自己废除了帝制，又将老朋友请出来维持局面，按理应该可以混过去了，但西南各省仍旧不依不饶，非要袁世凯就地下野。

闹到这步田地，只要袁世凯霸占这总统位置不下来，这全国各地的"劝退、迫退、乞退乃至斥退"的函电便日夜不绝地不断涌来，论规模比原来拥帝时还要多上几倍。至于那些帝制派的喽啰们，什么"六君子"，什么"十三太保"，大都是些上不得台面的东西，这下也就溜的溜，跑的跑，没走的也早已鸦雀无声，只剩下袁世凯这么个孤家寡人，衰病残年，苟延残喘。在这种情况下，原本以为凭自己的老资格可以力挽危局的徐世昌也是焦头烂额，最后只能知难而退，挂冠而去。

徐世昌退后，段祺瑞接任国务总理（取消政务堂，改回了原来的国务院），组建新内阁。段祺瑞重掌大权后，情形就有点类似于当年袁世凯逼宫了，只不过当年的袁世凯已经换成了今日的段祺瑞。当段祺瑞准备任命自己的心腹徐树铮为国务院秘书长时，袁世凯以"总理是军人，秘书长不宜再是军人"的理由加以反对。段祺瑞听后十分生气，他把烟斗狠狠地摔在桌上，厉声道："今日还是如此！"

至于另外一个股肱干将冯国璋，这时也没有闲着，他仿照当年清帝退位的优待条件也给老袁量身定做了一个：一、往事不追；二、公权不褫夺；三、私产不没收；四、居住自由；五、全国人民予以应有之尊敬；六、民国政府每年给予岁费十万元。这个优待条件，基本上代表了北洋系的意见，毕竟袁世凯是他们的老领导，做事情不好做得太绝，中国人还是讲人情味的嘛！

据说，袁世凯看到这个优待条件后，虽然心里很不舒服，但还是表示愿意接受。据后来的历史经验，倘若袁世凯真按这个优待条件下野的话，未必没有东山再起的机会。毕竟，袁世凯下台了，谁又可以真正取代袁世凯的地位呢？段祺瑞、冯国璋，还是黎元洪？

谁也取代不了！后来的军阀混战就证明了这点。相反，如果袁世凯能够活下来的话，再次出山并非没有可能，后来的很多军阀头子，不都是屡屡下野，又屡屡复出吗？以退为进，有时还真是一个很好的策略。

但可惜的是，袁世凯的身体最终还是顶不住了，称王称帝非但没有帮助他破除家族魔咒，反而加速了他的死亡。据袁世凯的三女儿袁静雪回忆，在1916年的元宵节，正当全家人围在一起吃元宵时，六、八、九三个姨太太为了"妃"、"嫔"的名分又在袁世凯的面前大声争吵了起来。袁世凯见后长叹了一口气，说："你们不要再闹了！你们都要回彰德去，等着送我的灵柩一块儿回去吧！"

说完，袁世凯便起身回办公室了。当时护国战争已经爆发，袁世凯整日忧心忡忡，精神不振。被家里这么一闹后，袁世凯从那天起便饭量减少，慢慢就恹恹成病了。

在各方要求总统退位的声浪中，袁世凯方寸已乱，退位心有不甘，接着开战又有所不能，弄到最后，心力憔悴，他的身体也垮了。到1916年5月的最后几天，袁世凯已不能办公；6月5日，袁世凯一度休克昏迷；延至6月6日凌晨6点，袁世凯终于放弃了对命运的抗争，一命归西。

袁世凯在清末时得过软足病，这也是摄政王载沣将他开缺的由头。后来辛亥革命爆发后，袁世凯复出，在入宫时还需仆役搀扶。但这一次，袁世凯得的病却是膀胱结石导致尿毒感染全身，这个病原本不会导致生命危险，但袁世凯为人比较固执，他一直不肯看西医、不肯动手术（大概也是因为发病的位置特殊，羞于启齿），加上帝制后的种种不顺，急火攻心，更是加重了他的病情。

等到病情急剧恶化、小便不畅后，在袁克定的坚持下，袁世凯才让法国医生贝希叶前来诊治，但此刻为时已晚。贝希叶建议袁世凯到医院去动手术，或许还有一线生机，但被后者拒绝。这种情况下，贝希叶只好在袁世凯卧室给他导尿，但此时导出来的全是血尿。袁世凯自知不起，便急忙让人把徐世昌和段祺瑞找来，并把总统大印交给徐世昌，说："总统应该是黎宋卿（黎元洪的字）的，我就是好了，也准备回彰德去。"

据说，袁世凯在6日凌晨昏厥复苏之后，对侍疾在侧的老友徐世昌低声说："杨度杨度，误我误我。"也有人说，袁世凯临终时说："是他害了我！"

这到底是谁害了袁世凯，是杨度，是袁克定还是他自己，随着袁世凯这么一蹬腿，谁又知道？事实上，在袁世凯数年的治理后，民国发展已经上了轨道，中央财政也已有了很大的改观，从民国初年的借债度日到每年库存可余两千万元，这已经是非常不容易了。可惜袁世凯偏要做什么皇帝，洪宪帝制这么一折腾，这几年的治理成果灰飞烟灭、化为乌有且不说，袁世凯死后的中国更是陷入了军阀割据的混乱时代。黎民无辜，受此之罪？

由于袁世凯死时仍是在职的总统，因此黎元洪继任总统后还以在职国家元首的规格给他治丧。当时中央政府除了拨款五十万公款用于丧葬费用外，还通令文武机关下半旗、停止宴乐二十七天，民间娱乐也停七天；文武官员和驻京部队一律佩戴黑纱；设立"恭办丧礼处"，以曹汝霖、王揖唐、周自齐三人承办大典丧礼，黎元洪、徐世昌、段祺瑞三人总负责。

袁世凯死后，那些在护国战争中明里暗里背叛他的袍泽故旧也纷纷"冰释前嫌"，或亲自或派随员赶到北京沉痛悼念老领导，所以袁世凯的葬礼也办得风风光光，备极哀荣。最可叹的是那"御干儿"、奉天将军段芝贵，他得知袁世凯死讯后急忙从关外星夜兼程赶来，等到了新华宫灵前更是呼天抢地，涕泪涟涟，不知道的人还以为死的就是他亲爹（真是孝子！）。

袁世凯的灵堂设在中南海怀仁堂，从6月6日到27日，共停灵21天。在此期间，京城文武百官每日按班次前来致祭行礼，驻京部队也分批前来，举枪致哀。灵堂外面，还搭建了数座牌坊，另有京城内外的高僧、名道和喇嘛也来念经诵佛，超度总统亡魂。

6月28日，袁世凯的灵柩从北京起运河南彰德，当时起灵的杠木棺罩都是用的皇家规格，新华门内用三十二人的小杠，出新华门后改为八十人的大杠，一路上黄土垫道，并有警察开道。陆军仪仗队一个团、海军仪仗队一个连，外加文武百官、亲朋故旧，共计两千人前来送行。至于赶来观看的群众，那更是人山人海，盛况空前，比当年慈禧太后的葬礼热闹多了。

在灵柩的后面，袁克定和弟弟们披麻戴孝，手里拿着哭丧棒步行，妻妾、女儿和媳妇则坐着素轿跟在后面。最不和谐的是，次子

河南彰德洹上村，袁世凯墓

袁克文因为和大哥袁克定为选择安葬墓地而发生争执，前者一怒之下竟然出走天津，不来参加送殡仪式（真不愧是名士做派）。

灵柩抬上预备的专列后（京汉铁路客运还为此停运一天），京中一般官员也就送到车站，另一列专车则运送袁世凯的知交故旧（如徐世昌、严修、段芝贵等）、治丧人员、护送军队及其物品前往彰德。火车开动后，车站鸣炮101响，向已故总统告别。经过保定、邯郸时，当地官员还举行了隆重的路祭。到彰德后，袁世凯下葬于故居洹上村以北一里的墓地，整个墓园占地二百余亩，系德国工程师设计建造。当时墓地栽满松柏，当地人称"袁公林"（据说当地人还有折此地松柏辟邪的习惯）。

由于袁世凯的葬礼过于奢华，最后结算时发现入不敷出，政府所拨的专款扣去葬礼费用后不足以建造墓地工程。为此，徐世昌、段祺瑞、王士珍等八人联名发起公启，请求社会各界人士解囊相助，最后又凑到二十五万元，才最终结束了袁世凯的丧事。

一代枭雄，最后竟落得如此下场，也实在有些可悲可叹。可是，这一切又能怪谁呢？

武夫治国

平凡人：袁世凯的生活点滴

人之一死，万事皆空，若抛开种种政治纷争，以普通人的眼光来看袁世凯的话，老袁这个人其实也还说得过去。

袁世凯出身于耕读官宦世家，几代人聚族而居，这种传统的家庭最重"忠孝"二字（这大概也是袁世凯之弟袁世彤、妹妹袁书贞与之断绝关系的原因），所以袁世凯在借革命党来逼迫清帝退位时也一再以民意为借口，不到关键时候自己不出头，目的就是为了逃避"逼宫"、"不忠"的骂名。后来为了当总统、当皇帝，袁世凯也都是通过"选举"、"推戴"、"公决"等方式来进行，至少在形式和程序上显得合理合法。

在孝道问题上，袁世凯做得还是很不错的。其嗣母牛太夫人、本生母刘太夫人，只要条件允许，袁世凯必定晨昏定省，很能讨老太太的欢心（想必也是袁世凯能得到慈禧太后宠信的原因之一）。另外，据袁世凯的女婿薛观澜回忆，袁世凯非但事嗣母极孝，对其姐也是极为敬畏。袁世凯的姐姐年轻时，未嫁而女婿病死，遂终身不嫁，平日则凛若冰霜，永无笑容，袁世凯尊敬而畏惮之，就算当了大总统后，每次向姐姐请安也不敢坐下。后来，薛观澜称袁世凯"守礼甚严，秉性孝悌，私德无亏"，应不是护亲之短的溢美之辞。

清末民初时期，大户人家一般都妻妾成群，袁世凯也不例外（以现在眼光看当然是腐朽没落、反动至极）。袁世凯一生中共一妻九妾，子女三十二人，这样一个大家庭肯定有很多矛盾，但至少在袁世凯生前，全家人惟其是从，家庭基本维持了和睦的状态（死后姑且不论）。

袁世凯对子女的管教也很严格，他在自己家中设立私塾，并分为男馆、女馆（男馆由严修指点，女馆也聘请多位才女，如冯国璋之继室周女士），不但子女都要入学，就连年轻的姨太太也要入女馆学习。袁世凯信奉"棍棒之下出孝子"，没少责打儿子（哪怕是成家后也在所难免），但他对子女仍难免舐犊情深。据袁静雪在晚年所作的《回忆我的父亲袁世凯》一文所说，袁世凯经常和她们讲故事，有时还故意将银元放在不易找到的地方让她们去找，谁先找到就赏给谁；有时她们实在找不到，袁世凯就提示她们，最终帮她们找到。

在子女的婚姻问题上，袁世凯也是讲究"父母之命、媒妁之言"，而且要求门当户对。当时与袁家结亲的多为晚清民初的高官巨户，如长子袁克定娶湖南巡抚吴大澂之女、长女袁伯祯嫁两江总督张人骏之子、五子袁克权娶两江总督端方之女，其他亲家还包括孙宝琦（内阁总理）、陆建章（陕西督军）、张百熙（邮传部尚书）、杨士骧（直隶总督）、薛福成（驻外大使）、荫昌（陆军大臣）、陈启泰（江苏巡抚）、周学熙（财政总长）、那桐（军机大臣）、黎元洪、曹锟等。从这个意义上来说，子女结亲也是袁世凯扩展势力的一种方式。

袁世凯待人接物，虽然一向是喜怒不形于色，但面色和善，双目炯炯，很尊重人也很注意听人说话，所以各方人才奔走其门如过江之鲫。袁世凯的身材并不算高，但多年的军旅生涯所养成的气质让人觉得不怒而威。

阎锡山曾跟人说，他见过袁世凯两次，但最后还是不清楚袁世凯长什么样，因为在接见时，阎锡山既敬又畏，不敢直视。袁世凯不管是站着还是坐着，总是挺直腰板，哪怕是坐在沙发上和人谈话，他也都直着腰靠着沙发背，从来没有歪斜着，更不会陷进去。有意思的是，袁世凯每次坐下时，总是鼻子先发出"嗯"的一声，然后一边摸着胡须，一边慢慢坐下。由于腿比较短，袁世凯坐下后一般是双脚叉开,两腿垂直,仿佛"骑马蹲裆"的姿势,从来也没有跷过二郎腿。

至于袁世凯的饮食起居,基本是常年不变,非常之刻板。他每天的作息一般是这样安排:早上六点起床,六点半早餐(总是一大碗鸡丝汤面),七点下楼办公会客,十一点半午饭(菜的花样也大都不变,其最喜欢的清蒸鸭子必不可少);午饭后休息一个小时,下午两点到五点继续办公会客,然后带着家人去中南海各处散步,晚上七点吃饭,九点归寝,十分有规律。

袁世凯的穿着打扮也很简单,从不讲究,除了上朝时穿朝服袍褂外,家中一般只穿短装制服(练兵时的习惯)。袁世凯一般不喝酒,只有在过年过节全家聚餐时才喝点绍兴酒;烟除了雪茄外,其他如水烟、旱烟、香烟一概不抽,对鸦片烟更是深恶痛绝。

袁世凯生前为官多年,如按"三年清知府,十万雪花银"的标准应该置下不菲的家产,但袁世凯一生经手的钱财无数,但其"贪权不贪财,不以公谋私"的名声还是为人所公认的(比他有钱的部属可多了去了)。袁世凯死后,徐世昌受老友之托给袁家分配遗产,他把袁世凯一生所积累的田产、股票、现金折为三十份,儿子与姬妾无子者各一份,未出嫁的女儿两人一份,每份八万余元,共计两百余万元。

大公子袁克定和二公子袁克文在袁世凯死后,很快便将分到的家财挥霍一空。袁克定在解放后靠着政府每月二十元的救济为生,而袁克文虽然风流一生,死后却未留一文,连后事都是他在青帮的弟子凑钱办的。这些公子哥儿,哪里是做皇帝的料?袁世凯的子孙中除了袁克文第二子袁家骝和妻子吴健雄成为知名的科学家外,其他大多默默无闻。

人生如梦,草木一秋。各位,做皇帝到底有啥好处?想那袁世凯袁皇上,从1915年12月12日接受拥戴到1916年3月23日撤销帝制,这洪宪王朝不过维持了八十三天。在这八十三天里,袁世凯既没有举行过登基大典,也没有戴过皇冠、穿过龙袍,搞个百官见面会还偷偷摸摸，胆战心惊，充其量也就是个"关门皇帝"，结果却落得众叛亲离，声名扫地，更有史书上如潮如涌的千古骂名，这又是何苦来哉？

皇帝啊皇帝，这从古至今，最难做的便是皇帝。要做得好了，人人景仰，千古一帝；做得坏了，那可就众叛亲离，身家不保。所以，皇帝的背后，他的名字也叫"独夫民贼"。与其去做个真皇帝，倒不如去做个风流快活的土皇帝（如军阀们），因为土皇帝没有名号，也就毫无责任与道义，亦不求传子传孙。今朝有酒今朝醉，哪管他死后洪水滔天！

历史的讽刺就在于，袁世凯晚年常念叨的那个"家族魔咒"在其子孙中却基本无效，袁家的后代不仅大都活过了六十岁这道坎，而且长寿者也不乏其人，譬如袁克定就活了八十岁，袁克文虽然只活了四十三岁（应与他长期放荡不羁的生活有关），但他的儿子袁家骝却是九十一岁的高寿，直到近年才去世（2003年）。如果袁世凯泉下有知，会不会为自己的称帝决定而苦笑不已呢？

难奉共主
民国执政何其难

床底将军变身共和元勋,武力总理自命菩萨在世,富翁总统"平生志在温饱",三朝元老深谙水晶球不倒之术……掺沙子,甩石头,挖墙脚,白云苍狗,朝云暮雨,武夫当国手腕多多,厚黑教主自叹弗如!

武夫治国

好运气：小协统当上了"大都督"

据传，袁世凯死前将下任总统的推荐名单写在"嘉禾金简"上，而金简又藏在"金匮石室"中。于是乎，袁世凯去世当天，段祺瑞、黎元洪、徐世昌等主要人物便一起去开启"金匮石室"，想要看看袁世凯到底打算让谁来接班。

所谓"金匮石室"，其实仿效的是前清雍正皇帝的秘密建储制度，只不过前清建储密诏藏在乾清宫"正大光明"匾额下，而"金匮石室"则秘设于中南海万字廊中。段祺瑞一行人打开金匮后，只见里面藏着一个黄布包裹，包裹里有一张考究的泥金纸，纸一尺多长，上下分别写着"兆民托命"和"民国万年"四个大字，中间则写着几个人的名字。

大家凑近一看，上边赫然写着"黎元洪、徐世昌、段祺瑞"三个人的名字。

也有人说，这份名单并非袁世凯最初书写，而是护国战争爆发后因局势变幻而临时更改的。据说，袁世凯最初写的只有其大公子袁克定一个人的名字，但随着护国军的步步紧逼，他手下的那些将领又不肯用命，袁世凯知道老袁家没有"家天下"的这个命，于是背着袁克定将"嘉禾金简"的名字偷偷地改成了"黎元洪、徐世昌、段祺瑞"三人，以求补救，也为袁家子孙留条后路。

有意思的是，袁世凯生前曾对黎元洪这个儿女亲家（黎女嫁袁子）开玩笑说："今日之我，为的是将来之你。人多颂扬我的才，我看还不如你的福。"

要说起来，素有"菩萨"之称的黎元洪也确实运气不错。黎元洪的父亲名叫黎朝相，其早年加入鲍超的"霆军"，并在镇压太平军中屡立战功，后被擢升为游击（武职从三品）。但1864年太平天国失败后，像黎朝相这样的军功人员多如牛毛，清廷也无法一一安置，最后大多数人只得到一笔数量可观的"休致费"后解甲归田。

黎朝相退役后，便将全家迁到汉阳，并用遣散费盖了一所房子，一半供家人居住，一半对外出租，以换取一些生活费。黎元洪于当年（1864年，同治三年）出生于汉阳，因其祖籍是湖北黄陂（今属大悟县），所以民国时期也称他为"黎黄陂"。

如果正常的话，黎家可能就在汉阳安家立业，做个普通老百姓安度一生。但晦气得很，承租黎家房屋的一个房客因为涉嫌谋反而被官府捉拿，结果黎朝相也被连带"窝藏罪犯"之嫌，最后房屋竟被官府没收。

走投无路之下，黎朝相只好重操旧业，跑到天津北塘再度投军，又一次栖身于行伍之间。黎朝相走后，黎家立刻陷入了窘境，好在这时黎朝相从天津将饷银寄来，这才缓解了家中的衣食之忧。1877年，十四岁的黎元洪突然染上重病，几乎不治。黎朝相得知消息后，心急火燎地从天津赶回来探视，好在黎元洪福大命大，这才渡过这一鬼门关。

黎元洪病愈后，黎朝相考虑再三，决定将全家迁到自己的驻地北塘，以免再次发生类似的后顾之忧。临行前，黎朝相将比黎元洪小六岁的儿媳妇（娃娃亲）同时带到北塘，这就是黎元洪后来的夫人吴敬君。

在父亲的影响下，黎元洪从小也对军事很感兴趣，他常在读书之余去父亲的兵营观看操练，由此也产生了弃文从武的念头。1883年，二十岁的黎元洪在父亲的支持下考中北洋水师学堂，学习舰艇操作与海军战术。但不幸的是，黎朝相次年突然壮年猝死，而母亲早在1878年去世，这样一来，黎元洪只能独力担负家庭的重任，并在读书之余负担继母、夫人和幼弟的生活。

好在当时水师学堂的学生有一笔不菲的津贴，黎元洪省吃俭用，就靠着这点钱勉强养家糊口，日子过得十分紧巴。为了省钱，黎元洪每次回家探视时都是徒步往返，来回要走上近百里的路程，目的就是为了省下一个光洋的路费。

1888年，黎元洪从水师学堂毕业后被派往"来远"舰上见习。"来远"舰是当时北洋舰队中最新的装甲巡洋舰（与"经远"舰为同级姊妹舰），由德国伏尔铿造船厂定造，1887年刚刚下水。见习一年后，因为广东水师急需人才，北洋舰队提督丁汝昌便将黎元洪派到"广甲"舰上充当三管轮。

甲午战争爆发后，广东水师的"广甲"、"广乙"、"广丙"三舰也随同北洋舰队参战。在黄海大战中，由于与之编组的"济远舰"擅自撤离战场，"广甲"舰在管带吴敬荣的率领下随之逃跑，最后又在惊慌失措中搁浅于大连湾三山岛附近。由于担心被日舰发现，"广甲"舰最终自毁以免资敌，黎元洪等人则跳海逃生，回到旅顺。

甲午之战后，北洋舰队全部覆没，广东水师也是损失惨重，那些原本为人所钦羡的海军将领大都被朝廷革职，正当失业后的黎元洪彷徨无计之时，原为两广总督的张之洞调任两江总督，此刻正在南京设立延才馆，招聘武备人才。黎元洪得此信息后，急忙赶到南京去投奔老领导。张之洞当时要招募的是炮台防御专才，黎元洪灵机一动，便把自己曾经学过的海防理论叙述了一遍，张之洞对此很是赞赏，于是委派他负责监修南京城外的炮台。由此，黎元洪弃船登岸，由一名海军军官转型为陆军将领。

1896年，张之洞调任湖广总督，由于黎元洪在南京干得不错，张之洞便将他带回老家湖北，继续效力。在甲午战后，鉴于旧式军队的拙劣表现，清廷随后出台了编练新军的政策，其中便有南北两个试点，北是袁世凯的小站练兵，南就是张之洞编练的自强军。由此，黎元洪得到了张之洞的极大重视，并于1898、1899和1901年三次受命前往日本，考察学习东邻强国的陆军训练和军事工业等。

湖广总督张之洞对黎元洪颇为赏识，他曾写了个"智勇深沉"的条幅赠给黎元洪，并上奏朝廷称其"忠勇可靠，堪当重任"。由此，黎元洪官运亨通，由帮带升管带、千总，再升守备、都司，随即又晋升为副将，成为武职中的从二品大员。1906年，清廷计划在全国范围内编练新军三十六镇，湖北新军的计划任务是两镇，当时暂时练成第八镇和第二十一混成协（相当于旅），前者由总兵张彪任统制，后者则由黎元洪出任协统。由此，黎元洪也就成为湖北军界中的第二号人物。

黎元洪虽然是新派军人，对手下的士兵也还不错，但他在仕途上顺风顺水，因此对革命党并无好感。据曹亚伯在《武昌革命真史》中的记载，武昌起义爆发后，黎元洪亲自坐镇第四十一标并下令关闭营门，禁止士兵外出参加革命。其间，一个名叫周荣棠的革命士兵翻墙而入，前来四十一标联络起义，但很不幸被抓获，黎元洪为防止军心动摇，当即下令处决。直到午夜时分，革命党用蛇山和楚望台上的大炮轰击四十一标，黎元洪方知大势已去，只得打开营门，各自逃生。

黎元洪逃出营门后，来到幕友刘文吉家中暂避。慌乱当中，黎元洪感到大难将至，他语无伦次地对刘文吉说："我身居协统，如今部下兵变，死也是死，不死也是死。如果革命党失败，朝廷必定要重罚我；如果革命党成功，我恐怕也是性命不保，这下如何是好，如何是好？"刘文吉劝他说："现在事态不明，还是先观望一下好，说不定会有出人意料的结果。"

刘文吉还真有先见之明。一夜激战后，尽管革命党已经取得胜利，但有个棘手的问题摆在他们面前，那就是临时指挥起义的首领大都资望太浅，不能服众，而原先的那些革命党首领又下落不明，革命士兵们陷入了群龙无首的境地。

命运的改变也许就在不经意间。黎元洪没想到的是，正当他惶惶不安时，革命党人已经探得他的下落，并决定由他来出任军政府的都督。黎元洪对此十分惶恐，连称："莫害我，莫害我！"

武夫治國

武昌起义后的黎元洪因祸得福，由协统变成了大都督

革命党哪里管得了那么多，大笔一挥，便在军政府的布告上签下了黎元洪的大名……这就叫霸王硬上弓，想不做都不行。

三天后，黎元洪也想通了，反正这"黎大都督"的名声已经传遍全国，认与不认已无区别，倒不如干脆就认了算了。于是，黎元洪积极投身革命事业，一举成为了首义元勋，并进而当上了民国的副总统。

据说，黎元洪的发达与其父亲选择的墓葬所在地有颇大的关系。如上文所叙，黎元洪随同父亲从湖北来到天津北塘后，有一次他去野地拾取柴禾，突然看见某处芦苇又高又壮，于是过去看个究竟。等走过去后，黎元洪发现芦苇中间是一块空地，而令人称奇的是，空地上有一只鹌鹑和一条蛇正在缠斗，黎元洪用一根芦苇棒想将它们分开，但试了几次都没有成功。黎元洪觉得很困惑，便在周围用几块石头做了记号，随后回家告诉了父亲黎朝相。

黎朝相听说后，便让儿子带着他去那里看看是怎么回事。等父子俩到达那块芦苇地后，那只鹌鹑和蛇仍纠缠在一起，没能分开。黎朝相看了看周围的地势，他欣喜地对儿子说："等我死后，你一定要记得要把我葬在这里！"

黎元洪觉得莫名其妙，便问为什么。黎朝相神秘地说："现在不能告诉你，这是天机。这要是说破了，就不灵了。"后来，黎朝相病死，黎元洪便按照父亲的嘱咐安葬他在这片芦苇地。黎朝相的墓占地半亩有余，远望如白雪皑皑，因而北塘的人也称之为"白坟"。

若干年后，黎元洪当上了民国的副总统，随后又当上了正式大总统，成为民国家喻户晓的大人物。这时候，人们才醒悟过来，原来黎朝相的这块墓地乃是绝佳的风水宝地，当年相斗的鹌鹑和蛇其实就是"龙凤斗"，黎朝相已经看出了其中的玄机，只是不能说出来罢了！

武夫治国

菩萨蛮：黎元洪拒受"武义亲王"

民国初立后，由于黎元洪并非北洋系成员，因而遭到了袁世凯等人的猜忌。在黎元洪当选为副总统后，袁世凯先后四次邀请黎元洪进京，表面上是要求其履行副总统职责，实际上是要将黎元洪置于自己的控制之下。

所谓"有兵才有权，有地盘才有势力"，黎元洪当上湖北都督后，其深知控制地方对个人权势的重要性，因而对袁世凯的调虎离山计也是心知肚明。对于北上一事，黎元洪是想方设法，一拖再拖，死活不肯离开湖北半步，他非得以民国副总统的名义兼任湖北都督。换言之，副总统可以不做，湖北都督不能不当，黎元洪也不傻。

袁世凯见黎元洪不肯轻易就范，不免也有些踌躇。这时，袁世凯的手下们大骂黎元洪不识抬举，他们纷纷献计献策，要霸王硬上弓，将黎元洪调出湖北，让北洋的人去做湖北都督。最后，据说是"太子"袁克定想了一条妙计，最终迫使黎元洪乖乖就范。

袁克定从小便十分机敏，胸怀异志不在其父之下。在袁世凯当上民国大总统后，袁克定也是野心膨胀，成天琢磨着让父亲登基为帝，好将这袁家江山传将给他，过过皇帝的瘾。在对朝政进行一番仔细地观察后，袁克定发现，当时最显赫的人物除了袁世凯之外，其次便是陆军总长段祺瑞，此人握有军权，倘若复辟帝制，必须要有他的支持。于是，袁克定便屡次派人去探段祺瑞的口风，看他是否支持袁世凯称帝。这去的次数多了，又稍微露骨了点，结果把老段惹怒，袁克定的心腹也被他痛斥一顿："袁总统屡次宣言，誓不为帝，克定身为长子，岂有不知之理？如何一味痴心妄想，想做皇帝，这岂不可笑？"

袁克定碰了一鼻子灰后恼羞成怒，于是心生一计，要将段祺瑞从北京调开，让他离开袁世凯的身边，慢慢地冷落他，削去他的兵权，到时段祺瑞想不就范都不行。再者，当时袁世凯正为无法调动黎元洪一事而烦恼，如果让段祺瑞去办理此事，并让老段担任湖北都督，岂不是一石二鸟，妙计得逞？

袁克定的这点小聪明还就打动了袁世凯，并促使他派出段祺瑞去湖北办理这趟差事。袁世凯当时还考虑到另外一点，那就是将黎元洪调往北京后，湖北军队如何处理的问题。他考虑来考虑去，觉得还是袁克定说得对，此事非段祺瑞出马不可。

段祺瑞来到武昌后，黎元洪给予了极高的礼遇，因为黎元洪当协统时，段祺瑞早已是统制，军阶远高于黎元洪，而如今又是陆军总长，在实权上比他这个虚职的副总统强多了。对于黎元洪的谦恭，段祺瑞也不客气，无论在阅兵还是宴席上，老段都摆出一副上级领导的样子，丝毫没有把黎副总统放在眼里。

第二天，等到酒足饭饱后，段祺瑞把黎元洪叫了过去，说："我此次来湖北，主要有两件事。一来呢，是和副总统商议下湖北军队的整顿问题；二来呢，是大总统特派我前来邀请你去北京，有要事相商。"

黎元洪听后一愣，好半天才回过神来。他知道这次怕是躲不过去了，但在表面上还故作镇定，说："大总统多次邀我入京，实在是盛情难却，不过湖北革命党十分猖獗，我一时半会也是走不开。既然段总长说起整顿军队一事，不如等我留在武昌协助完成之后，再行赴京如何？"

段祺瑞摆摆手，说："黎副总统尽可放心，我段某混迹军界二十余年，其他不敢说，但整顿军队这点小事恐怕还难不倒我。怎么，难道黎副总统还不信任我的能力？"

黎元洪听后赶忙说:"岂敢!岂敢!"

段祺瑞说:"既然如此,黎副总统也不必耽搁,这里的事情我会妥善处置。大总统催得急,不如今晚你就成行吧?专车都已经给你准备好了。"

可怜黎元洪还没来得及给家人道别,便被段祺瑞半推半送地弄上火车(就是段祺瑞南下的专列),即刻赴京去了。黎元洪临走之前,还幻想能再回来当他的湖北都督,但没有想到的是,他这前脚一上车,袁世凯的电令后脚便到了:陆军总长段祺瑞代理湖北都督。两个月后,等段祺瑞将湖北的军队裁编得差不多了,北洋军将领段芝贵和王占元先后担任了湖北都督,这里已没黎元洪什么事了。

可笑的是,段祺瑞南下武昌时,黎元洪还挖空心思地想着如何盛情款待,没想到自己反被袁世凯和段祺瑞给"霸王请客"了。

黎元洪到京后已是身不由己,他去见袁世凯时更是诚惶诚恐,那简直比见段祺瑞还要谦恭十倍。按时人描述,黎之见袁,简直就是"一极可敬之少年见一极尊严之长辈"。这下,黎副总统总算尝到"伴君如伴虎"的滋味了。

最有意思的是,袁世凯给黎元洪安排的住处:南海瀛台。瀛台位于新华门总统府内的东北处,四面环水,虽然风景甚佳,但终究是当年慈禧太后软禁光绪皇帝的地方,未免有些不吉利。对于这个典故,袁世凯岂有不知。他为了避嫌,早已命人将这里打扫干净,并换了一块匾额叫"小蓬莱"——看来,袁世凯是要黎元洪在这里做快活神仙了。

神仙嘛,不就是不管俗事,混吃等死呗(黎元洪毕竟成不了仙)。

至于黎元洪从湖北带来的少数随行人员,并没有入住"小蓬莱"的资格,他们大都被安置在东厂胡同的将校俱乐部。由此,黎元洪也就失去耳目,真与当年光绪皇帝差不多了。

当然,袁世凯还是讲人情的。黎元洪到京数日后,其家眷也被安排来京,一起住进了南海瀛台。生活待遇上,袁世凯也给予了黎元洪十分优厚的条件，每月薪俸一万元（仅次于袁世凯），办公费二万元。光这两项，黎元洪每月便可拿到三万元，因为他实在无公可办，每日不过散散步、读读书、看看报、写写字，真是优哉游哉，做了一个政治寓公。

说袁世凯软禁黎元洪也不完全对。为了向黎元洪示好，营造大总统和副总统之间的和谐气氛，袁世凯还经常在晚饭后邀请黎元洪一起散步聊天，还让子女们常去黎元洪家拜访，造成总统和副总统两家人亲密无间之假象。

为更好的控制黎元洪，袁世凯还提出两家换亲，即黎元洪的长子娶袁世凯的女儿，袁世凯的儿子娶黎元洪的女儿。这个计划的前一部分由于黎元洪的夫人强烈反对而未果，而后一计划则顺利实施，可惜是个悲剧。黎元洪当时只有八岁的小女儿黎绍芳与袁世凯的第九子袁克玖定亲后，后来终于因为这场政治婚姻的不幸福而郁郁寡欢，最终发展成精神病并死于精神病院。

尽管在表面上给予极高的尊崇与礼遇，但袁世凯对黎元洪仍不放心，因为以黎元洪的地位和名望，毕竟还有相当的影响力，而且当时想利用这点的人也不少。为了监视黎元洪的一举一动、一言一行，袁世凯特意派出总务厅长唐在礼对瀛台严加防范。

总统府本来就警备森严，能进出的人并不多，更不要说瀛台受到了特别的"优待"。对此，黎元洪也是敢怒不敢言，甚至连他的湖北亲友来访，也都会有人监视并报告袁世凯。到后来，黎元洪也习惯了这种生活，他干脆就深居简出，有钱就收，也不过问政治，袁世凯爱怎么搞就怎么搞去。

在瀛台的日子里，黎副总统没有做成神仙，倒做成了菩萨——人称"黎菩萨"。

不过，顺从归顺从，黎元洪在袁世凯称帝问题上仍保持了坚定的立场，保住了革命气节。袁世凯称帝后，其发布的第一道命令便是册封原副总统、亲家黎元洪为"武义亲王"。所谓"武义"，其实暗含了"武昌起义"之意，正因为有了武昌起事，这才给了袁世凯做总统、当皇帝的机会,而作为副总统的黎元洪,最适当的礼遇莫过于封他一个"亲王"了。

但是,黎元洪对这个"武义亲王"的封号十分反感,因为他是靠武昌起义才获得了政治生命,如今却要被迫做共和的叛徒、民国的罪人,于是他这次拿出十二分的勇气,冒着杀身之祸,拒不接受这个不伦不类的封号。

据时人笔记记载,当洪宪王朝的满朝文武前来黎元洪家致贺时,黎元洪却冷冷地答道:"大总统的美意,我万分不敢接受。要是我厚着脸面接受了这个封号,如何对得起民国?如何对得起那些死去的先烈?"说罢,黎元洪拂袖而去,弄得那一大帮人无趣而归。

在听说黎元洪拒绝接受亲王封号后,袁世凯随后又派来高级裁缝,声称要为黎元洪量身定做亲王制服。黎元洪听后大怒,对来人骂道:"我又不做什么鸟什子亲王,做的什么制服?"随后,黎元洪令人将来人赶出门外。

再次被拒后,袁世凯仍不死心,他随即又派步军统领江朝宗亲自将册封令送到黎元洪家中。江朝宗也真是做得出,他来到黎宅门前双膝跪地,捧着诏书大呼:"请王爷受封!"黎元洪听后,躲在宅中不理他,但江朝宗仍不肯起来,双方僵持了好长一段时间。最后,黎元洪忍无可忍,便从内宅奔到门前,指着江朝宗的鼻子大骂道:"你还要不要脸,还不赶紧滚开!"江

黎元洪当上了大总统

朝宗修为到家，他非但不生气，反直挺着身体呼道："请王爷受封！"没办法，黎元洪只好让人把江朝宗等人赶走，落个清静。

正因为黎元洪在关键时刻做出了正确抉择，这才顺顺当当地接了老袁的班。没错，和正儿八经的民国大总统相比，"武义亲王"算个怎么回事啊？

所以说，菩萨也会发蛮威，黎元洪也是个高人哪。

武夫治国

府院争：黎总统免了段总理的职

黎元洪接任总统期间，正值一战临近结束，德国为挽回败局而不惜采用"无限制潜水艇战"，结果引发了各国的抗议甚至参战浪潮。其间，段祺瑞内阁便在美国、日本的鼓唆下决定对德绝交，并打算对德国宣战。

但是，当段祺瑞带着阁员们前往总统府请黎元洪在对德绝交案上盖印时，却遭到黎元洪的拒绝。黎元洪认为，宣战与媾和之权乃是大总统之权力，如今断交便是交战之先声，事关重大，万不可草率行事。

由此，内阁阁员们便与黎元洪吵了起来，教育总长范源濂甚至拍了桌子，指责黎总统的擅权行为是想当过去的皇帝。老段被黎总统浇了一瓢凉水，这下也按捺不住心中的怒火，他愤愤地说："总统不肯盖印，国会又要问我的责任，这个责任内阁还搞不搞？我这个总理还怎么干下去？"

老段一发火，局势就变得更加白热化了，阁员们你一言、我一语，把黎总统说得哑口无言，打回了菩萨原形。可惜的是，菩萨既然不说什么，那盖印一事也一概免谈。国务院秘书长张国淦见双方火气都很大，他一再劝解大家消消气，凡事以国家为重，不要意气相争，但他的话并没有起到什么作用。

等到大家该说的都说完了，黎总统的印还是不肯盖。一段尴尬的沉默后，段总理气鼓鼓地站了起来，招呼也没打一声便离开总统府。其他阁员面面相觑，随后跟着老段一起退出。

当天下午，段总理一声不吭，便直奔火车站前往天津。在老段将要离开之前，冯国璋副总统正好来北京开会，他得知消息后急忙赶来，极力劝说段总理要以大局为重，不要轻易负气出走。老段气呼呼地说："老哥你不知道，这个黎元洪太难共事了！他口口声声地说宣战媾和是总统的特权，既然这样，那我这个总理还是别干了，该回哪回哪去吧！"说罢，老段便登上专列，奔天津去了。

老段出走的消息传到总统府后，黎总统还是有些手足无措的，他随后便召集总统府的一干人马商议该如何是好。黎元洪手下的一些幕僚如哈汉章等人，他们平日里就看不惯国务院这帮人的嚣张，这次见老段真的跑了，他们倒心中窃喜，有人便建议黎总统乘机将老段的总理职位免去，另行派人组阁算了。

按《临时约法》的规定，黎总统虽然是国家元首，但实际上是个"虚君"，实权在国务总理手中。但是，按沿袭千年的中国传统，国家元首怎么可以是虚君呢？再者，黎元洪好歹也是名高位重的开国元勋，又怎能甘心作汉献帝和刘阿斗呢？无论怎么说，总统毕竟是总理的上级嘛，难道不是吗？再说了，那些南方的军阀实力派和国会议员们，也纷纷要打着他的旗号来与北洋派争权，那他就更不能做一个虚君了。

但是，《临时约法》的规定和现实是有差距的，黎元洪的愿望和现实也是有差距的。黎元洪固然想扳倒段祺瑞，但考虑到老段在北洋系的地位和势力，他暂时还不敢轻举妄动。即便要免去段祺瑞的总理之职，那黎元洪至少也要找好下家。不然的话，国事瘫痪，总统也难辞其咎！

想到这里，黎元洪急忙把徐世昌、王士珍、冯国璋请到总统府，希望他们能从中劝解转圜一下，最好把段祺瑞给劝回北京。毕竟，这三位北洋系的元老级人物和老段是多年的老同事、老战友、老朋友，老袁在时，大家共事了这么多年，多少要卖点面子嘛！

但这时，冯国璋给黎元洪带了个坏消息，那就是老段要在天津发辞职通电,并请各省的军政长官评个是非曲直。冯国璋的话里带话,黎元洪岂有不知,一旦老段辞职的事闹得全国皆知,恐怕更不好收场了。于是,黎元洪请冯国璋不辞辛劳,一定要亲自去天津一趟,把老段接回为好。

冯国璋倒是乐意去跑一趟,但他也不能肯定自己就一定能说服老段。要说起来,段祺瑞的年纪比冯国璋、徐世昌几个人都小,但脾气却最大,一向是军人作风,说一不二,少有转圜的余地。冯国璋也知道这次是因为对德断交、宣战的事情引起,于是他得向黎总统要个准信,不然事情还真不好办。

为了说服黎元洪赞同对德绝交案,冯国璋也不免费了点口舌,说如今德国虽强,但毕竟寡不敌众,这次又触犯众怒,战争肯定不能持久,要是我国对他绝交,想必也不会有什么坏处。再说了,协约各国已经答应在战后与中国修约,加入参战岂不是件一本万利的好事?

至于黎元洪,他在听说老段要将各省督军引为后援后早已是乱了方寸,这时哪里还顾得上对德外交的事情。无可奈何之下,黎元洪也只能满口答应,只要段总理肯回来,外交上的事情全由他做主,只要国会通过,他决不干涉。

段祺瑞回京后,再次拿着对德绝交的咨文请黎元洪盖印,并在国会那边顺利通过。但是,绝交案虽然通过了,但对德宣战案却是一波三折。段祺瑞的人马为了让国会尽快通过,不惜使用了一些军人甚至地痞流氓组成"请愿团"对议员们进行胁迫,结果引起了舆论的一片哗然,段祺瑞内阁中的一些成员也在压力之下提出了辞呈。

这时,北京的《京报》又突然披露了一个爆炸性消息,那就是段内阁正在与日本秘密谈判,主要内容是日本借给中国一亿日元帮助中国参战,条件是聘用日本武官训练中国军队、聘用日本管理人员来主持中国的军事工业,等等。

消息披露后,立刻在全国引起了强烈的反响,各种质疑和骂名纷至沓来,令段祺瑞极为被动,只得多次出来辨明并无此事,其暗中与日本的谈判也就不了了之。

在段祺瑞陷入被动之时，总统府的人却兴奋了起来，他们一致建议黎元洪乘机将老段赶下台，而黎元洪也觉得这次舆论上的胜利扬眉吐气，大快人心，从此腰杆子也可以硬起来，也不必再看老段的脸色了。

此刻的老段，也感觉了总统府和国会的压力，他不得不后退一步，不再纠缠参战案而重新拟定了一份内阁改组的名单，准备替换那些辞职的阁员。为了向黎元洪和国会示好，段祺瑞还特意挑选了几个亲近总统府的人入阁，以便顺利通过。

但是，黎元洪此时已下定决心要倒段祺瑞的阁，他对这份内阁的新名单挑三拣四，一会说这个不行，一会说那个不信任，总是不肯盖印。老段忍耐不住，便和黎元洪争论了起来："内阁应由总理全权组织，通过与否是国会的事情，不是总统的职权！"

黎元洪哼了一声，说："国会对你已经毫无信任，之前公民团的事情又闹得不像话，现在督军团还干涉制宪，说什么要解散国会，这难道不是你总理的责任吗？"

段祺瑞听了这话，气得鼻子都歪到了一边，他站起来一拍桌子，吼道："我不干了！"说罢，段祺瑞一跺脚，掉头便走。

有了段祺瑞的这句话，黎总统一不做、二不休，当天下午便签署命令，将内阁总理段祺瑞免职，理由是段氏内阁阁员长期虚悬，对国事不利，应重新选择总理并另行组阁。

黎菩萨终于发飙了，这可是他到北京后干下的第一件大事。

此令一出，老段的鼻子再次歪到了两指开外。他怎么也没有想到，黎元洪竟敢真的将他免职！要知道，上次他不过出走天津，黎元洪便被吓得屁滚尿流，连连求饶，想不到这还没几天，翅膀就硬起来了！好，好，此处不留爷，自有留爷处，你不让我干，老子走！

当天晚上，段祺瑞便收拾行李，带着手下乘火车前往天津。由此，黎元洪与段祺瑞的"府院之争"，也就以段祺瑞的去职出走而告一段落。

武夫治国

夺印记：黎元洪二度出山受辱而归

黎元洪免去段祺瑞的总理职务后，各省督军纷纷抗议并宣称要独立。在此情况下，黎元洪病急乱投医，糊里糊涂竟然同意张勋入京调停，不料后者暗怀鬼胎，结果引发复辟丑剧，国会被解散，黎元洪的总统也就当不下去了。

事后，冯国璋代理了大总统，黎元洪一度退出政坛，隐居天津。但有句古话说得好，"风水轮流转，今年到我家"，五年后，一个千载难逢的机会还真的来临了。

原来，1920年直皖战争和1922年第一次直奉战争后，直系大佬曹锟、吴佩孚势力相继逼走皖系段祺瑞和北洋元老徐世昌，他们为了扶持曹锟当总统，需要中间有个人来过渡一下，这找来找去，便以"法统重光"的名义找到了黎元洪的身上。

黎元洪心里也清楚，直系这些人并非真心拥戴他上台。因此，开始他并不想去趟这趟浑水，而是直截了当地跟那些请他出山的人说："你们直接选曹三爷做总统不就结了，何必搞这么复杂，非拉我做垫背？"

但是，拥戴的大戏既然已经开演，黎元洪想不参加也是不行的。在黎元洪拒绝后，曹、吴加强了邀请的力度，他们先后派出各路代表亲赴黎府，盛情相邀。而各省督军也在曹、吴的指使下纷纷发表通电，请求黎元洪以国事为重，出面挽救危局，说得是义正辞严、情真意切，连黎元洪看后都有点陶醉，不免怦然心动了。是啊，既然是众望所归，那我就勉为其难，姑且出山风光一次罢！

当然，黎元洪也不想被人随意摆弄，于是他提出了出山的条件，那就是各省督军应立即解除兵权，还政于国家，否则自己决不当这个莫名其妙、有职无权的大总统。曹锟得知后极为恼怒，其大骂道："请他做个现成的总统，竟然还要向别人提条件！我们捧他上台，他却叫我们下台！真是'狗咬吕洞宾，不识好人心'，岂有此理，岂有此理！"

吴佩孚虽然也很愤怒，他却劝曹锟稍安勿躁，暂时忍耐，姑且敷衍下黎元洪。于是，在曹、吴的建议下，直系的各省督军如萧耀南等人也就假惺惺地随声附和，表示愿意听命。

黎元洪这时却得寸进尺，他派出代表到曹锟、吴佩孚处要求给予切实保证，并要求等到全体督军都通电支持后才肯复任总统。曹锟手下的人气得要命，连声嚷嚷着踢开黎元洪自己干算了，吴佩孚则按捺住自己的怒气对黎元洪的亲信代表金永炎说："黄陂如果再要装腔作势，我就无能为力了。你回到天津后，请他说一句痛快话！"

黎元洪和幕僚们一番商议后，觉得戏唱得不能太过，既然台阶已经搭得差不多了，再弄下去恐怕大家都下不了台，不如趁势复任总统算了。于是，在阔别政坛五年后，黎元洪再次做上了民国大总统。

由于曹锟、吴佩孚只是想让黎元洪暂时过渡一下，因而在黎元洪做了半年多总统后，便有人不断暗示他主动引退，以便为曹锟腾出位置。黎元洪不肯就范时，这些人干脆就弃文从武，派出了陆军校阅使冯玉祥、京津卫戍司令王怀庆、步军统领聂宪藩、警察总监薛之珩率所部军官三百多人去总统府索饷，随后又有"公民团"去总统府门前闹事，接着是北京的警察们罢工并前往总统府请愿，目的就是要让黎元洪赶紧自动下台。

对于这些人的胡闹，黎元洪早有心理准备，他对身边的幕僚说："民国六年时（即1917年），我受督军团和张勋的胁迫，违法解散了国会，酿成大祸，一直没有机会弥补。这一次我既然依法而来，就当依法而去，不能再犯糊涂。我的任期如何，应当由国会来决定，如果国会认为我任期满了，我一天都不恋栈。但是，如果有人想要用武力来迫使我去职，那我就要为国家维持纪纲法律，决不能重蹈覆辙，贻害百姓。"

黎元洪的气节固然令人敬佩，但曹、吴这些人的手段更是层出不穷。先是内阁总辞职，接着京津卫戍司令、步军统领、警察总监都纷纷辞职，黎元洪发出去的命令如同泥牛入海，根本就出不了总统府。再接着，总统府的水电、电话也被掐断，黎元洪在北京非但办不了公，就连立足之地也没有了，但他还不想向直系屈服，而是决定离开北京，前往天津。

说来怪也不怪，黎元洪前脚被逼走，辞职的王怀庆那些人后脚就立刻复职，罢工的警察也随即上岗，"公民团"们也一眨眼间就消失得无影无踪。可是，当这些人兴高采烈地来到总统府接收时，却发现总统的印信不见了，于是立刻打电话给直隶省长王承斌，要他在天津扣留黎元洪专车，索回印信。

至于黎元洪，他早就料到这些人会用这招，离京之前便把主要的五颗印信交给了如夫人黎本危，而黎本危此时已经躲进了东交民巷的法国医院。所以，当王承斌和天津警察厅厅长杨以德带领卫队在杨村车站截住黎元洪时，并没有找到总统印信。

王承斌开始还煞有介事地问："大总统此次出京，是公事还是私事？"

黎元洪答道："我在北京无法执行职务，所以要移到天津来办公。"

王承斌便问："既到天津办公，那总统印信何在？"

黎元洪怒道："你是什么人？敢向总统索印？"

王承斌冷笑道："我劝大总统还是把印信交出来的罢，免得伤了和气。"

黎元洪起身道："我便不交，你能奈我何？"

王承斌哼了一声，随后向杨以德努努嘴，后者会意地一招手，随即拥进几十个大兵老爷，一个个拿着短枪，雄赳赳、气昂昂往周围一站，黎元洪和随从顿时大惊失色，以为这帮人要动粗。

见黎元洪还不交印，王承斌便上前一步逼问道："总统还是赶紧把印交出来吧，我没有闲工夫跟你扯淡！"

黎元洪的随从见势不妙，慌忙说："王省长别动怒，印在总统府，不曾带来。"

王承斌厉声道："你别跟我装傻！北京已经来了电话，总统府只有十颗不相干的印信，另外五颗呢？在哪里？"

见黎元洪还不吭声，王承斌便命人将火车头移除，另调来一个营的兵力将火车团团围住，不准进也不准出，直到黎元洪交印为止。

僵持了一个多小时后，黎元洪总算明白，要是不交印的话，休想离开这里。无奈之下，他只得写下一张纸条让人送到如夫人黎本危那里，让她把五颗印信交出。王承斌见后，不耐烦地说："这一来一往，太麻烦！还是请大总统亲自打个电话吧！"

没办法，黎元洪只能在王承斌等人的监视下去车站电话室给如夫人打电话，让她把印信交给参议院议长王家襄。光交印还不行，王承斌在曹锟、吴佩孚的授意下，又拟了一份电报让黎元洪签字，大意是"宣告自动辞职，由国务院摄行总统职权"云云。这一来一往，黎元洪最终捱到凌晨两点多才回到天津私宅。

后来在曹锟紧锣密鼓地进行贿选之时，黎元洪还想做最后一次抗争。当时张作霖、段祺瑞、卢永祥、孙中山号召反直的议员南下到上海召开特别国会，以破坏曹锟的贿选。当时卢永祥也发出电报，邀请黎元洪到上海重组政府。

但黎元洪到了上海后，他发现"反直联盟"虽然欢迎他的到来，但并没有人希望他组建政府，就连卢永祥的那封电报，原来也是安福系政客捏造的。黎元洪这才明白，这次又陷入了一个政治陷阱当中，这些人也并非真心拥戴他，不过是借他的名气来一壮自己声势罢了。

武夫治国

曹锟贿选成功后,黎元洪也就对复任总统彻底死心,从此不再过问政治。1928年6月3日,黎元洪病逝于天津寓所内,享年六十五岁。开祭之日,黎元洪的死对头段祺瑞也亲自前往吊唁,其对着遗像"三鞠躬毕,喟然而退,似有无限感慨"。

倔老头：段祺瑞的大脾气与真性情

中国人没搞过民主政治，一搞起来就乱得一塌糊涂。这不，袁世凯刚死，接着就是府院之争，总统与总理争权打架，闹得不可开交，最后是两败俱伤。不过，说起黎元洪的政治对头段祺瑞，这两人的经历其实也有些相似之处。

段祺瑞出身于军人家庭，其祖父段佩与刘铭传、张树声、周盛波、周盛传等人既是同乡，又同隶属于李鸿章淮军体系之下，早年因镇压捻军有功而官居淮军统领。1865年，段祺瑞出生于安徽六安县太平集北的段家老宅，其父段从文倒是人如其名，一直耕读在家。段祺瑞五岁时，段从文在合肥买下百亩良田，随后举家搬迁，因此段祺瑞又被称为"段合肥"。

段祺瑞小时候主要受祖父的影响，他七岁时便被祖父段佩接到自己在宿迁的兵营，由此耳濡目染了军旅生活。尽管祖父给段祺瑞请了塾师带他念书，但年少时的段祺瑞却最喜欢舞刀弄棍，看书也只爱看排兵布阵、奇门遁甲之类的兵书（难怪袁世凯赏识他，原来两个人都有如此经历）。在那段日子里，作为小少爷的段祺瑞过得还是很惬意的。

但是，段祺瑞的好日子在十四岁时戛然而止，因为其祖父段佩在宿迁驻地突然亡故。失去了庇护的小段在军营中无以托身，只得将祖父灵柩扶送回合肥老家安葬。不久，小段又只身一人，步行两千多里、风尘仆仆数十天后，终于赶到山东威海投奔了堂叔段从德，

武夫治国

并在后者手下做了一名小兵。这一年，段祺瑞才十六岁。

不幸接踵而至。就在段祺瑞来到威海的第二年，其父段从文在赶到威海看望儿子后，回家途中被盗贼所害，遇害地离家不过三十里地，盘缠被掳掠一空，年仅三十九岁。噩耗传到威海后，段祺瑞请假奔丧而未获得批准。八个月后，段祺瑞的母亲因为哀痛过度，也不幸亡故。一年之内，父母双亡，段祺瑞这次才被批准回家奔丧。

回到家中后，看着自己年幼的弟弟妹妹（大妹启英十二岁，二弟启辅十岁，小弟启勋九岁），十八岁的段祺瑞心情十分沉重。作为家中长子，在父母双亡的情况下，段祺瑞不得不承担起照顾弟弟妹妹生活的重担。

家庭的变故和养家糊口的重担，使得段祺瑞心事重重，愁眉不展。作为普通一兵，段祺瑞几乎看不到生活的希望。时来运转的是，李鸿章在1885年创立天津武备学堂并拟从淮军中招收学员，刚满二十岁的段祺瑞听说这一消息后喜出望外，他决心要抓住这改变命运的绝好机会，于是立刻报名应征并考试中名列前茅，最终被选入炮兵科学习。

两年后，段祺瑞以"最优等"的成绩从学堂毕业，随后被选派到德国去学习军事。据说，初选名单本来没有段祺瑞，但李鸿章看到选派人员中安徽籍的只有两人，心中十分不悦，于是把山东籍的划掉一个，而改选了一个自己的小老乡，段祺瑞最终进入了名单。说起来，李鸿章被人称为"李合肥"，段祺瑞后来也被称为"段合肥"，这两人还真有点缘分。

到德国后，段祺瑞等人进入柏林军事学校学习。在校期间，段祺瑞还闹起了剪辫风波，因为德国人看到中国人留着长辫子，觉得十分可笑，暗地里骂他们是"中国猪"，段祺瑞气愤难平，于是拿起剪刀要剪掉脑后的辫子。这时，督学荫昌正好进来，他看见段祺瑞要剪辫子，慌忙加以制止，这才避免了一场麻烦。

在其他人已学成回国后，李鸿章再次指派段祺瑞前往克虏伯兵工厂实习，以熟悉并学习世界最先进火炮的制造和使用技术。直到

1890年底，二十五岁的段祺瑞才返回国内，在进入北洋军械局不久，又调入威海随营学堂充当教习。

可惜的是，当时清军对这些军校毕业生不甚重视，他们中的大多数人都被委以教习之类的闲职，而没能进入军营中做带兵官。依当时的军界风气，那些行伍出身的旧派军官大都看不起军校毕业生，他们认为这些娃娃兵只知读书，没有实际作战经验，不能委以重任。即便段祺瑞这样留洋回来的优秀军官，也屡屡遭到这些旧军官的排挤。

直到袁世凯小站练兵后，那些军校毕业生才开始得到重用。当时袁世凯请时任天津武备学堂总办的荫昌推荐人才，荫昌很自然的便想到了段祺瑞，并将他推荐到袁世凯的门下。袁世凯的新建陆军是一支拥有步兵、骑兵、炮兵、工程兵等多兵种的新式部队，其中炮兵近两千人，段祺瑞随后被委任为炮队统带，并得到袁世凯的极大重视。当时段祺瑞带的这支炮队有速射炮、重炮等六十门，战马近五百匹，这也是中国近代历史上第一支正规化的炮兵部队，段祺瑞也可说是中国的第一任炮兵司令。

随着袁世凯的不断升迁，段祺瑞也跟着水涨船高，陆续做到北洋六镇的统制之职。清朝覆灭后，段祺瑞做过几任陆军总长，后来因为反对袁世凯称帝而隐居西山。袁世凯死前，命人将段祺瑞找来并将国事托付给他，段祺瑞也由此做上了民国的内阁总理，成为当时最重要的政治人物。

段祺瑞的为人一向古板严肃，不苟言笑，给人的印象是不太好打交道。他平时的生活也很有规律，一年三百六十五天基本没有什么变化。一般情况下，他都在家吃早饭，随后上书房看公事；看完公事后去衙门，中午再回来吃饭。

吃过中饭后，老段一般会在内客厅睡个午觉，然后有客时会客，无客时就与棋手们下下围棋，或者找一些诗人搞搞诗会，当时王揖唐、梁鸿志等人便是段府的常客。晚饭后，老段照例要打一会牌才上床安歇。

武夫治国

段祺瑞非常喜欢下围棋，当时还特意养了一批棋手，每月发给工资，以陪他下棋。据说，那些棋手和段祺瑞下棋时都十分识相，既不能赢段祺瑞，因为老段自尊心很强，输了他会很不高兴，但也不能多输，因为多输的话，会让段祺瑞看不起。

据称，有一次段祺瑞和儿子段宏业下棋，棋到终盘，段祺瑞大负，气得他跳起脚来，把棋盘掀翻，并怒斥段宏业道："你这小子，一无所能，就知道玩这个，你以后有什么出息？"段宏业被斥后，只得诺诺而退。想必儿子输给了他，段祺瑞又会笑骂："你这小子，连个棋都下不好，你以后还能干什么？"段宏业是段祺瑞的大公子，平时最喜欢吃喝玩乐，素无大志，他在外面一向是花天酒地，唯独见了老段像是老鼠见了猫，大气也不敢出一声。这不，赢了棋还被老段斥责一顿，他屁也不敢放一个。

唯独有个小棋手却不畏惧段祺瑞，这就是后来成为著名棋手的吴清源。吴清源做段府的棋手时年纪还小，也最受段祺瑞的喜爱。他和老段下棋时倒是毫不客气，两人经常能下个旗鼓相当，但随着吴清源水平的不断提高，段祺瑞和他对弈往往输多赢少，后来也就不再和他下了。吴清源后来入了日本籍，成为日本围棋界的一流高手。

段祺瑞脾气大，治家严，手下的人都战战兢兢，不敢犯错，特别是不敢向来宾索取门包。按前清的规矩，一般大官的门房都有一个陋规，那就是收取门包，否则就进不了门。段祺瑞大概吃过这个门包的亏，因而最恨别人收门包，他要是听说谁收门包，还真能把人拉出去枪毙喽。

按中国人的习惯，过年过节的终究要礼尚往来，而地方上官员来京办事，也一般会给负责的京官送点礼。这个规矩，唯独到了老段这里行不通。每次有人将礼物送到段公馆，门房都是将之放在内客厅门口的条案上，等段祺瑞亲自过目后定夺。段祺瑞每次路过时，总是仔细地看了又看，最后挑一两件最不值钱的留下，其余的全部让人送回。

有一次，江苏督军齐燮元给段祺瑞送了一个精美绝伦的围屏，围屏上镶有各种宝石，五颜六色，非常漂亮。段家人喜欢得不得了，晚上还偷偷地起来观看。但第二天早上，段祺瑞便令人送回。张作霖有一次给段祺瑞送了一些东北的特产，如江鱼、黄羊等，在其副官的一再恳求下，段祺瑞才收下两条江鱼，这已是非常大的面子了。唯独有一次冯玉祥给他送了一个大南瓜，老段倒是很中意，没有送回。

性格倔强的段祺瑞外表一向严峻

段祺瑞虽贵为总理，但他连自己的房子都没有。早年袁世凯和别人打牌赢了一处宅院，后将之送给自己义女（即段祺瑞的续弦）居住，不想等到袁死后，原房主找上门来，请时为总理的段祺瑞搬走，房子归还原主。这是什么情况呢？

原来，当时房契并未交给袁世凯，房产不曾办理交割手续。段祺瑞很喜欢这套房子，他在院子里转了一圈又一圈，最后还是恋恋不舍地退还了这个住了两年的公馆。身为"守法总理"，段祺瑞没钱去买房，他除薪水外，并不像其他军阀大佬那样利用权势进行投资以获取额外收入，因而在他彻底下野后，家中经济十分紧张，以前从不过问家务的段总理，最后居然沦落到亲自记账的份上。

段祺瑞为官时严禁家人说私情，某次府里一老妈子托段祺瑞的某姨太太替其亲戚找个小差使，谁知刚一张口，段祺瑞的鼻子就气歪了，他大骂道："好啊，你们想卖官还怎么着？你拿了人家多少钱！快说！"因此，在段祺瑞的面前，谁也不敢乱托人情，不然肯定吃不了兜着走。

段祺瑞不但对自己严苛，对别人也是非常严格。他手下有个姓苏的军需官，他买了个小丫头，而他的老婆经常虐待这个小女孩，三天两头把人家打得鬼哭狼嚎。不知怎么的，这事传到了段祺瑞的耳中，他得知后勃然大怒，立即派人将苏军需和小丫头带来，自己则怒气冲冲在大客厅等着问话。

当时场面真有些杀气腾腾，如同旧时衙门上堂一样。等苏军需到后，段祺瑞拍着桌子大骂，并令手下用军棍重责四十大棍。这下把苏军需吓得浑身发抖，连连求饶。段祺瑞骂了半天后，气才消了下去，随后便吩咐手下将小丫头送到后院，让自己家眷收养下来。

段祺瑞每次生气时，鼻子就歪到一边，所以有人说他本有元首之运，但因鼻子长得不正，所以只能做到总理为止。不过，段祺瑞只是表面上看起来严肃，其实内心也是真性情。段祺瑞少年时随祖父在宿迁军营，在当地私塾读书时认识了几个同年好友，后来段祺瑞做上了总理，发达了，其中一个叫申孟达的好友便试着来北京找他。刚开始时，申孟达害怕段祺瑞已经认不得他了，于是先写了封信让人送到段府，不曾想段祺瑞在接信后便立即派人送上两百银元。三天后，段祺瑞亲自来接，一下子就开来了十几辆小汽车，并让人好生招待。

段祺瑞对旧情看得很重，当年跟随祖父段佩的几个老人，后来也被他接到府上。其中有位叫邢宝斋的，常说段祺瑞小时候一天到晚鼻涕邋遢，邢宝斋看不上他，说："你这叫什么少爷啊，一点都不爱干净！"老人常跟公馆里的人唠叨这事，有人听烦了便反诘道："你不是看不上他吗？可人家如今干出了一番惊天动地的大事业，你现在还在给他买笤帚！"邢被堵得没话说，只好结结巴巴地说："我哪知道他有这一天啊，我要知道，当初也对他好点啊！"

《一士类稿》中还说，段祺瑞刚做上边防督办时，一日雪后，他偶至街头散步，忽然问随行的小僮："边防处距此远不远？"小僮说不远，于是段祺瑞便让他带自己去看一下。到了边防处，卫兵见一个衣冠朴旧的老头昂然入内，便厉声呵止。小僮赶上前斥道："这是段督办，你怎敢如此无礼！"卫兵听后十分惊愕，慌忙请罪并报告处中官员，恭迎段祺瑞入内视察。众人平时都见不到段祺瑞，今天看到他突然莅临，以为有什么大事要宣布，于是一个个都肃侍静候训示。段祺瑞微笑道："今日下雪，我乘兴闲游至此，你们不必管我了，各自回去办公吧。"说完，段祺瑞便让众人散去，自己则到督办室小坐了一会，随后仍缓步而归。

作为民国年间的大人物，段祺瑞一生不蓄私财，不徇私情，不拥兵自重，这在军阀中，无论如何也算是至为可贵了。

武夫治国

小军机：徐树铮确有不世之才

与袁世凯一样，段祺瑞也喜欢罗致人才，而其中最得他信任的，莫过于徐树铮。

徐树铮是江苏萧县人，秀才出身，他和老段一不沾亲，二不带故，原本只是老段手下的一名司书，不知怎么就给老段赏识上了，送他到日本士官学校留学。小徐回国后立刻扶摇直上，成为老段跟前的头一名红人。段府的人都说，老段起来快是老袁一手提拔，而老段提拔小徐也像袁世凯当年提拔他自己一样，甚至有过之而无不及。

譬如民国初年，老段做陆军总长，徐树铮就当次长，另外还有个次长蒋作宾，可陆军部里的事大小都是徐树铮说了算，不但蒋作宾当不了家，就连段祺瑞本人说的都不一定算数，因为小徐在老段面前说一不二，从不被驳回，而老段吩咐下来的事，小徐却不一定照办。当时就有这么件事，段祺瑞有个老部下被军队撤职了，穷得没办法来找老段，请求给个差使。老段看他可怜就答应下来，并批交徐树铮办理。不料徐树铮后来签呈上去，说："查该员无大用处，批驳，验过。"于是这事就算拉倒。

小徐去段府，从来就是随来随见，用不着要门房的人通禀，他就扬长直入了。段府的那些人，见了小徐都躲得远远的，因为大家都知道他脾气大，又好挑毛病，恶狼恶虎似的，当面就给你一个下不来，小者挨一顿申斥。搞得不好，他跟老段一说，饭碗就被他砸了。旁人还有个灵活，但徐树铮这里从来都是言不二价，所以大家都不愿意沾他。

老段会客一般在外客厅，但小徐一般都径直走进内客厅，而且只谈公事，三言两语，交代完了就走。他很少参加公馆的宴会，也不大陪着老段打牌，照例是公事公办，态度很严肃。正因为如此，不但段府的人对徐树铮报着敬而远之的态度，就是老段身边的亲信，那些军政界的要人们也对小徐十分烦恶。有些事，大伙都避讳他，不愿意让他参加。为啥呢？因为只要一沾上徐树铮，就得实行独裁，听他一个人的了。

也许大家会觉得奇怪，为什么老段会对小徐这么信任呢？原来，小徐不但对老段忠心耿耿，一心护着老段，而且他这个人也真是有学问、有能力，才气过人。而且，小徐的记性也非常人可比，可以说是过目不忘，什么公文啊、条例啊，他看得既快，记得又熟，只要老段一问他，他总能对答如流，谁要是不信，找出公事来一对，还真是一字不差。所以段府的人都说："这是人家有才。你想，老头子能不喜欢吗？"

据民国将领陈调元回忆，他在任北洋第七十四混成旅旅长时，有一次来北京办公事，在朋友做东的宴席上遇到徐树铮。经朋友介绍后，徐树铮便说已经看到他的公文，并将他要求补充多少枪、多少发子弹，及要多少军饷等全部说出。陈调元听后十分惊讶，因为他自己都没有徐树铮记得那么清楚。数天后，陈调元到陆军部拜访徐树铮，只见徐树铮一边与他谈话，一边还在批着公文，中间又有电话响起，徐树铮拿起话筒听电话，正当陈调元不自觉地把话停了下来时，徐树铮向他示意："没关系，你继续说。"这一次，陈调元算是见识了徐树铮五官并用之能耐了。

徐树铮的聪明，从小就有点名气，据说其老家徐州南关有位老先生象棋下得很好，自以为打遍天下无敌手，一时自负，竟把自己的"将"钉死在棋盘上，以为没人能把它撼动。徐树铮听说后，便去找他下棋，双方一阵猛烈厮杀后，老先生在徐树铮凌厉的攻击下，最后被逼得临时找来斧头起钉子，让自己的"将"能离开原位，一时被传为笑谈。那一年，徐树铮才十一岁。

有才归有才，但天底下有才的人大都有个恃才傲物的臭毛病。袁世凯死后，段祺瑞做国务总理、徐树铮做国务院秘书长时，就与黎元洪的总统府发生了激烈的矛盾冲突。

对于徐树铮的专横跋扈，黎元洪也是早有耳闻，最开始他反对由徐树铮出任国务院秘书长，因为他知道徐树铮这个人太难共事。后来老段托总统府秘书长张国淦和北洋元老徐世昌代为转圜，黎元洪这才勉强答应。不过，黎总统提出一个条件，那就是徐树铮到总统府见他时，必须有张国淦陪同，他不单独见徐树铮。

由于当时约法对总统府与国务院之间的权限不甚了了，而老段和老黎平日里也不太互通声气，因此在一些事务上难免出现误会与冲突。按约法规定，国务院所决定的重大事件，应当呈递给总统府，由大总统盖印发布。徐树铮是国务院秘书长，因此经常要往返于国务院和总统府办事，但这个小徐经常不给黎总统说明事件来由，只管催促总统赶快盖印。要是黎元洪多问上几句，小徐脾气上来就敢当面顶撞。徐树铮这种盛气凌人的态度，若不是总统府秘书长张国淦从中斡旋调解的话，黎总统还真是有点吃不消。

有一次，徐树铮拿着福建省三个厅长的任命书来请总统盖印，黎元洪刚刚问了几句这三人的从前来历，小徐就不耐烦地说："大总统问这些干什么？请赶快盖印，我事情忙得很！"黎元洪被这么一顶，当场被气得半死。等徐树铮走了，黎元洪恨恨地跟手下人说："我本不想要做什么总统的。可你们看看，这些人目无总统到了什么地步！"

徐树铮非但不把总统府的人看在眼里，就连国务院内部，他也是经常自作主张，凌驾于同事之上，譬如内务总长孙洪伊就与他发生过多次冲突。

孙洪伊是清末著名的立宪党人，在民国初年的组党热潮中大出风头，他此时与黎总统及冯副总统的关系打得火热，自然免不了与老段、小徐发生矛盾。徐树铮仗着老段的信任，在国务院一手遮天人所皆知，偏偏遇到孙洪伊也是眼高手低的朋友，其为人争强好胜，而且政治能量也不小，用当时人的话来说，这两位在一起几乎是"日日在火并之中"。

老孙是直隶人，年纪比小徐大十岁，哪里看得惯小徐这个嚣张劲。两人的日常口角就不消说了，这里说几次大的冲突。第一次冲突是徐树铮擅自以国务院的名义发布调令，命广东、福建、江西、湖南四省军队会剿护国军李烈钧部的事情引起。本来这事已经在国务会议上讨论过，决议是去电调解，而小徐却私自拟了一个讨伐的命令拿给黎总统盖印，结果被拒绝了。小徐一怒之下，竟然擅自以国务院的名义将讨伐令发出，结果引起其他内阁成员的一片哗然，孙洪伊当面指责小徐违法越权，而小徐也不甘示弱，两人结下梁子。

紧接着，众议院将湖南议员提出的一个议案转给了国务院，其中对现任福建省长的胡瑞霖提出查办要求，理由是其在任湖南财政厅长时有贪污劣迹。胡瑞霖是皖系的人，徐树铮接到议案后擅自以国务院的名义为胡瑞霖辩护，并将议案驳回。

孙洪伊得知后十分恼怒，他怒气冲冲地找到老段说："对民政长官的处分属于内务部的职权，我自己分管的事情，竟然一点都不知道，这算哪门子王法？如果秘书长可以包办一切，那我这个内务总长还做它作甚？"被这么一闹，老段也觉得这事做得荒唐，随即命小徐将咨文追回，徐树铮表面上答应，实际上却不了了之。

一个月后，孙洪伊为整顿内务部，裁减了部里的三十多名职员。由于这些被裁者大都和北洋系的头头脑脑有着这样或那样的关系，他们岂能善罢甘休，而徐树铮也想利用他们来把孙洪伊给搞下去，于是怂恿他们向平政院上诉。结果，平政院裁定撤销内务部原令，被解职的那些人仍旧回去上班。

平政院是袁世凯时期设立的一个政治仲裁结构，孙洪伊不但不接受这样的裁定，反认为平政院是一个非法机构，随后他拟将此案提交国会审议。徐树铮害怕国会接受孙洪伊的意见，于是决定先下手为强,他经老段同意后拟定了一道执行平政院裁决的命令,准备交总统府批准。

徐树铮的这道命令,不但内务总长孙洪伊拒绝副署,黎总统也拒绝盖印,府、院之间反复争执,酿成政治风波。老段自上次就对孙洪伊十分不满,于是暗地里给孙传话,让他辞职算了。但是,孙洪伊非但认为自己没有错,而且口气十分强硬,拒不辞职。

老段这回真动怒了,他在十月中旬下了一道将孙洪伊免职的命令,让小徐拿给黎总统盖印。黎总统见后十分震惊,坚决不肯用印。徐树铮为这事来回跑了四趟,黎总统连拒四次,丝毫不肯让步。最后一次,徐树铮威胁黎元洪说:"总统不肯盖印也无妨,以后我们不准孙洪伊参加国务会议!"黎总统大怒:"你说的这是什么话?!"徐树铮冷笑道:"什么话?这是段总理的原话!"

过了几天,很少到总统府的段总理突然气呼呼地出现在黎总统的面前,他拿着将孙洪伊免职的命令交给黎元洪,说:"总统要是不肯免孙洪伊的职,那就把我免职了吧!"

老段下了最后通牒,黎总统也只好退让,不过他还想给双方留点余地,也给自己争回点面子,于是他建议:"免职令还是不下的好,让他自动辞职吧!我来给他做做工作!"偏偏孙洪伊这位朋友是个死硬派,他死活不肯主动辞职,还大声嚷嚷道:"什么官我都可以不做,只要维持我的人格!我不辞职,不出洋,不外调!"没办法,黎元洪只好把北洋系大佬徐世昌请出来调解,最后孙、徐两人同时被免职。

孔夫子曾说,"君子有三戒,少之时,血气未定,戒之在色;及其壮也,血气方刚,戒之在斗;及其老也,血气既衰,戒之在得。"可惜的是,对于老夫子的这句话,大部分国人都不曾认真对待,所以但凡有中国人,便有内斗;内斗不休,方是真正的中国特色呀。

念弥陀：段祺瑞吃斋念佛为哪般

段祺瑞为人一向严峻，脸上几无笑容，连他的家人也都不喜欢和他呆在一起。好在老段在饮食上有个习惯，那就是他除了大年三十和正月初一外，一般是一个人单吃，不和家人同桌的。不过这样也好，他的家人也乐得躲开，免得受他拘束。

不过可千万别认为老段一个人单吃是要搞特殊化，事实上，他不和家人一起吃饭的主要原因是要避开荤腥，发展到后来，就干脆一口长斋……吃斋念佛了。

有人或许会觉得奇怪，老段身为军人，如何也会阿弥陀佛，变成个信佛的居士了呢？这事说来也属反常，因为按老段的人生经历及脾气禀性，他拜到关羽关圣人、岳飞岳将军的脚下倒是符合逻辑，但他最后却拜在了菩萨的门下，这实在让人觉得有点不可理解。

其实说来也不奇怪。在1920年的直皖战争中，老段与曹锟、吴佩孚恶战一场，但最终以惨败而告终，老段由此心灰意冷，他搬到天津后，便开始正式吃斋，并在家里辟出一间佛堂，每日清晨便起来焚香念经，并成为他每天的功课，从未间断。

老段信上佛教，一则是与他在袁世凯时期曾在西山休养、接触佛学有关；二则是希望借此走出直皖战争惨败的阴影；三则是他认为身为军人，过多的杀戮于心不安，因而要每日诵经以超度那些在战场上丧生的亡魂。

譬如在反对张勋复辟的战役中，当时讨逆军抓了一些辫子军，

武夫治国

其部下靳云鹏请求杀他几个以提振军威,段祺瑞听后很不高兴地说:"罪在张勋一人,这些官兵们有什么罪?杀几个人有什么用?你们总是好杀人,杀人者人恒杀之,哪一个好杀人的人有好结果呢?"

段祺瑞被人称为"北洋之虎",但其人终究有虎相而无虎威,宅心仁厚可能是其原因。

段祺瑞信佛与当时天津的风气也有关系。在清末民初时期,天津的寺庙特别多,几乎可以用"无人不信神,无处不建庙"来形容。一些出名的寺庙,如海光寺、大悲院等,当时的僧人、居士数量都很庞大。一些在政坛上失意的政客、军人,还有前清的一些遗老遗少,他们在失势之后都纷纷来到天津做寓公,其中有很多人便热衷于宗教活动,其中尤以历史久远的佛教为盛。事实上,在当时的军阀政客中不仅仅是段祺瑞一个人信佛,其他譬如曹锟、曹汝霖、靳云鹏、孙传芳等人也是信佛的。

段祺瑞在皈依佛教后,便起了一个法名叫"正道居士",每到初一、十五,段祺瑞都要亲自到庙里去做法事。由于段祺瑞是民国初年声名显赫的大人物,和尚们都以段祺瑞来自己的庙里做法事为荣,每每奉承段祺瑞是菩萨转世,为普度众生而下凡的。

被奉承久了,段祺瑞也有点飘飘然。直奉战争爆发时,老段就在讲经大会上大骂:"这些军阀,穷兵黩武,祸国殃民,他们都是阿修罗王转世来造大劫的!"说到这里,他又不免沮丧地说,"我虽是菩萨后身,具有普度众生的慈悲愿力,但道高一尺,魔高一丈,法力虽大,难胜群魔!"

阿修罗是古印度神话中的恶神,也是佛教中的天龙八部之一,因为它经常与天神交战,因而战场也被人称为"阿修罗场"。老段把军阀们称作"阿修罗王",但他自己当政时也推行"武力统一"政策,只不过他认为军阀们混战是穷兵黩武,而自己"武力统一"的目的却是为了"普度众生"罢了!

在直皖战争失败后,段祺瑞虽说已经吃斋念佛,但他并没有真正的看破红尘,做到四大皆空。每次有学生、旧部、朋友来拜见他,并说起国内战火纷飞、人民流离失所时，老段总是板着脸，一言不发。唯独他们说到"要收拾局面，非老师东山再起"之时，老段一贯冷若冰霜的脸上，才会多少露出点欣慰的笑容。这老段！

时隔四年后（1924年），老段再次出山任中华民国临时执政，重新回到了政坛。和从前一样，老段仍旧是上午办公，下午下棋或者赋诗，晚上打牌，唯独与之前不同的是，老段增加了一个内容，那就是早上必到公馆中专门的佛堂去诵经。

一年半后，在执政府门口发生了震惊中外的"三一八"惨案，段祺瑞闻讯后赶到血案现场，长跪不起，为死者超度。不久，老段再次下野，从此彻底远离了纷繁多变的政治漩涡而只在家中吃斋念佛，或者下下棋、写写字，不再过问世事。

1931年"九一八"事变后，日本人又把侵略的魔爪伸向了华北，并试图拉拢段祺瑞出来充当代理人。为防止段祺瑞为日本人所用，蒋介石在1933年1月21日派人将段祺瑞从天津接到南京，在浦口乘船过长江时，蒋介石率一批高级将领亲自前来迎接并执弟子礼（蒋介石留学日本士官学校前系北洋速成武备学堂统一送出，当时段为学堂督办）。随后，段祺瑞便定居在上海。

1936年11月2日，段祺瑞因胃溃疡引发大出血而去世，享年七十二岁。段祺瑞的病，据说与其常年吃素、营养不良有关，但之前医生和亲友建议他进点荤食

老年的段祺瑞已无当年的锐气

武夫治國

以提高抵抗力时，段祺瑞坚决拒绝并表示："人可死，荤不可开！"

老段在信佛之后，除了自己养几只母鸡下蛋供应外，荤食一概不碰。有趣的是，老段只养了几只母鸡，而没有公鸡，因为他认为这样下的蛋才是"素鸡蛋"，是可以吃的。后来他年老后身体虚弱，但仍旧不肯开荤，也足见其性格之倔强。

临终前，段祺瑞曾写下亲笔遗嘱，谆谆告诫后人："国虽危弱，必有复兴之望。复兴之道亦至简单，勿因我见而轻起政争，勿信过激之说而自摇邦本。讲外交者勿弃固有之礼教，求学者勿骛时尚之纷华。所谓自力更生者在此，转弱为强者亦在此矣。"

由于段祺瑞生前信佛，其葬礼也是照他的遗嘱以居士礼简葬。在各界名流的吊唁中，有几副挽联特别显眼，一副是冯玉祥的："白发乡人空余涕泪，黄花晚节尚想功勋"。另一幅是吴佩孚的长联：

> 天下无公，正未知几人称帝，几人称王，奠国著奇功，大好河山归再造；
> 时局至此，皆误在今日不和，明日不战，忧民成痼疾，中流砥柱失元勋。

段祺瑞死后，由于其长子段宏业坚持要将其灵柩送往北京安葬，但因为日本侵华导致的时局变动，以至于十多年都无法找到合适的下葬地，最后只能草草葬在段祺瑞三弟之前买好的坟地，位置就在人来人往的大道旁边。对此，段祺瑞的一些生前故旧忍不住叹息："想不到老头子轰轰烈烈一辈子，死后竟然没有一块葬身的地方！"

直到1963年，在段祺瑞生前的好友章士钊、李思浩、曾毓隽等人的努力下，才最终将段祺瑞的遗骨起出，并重新安葬在北京西郊香山附近的万安公墓中。

"天下无公，正未知几人称帝，几人称王；时局至此，皆误在今日不和，明日不战"，吴佩孚曾是段祺瑞的老对头，但这句挽联何曾不是两人共同的写照？

旧朝恩：王士珍为何对前朝念念不忘

袁世凯的新建陆军系模仿德国操典并聘用了多名德国教习加以训练而成，庚子年其巡抚山东时，曾请德国驻胶州总督前来观操。在对龙腾虎跃的新军啧啧赞叹之余，德国总督扬起马鞭指着正在督操的王士珍、冯国璋和段祺瑞说："这三位，可真不愧是杰出的将才啊！"，

此后，王士珍、冯国璋和段祺瑞为"北洋三杰"的名声便流传在外，为人所知。不仅如此，后来还有人给这"三杰"分别起了不同的绰号，即"龙、虎、豹"：王士珍是"北洋之龙"，因为他才气最大，身出中枢，而且时隐时现，如神龙见首不见尾；段祺瑞为"北洋之虎"，因为他性情耿介，脾气暴躁，又刚愎自用；冯国璋被称为"北洋之豹"，因为其所练之兵行动迅捷，作战有力。不过，冯国璋还有另一个不甚雅观的绰号叫"北洋之狗"，因为冯长得模样可掬，又喜好钱财，所以得了这样一个外号。

王士珍，字聘卿，河北正定县牛家庄人，其出身于耕读世家，少年时投入淮军统领叶志超的门下，后被保荐入天津武备学堂炮兵科深造，与段祺瑞、冯国璋等人为第一批学员。毕业后，段祺瑞被派往德国留学，王士珍与冯国璋则去了日本。不久，王士珍重回叶志超的部队，并带领炮队学兵参加了甲午战争。平壤之战中，王士珍率领学兵奋勇杀敌，其左手无名指即在此役中被炸断。甲午兵败后，主将叶志超被定死罪，王士珍先投入了聂士成麾下，后又被北

洋武备学堂的总办荫昌推荐到袁世凯的新建陆军中,由此一路升迁,飞黄腾达。

王士珍被人称为"北洋之龙"、"三杰"之首,这并非偶然,而是他确有几分能耐。王士珍的父亲秀才出身,他本人从小也喜好读书,因而在练兵中善于谋划,办事能力强,深得袁世凯的信任。有一次,直隶总督兼北洋大臣荣禄前来检阅新建陆军,王士珍在已结冰的海河上铺设了特制的帆布桥,供荣禄的队伍通过。等检阅完后,天气转暖,荣禄返回时见王士珍仍旧用帆布桥架设在海河上,便有点犹豫,担心冰面会有变化。这时,王士珍上前禀告说:"大人不用担心,冰面三天之后方能解冻,请放心通过。"后来果然如王士珍所说,荣禄也对王士珍的精敏能干留下了深刻印象。

1899年底,袁世凯署理山东巡抚,王士珍随同入鲁并担任了参谋处总办。1900年6月,义和团被清廷宣布"合法化"时,某义和团首领拿着仇洋派端亲王载漪的令箭来到山东,要求袁世凯允许义和团设坛操练。袁世凯一向视义和团为匪,但因为清廷当时的政策支持义和团而迟疑不定,因为答应设坛的话,好不容易被剿灭的义和团将再度兴起,但要是不答应,万一端亲王得势,难免有违令之嫌并会在日后遭到报复。

王士珍摸透了袁世凯的心思,他主动站出来说:"大人放心,这事交给我来办!"言罢,王士珍便走出营门,下令将这位义和团首领以"盗窃端亲王令箭"的名义推出去——斩了。王士珍回到营中,袁世凯的会议还没散,袁见王士珍回来,便问:"你可将这人安置好了?"王士珍以手抹脖,很干脆地说:"已处决了!"袁世凯大惊,问:"你怎么把这人杀了?万一端亲王怪罪下来,如何是好?"王士珍说:"这好办,只须将令箭封起来,送还端亲王即可。"袁世凯顿时醒悟并称赞王士珍处事果断明决。

庚子年间,各省传教士、外国商人及教民等途经山东避难时,王士珍奉命加以保护,他命令手下士兵组成便衣队,一方面资助粮食川资,另一方面还暗中抓捕义和拳民。在八国联军占领北京并向京津地区进行扫荡时，王士珍命人在与直隶接壤山东境内，均用白灰在墙壁上写上大字："此山东境！"说来奇怪的是，八国联军看见后还真就不入山东境内了，由此山东省在庚子年基本未被侵犯。

清末袁世凯当政时，王士珍一直跟随左右，辅佐军务，但凡与练兵有关的上奏或下发文稿，袁世凯都要让王士珍过目，因此被人戏称为"龙目"，也就是充当了袁世凯的"眼睛"。袁世凯做上军机大臣后，王士珍也升任了陆军部侍郎，是当时北洋将领中官衔最高的。

袁世凯被摄政王载沣踢回老家时，王士珍正在江北提督任上。为表示与袁世凯共患难、同进退，王士珍借丁忧之际自请开缺。武昌起义后，袁世凯再度出山，王士珍随后便被任命为陆军部大臣。

清帝退位后，正当北洋系的人欢呼雀跃，以为加官晋爵的机会到了时，被大家认为是袁世凯身边头号"红人"的王士珍却突然称病辞职，搞得众人一团雾水。袁世凯也觉得很奇怪，便问他为什么不肯再辅佐自己。王士珍气呼呼地说："国家养兵千日，用在一时。乱民造反，不发兵征讨，反要议和，这真是旷古未有之奇闻！"

言罢，王士珍便像很多遗老遗少一样，回到老家正定县牛家庄隐居去了。隐居期间，王士珍仍自命为大清子民，他不但保留了脑后的小辫子，就连穿着服饰也全部按前清规矩，一样都不能少。在他家大厅中央，一直悬挂着一幅光绪皇帝亲赐的"福"字，每次晚辈来给他拜年之时，王士珍都要穿起清朝官服，让人先参拜堂中"福"字，以表示不忘皇恩。

不过，王士珍的隐居生活并不算长，因为袁世凯急需他来平衡另一位大将段祺瑞的势力。"二次革命"被镇压后，袁世凯派出长子袁克定去请王士珍出山。在一番软磨硬泡后，王士珍最后只能答应出来做官。唯独有一点，那就是他脑后的小辫子却始终保留着，有人劝他剪去算了，王士珍正色道："三年之制尚没有满！"一直到1915年，王士珍才忍痛剪去了那条宝贝辫子。

张勋复辟期间，王士珍倒是兴奋了一把。当时将张勋的辫子兵放进京城的,便是时任陆军总长的王士珍亲自下的命令。有人说他是受到了张勋的挟制,其实他主要是出于自愿,因为王士珍不但随同张勋一起参与朝拜,其他事务也都是积极参与,张勋拟定的六个"议政大臣"中,便有他的一个。

在这段特殊的时期里,京城中还有个"两国忠臣"的笑话,说有两个大佬,一面依附清室,一面又通款段祺瑞;在朝见宣统时,则身着袍褂靴帽,等天津方面派人来接洽时,则换成民国大礼服,好比戏子登台,演一出戏就换一身衣服,不亦乐乎。有人问为什么要这样做,两大佬说:"我等不忍心看到京城糜烂,所以不得不牺牲个人之名节,奔驰于两者之间,以期和平解决罢了。"有人取笑说:"二位真不愧是两国忠臣啊!"某大佬便忸怩说:"我非两国忠臣,乃两方面和事佬也。"

这两位"两国忠臣",据说其中一位便有王士珍(另一位是步军统领江朝宗)。但在张勋复辟失败后,王士珍等人不但附逆无罪,反而因"维持北京秩序"有功。复辟闹剧结束后,王士珍本来觉得无脸见人而想回正定原籍隐居的,但段祺瑞和冯国璋赶紧跑来抚慰,劝他以北洋团体为重,继续担任参谋总长。既然老朋友盛情难却,王士珍也只好勉为其难了。

作为共事多年的朋友,王士珍的确与段祺瑞及冯国璋抹不开面子。在总统冯国璋与总理段祺瑞闹矛盾时,段祺瑞被冯国璋罢了官,随后便找王士珍来做替手。王士珍和冯国璋是老哥们固然没错,但这"段去王来",王士珍出任总理又觉得对不起段祺瑞,有卖友之嫌;可冯国璋不放过他,说:"老聘,难道你就忍心看我的笑话么?"

没办法,王士珍推脱不得,只好再次勉为其难了。不过他做总理是过渡性的,还没做满三个月便自动下台了。不久,冯国璋和段祺瑞也分别引退,换了徐世昌上去做总统。"北洋三杰"中,冯国璋最年长,也最先走完了他的历程。王士珍则在辞去内阁总理后便不问政治,甘心退隐,在1930年去世,终年七十岁。

王士珍平时沉默寡言,说话不多且语速很慢,跟他谈话得有耐性。从其外表上看,王士珍一点都不像军人,因为他平时打扮都是长袍马褂,头戴小帽,活脱脱一个乡村老学究。而且,他也不喜欢和军人打交道,倒是与文人过往甚密。

王士珍一生为官清廉,不事铺张,他没有儿子,只有二女,去世前有两处房产和十余顷田地,其在北京的房产还是学生鲍贵卿和卢永祥等人给他买的。

武夫治国

终不忘：冯国璋与禁卫军的不解缘

武昌起义后，冯国璋率军攻克汉口，由此被清廷授予二等男爵。据说，在得知自己封爵后，冯国璋竟然感动得大哭起来，说："想不到我一个穷小子，现在竟封了爵，这真是天恩高厚，一定要为朝廷效力！"

由此，冯国璋一而再，再而三地向袁世凯请命，要求一举拿下汉阳和武昌，建立不世功勋。但令他没有想到的是，袁世凯此时却将他调回京城，出任禁卫军统领。

袁世凯将冯国璋调任禁卫军统领是经过深思熟虑的，原因一是冯国璋一意主战，影响到袁世凯与革命党的谈判大局；二是冯国璋练兵多年，又曾做过贵胄学堂总办（当时禁卫军的各级军官大都是其学生或属下），这有利于袁世凯通过冯国璋之手控制这支特殊军队，保持京城的安全和稳定。

当时的禁卫军，共有两个步协（即步兵旅），每协辖有两个步标（步兵团），另外还有炮标、马标和工程营等。其中，除步兵第四标是汉人士兵组成外，其他均为旗人，而原统领良弼是知名的宗社党领袖之一，其誓死保卫大清的态度让袁世凯觉得非常为难，因为这支军队一旦不稳，很有可能让京城陷入险境，或者中了日本人和宗社党的计，将清帝护送出京城并于关外成立独立的伪政权，这将导致中国分裂并让东三省最终落入日本之手。

在冯国璋刚立下赫赫战功的情况下，袁世凯将他调任禁卫军统领既名正言顺，又具有"一石二鸟"之功效。所幸的是，原统领良弼在被排挤出禁卫军不久即被革命党人彭家珍炸死，袁世凯也就顺利地通过冯国璋加强了对禁卫军的控制。

当然，当时禁卫军之所以服从冯国璋，其中的原因还在于他们觉得冯国璋忠于朝廷，譬如段祺瑞发表赞成共和的通电后，冯国璋最初的反应是不能理解也不予赞同。据其幕僚回忆说，冯国璋看完电报后，非常生气地道："芝泉怎么会发出这样一个电报？他本人现在保定，这个电报到底是有人捏造，还是他的本意，我一定要问一下。"直到后来，段祺瑞亲自派人来向冯国璋解释，并透露这是袁世凯的意思，冯国璋这才默然许久，此事作罢。

清帝接受优待条件并答应退位后，冯国璋便遇到一个棘手的问题，那就是如何向禁卫军官兵解释并加以安抚。禁卫军大都是旗人，他们一是忠于清廷，二是担心清帝退位后军队会被解散，从而影响到自己及其家人的生计。由此，要是冯国璋处理不好，很有可能会引发兵变，甚至影响到清帝退位的进程和京城的稳定与安全。

据冯国璋的幕僚恽宝惠回忆，在1912年2月初的某天，正当禁卫军官兵议论纷纷时，冯国璋来到驻地并命令吹号集合，他要亲自向官兵们宣布清帝退位的优待条件和禁卫军的安置问题。吹号后，全体官兵集合在操场，操场前面则摆着三张大方桌，其中一张叠在上面，并在旁边放了接脚的椅子，以临时搭一个高台，方便冯国璋向官兵们讲话。

在全镇官兵按照步、马、炮、工程、辎重营的顺序列队后，冯国璋便拿着一张纸卷上了台，他先扫视了一下列队的官兵，随后开始讲话："我今天来，是和大家说一件要紧的事。大家知道，袁总理是主张君主立宪的，我也向来赞成君主立宪。但现在独立的省份太多了，要打起来，兵力不敷使用，军饷也没有着落，外国人又不肯借给我们钱。现在隆裕皇太后下了懿旨，说要将国体问题交给国民大会公决，但现在的局势已经是万分危险了，就算我们禁卫军的官兵拼着性命去打，那护卫皇宫和保卫京师的责任又交给谁？"

武夫治国

看到下面已经有动静后，冯国璋赶紧拿出那张纸卷开始念："现在，总理大臣已经和民军商定了优待条件：皇太后和皇帝的尊号、满族和蒙古族的待遇，还有我们禁卫军的一切，一概不动……"

当冯国璋念到"大清皇帝辞位"时，队伍里立刻出现了不小的骚动，一些旗兵嘴里虽然没说什么，但脸上无疑是那种又惊又愕的表情，而另一些人干脆就抹开了眼泪。随着冯国璋越往下念，队伍的骚动情况就越严重，很多官兵都已经脱离了原本整齐的队列，开始相互议论并发表自己的意见，其中也不乏愤怒的举动。唯独屹然不动的，是由汉人组成的步队第四标，他们仍整齐的列队站着，丝毫不为所动，表现出无动于衷的表情。

冯国璋念完优待条件后，见队伍已经凌乱，便大声宣布："我刚才所说的事情，不论官长士兵，有什么话都可以跟我说，你们大家可以推选几个代表，请代表上前五步，由他们代大家申述意见。"

过了一会，队列里走出几个代表，他们提了两个问题：一是皇太后和皇帝的安全，冯总统（禁卫军统领当时称总统）是否能够担保？二是禁卫军今后归陆军部编制了，会不会取消？冯总统能不能对此担负完全责任？

冯国璋听后，立刻上台答复说："两宫的安全，我冯某敢以身家性命担保！并且，我敢担保两宫决不离开宫禁，仍旧由我们禁卫军照常护卫。至于我们禁卫军，不论我今后调任什么职务、走到任何地方，我保证永远不和你们脱离关系！"

代表们归队后，队伍的骚动仍未完全平息下来。这时，冯国璋急中生智，他再次跳上高台，大声对下面说："我还有话跟大家说！"这时，协统姚宝来、王廷桢赶紧对自己的队伍高喊一声："立正！"

在队伍稍微安定了一点后，冯国璋便大声道："现在你们不管是目还是兵，赶紧推选出两个人来，今天就发给他们每人一把手枪，并且从今天起就跟随在我的左右，以后不论在家出外，只要发现我和革命党有勾结的情形，准许这两个人立刻把我打死，并且不许我的家属报复。"

旗兵们听了这话后,当场便推选出两个代表,这两个人都是步队里的正目(即班长),一个叫福喜,一个叫德禄,两人来到冯国璋面前后,冯国璋对随从幕僚说:"今天就到镇司令部拟两份命令,委派这两个人做本处的副官,领两支手枪,并按每月五十两银子支饷。"

这事办好后,队伍才安静了下来,冯国璋也算是松了口气。他回到镇司令部后,一屁股坐在沙发上,只"嗳"的长叹了口气,一言不发。情势所逼,冯国璋当时的心情,既觉得自己对不起清廷,又不得不做了袁世凯的驯服工具。可袁世凯对他也是有知遇之恩的啊!

沉默的气氛中,冯国璋随后便离开了镇司令部。此后,冯国璋的身边便多了两个拿手枪的旗兵,他们不但跟着冯国璋回煤渣胡同的私宅,而且真是冯国璋去哪里都跟着,这种情形一直持续了很长一段时间。

据称,当时禁卫军军心确实不稳,特别在宣布优待条件时,旗兵们觉得已到了生死存亡的地步,如果不是冯国璋灵机一动,当时发生什么事情还真不好说。

清帝退位后,冯国璋对前朝官服、官帽都十分珍重,他的官帽仍旧挂在客厅的四足

冯国璋在政治上相对保守与传统

帽架上，为了防止落尘，他还特意让人做了一个帽袱子盖在官帽上。冯国璋脑后的小辫，也是1912年8月去天津上任直隶都督时才剪掉的。这也许是为了维系禁卫军的军心而有意为之，但一直到冯国璋死，禁卫军也确实没有和冯国璋脱离过关系。

　　清帝退位时，禁卫军被改编成陆军第十六师，仍由冯国璋遥为领制，而且这个师也一直派一个营给冯国璋作卫队，冯国璋到哪里，他们就跟到哪里。后来，冯国璋做上了大总统，第十六师也分拆成为第十五师和第十六师，两个师仍旧派出队伍轮流到总统府担任守卫工作。冯国璋卸任回河间老家后，第十六师还派出一个连跟着下去，以示特殊关系。

　　1919年10月，冯国璋为调解十五师和十六师向陆军部争饷的问题再次返回北京，但不知为何，第十六师师长王廷桢以陆军部的命令为借口，将跟随冯国璋的这一连士兵突然调回。冯国璋十分气愤，他觉得自己刚刚下台不久，而且当年曾许下诺言要和禁卫军的官兵永不脱离关系，而王廷桢作为自己多年的部属，如何能做出此等绝情之事。这时，他在家里洗了一个冷水澡，结果引发了急性肺炎，没有多久便去世了（冯国璋于当年12月28日在北京去世，终年六十二岁）。

大忽悠：袁世凯愚弄冯国璋

1915年，在袁世凯的帝制运动不断推向高潮时，其手下两个心腹大将却不以为然。先是陆军总长段祺瑞，他因为与"太子"袁克定的关系一向不和，最后干脆请辞到西山休养去了。但是，袁世凯对已被解除兵权的段祺瑞还不太放心，于是又把他招来问话，说："芝泉啊，你休息的这段时间里，外面的形势变化很大。现在各界人士纷纷请愿，要求变更帝制，你看我该怎么办？"

段祺瑞霍然站起身，大声道："大总统，你别看我在养病，但这些人的勾当我一清二楚。目前国家好不容易安定下来，如果现在又走回头路，对国民如何交代？那些所谓的'民意'，都是小人所捏造，为的是自己升官发财，大总统你可千万不能轻信哪！"

袁世凯心里不悦，但表面上还是装出一副平静的样子，说："芝泉，民意不民意，我也不去管它真与假。我就问问，你的意思如何呢？"

段祺瑞愣了一下，说："大总统，你待我二十年，恩重如山，我自当言无不尽。我实在不愿意看你成为罪人啊！"最后，两人的谈话不欢而散。

段祺瑞受袁世凯多年的恩遇，一向对袁忠心耿耿，有话直说，而袁世凯也对他多加笼络，比如段祺瑞的原配去世后，袁世凯便将自己的养女嫁给他作继室。因此，段祺瑞与袁世凯不但有部属关系，而且还有亲眷关系。

武夫治国

和段祺瑞类似的是，冯国璋的继室也是总统府出来的人。原来，袁世凯家妻妾子女众多，当时不但设有男塾，而且还设有女塾，供年青的姨太太和女儿们读书之用。当时在总统府中做家庭女教师的便有一名叫周砥的女士，这位女士非常有文化和涵养，但快四十了仍未嫁人。冯国璋的原配吴氏去世后，袁世凯便撮合了老冯的二度婚姻，也趁机加强两者的联系。

1915年夏天也就是帝制初起时，冯国璋听到一些人怂恿袁世凯称帝的风声后，他感到十分不安，于是借故来到京城，想找袁世凯问个究竟。袁、冯两人见面后，冯国璋先试探道："大总统，共和政体搞了这么几年，也没有搞出什么名堂，国人对此都很失望。如果能恢复帝制，未必不是国家之福。我最近在外面听说您要变更国体，不知这是不是真的？如果是真的，我们在地方上应该如何布置，能否预为密示？"

袁世凯听后长叹一声，道："华甫啊，这都是谣传！你想，我们老袁家就没有活过六十岁的人，我今年都五十八了，就算做皇帝，又能做几年？再说了，做皇帝无非就是要把江山传给子孙，可你看看我的儿子中，哪一个是成器的？这大儿子克定是个残废；二儿子克文就会装假名士；三儿子克良不识时务，活像一个土匪。至于其他的儿子都年幼，哪一个能承继大业？况且帝王家的子孙大多没有好下场，我就算是为子孙着想，也不能这么做啊！我绝无皇帝思想，这点你尽管放心。"

冯国璋听后又试探道："话虽然这样说，但以后中国由弱转强，到时候天人与归，万民拥戴，大总统虽然以谦让为怀，恐怕还是推不掉的。"

袁世凯听完勃然变色道："华甫，你说的这是什么话！我现在有个儿子在伦敦求学，我已经让他在那里略购薄产，如果有人再逼我，我只好辞了大总统的位置去英国养老，早也不问国事！"

袁世凯的这番话说得入情入理，冯国璋听后十分满意，于是高兴地告别袁世凯，并对周围的人说："现在京城里复辟帝制的事情闹得凶，但袁总统不会逆历史潮流而动，他不会称帝，大家尽管放心！"

回到南京后，冯又见了梁启超，把他和袁世凯的对话告诉了他，梁启超也说："袁总统是个聪明人，聪明人哪会做懵懂事呢？"后来，梁启超还有意在报纸上将冯国璋与袁世凯的谈话泄露出去，算是为袁世凯辟谣。

不料过了几个月，帝制运动就紧锣密鼓、大张旗鼓地进行了起来，冯国璋这才知道上了袁世凯的当。这时，老冯也只能恨恨地说："到这个时候，还不肯跟我说真话！"此后，冯国璋就再也不相信袁世凯了。在地方选举袁世凯为皇帝的闹剧中，作为江苏最高军政长官的冯国璋几经劝告才稍微露个面，随便这些人怎么折腾，反正他不赞成，也不反对，一声不吭。

冯国璋反对帝制的原因和段祺瑞差不多，唯独不同的是，冯国璋多上了袁世凯一个当。冯国璋自认为自己不是袁世凯的第一心腹，至少也是第二第三，不料老袁竟然将他如此欺骗，冯国璋岂有不恼火的。再者，如果袁世凯不称帝的话，他和段祺瑞都有可能接班，而要是摊上袁克定这个主的话，"这样的曹丕将来如何伺候"（冯国璋原话）。

不过话说回来，袁世凯也未必是有意欺骗冯国璋，只是他当时真是没下定主意。袁世凯是想当皇帝来着，但也怕当皇帝，正出于这种矛盾犹豫的心态，袁世凯这才会跟冯国璋说上面这段话。因为这段话有玄机嘛，袁世凯自认为活不过六十，但袁克定说当了皇帝就可以破除这个家族魔咒，袁世凯这就动心了。

据袁世凯最宠爱的三女儿袁静雪回忆，当时袁世凯其实早知道冯国璋的用意，他是故意用这话来给冯国璋封口的。所以，冯国璋前脚刚走，袁世凯便气冲冲地上楼跟家里人说："冯华甫岂有此理！冯华甫岂有此理！"

话说回来，当时上当的不仅仅是冯国璋这些老部下，就连美国驻华使馆也上了老袁的当。当冯国璋和袁世凯的对话公布后，美国

武夫治国

驻华使馆也信以为真,并据此上报,说"袁总统不会恢复帝制"。可惜的是,最终的事实证明,袁世凯玩了个国际大忽悠。

孔夫子说得好,"君子不党","结党"必然"营私"。在整个帝制运动中,反对袁世凯称帝的多是一线重要干部,而热衷于此的大多为二线新进干将。道理很简单,这些人就是要投袁世凯所好,夺拥立之功,也好乘机排挤前面的老干部,为自己晋身求封罢了。

旅美历史学家唐德刚说,当时的北洋系就是这样一个无组织、无理论的大帮派,袁世凯这个"帮主"要做皇帝,那排名前几位的大佬就没了当帮主的机会,因为皇帝要传儿子嘛。至于排名靠后的那些人,他们要想挤到前面去的话,就要投帮主所好,因此拥护帝制就是谋取功名富贵的好办法,正如杨度之流。

总而言之,天下熙熙,皆为利来;天下攘攘,皆为利往。一个"利"字,可解释世间万般问题,也可网罗芸芸众生,彼此心照不宣罢了。

难做主：冯国璋南下被困

曾有人说，冯国璋反对袁世凯称帝，是因为他认为自己也能当大总统，这话还真有几分道理。张勋复辟失败后，段祺瑞再次出任为内阁总理，而原大总统黎元洪不愿复职，老段为解决这一政治危机，便急忙邀请时为江苏督军的冯国璋入京代理大总统。

有机会去做民国的大总统，冯国璋是有些动心的，但他同时又有些顾虑。因为一旦离开自己的地盘去北京，到时又像黎元洪一样为人所制，结果还不如在江苏的小天地里来得快活。所以，尽管段祺瑞一再打电报请求他入京，冯国璋还是迟疑不定，不肯立刻答应下来。

在冯国璋左右为难时，段祺瑞派出弟子靳云鹏亲自去南京劝说冯国璋。靳云鹏来南京后，说了这样一段话："北方的大局好比是一个香炉，这个香炉有三条腿，大总统好比是香炉的一条腿，总理和东海（徐世昌）是那两条腿。有了这样的三条腿，还怕香炉立不稳吗？"

靳云鹏的"香炉三条腿论"打动了冯国璋，于是他最终决定北上代理大总统。但是，段祺瑞和冯国璋虽然是老哥俩，但两人政见却不尽相同。当时段祺瑞主张武力统一，而冯国璋坚持和平谈判，由此双方产生了难以弥补的裂痕，并导致段祺瑞再次去职。

去职后的段祺瑞仍在背后鼓动北洋系的军阀们对冯国璋施加压力，迫使他宣布对南方作战。而在这时，南方军队也向北方发起进攻并占领了一直为北洋军队据有的岳州，这下立刻激起了北洋系主战派的一片怒吼，他们一再逼迫冯国璋立刻发出明令，讨伐南军。

就在这时，一个谣言传开了，说徐树铮正勾结关外的张作霖，准备进兵北京，发动政变。冯国璋听到这个消息后更是忐忑不安，随后便将总理王士珍和内阁各部总长召集到总统府，宣布要立刻"南巡"一次。

冯国璋说："我这次到南方去，主要为征询南方他们几个人（指长江三督）对于和与战的意见，往返最多不过七天。"冯国璋之所以要南下，主要因为他的势力在南方，特别是长江三督（江苏督军李纯、江西督军陈光远、湖北督军王占元），更是他的派系中人。

冯国璋的话很简单，他说完后便用眼神扫视了大家一遍，以征询其他人的意见。但奇怪的是，包括总理王士珍在内，大家都一言不发，一直沉默了有好几分钟。最后，内务总长钱能训打破沉默说："总统还是不要轻动的好"。

听了他的反对意见，冯国璋坚持说："现在非我自己走一趟不能解决。"于是这事便决定下来了。按冯国璋的计划，他这次南巡先是乘专车沿津浦路南下，到南京见过李纯后，然后坐李纯准备好的兵舰溯长江而上，去九江会见陈光远，然后再赴武汉见王占元，最后由京汉铁路返回北京。

奇怪的是，三天后总统府就接到一个电话，说："总统今天回来，仍在东车站下车。"打电话的人重复了一遍，说："是东车站下车！"

既是东车站下车，这说明冯国璋的专车仍旧是循着津浦路返回而不是走的京汉路。更奇怪的是，冯国璋原本说南巡七天，为何三天就提前回来了呢？

这事果然没那么简单。正如前面内务总长钱能训劝冯国璋不要轻动，他后来的解释是："那时候，外面已经传出来消息，说奉军就要入关，假如他们要是'称兵犯阙'，总统可就回不来了！"

当然，后面的事实是，奉军没有"称兵犯阙"，冯总统也回来了，不过却是灰头土脸回来的。这又是怎么回事呢？

原来，在北洋系主战派们眼巴巴等着冯国璋下讨伐令时，却得知冯代总统已经乘火车南下，这下可就把他们惹毛了。

冯国璋离开北京南巡的第一站是天津。当天晚上，冯国璋便见了直隶督军曹锟，和他谈了半夜的机密，但未能将其说服。在天津督署借宿一宿后，冯国璋于次日继续南下。这时，冯国璋出京南下的消息传出，段祺瑞等人听后十分气恼，连夜发电报给沿途的督军张怀芝和倪嗣冲，让他们将冯国璋堵回京城，不得延误战机。

山东督军张怀芝接到电报后，其带着随员来到济南火车站，眼巴巴地等着冯总统的专车莅临，不料车倒是来了，却风驰电掣的一驰而过，张怀芝连冯国璋的影子都没有见着。原来，冯国璋离开天津时，心想这张怀芝是铁了心要跟着段祺瑞主战的，他又与安徽督军互为党援，何不先去蚌埠说服倪嗣冲，届时张怀芝自然不攻自破。

于是，冯国璋的专列经过济南时，没有停车就直接奔蚌埠去了。吃了一个闭门羹后，张怀芝急忙发电报给倪嗣冲，让他做好截留的准备。所幸济南和蚌埠尚有几小时的车程，倪嗣冲得以从容布置，他带着卫队将车站给围了，然后在一边静待冯总统的大驾光临。

不久，冯国璋的专车便来到蚌埠车站，不消拦截，车便停了。冯国璋下车后，倪嗣冲早已等候多时，他立刻上前恭恭敬敬地迎住冯总统，将他请到督署小坐，好生招待。当天下午，张怀芝和苏皖鲁豫剿匪督办张敬尧也赶到蚌埠，冯国璋这才发觉事情不妙。

倪嗣冲等人先是客客气气地问："总统这次微行出巡，究竟有什么了不起的大事？为何也不提前通知，也好让我们有所准备，好好招待。"冯国璋见躲不过去，只好说要南下与各省督军商议下和还是战的问题。

倪嗣冲说："总统既要商议大事，何必亲自南下？只须打个电报即可。"说完，他便自作主张的给江苏督军李纯发电报，请他来蚌埠商议。令冯国璋十分生气的是，第二天来的并非李纯本人，而是他的代表齐燮元。

武夫治国

原来，当时有个传闻，说冯国璋这次南巡是因为被困北京，所以他希望借此重返江苏老巢。但是，冯国璋要是以"代理大总统"的名义常留南京的话，江苏督军李纯的身边就不免多了个"婆婆"，这却是他不愿意看到的。由此，李纯明知冯国璋被困在蚌埠，他不肯亲自前来解围而只是派了个代表前来，这就不是迎接而是有"挡驾"的意思了。

冯国璋见继续南下南京已经"此路不通"，只好同意倪嗣冲的意见，在蚌埠召开军事会议，讨论当前局势。很显然，这次草草召开的会议几乎被主战派完全控制，倪嗣冲等人七嘴八舌，说的都是一个套路，那就是催促冯国璋赶紧下令开战，荡平西南。

会上，冯国璋虽然没有扮演菩萨，但他每次开口，总有七八张嘴把他的话被堵了回去。说到最后，张怀芝不耐烦地道："总统想与南方谋和，除非你把总统的位置让给了他；如果总统不想让出此位，那就只有主战一条路可选。如果将段合肥请出，我们北洋军心一致，莫说他一个小小湖南，就是整个西南，我们也可以一举拿下，岂不痛快！"

安徽督军倪嗣冲则更有表演天赋，他拉着冯国璋的手大哭道："总统，现在国家已经危险万分，我们北洋派也到了危险万分之时了！你看南方的势力多么嚣张，还有小人在总统跟前挑拨，说你是直派，说段总理是皖派，说你俩在闹意见。现在又造谣说，直皖两派要分裂，若真的分了，我们自相残杀，那北洋派就完了！中国就完了！"

倪嗣冲此人一向粗鲁野蛮，素有武健严酷之名，人送外号"倪大炮"，喜发惊人之语，爱做惊人之事（所以后来得了精神病而死），他既是一个骄横恣意的军阀，又是一个顽固的保皇派。政治上，倪嗣冲唯人是听，有大清皇帝，他就听皇帝的；皇帝没了，他就听袁世凯的；袁世凯死了，他就改跟从段祺瑞。由于政治上一贯"正确"，倪嗣冲在安徽任上稳如泰山，也算是深得中国政治之精髓了。

倪嗣冲的一番哭闹，冯国璋也难免有些感动：老倪也一大把年纪了，如此忠心爱国，一心护着北洋，这种集体主义的精神是多么的可贵啊！

事已如此，冯国璋也就不再坚持自己的主和论调而改对倪嗣冲等人的主战观点表示认可。既然这样，继续南巡已无必要，冯国璋便于29日沿着津浦路原路返回了北京。

由此，冯国璋也不得不违背自己的初衷对南方宣战，南北间的和平统一再次被武力所打断，军阀间的混战也就更加频繁了。

武夫治国

吝啬人：冯国璋聚财有道

冯国璋代理大总统时做事不多，不过期间却闹了一个大笑话，这就是"卖鱼事件"。

据传，中南海的鱼是前代皇家放养，其中有条三尺长的红鱼和一条大鲤鱼，上面系着金圈，挂着金牌，一向不曾为人所捕捞。冯国璋入主中南海后，派人将湖中的鱼一网打尽，然后命人在市场上高价卖出，一时间北京各处都在叫卖"总统鱼"，而所售之款尽入了冯国璋的私人腰包。由此，时人写了一个对子加以嘲讽："宰相东陵伐木，元首南海卖鱼！"

当然，军阀混战时期，民国的大总统也确实不好做，因为各地税收很少有正常解送中央的，而开口问中央要钱的却是多如牛毛。由于政局不稳，民国政府除了袁世凯时期有两年做到了收支平衡，其他大部分时间都是靠举债度日。

冯玉祥在其回忆录中说，黎元洪当总统时经常抱怨："唉，总统真不是人当的，这个月我又赔了三万多！这样计算，我每年就要赔上三十六万。长此以往，我实在不能支持了。唉，你们看，这个月，我的煤矿股票和盐票的利息，差不多都赔贴光了。东也捐款，西也募钱，叫人无法应付。每月进个十万八万，仅只捐款一项，就不够开销！"

民国政府的收入不稳定，也难免要影响到总统的个人利益。冯国璋做地方大员时，对财政上的事情一向敏感，他知道大总统只是名义好听，一旦经济匮乏，没钱可花，到时的滋味可就不好受了。因此，冯国璋入京代理大总统前，他特别向段祺瑞提了一个条件，那就是将崇文门监督一职要到自己名下，因为崇文门监督是个肥缺，其每个月的商业税有二十万元的稳定收入，可供总统府的日常开支。

但是，区区一个月二十万元的收入固然可以解决总统府的开支，但对于很多国务大事来说仍无济于事。因此，冯国璋也难免像黎元洪一样，有时候要自掏腰包了。据冯国璋的幕僚恽宝惠回忆，为了钱的事情，冯国璋还与多年的老兄弟王士珍闹过别扭。

事情是这样。王士珍当时作总理，冯国璋想让他派个人到广西督军陆荣廷那里去调停一下南北冲突，但王士珍请示川资如何开销时，冯国璋却又不肯出这笔钱，而是让国务院自己去解决。王士珍听后，私下里大发脾气："这件事还不为的是他，我又不贪图什么！我一天到晚狗颠屁股垂似的，为的是谁？这一点钱，他还不往外拿！"

最后，这笔款项还是由国务院开销，但王士珍对冯国璋的吝啬意见很大，这大概也是他总理没干多长时间的原因之一罢。

冯国璋喜欢敛财，这和他的经历也有一定关系。在冯国璋祖父时，冯家还算家道殷实，但在冯国璋出世后，家道开始中落，耕读传家变成了以耕为主，以读为辅，生计维持颇为不易。冯国璋幼年时入私塾就读，成绩还算优秀，在年长之后，他又去了保定最出名的莲花书院读书，但不久即因为家计困乏而不得不放弃学业，回家务农。

后来，冯国璋投入直隶提督聂士成的麾下，先做炊事兵，后来被营管带发现，将他提拔为自己身边的勤务兵。机缘巧合的是，冯国璋入伍第二年，李鸿章在天津创办北洋武备学堂，冯国璋又被推荐进入了步科第一期学习（王士珍和段祺瑞均为炮科）。

武备学堂毕业后，因冯国璋的学业优秀，总办荫昌将其留校任教。由于当时淮军并不重视军校毕业生，而冯国璋急欲立下军功升迁，后来便再次投入聂士成的部队，并参加了甲午战争，其间表现

武夫治国

甚佳。战后,冯国璋被推荐为中国驻日本大使裕庚的随员前往日本,由此留意考察日本军事,并著有兵书数册,回国后献给聂士成。可惜的是,聂士成对近代军事不甚了了,因而冯国璋的成果并未得到重视。

袁世凯小站练兵后,冯国璋被老校长荫昌推荐前去担任教习,于是他再次献书,这次歪打正着,遇上一位大伯乐。袁世凯见书后如获至宝,并连连称赞冯国璋是"军中学子第一人",由此冯国璋也受到了袁世凯的极大重视,并在新建陆军中担当重任。在此期间,小站新军的步法操典均出于冯国璋之手,他也算是找到了施展身手的好地方。

正因为冯国璋从小生活艰辛,因而对钱的事情看得比较重。和袁世凯、段祺瑞这些人比,他算是个爱财的人。清末民初是民族工商业发展迅速的时期,冯国璋和其他大人物一样,也利用多年积累的余财进行多方投资,他在自己的老家河间县诗经村购置了大量地产,又与张謇合办了占地数十万亩的盐垦公司,还在开滦煤矿、启新洋灰公司、中华汇业银行等处多有投资。虽然部分投资也有亏损失败,但总的来说,冯国璋从中还是获利颇大。

对于冯国璋身为地方大员而顾及私利的情况,当时有人指责他"善自封殖",冯国璋便为自己辩解道:"项城(即袁世凯)雄主,吾学萧何田宅自肥之计,多为商业,以塞忌者之口耳。"有意思的是,冯国璋给自己刻了一个印章,印文是"平生志在温饱"。可真正的事实恐非如此。

当然,冯国璋经营多种商业也有原因,因为他在发达显贵之后,有些亲戚、同乡、朋友前来投奔,并希望他能安排个差使。冯国璋不好直接拒绝,但又不能给这些人安排官职,因此他通过投资经营一些商业来安排这些人,也算是公私两分。据说,冯国璋在南京时,其属下军队的后勤供给如军粮、服装等,大多由他自己经营的商业来供应。但是,他经营的那些商业大都任用私人,一旦冯国璋失去权势,难免陷入困境。

当然，冯国璋也不是一味的吝啬，对于常年跟随自己的亲随，他还是颇为慷慨，多有馈赠。比如其幕僚恽宝惠就曾说，冯国璋曾经给过手下亲信师景云八千大洋，让他拿去侍奉老母；而恽宝惠在其父生病时，他本人也收到过冯国璋一万五千元的中交票（折合八千大洋左右）。恽宝惠跟随冯国璋多年，其感叹说，像冯国璋这样把钱看得很重的人，能够拿出这样一个款数来给他和师景云，也算是"独叨异数"了。

冯国璋于1919年去世后，据当时的统计，冯国璋留下的遗产总值大概在三百万元左右，这些钱是冯国璋多年的储蓄和投资所致，其中也包括了田地、股票等折合而成。应该说，冯国璋虽喜敛财，倒也无贪赃枉法之名。冯国璋死后，丧事和遗产分配都委托给老友王士珍来负责，在后者的主持下，这些钱都按不同的份额分给了他的子女们。

段祺瑞没有参与冯国璋的家务事，但他后来也来吊唁。据冯国璋的子女回忆，段祺瑞仍像往常一样，面无表情的径直走到冯国璋遗体前，将盖帘揭起，看了看老友的遗容，便回身走了。后来，段祺瑞派人送来亲拟的挽联，其中有一句是，"正拟同舟共济，何期分道扬镳"。这说的大概是他们分别做总统和总理时的事了。

武夫治国

徐阁老：总统来得快去得也快

说起段祺瑞与冯国璋的矛盾，还得从冯代理大总统说起。1917年张勋复辟失败后，冯国璋从南京到北京接替黎元洪的职位，但那只是代理大总统，期限一年。因此，在1918年后便要重新召开国会，选举新的大总统。

当时最有资格去竞争这个位置的，当然是冯国璋和段祺瑞。冯国璋是代理大总统，顺势转正理所当然，而老段正要雄心勃勃地推行其"武力统一"大策，也非总统不行。正因为双方争夺太厉害了，反使得这个位置成了鸡肋，食之无味，弃之可惜——我要当不成，你也别想当。

国会选举的初期，冯国璋还是非常热心的，但随着后来局势的发展，冯系明显落于下风，冯总统也有点心灰意冷了。事实上，冯国璋当上代理大总统后，也与段祺瑞的皖系较量了几次，但不管是"和战之争"还是国会议员的选举，都以冯国璋的落败而告终。

对于这样一个空头大总统，冯国璋不免抱怨说："总统一席，有人不愿我久居，我自己也实在不愿再干下去，只求有人接替，便可早日脱离。我已准备好了外面的私宅，继任之人随时可进府来居住。现在我无事可办，不过是一个看守印信的人。"在段祺瑞的安福系把持国会议员的选举后，冯国璋自知转正无望，他更是多次发表谈话，表示自己不愿继续担任大总统，宁可选择回到河间老家"耕种自活"，退出政坛。

不久，冯国璋发表通电，表示自己的告退决心。但在通电中，冯国璋提出要"公举一德望兼备，足以复统一而造平和者"来作继任大总统，实际上是将了段祺瑞一军，暗示两人应同时退下来。

段祺瑞当时也很为难，因为皖系党徒们非要把他推到总统的位置上去，而西南各省则坚决反对段祺瑞出任总统，此时冯国璋的表态大大影响了地方上的直系军阀，曹锟和长江三督再次联手，反对段祺瑞出任总统。

这种情况下，如果段祺瑞要强行出任总统的话，不但会使得南北局势恶化，也必然导致北洋系中直、皖两派的公开决裂。就这点而言，段祺瑞还算是一个有风度的政治家，他经过深思熟虑后，决定与冯国璋一起引退，共同退出大总统的竞争。

在冯、段二人都引退的情况下，另一位大佬则捡了个便宜。那就是人称"水晶球"的徐世昌徐阁老。

徐世昌作为北洋元老，论资格当在冯、段之上，其权术手段更非冯、段这些武人所能比拟。不过，与冯、段等人不同的是，徐世昌在北洋集团一直以文臣的面目出现，他虽在清末已经做到内阁协理大臣（相当于副总理）的位置，但在"枪杆子说了算"的军阀时期，却是屡屡不得志。

尽管徐世昌自觉大总统的职位非他莫属，但在接到段祺瑞抛出的橄榄枝后，他却欲迎还拒，玩起了欲擒故纵的

鹬蚌相争，徐世昌渔翁得利

把戏。"总统虽好,风险太大",黎元洪、冯国璋的遭遇让徐世昌认识到,在这个武夫当权的时代,手里没有军队,一不小心就会成为傀儡总统,弄不好自己的一世英名,可就要付诸东流喽。

想到这里,徐世昌对冯、段两人甘愿让贤的表示反应冷淡,他推三阻四,就是不肯给个痛快话。这时,着急的反而是段祺瑞,他见总统难产,大局不定,只能通过多方努力,最终将徐世昌的出山条件打探清楚:"冯、段同时下台,冯、段两派人物也同时去职。"

在冯国璋的逼迫与徐世昌的要挟下,段祺瑞最后发表通电,宣布在"元首改任之时,祺瑞自应及时引退"。有了段祺瑞的公开保证,徐世昌这才放心大胆出山了。在随后国会举行的总统选举会上,徐世昌以425票的绝对多数当选为民国第四位大总统(前三人为袁世凯、黎元洪和冯国璋)。

徐世昌出任总统是一个多方妥协的产物,段祺瑞以退为进,但仍是当时最具实权的人物,并在幕后继续把持北京的政局。徐世昌虽然是老资格,能不能把这个总统当好,在当时也是个未知数。不过,徐世昌的运气还算不错,正当段祺瑞要继续推行他的"武力统一"政策时,第一次世界大战结束,各方都在呼吁和平,段祺瑞也只好暂时隐忍。

直到1920年,段祺瑞的皖系才与曹锟、吴佩孚的直系再起烽火,这就是民国史上的直皖战争。直皖战争持续的时间很短,最终的结果是段祺瑞一败涂地,被迫下野。说来有趣,直皖战争开战前,段祺瑞强迫徐世昌签发对曹锟等人的讨伐令(所谓"挟天子以令诸侯"),等到段祺瑞失败并再次来到总统府请求发布停战令时,徐世昌不免冷笑道:"早知今日,何必当初?"

强权人物段祺瑞虽然下野了,但继续控制北京政局的曹锟、吴佩孚也不是什么善茬。仅过了两年不到,直系又与奉系开战,结果张作霖战败,退回关外。等到曹锟、吴佩孚势力稳定之后,徐世昌的日子就不好过了。

事情是这样。在将主要竞争对手段祺瑞和张作霖赶出政治中后，曹锟和吴佩孚也就不再满足于现状：老曹想要更上一层楼，弄个总统当当；而吴佩孚则接过段祺瑞的"武力统一"大旗，要一统江山，青史留名，两人心神默契，一拍即合。

曹锟要爬上总统的位置，那现任总统徐世昌就应该识相的下台。为达到这个目的，有个名叫吴景濂的政客给曹锟想出了一个奇策，这便是民国史上所称的"法统重光"。

所谓的"法统重光"，就是重新拥戴当年被赶走的黎元洪复职，并恢复第一届国会。吴景濂的理由是，黎元洪在张勋复辟的非常时期离任大总统，不能视为自动离职，所以应将他迎回并补满任期，等任期结束后再重新选举大总统（不消说，候选人便是曹锟了）。

更绝的是，吴景濂认为，将徐世昌选举上去的这个"安福国会"是段祺瑞一手操纵的非法产品，因此，由它选举产生的现任大总统徐世昌也就成了"伪总统"，因其不合法，所以要下台——因为吴景濂是第一届国会议员，段祺瑞搞的安福国会其实是夺了他们的饭碗，所以不"合法"嘛！

曹锟、吴佩孚与吴景濂细谈后，觉得这个方案可行，于是开始两方面着手。一是向徐世昌施加压力，让他自己识相点，主动下台；二是制造并推广"法统重光"的概念和舆论，以便黎元洪重新出山，也为曹锟当总统做个垫脚石。

在吴景濂的纠集下，一帮失业的旧国会议员们发出通电要求徐世昌下台。与此同时，在曹锟和吴佩孚的暗中鼓唆下，一些地方军阀也都纷纷附和。由此，"法统重光"的概念迅速走红，成为人们街头巷尾的热门话题。

身在漩涡中央的徐世昌，他虽然常在大总统府内不太出来，但他本人却是最重视新闻舆论的。在他刚当上总统不久，还亲自邀请各大媒体的记者举行招待会，中国最早的政府新闻发布会雏形可能就是由其首创。在听到这种"法统重光"的新舆论后，徐世昌心里明白，"项庄舞剑，意在沛公"，曹锟和吴佩孚看来是要把他赶下台了。

武夫治国

但老徐也是个要面子的人,不能你要人家来,人家就来,要人家走,人家就走,何况徐世昌这个大总统算得上是最正常选举出来的,若是屈服于这莫名其妙的"法统重光",岂不是带头违法?

徐世昌虽然不肯主动下台,那也无妨,别人自有手段。首先是吴佩孚不断派出代表,向徐世昌询问对"法统重光"有何看法,接着是让京畿卫戍司令王怀庆出马,对徐世昌半劝半逼地说:"大总统,现在直系要人已经达成一致,事情到了这地步,挨下去也无必要,倒不如体面点,自动引退算了。"

徐世昌想了想,不免又气又恼,说:"当初我也不是自己要来做这个受气总统的,偏他们怂恿我出来,可现在又这样逼我,我总不甘心!"

王怀庆冷笑道:"大总统,人家不跟你讲什么交情,你不如见机点罢!不然,他们要用武力来对付你,你又如何吃得消?倒不如现在就退了,还冠冕堂皇些。"

见徐世昌还未下定主意,王怀庆便说:"大总统现在退了,以我现在的能力,尚可以保你的身家性命、家庭财产。要是最后弄僵了,到时我可就不负责了。"

听到这里,徐世昌也只能仰天长叹。在"力大为王"的军阀时代,谁还跟你讲什么法?谁的枪杆子硬,谁就是法。束手无策之下,徐世昌最后只好识相地退了。说起来,徐世昌已经是难能可贵了,他从1918年底到1922年中,已经做了三年多的总统,这在纷繁多变的民国时期,也算是有点本事了。

水晶球：徐世昌的"不倒"术

说到徐世昌的发迹，和其中的一位大人物是分不开的，这就是袁世凯。

当年袁世凯称帝时，为了优待他的那些老朋友而特别封了"嵩山四友"，让他们拥有免朝拜等特权，但老朋友徐世昌在得知自己被封"嵩山四友"后，非但不高兴，反而抱怨说："嵩山四友者，永不叙用之别名也。阳尊之，而阴摈之，吾又何贵乎此？"

徐世昌与袁世凯的关系，说来有几十年的交情了。同袁世凯一样，徐世昌也出身于书香官宦家庭，但他没袁世凯运气那么好，徐世昌的父亲很早便去世了，致使家道中落，家计困窘。在未发达之时，徐世昌曾当过塾师，又在洛阳、安阳、扶沟等县衙帮办文案事务，一直是郁郁不得志。光绪五年（1877年），徐世昌在淮宁县任文案一职时，得以结识了袁世凯。

袁世凯比徐世昌小四岁，他当时非常倾慕后者的才气，而徐世昌则认为袁世凯是有大志的人，两人随后结为金兰之好。袁世凯年轻时轻财尚侠，他在得知徐世昌无钱赴省应试后，于是慷慨解囊，馈送了一百两银子给徐世昌作为川资，以壮其行色。徐世昌也确实是个才子，他在随后科考中连连得中（1882年中举，1886年中进士），十年寒窗终于修成了正果，而此时的袁世凯已投入军中，并随着吴长庆去了朝鲜。

徐世昌中进士后入翰林院为庶吉士，三年后授为翰林院编修。

武夫治国

尽管科举上一帆风顺，但由于当时的军机大臣、翰林院掌院学士李鸿藻对徐世昌评价不佳，以至后者在翰林院九年，连一次外放的机会都未曾有过（翰林一般会外放各省学政或各省乡试正副考官，大有油水可捞）。在此期间，徐世昌的生活非常清苦，他过年过节送给老师的贽敬，只有二两银子，这已经是少得不能再少了。

也许有人会说，徐世昌中了进士还进了翰林院，那应该是吃香的、喝辣的，怎么会如此寒酸潦倒呢？其实事情并非人们想象的那样。清朝的翰林，当时有"黑红"两分的说法，即所谓"红翰林"、"黑翰林"。"红翰林"可以"上天入地"："上天"者，指的是陪侍在皇帝身边（侍读、侍讲之类），他们接近皇上，沾着皇帝的恩典，自然是前途无量；"入地"者，则是有机会外放学官，做主考或者学政，由此收一堆弟子门生（当然，弟子门生附带的孝敬也是少不了的），不仅好处多多，日后还可以相互援引。

至于"黑翰林"，那就上不着天、下不着地，上下都不沾，只能在京师苦熬了。不幸的是，徐世昌当时便是这样一个"黑翰林"，他官阶七品，年俸四十五两银子，既没有外派的机会，也就没有额外收入，生活很是困难。

徐世昌之所以混成这样，主要是他在翰林院不招领导待见。当时在翰林院掌院的是清流派领袖李鸿藻，他暗地里给了徐世昌这样一个评价，说他"虚矫过人"，而这话又传到某位高权重并掌管官员升迁的亲王耳中，结果徐世昌就只有坐冷板凳的份了。

等到袁世凯小站练兵后，他知道老兄徐世昌收入菲薄，于是想办法将他调到自己幕中担任营务处总办，年薪能拿到两千两银子，远高于翰林院的收入。徐世昌与袁世凯为布衣之交，而且很早就知道袁世凯绝非常人，因此也就不顾自己的翰林身份，在军中帮袁世凯操持所有文案工作，如所有来往文书、随营学堂的阅卷、军营中的章程制度、操典律条等，都是出于徐世昌之手。袁世凯对徐世昌也十分优容，但凡家中有事，徐世昌可以来去自由。

在袁世凯的不断保荐下，徐世昌在仕途上也是平步青云，其先后出任练兵处提调、兵部侍郎、军机大臣、民政部尚书等要职。1907年时，徐世昌出任东三省总督并兼管三省将军事务，成为名重一时的封疆大吏。二年后，徐世昌回京再任邮传部尚书、军机大臣、协理大臣等要职，而此时袁世凯已经被罢回乡，北洋系的势力实际上都是由徐世昌在暗中维持。在武昌起义后，袁世凯出山也是靠徐世昌的坚持举荐下才得以成行。

等到袁世凯当上民国大总统后，徐世昌作为其多年的至交好友，按理应该飞黄腾达，而当时袁世凯也有意要让他出任国务总理一职。但出人意料的是，徐世昌却和王士珍一样，退隐到青岛做寓公去了。

原来，徐世昌自认曾受清廷厚恩，清帝退位时尚兼任太保，如果接受袁世凯的委任，难免遭到封建士大夫们的"一时之谤"。另外，徐世昌也考虑到民国初年局势不稳，与其去冒风险，倒不如闲居两年，看看风头再说。这样的话，还可以赚个"不负皇恩"的好名声。

1914年，袁世凯再次邀请徐世昌出任国务卿之职，这时徐世昌动心了，正当他要登上火车时，其弟徐世光抱住他的腿痛哭："大哥啊，难道你忘了清室对你的皇恩浩荡吗？你前年还亲口说过'不忘清室'，言犹在耳，怎能当成耳边风？当年议和之时，你曲从袁谋，已为人所议；如今再为袁世凯效力，将来有何面目见先帝于九泉之下？"

徐世昌听后，也忍不住与弟弟抱头痛哭。但是，他最后还是耐不住寂寞，不甘心就此沉沦，终老林下，后来还是入京当上了袁世凯的国务卿，并一度参与了洪宪帝制的活动。袁世凯死后，徐世昌在负责处理完老朋友的丧事后，再度退隐。

倒是张勋复辟时，徐世昌一度有点想法。当张勋前来拉拢他时，徐世昌提出一个条件：让自己的女儿婚配溥仪，"女儿做皇后，自己做国丈"。张勋和一帮子遗老遗少听说后，立刻跳脚大骂：徐世昌真是个"活曹操"（曹操曾逼汉献帝立自己女儿为皇后），竟然狮子大开口，要价比他们那些干实事的人还要高！于是，双方的合作没有成功，而张勋的复辟也很快就失败了。

徐世昌为官多年，加上仕途之初颇为坎坷，因此他对做官深有体会。后来，徐世昌将他的为官之道总结为四点：一是说话要圆滑，模棱两可才主动；二是遇事要沉稳，不要急于表态；三是要以静制动，后发制人，看出对方破绽再出手；四是反应要机警，时候未到要心平气和，时候一到要迅速抓住机会。

冯国璋下台后，徐世昌凭着其纯熟的为官之道游走于各派军阀势力间，竟也能维持总统之位不倒达三年之久，这在民国史上，仅次于袁世凯的在任时间。在被曹锟、吴佩孚逼下台后，徐世昌返回天津做寓公，开始过起了诗、书、画三位一体的"隐逸"生活，而且老有所为，颇有成就。徐世昌的诗，人称"超越前人"；书、画也堪称精品，但他不轻易送人，因而流传不多。

1939年6月6日，徐世昌于天津病逝，享年八十五岁。这在北洋系中，算是相当高寿的。

图一乐：贿选总统与猪仔议员

冯国璋代理大总统时中南海卖鱼，其实民国还有个卖布出身的总统，这就是以"贿选"而闻名的直系军阀曹锟。

曹锟，人称"曹三爷"，直隶天津人，出身贫困，家有五兄弟。曹锟后来发迹后，他的兄弟们也跟着鸡犬升天，其中四弟曹锐做了直隶省长，六弟曹锳做了天津镇守使。曹锟早年读过一点书，有些悟性和志气，因而长大后不愿当农民而自告奋勇地去保定贩布，因为他觉得这个职业比务农要体面些。

曹锟性情爽直，年轻时好酒贪杯，经常喝醉了席地而卧，街上顽童趁机把他的钱偷走，他也不当回事，一笑了之。当别人告诉他，是谁谁谁拿了你的钱，曹锟也不去追讨，别人问他为什么，他笑道："我喝酒，图一乐耳；别人拿我的钱，也是图一乐耳。何苦再去追拿？"

由此，曹锟当时便有了"曹三傻子"的绰号——图一乐耳！

李鸿章在直隶招收新兵编成练军时，曹锟抛弃了他的贩布事业应征入伍。数年后，天津武备学堂成立，曹锟得以进入学习，由此改变了他的人生轨迹。袁世凯小站练兵后，曹锟也前去投奔，并当上了右翼步队第一营的帮带。

据北洋系的早期元老唐绍仪说，曹锟加入北洋还有这么个典故，说是袁世凯小站练兵时，一日静坐幕中，听到外边有人贩布走售，呼卖声甚为洪壮，袁世凯听后觉得此人不是常人，于是让人呼入，此即曹锟也。袁世凯见曹锟的相貌雄伟厚重，于是劝其入小站投军，并屡蒙不次之擢（此典故在时间、史实上颇有冲突，姑存之）。

由于曹锟的性格宽厚，喜怒不形于色，从来不与人争权夺利，因此在小站时并不算特别出名，而且提升也不算快。事实上，直到同他一起练兵的那些同袍们基本上都做过镇统制了，曹锟才在1908年混上第三镇的统制。

《民国官场现形记》中说，曹锟的为人很是豪爽，平时又喜欢以老大哥自居，动辄呼人老弟。他对于部下的军官兵士，一律实行有福共享主义。某年冬天，曹锟特地购置了一万件皮袍，凡属直系官长弁目，每人发一件；又买几万袋曲粉，每兵士赏给两袋，因此部下欢声载道，士卒乐于效命。

更有意思的是，曹锟在散给皮袍时还亲自演说道："咱们军人向来有个'同袍'的名字，所以我今天每人赏一件羊皮袍子，就是实行'同袍'二字的意思。"下面人听了这个歪解，也都忍俊不禁。虽说是小恩小惠，却很能买服人心。在这点上，曹锟却也不傻。

曹锟做事一向沉稳，稳打稳扎，不像某些人冲动冒进（譬如段祺瑞），反逐渐成了气候。在袁世凯死后，曹锟、吴佩孚先在直皖战争中赶走段祺瑞，随后又在直奉战争赶走张作霖，其直系势力一度成为把持北京政府的唯一军政集团。这时，曹锟可就不满足于当个地方军阀，而是要尝尝当总统的滋味了。

曹锟是军人出身，也没有在政坛上混过，他对政治其实是一无所知，不过他把握住了民国政治的最核心要素，那就是：钱！可不是，有钱能使鬼推磨，没钱万事莫开口，有钱什么都好办，古今一理。

1923年，在将临时客串的黎元洪逼走后，曹锟的贿选便紧锣密鼓地开始了。具体的工作，当然不需要曹锟亲自出面，而主要是由手下的吴景濂等政客在四处活动。按说，在民国建立后，总统选举已举行了好几次，但没有一次比这次更直接——那就是，贿选几乎就是公开透明，明码标价，童叟无欺，议员投曹锟一票，便可得五千元支票，选举成功后兑现。

在金钱的诱惑下，一些原本反对直系的议员也纷纷返回北京，准备领取这五千元去投曹锟的票。在9月10日的预选会上，出席议员高达五百余人。不过，按《临时约法》的规定，总统选举须四分之三的议员投票，虽然当时的支票已经发出去五百七十余张，但还是没有达到法定出席人数。

为了能在10月10日的国庆日举行总统就职典礼，曹锟等人随后便加大了贿选的力度。当时为在10月5日的总统正式选举大会上凑足大选的法定出席议员人数，曹锟还派人成立了"暗察处"，防止议员擅自离京。搞笑的是，反对曹锟贿选的势力也在六国饭店设点唱对台戏，并以每人八千元的代价收买不投票的议员，但终因为财力有限，所收买的议员不过四十人，其中还有几个是两边拿钱的。

10月5日，总统选举会正式举行，但吴景濂走进会场一看，签到者远未及法定人数，于是他宣布签到人数够了再进行选举，但一直等到中午时分，签到的议员也不过四百余人。吴景濂这下急了，他在曹锟的同意下临时决定，只要议员出席会议，即使不投曹锟的票，也发给五千元支票。随后，吴景濂调来几十辆汽车，派出可靠的议员分别去劝或去拉同乡同党的议员，并规定每人至少要拉一个回来。

于是乎，议员们分头四出，会场外汽车喇叭声滴滴乱响，好一派热闹非凡的景象。由于曹锟不能当选，支票就不能兑现，那些财迷心窍的议员们都费尽力气地前去拖人，好几个正生着病的议员也被他们拉了过来。一直挨到下午一点二十分，签到的议员才达到五百九十名，这才摇铃开始投票。下午四时唱票结束后，曹锟以四百八十票当选为民国第六任总统。

曹锟这次贿选总统耗费巨大，除每张选票五千大洋外，还需给那些上下奔走的政客们酬劳，另外还有招待费、秘密费，加起来不下千万。这笔钱到底是谁出的，现在也无确切结论，但曹锟自己支付了一部分应属无疑，而其他可能用的是公款，比如直系各省发行的公债、借款等。

最令人啼笑皆非的是，曹锟的贿选在程序上完全"合法"，完全公开，而且他没有采取任何的暴力，即便有人拿了钱不投票，他也不曾采取手段加以报复，"一个愿买，一个愿卖"，正如曹锟某部下说的："花钱买总统当，总比拿枪命令选举的人强多了！"

至于那些拿钱投票的议员们，则被人骂为"猪仔议员"，而这正是民国第一届国会的各路俊杰们（宋教仁大获全胜的那次）。民国初年时，国民都对"议会政治"充满了幻想和无尽的希望，谁曾料到这帮人竟成了今天这副模样？别说议员，就连一般的民众也比不上啊（不过民众是否会拒绝这五千大洋，这恐怕谁也不能保证）。

第一届国会俗称"八百罗汉"，但说实话，没一个"罗汉"是民众自己选举出来的。他们这些人，原本是各省的革命党和立宪派，或者是一些社团的领袖，或者是一些要人指定的人选。说白了，这些人获得候选资格，并非选民推举出来的，因此也不需要代表谁。

当然，这些人中并不缺少才智之士，但民国初年的政治环境，那就是随着时间推移而不断腐烂的政治酱缸。众多的革命党、立宪派、社团领袖丢弃他们的理想而变成帮闲政客，为了五千大洋而甘做"猪仔议员"的人，实在是大有人在。如此，宋教仁先生倘若地下有知，看到这些人又会作何感想呢？那些认为宋教仁不死便可以带领中国走向宪政之路的想法，在残酷的现实面前，实在是荒唐可笑的一厢情愿罢了。

民国的政坛，可不就是一个超级无敌大酱缸？

最可恨的是，这些议员们领着丰厚的年薪，每次会议还可以拿到高额的出席费补贴，但他们又干了什么呢？开会时党同伐异、吵闹不休，大部分事情都是会而不议，议而不决；而议员应该参加的会议，经常因为法定人数不足而流产。在1916年恢复国会后的数月之内，除了议定议员的薪酬一事，其他无一事议成，至为荒唐。

当时的很多议员，个人生活极其糜烂，吃喝嫖赌，抽鸦片，喝花酒，北京的"八大胡同"，便是当年国会议员们最爱光顾的地方，倒是为拉动消费做出了重大贡献。如此议员，焉能成为国民之表率，又岂能为国为民谋福利？

旅美历史学家唐德刚说，先进民主国家中的议会制度，都是数百年不断的实践而慢慢地一级一级发展起来的结果，我们来个速成班，搞东施效颦、一步登天，哪有这么容易呢？此乃不是政党政治而是帮会政治，所谓"朋党制"也。

曹锟当选总统后，唯一值得称道的是颁布了中国历史上的第一部正式宪法，这也算是国会议员们近十年才完成的一项重大工作成果。可惜的是，这部宪法虽说是十年磨一剑，但在贿选的恶名下，又有几人知，又起到了什么作用，这都是难以猜想的未知数。在枪杆子说了算的年代，什么狗屁宪法，连个球都不顶——何况还是贿选的。

倒是曹锟，因为这事而暴得大名（可惜是个恶名），为人所熟知。想来这"曹三傻子"花了大价钱去当这个贿选总统，恐怕也是性情中人，大概就"图一乐耳"。十二年前，袁克文曾劝父亲袁世凯"莫到琼楼最上层"，但对曹锟来说，民国大总统便是他的最高层，此君有幸到此一游，无怨无悔，所以后人们也就别为他惋惜了。

军阀割据

枭雄霸道总有术

眼瞅对了,给人擦背也要升官发财;路走歪了,鸣枪执仗也是过街小丑。三天一小仗,五天一大仗,风云往事说不尽,军阀不走寻常路……乱世军阀乱世情,英雄不须问出处,热闹闹好一出大戏,演就一段军阀你争我夺史。

武夫治国

飞将军：小凤仙义助蔡锷反袁

民国初年有位年青的都督人称"飞将军"，这就是首举"护国军"大旗的蔡锷。

蔡锷，字松坡，1882年生于湖南邵阳，其年少聪颖，十三岁时就中了秀才，十五岁时受维新派官员、湖南学政徐仁铸的举荐入湖南时务学堂学习。时务学堂是维新党人谭嗣同等人为宣传变法而设立的新式学堂，也是当时湖南维新派的大本营。后来，维新运动中的风头人物、大才子梁启超也应邀来到时务学堂担任中文总教习，蔡锷由此与梁启超结下了深厚的师生友谊。

戊戌变法失败后，梁启超流亡日本，谭嗣同被杀，湖南时务学堂也就关门大吉。梁启超后来得知蔡锷等同学在找寻他的消息后，便设法将他们召到日本，并进入由梁启超担任校长的东京大同高等学校继续学习。名师出高徒，这也是晚近史上一段难得的佳话。

在梁启超的活动下，蔡锷不久进入日本陆军士官学校学习，成绩极为优秀，毕业时与同期入学的蒋方震、张孝准并称为"中国士官三杰"。回国后，蔡锷在广西等省担任军事教习。据著名将领李宗仁回忆说，他在广西陆军小学就读时，最崇拜的就是当时的学堂总办蔡锷。他说蔡校长每次骑马时，都不是像一般人那样的翻鞍上马，而是从马后飞奔，以跳木马的方式纵身跃上马背，把李宗仁这帮小学员看得眼睛发直，惊为神人。

由此，蔡锷"飞将军"之名，不胫而走。其实那些小学员哪里知道，这位英气勃发、高不可攀的"飞将军"，人家可是日本陆军士官学校骑兵科毕业，货真价实的"海归"呢。

武昌起义后，云南新军响应革命，蔡锷被推为云南都督，当时年仅二十九岁。由于蔡锷在辛亥革命时倾向于革命党，袁世凯在"二次革命"后便将蔡锷调到北京，并打算让他来组建"模范团"，对北洋军进行改造，一则笼络，二也可起到看管作用。可惜的是，袁世凯的提议遭到北洋派内部的强烈抵制，最后只能作罢。

蔡锷在京呆了三年，虽然也担任过将军府办事员、参政院参政、经界局督办等职，但都是一些虚职，这使得正值当打之年的蔡锷感到有志难伸，郁郁寡欢，特别在谈判"二十一条"的过程中，蔡锷对袁世凯更是失望之极。据稗官演义中说，蔡锷在此期间经常纵情酒色，留恋风尘，并结识了勾栏中的名媛小凤仙。

小凤仙是京城里八大胡同的头牌姑娘，人长得标志姑且不说，关键是她颇具侠气，一双慧眼能识天下英雄。蔡锷邂逅小凤仙后，英雄美女，惺惺相惜，蔡将军也就时常沉迷于小凤仙的温柔乡中。相处日久后，小凤仙也看出蔡锷了的压抑与憋屈。特别在帝制运动日益猖狂后，蔡锷更是整日唉声叹气，于是凤仙姑娘便试探他："蔡将军，日下请愿运动愈发兴盛，我的一些姐妹也想组团参加，你看这事如何？"

蔡锷听后不免烦躁，便闷声不答。小凤仙见蔡锷如此反应，便已猜到七八分，说："蔡将军，我看你也是有志之人，为何不站出来做一番大事业呢？"

蔡锷叹道："举国汹汹，我纵然有杀贼之心，但身处京城，形如囚禁，无可脱逃啊！"小凤仙说："既然将军有意，那我这里倒有一办法。"说完，小凤仙便与蔡锷耳语了一阵，蔡锷听后大喜，随即便按计行事。

蔡锷先到老师梁启超那里征询他对帝制运动的看法，在得知后者决意反袁后，于是将小凤仙给自己脱身的计谋说了一遍，梁启超也很赞同。随后，梁启超便离开北京并发表了那篇著名的雄文《异

武夫治國

飞将军蔡锷年少英俊

哉所谓国体问题者》，而蔡锷则故意在公开场合耻笑梁老师的迂腐错谬，并与帝制派人物打得火热，似乎也加入了帝制派的阵营。

对于蔡锷的动向，袁世凯很早就派有暗探跟踪，他对于蔡锷的突然转变并不敢轻易相信，反而加强了监视。数日后，暗探们听到蔡锷家中突然传来激烈的吵闹声。原来，蔡锷的原配夫人因蔡锷近日一直在与小凤仙鬼混，不过稍劝了几句，而蔡锷却趁势发作，要将夫人休掉，打回老家。这事传到老袁耳中后，不免为之一乐。后来，蔡锷也就乘机将夫人送回老家，其实这也是小凤仙金蝉脱壳计策中的一部分。

夫人离开京城后，蔡锷更是成天与小凤仙在一起厮混，而那些侦探们见蔡锷已沉湎声色，也就日渐放松了警惕。一日，蔡锷携小凤仙前往第一舞台看戏，侦探们自然例行公事，尾随于后。蔡、凤二人进了包厢后，也未见什么动静，蔡锷还将大衣脱下挂在衣架上，外面的人可以看得清清楚楚。侦探们见蔡锷的大衣挂在外面，也就轻松了许多，不必时时去窥探之。戏过中场，蔡锷突然起身前往小解，而侦探们见大衣尚未取下，于是也不以为意。

不料戏已演完，却始终不见蔡锷回来，侦探们这下知道大事不好，等到他们追上小凤仙并索问蔡锷下落时，小凤仙笑道："各位大人，我乃是风尘中人，蔡将军有何公干，岂是我等所能问，又是我等所能得知的吗？"侦探们听后大呼上当，但也只好自认倒霉。

其实，等侦探们醒悟过来时，蔡锷早已登上了前往天津的火车。侦探们还在北京到处找寻时，蔡锷已在朋友的帮助下乘轮渡海，潜往日本。等到了日本后，蔡锷才给袁世凯发电，称自己患有喉疾，正在日本医治云云。老奸巨猾的袁世凯此时哪敢相信，他随即便命令沿海，特别是云南、广西的地方官员严加缉拿，不得让蔡锷潜返入境。

老袁不愧是老袁，比那些蠢笨的侦探就是强得多，此时的蔡锷果然已在前往云南的路上，这封电报也是他托付友人在他离开日本后才拍发的。

蔡锷经越南抵达云南昆明后，随后便与之前部下、云南都督唐继尧揭起了"护国军"的大旗，并召集群众大会，宣布云南独立，举起反袁大旗。昆明民众得知消息后，立时欢声雷动，并纷纷走上街头，举行了规模浩大的游行活动。蔡锷在群众大会上发表演说，称："我们所争取的不是个人的权力地位，而是四万万同胞的国格！我们与其屈膝而生，毋宁断头而死！"台下民众听后一起鼓掌，民意昭然。

护国战争发起尚未半年，袁世凯便在内外交困中一命呜呼。说来也是世事无常，袁世凯聪明一世，糊涂一时，如果他当年能任命蔡锷做"模范团"团长，想必也不会有这场麻烦。弄到最后，梁启超、蔡锷师徒一文一武，笔杆子、枪杆子一起上，他老袁家的皇帝美梦、锦绣江山，一眨眼可不就化成了泡影。

武夫治國

倪大炮：倪嗣冲炮轰总统黎元洪

民国史上有两个人被戏称为"大炮"，一个是经常发表革命言论的孙中山先生，另一位则是曾任安徽督军的武夫倪嗣冲。

倪嗣冲，安徽阜阳人，其曾祖父、祖父皆系清朝官吏，其父为清末举人，一度充任了袁世凯的幕僚，并做过知府。倪嗣冲年轻时中过秀才，但后来考举人时屡试不第，于是投到了山东巡抚袁世凯的门下。庚子年山东闹义和拳时，倪嗣冲对拳民痛下杀手，后来还亲自领兵冒雨一日一夜追赶二百里，将拳民首领景庭宾捕获。凭着这一"投名状"，倪嗣冲赢得了袁世凯的青睐，并成为袁记小集团的核心成员。

武昌起义后，倪嗣冲在袁世凯的授意下，在老家阜阳一带大肆招兵买马，并在镇压安徽革命军中立下赫赫战功，由此受封为陆军上将，此后盘踞安徽近十年之久。袁世凯死后，倪嗣冲接着又投靠了新强人段祺瑞，并成为皖系军阀的重要一员。

段祺瑞鼓吹对德宣战时，曾邀请各省督军前来北京讨论此事。倪嗣冲开始是反对参战的，他在蚌埠动身前发表了一番高谈阔论，称中国不能参战，如参战的话一定会惹祸上身，导致亡国云云。等到了天津后，倪嗣冲又大骂鼓吹参战的梁启超，称他是"亡国文妖"，欲陷国家于灭亡，云云。

对于倪嗣冲的言论，老段虽然觉得十分不爽，但还是非常重视。因此，倪嗣冲一到北京，老段便亲自登门拜访，并向老倪解释了参战的原因和好处。在老段点明"参战不需出兵"的玄机之后,倪嗣冲恍然大悟,他立刻来了个一百八十度的大转弯,并挥舞着手大声道:"参战!一定要对德国宣战,越早加入越好!"

数天后,段祺瑞召开内阁会议讨论参战案,倪嗣冲等督军觉得好奇,他们从未看过民主议政,于是就结伙前去围观。按理,各省督军未经邀请不应参加内阁会议,但倪嗣冲等人认为,既然如今民主共和了,人人当家作主,那他们作为各省代表,参政是理所当然喽!

倪嗣冲和老段是老乡,一起共事多年,加上他一向心直口快,于是立刻放了个大炮:"欧战即将结束,我们又不用出人出枪,现在赶紧加入协约国,越快越好,就不用再讨论了!"其他几个督军也附和道:"对!对!不然就来不及了!"

在督军们半鼓动、半威胁的气氛下,内阁顺利通过了参战案。等到事情办好,老段亲自把老朋友们送到门口,他一方面表示感谢,一方面又有些担心地说:"咱们内阁这边是顺利通过了,但不知总统府那边怎样,上次还因为和德国断交的事情与黎总统闹得不愉快呢!"

倪嗣冲听后,满不在乎地拍着胸脯大声道:"总理放心,这事包在我们身上,黎总统一定没有二话!"

三天后,各省督军们再次兴高采烈地出现在总统府,想要顺势说服黎总统。这次仍是倪嗣冲打头炮,他在黎元洪面前喋喋不休地弹着"中国必须参战,不然无法在国际舞台上立足"的老调子,一点都不顾及倾诉对象的表情和反应。

等到倪嗣冲说到"某某国公使也赞同中国加入协约国"时,忍了半天的黎总统实在按捺不住了,他一拍桌子,厉声斥责这些武夫说:"你们这些人,身为地方军政长官,如何擅离职守跑到北京来了?还闯入国务会议干涉国政,实在是岂有此理!"

接着,黎元洪又指着倪嗣冲的鼻子痛斥道:"听说你们还擅自去拜访外国使节,这是你们应该做的吗?糊涂!你们这是在干涉国家外交!"

在督军们的眼中,黎元洪一向是"菩萨低眉",没想今天突然来了个"金刚怒目",一时还真有点不适应。试想,这些武夫在袁世凯时也不曾被这样训斥过,这下气焰立刻矮了下去。倪嗣冲正想发作,但一看黎总统满面怒容,也只好和大家一起唯唯诺诺退了下去。

等到那些督军们走了后,总统府的人都很高兴,说:"大总统今天的脾气发得好,这下那些人就再也不敢来欺负我们总统了!"

但那些督军们可就不这么想了。他们在离开总统府后,觉得黎元洪这人简直是莫名其妙、不可理喻,他也不想想,老子们在前清时,早就已经是统制了,黎元洪一个小小的协统,算个屁啊?不过是走了狗屎运当上了总统,还以为自己多能呢?敢和我们北洋系对着干,哼哼,有你的好果子吃!

随后,北洋系的各省督军们在张勋的召集下,齐聚徐州商议对付黎元洪的办法。而就在这时,黎元洪与段祺瑞的矛盾加剧,段祺瑞竟然被黎元洪给免职了。在震惊之余,这些武夫们忍不住暴跳如雷,用各种最难听的话痛骂黎元洪。

倪嗣冲想到前几天在总统府被训斥的丑事,这时也忍不住了,他跳起来大骂道:"黎元洪曾对我说,不经国会通过,径行对德宣战不合法……什么他妈的法!总理是责任内阁的领袖,总理说的话就是法!他不经内阁副署,就免去总理的职务,他合法吗?辛亥武昌之变,他听到枪声吓得钻到了床底,由此才走运当上的总统!现在好,他身居高位,优柔寡断不说,竟然妄自尊大,以开国元勋自居,谁他妈的来拥戴他!"

众督军大乐,拍着桌子跺着脚地连声叫好。

兴奋之下,倪嗣冲得意洋洋地道:"我现在就回去,马上宣布独立,大伙也都这么办!看他怎么收场!"

张勋听后趁机鼓动道:"老倪说得好,要是不给黎元洪一点颜色看看,他也太不把我们北洋系放在眼里了!咱们不但要宣布独立,而且还要出兵北伐,把黎元洪赶下台!"

武夫就是武夫，他们说干就干，随后便宣布各省独立，并要派兵讨伐黎元洪。由此，张勋假意调停，并带着五千辫子兵入京，结果酿发了臭名昭著的复辟事件。倪嗣冲大概没有想到，他们这些人其实是给老辫子张勋给耍了。

　　张勋复辟失败后，段祺瑞重新掌权，但在1920年的直皖战争中，倪嗣冲虽然托病没有直接参战，但皖系军阀的失败还是导致了他的下台。当年9月，倪嗣冲被免去长江巡阅使、安徽督军等职，从此退出政坛。

　　四年后，倪嗣冲病死于天津英租界寓所，后来还被北洋政府追赠"安武上将军"。正如外号"倪大炮"一样，倪嗣冲为人粗鲁野蛮，"素有武健严酷之名"，他统治安徽近十年之久，任人唯亲，为祸甚大，据说最后是死于精神分裂症。

武夫治国

辫子军：张勋调停是假复辟是真

清廷覆灭后，为表示自己对前朝的忠心，很多遗老遗少们死活不肯剪去脑后的辫子，而其中最出名的莫过于"辫帅"张勋了，因为非但他不肯剪，其手下兵士们也一律保留大辫子，人称"辫子军"。这也算民国一景。

张勋，字少轩，江西奉新人，其人身体强健，每逢严冬飞雪，别人都裹得严严实实的，而张勋仅穿夹衣一袭，还对别人夸耀说："我从不知冷，有什么可怕的。而且，我一生从来没有头痛过，更不知头痛是啥滋味。"赳赳武夫，其风如此。

张勋年轻时参加过中法战争并在镇南关大捷中立下军功，由此在军界发迹。后来，张勋所部在甲午战争中大败而归，没办法投到了袁世凯的门下，由此成为北洋系中的老资格。庚子之乱后，慈禧太后从西安回銮，张勋所部承担了直隶境内的沿途护卫任务。因为工作做得出色，其所部又被调到京城充当扈从部队，由此与清室结下不解之缘。

辛亥年时，张勋被外放江南提督而升为一品大员，由此皇恩浩荡，老张自然是忠心耿耿，不在话下。辛亥革命中，张勋所部死守南京城，与革命军血战一场，但最终不敌而退往徐州，后驻兖州。"二次革命"爆发后，在袁世凯的命令下，张勋率领数千如狼似虎的辫子军急进猛攻，并率先杀入南京，报了当年的一箭之仇。但后来因为辫子军军纪败坏，张勋退出南京而被袁世凯授予长江巡阅使，所部仍驻守徐州。

袁世凯死后,张勋自命是北洋系中的老大哥,他连续召集了两次徐州会议,邀请了各省督军前来商讨国家大事。只是,张勋的政见与当时潮流背其道而行之,即极端反对共和而主张清室复辟,以消弭民国后的种种乱象。

1917年,在段祺瑞被黎元洪赶出北京后,张勋先是唆使各省督军宣布独立,随后又大装好人,称愿意出面调停。而黎元洪将段祺瑞免职后,在老狐狸徐世昌和老好人王士珍不肯出任总理的情况下,他只好又找了另外一位替手,那就是前清重臣李经羲。

李经羲是李鸿章的侄子,前清时做过云贵总督,此人是老资格固然不假,但当时人已老朽,不堪重用,只不过黎元洪病急乱投医,也实在找不到更好的人选了。李经羲见各省督军纷纷独立,他也感到信心不足,于是也躲在天津租界中不肯出来就任。

极端保守与固执的辫帅张勋

一片乱象中,躲在幕后的张勋可谓是乐不可支,他见逼宫好戏正按计划如期上演,于是也不甘寂寞,要粉墨登场了。随后,张勋给黎元洪打电报,自称是"督军团大盟主",并表示愿进京调停。正无计可施的黎元洪听后是喜出望外,他好比抓到了一根救命稻草,随即便复电邀请张勋进京,并派出专车前往徐州迎接。候任总理李经羲得到消息后也表示,欢迎张勋进京调停,并希望与张勋"偕同到京"。

接到黎总统邀请他入京调停的电报后,张勋哈哈大笑,他一拍桌子,大声道:"好!这下看老夫的了!"

数日后,在"拱卫京师、调停国事"的旗号下,张勋亲率步、马、炮兵共十营辫子军(约五千人)自徐州沿津浦路北上,一行人浩浩荡荡,次日便抵达了天津。

到天津后,张勋却不走了。黎元洪听说张勋率领大队人马到达天津,不免有些狐疑,于是派人前去一探原委。来人见了张勋后,委婉地提出让张勋轻师简从,从速入京。张勋听后哼了一声,说:"你回去告诉黎大总统,我进京调停是有条件的,那就是:三日内必须解散国会,不然,休怪老夫不客气!"

走投无路下,黎元洪也只好答应张勋的要求,将国会解散。但是,解散国会需要内阁总理的副署,现在国会通过的候任总理李经羲躲在天津不敢上任,上哪找人去!这时,黎元洪灵机一动,这不还有代理总理伍廷芳嘛?何不找他副署?

得知黎元洪屈从张勋的胁迫要解散国会后,老派外交家、一度栖身革命阵营的伍廷芳大惊失色,说:"解散国会,这是何等大事!约法上没听说总统有解散国会之权,我是学法之人,岂能在这种违法的命令上副署?如果大总统非要逼我副署,我只有宁死不从了!"

这时,张勋又派人来催问何时解散国会,黎元洪被逼得没办法,只好派人将命令带到天津,请候任总理李经羲签字,但后者又说:"我尚未就职,还不算总理,也不能签这个字。"

来人回报后,黎元洪急得抓耳挠腮,又去求陆军总长王士珍来暂替一次总理,帮忙把这解散国会的命令给签了。王士珍见大家都不肯签,也知道其中的利害关系,于是也推脱说:"我现在做这个总长已经给总统帮忙了,如果总统一定要我暂替总理来签这个字,我只好辞职出京,所有事情我都不管了!"

12日晚,也就是张勋说的最后期限,黎元洪在总统府召集会议,商议解散国会的事情。会上,黎元洪沉重地说:"张勋派人来说,要是今天再不下令解散国会的话，他就要听任各督军自由行动了！如今国事闹到这步田地，诸位总得要想个办法才是！"

一阵沉默后，总算有个不怕死的挺身而出，那就是步军统领江朝宗。他表示，愿在这个命令上替总理签字。黎元洪听后，如同见了救星，赶紧命秘书立刻拟出两份命令，一份是免去代理总理伍廷芳的职务，另一份则是委托江朝宗为代理总理。

毕竟武夫胆大，江朝宗也算是过了一回代理总理的瘾，他签署"解散国会"的命令也就不在话下。

黎元洪解散国会后，张勋心满意足，随后乐滋滋地带着辫子军和候任总理李经羲一同乘火车赶赴北京。上车后，张勋随身带着一个大匣子，看似极其宝贵的样子，李经羲觉得好奇，便问里面装的什么。张勋故作神秘，笑而不答。

等张勋抵达北京时，车站外面早有打前站的辫子军站岗巡逻，不相干人等均被驱逐在外。黎元洪派来的迎接专使好说歹说，这才进了包围圈，恭候张大辫帅的大驾光临。不久，一列花车呜呜驶来，张勋和李老头儿满面春风的下了车，正当总统府专使迎上前时，张勋却只是对他一笑，一转身便上了另一辆马车，随即在一营辫子军的护卫下飘然而去。

为迎接张勋的到来，黎元洪本已将总统府礼堂改为临时驻节地，但张勋对此好意并未笑纳，他进京后也没有立刻去见黎元洪，而是先回了南河沿私宅。当晚，黎元洪亲自打电话给张勋，请他去总统府晤谈国事，但张勋则以"舟车劳顿，要稍事休息"加以推辞，最后才答应在次日上午去总统府谈取消各省独立之事。

随后几天里，独立各省纷纷取消独立，李经羲内阁也开始着手组织。从表面上看，张勋确有调停之功。但是，如果只看到表面的话，那也太小看了张大辫帅了。

那张勋到底什么意思呢？看看他随身携带的匣子里装的什么就知道了：是一身崭新的清朝官服！原来，张勋是假借调停为名，将辫子军带入北京，随后让李经羲暂时代理总理三月，维持下局面，

武夫治国

　　自己则暗中将遗老遗少们急召入京，为之后复辟作准备。果然，在张勋入京后，各路遗老遗少也都纷纷出动，悄然入京。

　　数日后，北京火车站走出一位农夫打扮的老头，只见他蒲扇遮脸，形迹诡秘，初看上去一点都不显眼。但当他一走出站，立即有四名辫子兵迎上前来，将老头恭恭敬敬接上车，随即疾驰而去。

　　这老头是谁？说来鼎鼎大名，乃前工部主事、戊戌变法主角康有为是也。在他衣兜里，正藏着预备发布的复位文告和预拟的数道上谕。他此行的目的，可不就是为了复辟而来？

大闹剧：溥仪复位竟是半推半就

张勋抵达京城次日，便在帝师陈宝琛、梁鼎芬的引领下入宫叩见逊帝溥仪。据后者的回忆，他初次见到张勋时，"多少有些失望"，只见张"穿着一身纱袍褂，黑红脸，眉毛很重，胖乎乎的"，"他的辫子，的确有一根，是花白色的"。

张勋这次入宫并没有待多长时间，见溥仪大概也就五六分钟，随后便走了。不过溥仪的两位师傅倒是很高兴，因为张勋夸小皇帝"聪明、谦虚"，而且太妃们也随后给张勋赐宴，以示笼络。

半个月后，也就是7月1日。这一天，溥仪的三位师傅，陈宝琛、梁鼎芬、朱益藩一起进来找溥仪，他们脸色十分庄严，似乎有了不得的大事将要发生。行礼毕，陈宝琛先开口了：

"张勋一早就来了……"

"哦，他又来请安了？"

"不是请安，是万事俱备，一切妥帖，来拥戴皇上复位听政，大清复辟啦！"

十三岁的溥仪还懵懵懂懂，陈师傅急着对他说："请皇上务必要答应张勋，这是为民请命，天人与归……"

溥仪这才明白，自己又要做皇上了！

陈宝琛又交代说："到时不用和张勋说多少话，答应他就是。不过，不要立刻答应，而应先推辞，最后再说：'既然如此，就勉为其难吧！'"

武夫治国

溥仪随后到了养心殿。没多久，张勋便带着一群人进来，其中便有王士珍、江朝宗、张镇芳、雷震春、康有为等人。见了溥仪后，张勋便先跪下，掏出一张奏折念道："隆裕皇太后不忍为了一姓的尊荣，让百姓遭殃，才下诏办了共和。谁知道办得民不聊生，……共和不合咱的国情，只有皇上复位，万民才能得救……"

等张勋念完，溥仪按师傅之前教的推辞道："我年龄太小，无才无德，当不了如此大任。"

张勋听后，先夸溥仪谦虚，然后又把康熙皇帝六岁登基的故事念叨了一遍。

溥仪说："那个大总统怎么办呢？给他优待还是怎么着？"

张勋哂然一笑，说："黎元洪奏请让他自家退位，皇上准他的奏请就行了。"

说到这里，溥仪也就不再推辞："既然如此，我就勉为其难吧！"

溥仪既然答应，张勋便率领一干遗老，跪拜磕头，山呼万岁；然后又拿出康有为起草的复位上谕，请溥仪"御览"后盖印。于是乎，民国六年又成了宣统九年。

姑且把历史的镜头拉回去，细看一遍。康有为到京后，立刻被接到了张勋宅中，而一群复辟人物也早已济济一堂，计有万绳栻、张镇芳、雷震春、沈曾植、胡嗣瑗、劳乃宣、阮忠枢、顾瑗等，这群人连夜开会，以最快的速度将复辟事宜准备妥当，譬如诏书、上谕、官职安排，等等，只等张勋一声令下，便可改朝换代，旧梦重温。

这天晚上，恰好江西会馆召开堂会，张勋是个戏迷，这次又有梅兰芳登台演出，于是应邀而去。当晚夜宴结束后，张勋回到自家公馆，见家中灯火通明，人头攒动，心里也好生奇怪。一进门，他便被万绳栻等人围住，并送上一纸考究的文书。张勋略看了几眼，问："今晚就动手？"其手下亲信幕僚兼复辟同道万绳栻急忙说："大帅志在复辟，已非一日，如今乃是千载难逢的机会，此时不图，更待何时？"

张勋本还有三分酒气,听了万绳栻的鼓动,心里也激动了起来,他一撸袖子,大声道:"有理有理!我老张就干这一遭罢!"

言罢,张勋便命人分头前去请京城中的几个著名大员,如陆军总长王士珍、步军统领江朝宗、警察总监吴炳湘等人来商议大事。等众人来齐后,张勋跳上台阶,大声宣布复辟大业。当有人提出此事过急时,张勋瞋目道:"要干就干,不要婆婆妈妈!此事要是不成,自有我老张一个人担待。但今天谁要是不配合的话,休怪老夫手下无情呐!"

江朝宗是个急性子,对共和民主原本就无甚概念,他当下就应承下来;王士珍对前朝有感情,自然也是无可无不可;至于吴炳湘等人,反正是好汉不吃眼前亏,既然张大帅说要干一遭,那也就随大流罢。

当晚,张勋便命王士珍、吴炳湘将辫子军放入城内。待到晨鸡报晓,天色渐亮,张大帅请大家饱餐一顿后,便请在场各位换上前朝袍褂,准备入宫行复辟大事。这时,张勋的手下统领过来报告说,辫子军已经占领城内外要冲,一切布置妥当。张勋听后一跃而起,大声道:"好,我等现在就进宫,请宣统帝复辟就是了!"

步军统领江朝宗两边讨好

在辫子军的护卫下,张勋一行人来到清宫。由于之前没有交涉,清宫中人被这架势吓得分头乱跑,里面的去报告瑾太妃、瑜太妃,外面的慌忙去报告清太保世续。待到两太妃和世续赶到,问这些人为何而来时，张勋便大咧咧地道："今日复辟，请少主即刻登殿。"

世续听后，吓得几乎从椅子上跌落，他颤声问："这是何人主张？"

张勋上前一步，狞笑道："有我老张做主，你怕甚么？"

世续听后磕头出血，大呼不可。两太妃见世续如此，心里也十分害怕，说："将军，万一这事不成，岂不是害了我全族？"

张勋听得恼了，大声道："有老臣在，尽可放心！"

世续还在那里磕头反对，张勋忍耐不住，厉声道："到底愿不愿意复辟？！"

一旁的辫子军也鼓噪起来，统请皇帝登基。世续见这等莽夫一味蛮干，要是不从他的话，指不定要发生什么别的事，只好与两太妃进宫去请宣统小皇帝。

由此也就有了以上的一幕了。

随后，张勋通电全国，宣布复辟。在通电中，张勋指斥民国初年的种种乱象，称"名为民国，而不知有民；称为国民，而不知有国。至今日民穷财尽，而国本亦不免动摇"，而追究其原因的话，则是因为"国体不良"，实行了共和所导致。

以张勋这些保守派的理解，所谓的共和制度简直就是扯淡，"五年更一总统，则一大乱；一年或数月更一总理，则一小乱"。对此，张勋等人愤慨地说："小民何幸，动罹荼毒！以视君主世及，同享数百年或数十年之幸福者，相距何啻天渊！"

接下来的几天里，自清帝退位后便一直冷冷清清的紫禁城，立刻又变得喧哗活跃起来了。首先是遗老和前清官员们，这些人一拨接一拨的前来晋见皇上，请安的请安，谢恩的谢恩，一个个恨不能立刻官复原职。紧接着，清朝覆灭后逃散到青岛、天津等地满族亲贵们也都回来了，他们以为自己的好日子又要开始了！

热闹的还不仅仅是皇宫里，北京城也有复辟新气象。就是宣布复辟的那天清早，警察们便挨户通知：宣统爷复辟了，立即悬挂龙旗！"喜讯"传来，民间的遗民们仿佛中了六合彩一样，急忙把珍藏多年、压在衣柜最深处的前清袍褂翻出，穿上后便兴高采烈的满大街溜达去了。

这下好，市面上那些因过时而滞销的旧式袍褂，立刻成了当时最抢手的货品。还没有到中午吃饭时分，这些前朝衣冠就已被抢购一空。买不到的遗老们挖空心思，有的便上戏班子去出高价买唱戏用的前朝戏衣，有的人更是跑到寿衣店。因为寿衣店也有前朝衣服嘛。

这下好，北京街头简直就是群魔乱舞，各色人等都出来了。

前朝袍褂还好办，龙旗就比较麻烦了，因此此时离清朝覆灭已近六年，龙旗早就不知道扔哪里去了，怎么会晓得今天龙旗会重见天日呢？被逼得没办法了，那些店铺的伙计就自己拿纸糊个三角旗，然后画条小龙，涂成黄色挂出去。最逗的是，有些人的绘画水平不过关，小黄龙被画得像条死蛇一样，实在大煞风景。但不管怎么说吧，这街道和胡同里一排排的纸旗帜迎风飘展，倒也"气象一新"，真的像是换了"人间"。

这时，倒是复辟元老严复说了句明白话："张勋何人？康有为何人？徒以爱清室者害清室也！"

武夫治國

遮住天：张勋敢扇恭亲王的耳光

张勋复辟的那几天里，最宝贵的莫过于脑后的那条辫子。张勋见清帝时，太保世续说辫子与时世不合，劝他将辫子剪去。张勋听后十分恼怒，便在清帝面前起而为辫子辩护，说："我手下的兵，个个都有辫子。这些兵之所以要有辫子，这在军事上关系重大。正因为我的兵都留辫子，所以奸宄之徒就难以混入。如今这些乱党奸徒，岂不个个都是没有辫子的？"

更绝的是，辫帅的好恶及用人标准，全是脑后的那条辫子。要知道，辛亥年张勋防守南京时，见到街上谁没辫子就要抓来砍头。知道这个典故的人岂敢怠慢，纷纷想方设法收集毛发（譬如剪了老婆、女儿的长发），再做成假辫子安在头上，这才敢怪模怪样的到街上行走。

复辟的当天下午，当手下报告街上到处都是留辫子的人后，张勋听后乐不可支，拍腿掀须大笑道："我说人心不忘旧主，今日果应其言。不然，哪里来这许多有辫子的人呢？这就是民心所向啊！"

说到辫子，这里还有个笑话，说刚做了半个月内阁总理的李经羲得知复辟消息后，急忙来找张勋，质问他为何不通知自己，而且还不曾给自己安排任何职位呢！张勋听后笑道："老九莫怪，论资格，你当然有做宰相、尚书的希望。不过呢，你的前程，生查查是被没有一条辫子断送掉了，我替你着想，委实有些不值得。"

李经羲道："真是这样吗？那李盛铎有辫子吗，他又为何做了农工商部的尚书？"张勋说："他虽然剃了头发，但对复辟却很有点功劳。你若想再为清室大臣，快回去蓄发，那时我再给你设法。"李经羲愤然道："只怕我的头发蓄成，那宰相、尚书仍然挨不到我呐！"说罢，李经羲便出京跑了。

　　复辟期间，倒有一事颇值得称道，那就是满族亲贵无论有无辫子，张勋一概摈弃不用。比如贝子溥伦，清帝退位后便剪去辫子并参与了民国政治，在参与朝拜时被张勋看到，结果被斥骂为爱新觉罗的不肖子孙。溥伦抗辩说："宣统帝退位前，已经发布了剪辫上谕。"老张说："就算如此，你也是违背了列祖列宗之命，我自己是个汉人，还知道恪守先皇遗训呢！"溥伦讽刺道："不错，真可惜你不是清室子孙！"张勋听后大怒，声色俱厉地斥骂道："臣子臣子，臣便是子！"溥伦见张勋发了蛮威，只能嘿然而退。

　　溥伦还只是被张勋抢白一顿，恭亲王溥伟则撞到枪口上去了。据时人笔记《复辟之黑幕》上说，溥伟本是宗社党首领之一，常年往返于天津、上海等地，为复辟大业而辛苦奔走。这次张勋复辟，居然没有通知他，溥伟十分气愤，便找到张勋质问并指斥其专擅之罪。

　　张勋听后，反唇相讥道："自古以来，建立大功大业的都要捷足先登，谁让你今天才来，还想得个好位置，世间哪有这样便宜的事情？"溥伟听后大骂张勋忘本，听得老张心头火起，突然起身扇了溥伟几个耳光。溥伟是前朝世袭的恭亲王（恭亲王奕訢之孙），猝然之下被张勋打了耳光，好半天才反应过来："你竟然殴打亲贵吗？！"张勋狞笑道："现在除了皇帝，我最大。就是打了你，也没啥子稀罕的！"

　　对于张勋等人排挤满族亲贵的行为，原来宗社党的那些亲王、贝勒、贝子们十分气愤，他们随后聚在一起商议对策，要找前摄政王载沣甚至宣统皇帝出来主持公道。帝师陈宝琛听说后，急忙嘱咐溥仪说："本朝辛亥让国，就是这帮王公亲贵干政闹出来的。现在还要闹，真是糊涂至极！皇上万不可答应他们！"

武夫治国

所幸的是，王公贵族们的牢骚还没有发完，讨逆军已经打到了北京。这下好，这帮人又像当年那样跑没影了。

在复辟后的繁荣景象中，最不和谐的便是仍旧悬挂五色旗的总统府和不肯退职的大总统黎元洪。复辟消息传来后，黎元洪又悔又恨，这下知道病急乱投医的结果了。不久，梁鼎芬、江朝宗和王士珍受张勋之命来到总统府，要求黎元洪立即退职，并接受"一等公"的封号。

梁鼎芬和黎元洪之前都在湖广总督张之洞手下共过事，以为此去必然马到成功，能顺利地让黎元洪卸任总统并接收封号。但他没有想到的是，黎元洪在共和立场问题上倒还坚定，此前他就拒绝了袁世凯称帝时封的"武义亲王"称号，这次当然也不例外。

当梁鼎芬拿出早已拟好的"奉还国政"的文书交给黎元洪盖印时，黎元洪拒绝道："民国乃国民公有之物，我受国民之托担任总统，责任重大，退位与否，要尊崇民意，岂能个人决定？"

梁鼎芬冷笑道："共和国政本就是先朝旧物，理应还给皇上。复辟乃是天意，民心如此，张大帅不过是顺天应人，才有此番举动。你之前也受过清职，辛亥政变，也非公意，如今奉还大政，安享天禄，既不负清室，也不负民国，岂不是一举两得的善事？"

黎元洪听后一言不发，再次拿出泥菩萨的看家法宝，任凭梁鼎芬一再催促和王士珍、江朝宗苦苦相劝也不予理会。

梁鼎芬等人没办法，只好回报张勋，说黎元洪不肯退位。张勋听后，哼了一声，道："你们先退下，我自有办法。"

梁鼎芬回宫后越想越气，他邀集陈宝琛、朱益藩两位师傅一起进来找溥仪，要求严厉惩处黎元洪。据溥仪的回忆，当时陈宝琛脸色铁青，之前常有的笑容完全没有，老夫子几乎是失去控制地对溥仪说："黎元洪竟敢拒绝，拒不受命，请皇上马上赐他自尽吧！"

溥仪吃了一惊，说："我刚一复位，就赐黎元洪死，这不像话。……民国不是也优待过我吗？"陈宝琛听后气呼呼地说："黎元洪不但不退，还赖在总统府不走。乱臣贼子，焉能与天子同日而语？"

最后，还是张勋的枪杆子发挥了作用。在辫子军强行接管了总统府的护卫后，黎元洪见大势已去，只得与仆从数人从小门悄然离去，并投入东交民巷法国医院避难，最后躲进了日本使馆。

听说黎元洪逃出总统府后，张勋乐滋滋地骂道："想当年，革命党革了大清的命，我老张今日也革了民国的命。难道只许孙文、黄兴这些乱党做革命伟人，就不许我老张做复辟伟人吗？"

"复辟"这词，现在看来是个不折不扣的贬义词，而在当时张勋和遗老们的眼中，简直和革命党看待"革命"一般的神圣。

武夫治國

风云变：张勋怒斥老友出卖

张勋复辟的消息传到天津后，段祺瑞立刻召集其亲信傅良佐、段芝贵等人开会，并决定立刻起兵讨逆。

经简单的谋划，段祺瑞打算联络驻马厂的第八师，因为该师师长李长泰也是小站出身，而且其下属的炮兵团长冉繁瑞及其兄弟冉繁敏（时任步兵营长）都曾给老段当差多年，是老段一手提拔的部下。因此，段祺瑞觉得指挥这支部队有一定的把握。

计议已定，段祺瑞便派人分头前去联络，而此时直隶省长朱家宝在得知自己被张勋被任命为民政部尚书后，已命令天津商民悬挂龙旗，表示响应。当天傍晚，前去联络第八师的人赶回段公馆，向段祺瑞报告说师长李长泰愿意跟随讨逆，并希望他前去亲自指挥。

段祺瑞听后十分高兴，随后立即动身前往马厂。当晚十一点，段祺瑞带着段芝贵、傅良佐及其随从们登上火车，在汽笛的长鸣声中，列车向马厂呼啸而去，一下便消失在茫茫夜色当中。数日后，段祺瑞在马厂成立"讨逆军总司令部"，并令第八师向北京进发。

张勋复辟后，全国一片哗然，除直隶省长朱家宝和吉林督军孟恩远公开表示支持外，响应者寥寥。首先是冯国璋发表通电，历数张勋复辟的"八大罪状"，接着湖南督军谭延闿、湖北督军王占元、浙江督军杨善德、直隶督军曹锟、前海军总长程璧光、淞沪护军使卢永祥等人也纷纷表示反对。

安徽督军倪嗣冲开始倒是表示赞同，其令安庆、芜湖等地挂出龙旗并改用"宣统正朔"，但他后来发现风向不对，于是又通电反对，成了反复辟的急先锋。福建督军李厚基开始也打电报谢恩，并自称"福建巡抚"，还定制了大批龙旗准备悬挂，后来因为局势变化而作罢。

张勋得知各省督军都反对复辟后，气得辫子直竖、胡子乱窜，他大骂道："这些该死的混蛋小人，之前都说得好好的，现在竟然也做了革命党了！看来，这没辫子的到底是靠不住！"特别是倪嗣冲，他与张勋是儿女亲家，这次也反对复辟，这更把老张气得拍案大骂："完了完了，连老倪都不与我认亲了！"

骂归骂，打仗还得认真对待，这可不是开玩笑的。没过几天，各路讨逆军已经完成了对北京的夹击之势。令人发噱的是，当部下将缴获的"讨逆军"旗帜送来时，张勋见后勃然大怒，将旗子上的"讨"字挖去，于是变成了"逆军"！

在徐州时，张勋本有五十营辫子军（每营约五百人），但这次入京只带了十营，这下真打起来了，兵力确实吃紧。据说，张勋北上时曾交代部下张文生说："你在徐州好好看家，等到复辟后，我发电报'速运花四十盆来京'，你就立刻调这四十营兵力开往北京。"张文生听后满口答应，并表示一定照办，决不误事。

等到段祺瑞宣布"讨逆"，张勋慌忙给徐州发电报，让张文生速速提带四十营辫子军北上救援，不料等了两天后，却见徐州来人送来了四十盆各种花卉。张勋一见，气得跌落太师椅，连声道："坏了！坏了！连张文生这小子也抽我的梯子了！"

不过话说回来，就算张勋的部下想北上支援，在当时恐怕也是办不到的。因为张勋是乘火车沿津浦路北上，而段祺瑞事前即命令交通处长叶恭绰将津浦路的机车全部调到天津，并令倪嗣冲等人对张勋在徐州的余部进行防堵。如此一来，辫子军便一南一北，完全隔开，老张在北京也只能徒呼奈何，作困兽之斗了。

走投无路之下，张勋只好自请开缺，并愤愤不平地发了一个通电，大意是：民国以来，战争迭起，国困民穷，这都是办共和给闹的；现在我老张顺应天命民意，还政大清，欲行君主立宪政体，乃是诚心诚意，不为个人谋利益；所幸吾道不孤，凡我同袍各省(指各省督军)，多与其谋，东海（即徐世昌）、河间（即冯国璋），尤深赞许，信使往还，都有证据证明。现在好，一个个都翻脸不认人，把我老张当傻瓜。好，现在我也不管了，请徐阁老（世昌）来京主政，组织内阁，召集国会，议定宪法。徐阁老来京之前，所有政务都交给王聘老（士珍）去负责。反正我没啥要求，从哪里来回哪里去，不要把老子惹急了！

代理大总统冯国璋听到这个通电后，却下令将张勋的"长江巡阅使"等职一概撸掉，打成罪人，而段祺瑞的讨逆军也不依不饶，非要张勋解除武装，就地投降。消息传来，张勋气得是一佛出世、二佛升天，立刻迸发出他那牛蛮脾气，随后反将退入城中的残兵败卒重新搜集，并在天坛、东西华门和南河沿私宅等地布下重兵，并设下炮位，定要把京城这首善之区变成与讨逆军决一死战的生死场。

张勋的拼命架势摆好后，京师大震，老百姓们纷纷携家带口的出城逃命，就连在京的外交使团也连连提出抗议，并在辫子军和讨逆军中斡旋调和，免得城门失火，殃及池鱼。在各方要求下，段祺瑞令讨逆军暂时停止攻击，并派人去劝张勋立刻投降，免得毁坏北京古城遗迹及伤及无辜百姓。

张勋的牛脾气是人所皆知的，当来人将段祺瑞的话转告给他时，他怒气冲冲地说："当时是黎元洪把我请到北京来的，如今要我走也可以，必须要黎元洪再把我送回到徐州去！"公使们也来劝他，张勋说："我不离兵，兵不离械；从何处来，到何处去。听说姓黎的跑到了你们那里，我倒要把他找来评评理！"

见张勋毫无所动，非要回去做他的长江巡阅使，各方人士又让遗老们去劝说张勋。众遗老束手无策，问张勋现在该怎么办。张勋大喝道："怕什么！此事与你们无关，也与清廷无关，是我老张一个人干出来的，有什么可怕的！"

之后，张勋又发出一纸通电，痛斥北洋系的那些家伙背信弃义、出卖朋友，其大意是：变更国体，事关重大，岂是我老张能独自主持？……我这次到天津，徐东海（世昌）、朱省长（家宝）都极表赞助，其他督军也无反对意见。芝老（即段祺瑞）虽未表示，亦无拒绝。我密电征求各方面同意，也都许可，密电俱在，并非我老张扯谎。现在好，复辟实行了，不但冯、段通电反对，即朝夕共谋的陈光远、王士珍，首先赞成的曹锟、段芝贵等，居然也都纷纷反对，直逼京畿。翻云覆雨，出于俄顷，人心如此，实堪浩叹。唯我老张孤忠耿耿，天日可表，勇为群小所卖，而此心至死不懈。但此等鬼蜮行为，不可不布告天下，咸使闻知。你们这些家伙给我好好听着，要是把老子逼急了，我就把历次会议记录和往返函电汇集刊印，我可是丑话说在前头！

听这口气，张勋似乎是觉得自己上了那些老朋友的当：开始明明是赞成或者并不反对，如何刚一复辟就翻脸不认账？其实这事说来也不奇怪，老张也不多想想，不反对未必就是赞成。再说了，你复辟成功了，自己又是"忠勇亲王"，又是议政大臣的，这难免不引起别人的"嫉妒"嘛！

眼看张勋不肯缴械投降，段祺瑞只好下令总攻。不过，在各国公使的要求下，讨逆军约定不准使用过多的实弹轰击。战斗开始后，大部分辫子军被击溃并自愿放下武器，割去辫子，接收改编或者遣散。唯独在张勋私宅一带的辫子军进行了顽抗，战斗进行得十分激烈。

当讨逆军向段祺瑞请示用炮轰击张宅时，段祺瑞同意只能用一颗实弹，其他只能用虚炮恫吓。当天晚上，讨逆军一炮击中张宅，火光冲天中，只见留着长辫子的遗老们纷纷从宅中逃散。

到了这时候，张勋还不肯屈服，直到京师警察总监吴炳湘联系了荷兰使馆派出汽车去接他，老张还仍旧倔强的不肯上车，直到几个强壮的荷兰人及其部下连推带拉地将他弄上汽车，并把他送入使馆区，辫子军才逐渐停止了抵抗并被全部缴械，讨逆之战宣告结束。

说到这里，张勋这人还真是有个性。复辟且不说他，就战斗精神而言，老张不愧是中法战争的老兵出身。

武夫治国

落幕戏：复辟失败后的余闻

张勋的辫子军战败后，参与复辟的遗老们大都提前逃走了，只有几个倒霉蛋被讨逆军捉住。最先逃走的夫子康有为，他老人家从戊戌变法失败后便东躲西藏，逃跑的经验最足，因此，这次他仍旧化装成老农，逃之夭夭。

据说，康有为开始并不想逃，而是想去法源寺剃度出家，结果被同乡梁鼎芬识破并大骂："你早不剃发，晚不剃发，偏偏在这晨光出家，这不明摆着是想脱逃吗？"康有为说："胡说，你几曾看见我逃跑？"

梁鼎芬大笑道："戊戌之役，你若不逃，岂能活到今天？你这次来，既然想做复辟功臣，就不要怕死，怕死就别来。成则居功，败则惜命，有你这样的圣人么？从今天起，我不承认你是广东人了。"

说归说，帝师陈宝琛、梁鼎芬他们几个人是因为溥仪的关系，最后才没有被追究。康夫子的情况就不一样了，这些复辟诏书、上谕可都是出自他的手笔，不逃又能如何？

说来有趣，起草讨逆军的文告不是旁人，正是康夫子的高足梁启超。师徒俩当年因为戊戌变法失败而亡命天涯，没想到二十年后却各奉其主，分道扬镳。当时，康夫子黯然说了这么一句话："我今天总算知道'回也非助我者也'是什么意思了！"（"回也非助我者也"出自《论语》，原文是"子曰：回也非助我者也，于吾言无不说"，意思是"颜回不是对我有帮助的人，他对我说的话没有不心悦

诚服的"，康夫子是截取前一句的意思）

复辟期间，康有为和张勋这"文武两圣人"还闹了不少笑话。讨逆战开始后，冯国璋和段祺瑞都出十万块买张勋的人头，康有为听后很高兴，说戊戌年慈禧太后也悬赏十万两银子买他的人头，看来自己和张勋的价值差不多，只不过为何通缉名单没有自己，想必是自己的弟子从中转圜所致。

张勋听后大笑道："你当年才十万两银子，我这次是两个十万元，顶多也就值我的一半身价。再说了，这次通缉名单上没有你，是因为人家觉得你的人头不值钱罢了！"取笑完康夫子，张勋又得意地说："姓冯的和姓段的都出十万元买我的人头。他娘的，一个个都想在我身上发财，我若有变身的法子，倒想变出两个张勋来！"

有一次，张勋和康夫子又在一起吹牛，张勋说："老夫名张勋，今日果然建立了不世之勋"。康夫子笑道："我名有为，今日也是大有为了。且我的名字，不但切于己身，即于国家，也有特别关系，《中庸》里说：'富有四海，贵为天子'，我的名字便是嵌入了'有'和'为'这两字。"张勋听后，总觉得哪哪不对劲，想了半天，才怒而拍腿骂道："他娘的，你取'有为'两字命名，难道你还想做皇帝不成？"康夫子听后，慌忙说："不敢不敢，这我真不敢！"

还有一次，康夫子因为自己才得了个弼德院副院长，心里很不高兴，于是口出怨言，大骂张勋说："复辟文告我写了这么多，却仅以虚职安排我。早知如此，又何必打电报招我入京呢？"张勋听说后，怒道："他啥事都不用干，就得了个现成的弼德院副院长位置，现在还贪心不足，真是腐儒不足与谋。"说罢，张勋还恨恨地说："他若再到背后毁谤我，我须用野蛮之手段对付他。"康夫子听后反莞尔一笑，道："别人怕他，我偏不怕他。"旁人问为什么，康夫子说："他身边有枝小枪，我身边还有枝大手笔呢！比较起来，偏看是谁利害些！"

康夫子不但有枝大手笔，而且还有双快腿，所以他倒是跑了，不过也有倒霉的。陆军部尚书雷震春是最早参与复辟的，听说张勋

武夫治国

之所以让他做陆军部尚书,就是因为他的名字起得好,"春雷滚滚、震耳欲聋"!这位出身小站的震威将军,曾做过江北提督、第七镇统制,在袁世凯时期便是复辟老同志了。这一次被封为陆军部尚书,雷震春穿着崭新的朝服,喜气洋洋地乘坐摩托车去宫中谢恩。孰料到宫门后,车尚未停稳,雷震春便从车中一跃而出,结果摔出四五尺远,额头都碰出了血。护兵见状急忙上前扶他,问:"大人,痛否?"雷震春摸摸额头,说:"心乐则不觉痛。"

谢恩后,雷震春被赏在紫禁城骑马,不曾想上任没几天,讨逆军就攻进北京,雷震春只好化装成苦汉,拉着人力车仓皇出正阳门,想从东车站逃走。晦气的是,老雷的化装技术不过关,结果很快被人认出而被抓。后来,有人在报上画了一个滑稽图,并配了一联讽刺他:"不在紫禁城骑马,却来正阳门拉车!"

段祺瑞返回京城后,随即发布命令通缉复辟要犯张勋、康有为、梁敦彦等人。不消说,这些人老早就跑没影了。也许是投鼠忌器,或者是觉得内心有愧,一些被张勋指名道姓的督军如张怀芝、湖北督军王占元等人纷纷通电或致函段祺瑞为张勋说情开脱,张勋的儿女亲家张作霖更是多次致函段祺瑞,请求对张勋从轻发落。

不看僧面看佛面,中国人嘛,总归要讲讲人情和面子。段祺瑞进京前,徐世昌就跟他说:"这次复辟,原非清室本意,幸勿借此加罪清室。张勋虽为祸首,不过他原本就是个莽夫,还须念在旧日同袍的情意份上,不要逼迫太甚。"段祺瑞听后颇为大度地说:"优待清室条件,自然尽力保留。就是少轩(张勋的字),也未必就逮。你就是不说,我也不忍心加害呢。"

有了老朋友撑腰,张勋自然无所顾忌。他老人家在荷兰使馆静养时,有侦探奉命前来探察,把老张给惹火了,他跳出门外,左手挟着一把快枪,右手持着一包书函,怒气冲冲地吼道:"徐州会议时,这些人赞成复辟,相率签名,此等笔迹,都在我掌握中。他们好卖友,我将宣示国人,届时与他们同死,休怪我老张手下无情呐!"侦探见状,只好知难而退。

说到这里，老张动不动就声称自己掌握了其他督军大佬们赞成复辟的签名笔迹或函电，那到底是有还是没有呢？据说张勋后来将这些签名、函电汇编成册，做成了一本《复辟实录》的书，但这本书谁也没有见过，据说因为一次失火而被烧毁，因而此事也查无对证，究竟如何，只有老张和当事人最清楚。

张勋曾在私下里跟人说，这些老朋友中，除了段祺瑞是劝他不要干并说如果要复辟就打他，他是心服口服的；至于其他督军，都是些口是心非的家伙，复辟之前都答应得好好的，风向不对了就出卖朋友，哼哼，没有一个是干净的。总而言之，言而总之，是我老张上了你们的当。

张勋复辟失败，舆论几乎一边倒地称之为"倒行逆施"，唯独一位复辟老同志却站出来为张勋说了句公道话。此人是谁呢？原来是洪宪帝制的拥趸阮忠枢，这位袁世凯曾经的手下红人却力排众议，称张勋此番举动，虽然近于粗率，却不失为烈烈轰轰之好汉。张勋听说后大喜，说："我结交半生，尚得这个仗义朋友，便死也瞑目了！"

张勋的性格，最突出的特点是传统、实心眼，有些憨厚，也很暴躁，这些特点结合在一个武人身上，那几乎就是顽固不化的典型产品。试想，在辛亥革命时，清王朝都已明显末日无多，多少当官带兵的人一夜之间便反了水，唯独张勋仍旧死不认输，效忠到底，结果江浙联军攻打南京是整个辛亥革命中最惨烈的战役，民军血战十天才将南京光复。

另外值得一提的是，张勋的家乡观念极强，对家乡父老多有照顾，譬如其老家江西奉新赤田村的人就沾了不少光，张勋给每家造了一座大瓦房，缺啥给啥。江西人在外地做生意需要建会馆时，但凡找到张勋，他都会慷慨解囊。譬如民国时期在北京的江西会馆，那都是张勋出的钱。说起来，宣武门外的江西会馆算得上当时北京最豪华的西式建筑，不仅有洋楼花园，还有最时兴的戏台，而且还配有发电机提供灯火，可供晚上唱戏。在北京读书的江西子弟，特别是奉新县的学生，张勋更是有求必应，提供了价值不菲的奖学金。

武夫治国

在张勋得势期间，奉新籍的县长一度达到四十七人。

张勋有一个沉醉多年的爱好，这便是京剧，而且他也算得上是发烧级的票友。在讨逆战中，张勋听说段祺瑞派段芝贵、曹锟为东、西路司令前来讨伐，他便对雷震春等人说："各位不要惊慌，在我看来，这两路兵指日便可荡平。"众问其故，张勋掀须笑道："东路司令段芝贵，段者'断'也，我兵与他交战时，包管一刀将他砍成两段。至于西路司令曹锟，更不足虑。那《三国演义》上不是说得明明白白吗，曹家军最怕张翼德，长坂坡一声大吼，吓退曹兵百万。我待曹锟兵到卢沟桥时，即单人独骑，前去喝他一喝，他方知我老张的厉害"。

说到这里，张勋得意得手舞足蹈，乐不可支。其实啊，这些段子都来自京戏《长坂坡》，而张勋也一直自命是"莽张飞第二"。

1922年，复辟失败已五年的张勋在家开堂会庆寿七十，一些戏苑名角如杨小楼、梅兰芳、余叔岩等人在八十多岁的京剧界老前辈孙菊仙的带领下，前来天津的张家花园给张勋祝寿，这也成为当时梨园界一场空前的盛会。在张勋面前，这些名角儿当然都很卖力，获得的报酬也相当优厚。特别是孙菊仙，张勋是他的老戏迷，这次给出的报酬高达六百大洋，把孙菊仙感动得老泪长流，说："懂戏者，张大帅也！知音者，张大帅也！"在张勋死后，孙菊仙甚至哭倒在地，说："黄钟大吕，恐自绝响！"

张勋的老婆曹氏倒是反对复辟的，可惜她是妇道人家，张勋不肯听她的劝。复辟成功后，张勋得意洋洋地告诉曹氏自己已被加封为"忠勇亲王"，谁知曹氏却大骂他说："民国待你不薄，你今天冒天下之大不韪，惹下滔天大罪，你就算不为自己考虑，难道不为子孙考虑一下吗？你今天被封为'忠勇亲王'，我就怕你明天要作'平肩王'了！"张勋不解，问："'平肩王'是啥意思？"曹氏说："将来你首领不保，一刀将你的头砍去，你的颈不是与两肩一字平了吗？"张勋听后大怒，摔门而去。

张勋有两个侄子，一名弼廷，一名敏斋，他们也是反对复辟的，曾相继劝谏张勋说:"吾叔负天下之重,万不可冒天下之大不韪。现如今在你身边奔走献策的人,都是为自己谋划,岂可入其彀中?"张勋听后,拍案怒骂道:"你们小孩子,懂得什么!"其实张勋自己到底懂得什么,恐怕他自己都不知道。

复辟失败后,张勋逃进荷兰使馆,有朋友前来拜访,提起复辟之事时说:"复辟是否适合国情,今不必谈。倘若你及早宣布立宪以安人心,即使失败也足以解嘲,为何你当时不做呢?"张勋叹道:"我哪里懂得这套玩意儿,都凭着公雨(万绳拭字)等人在瞎闹。不过,你们要是以此责怪我,我也不生气,这是我愿意的。"

结合这么多张勋的生平轶事,倒也能从逻辑和思路上解释张勋为何要逞其余威,做这一番复辟的大事。事实上,张勋的性格、信条乃至趣味完全是传统的,主要在忠义的范畴。若平心而论,这种中华民族的传统美德,在武人干政而使得道德沦丧的中国社会中,不但不该被嘲弄,反而是弥足珍贵呢。因此,对于张勋复辟,或只可笑其愚,却不可嘲其忠。

1918年徐世昌就任民国大总统后,随即下令赦免张勋,并发还了财产。晚年的张勋远离政治,"采菊东篱外,转道经商中",据说投资金融界回报颇丰。此时,这个心境淡然、与世无争的皓首一翁,当有人问起他当年的"复辟伟业"时,却已不再有当年的夸夸其谈,而顶多淡淡数句,便沉默不言。

毕竟,属于他的时代已经过去了,而且越去越远,再也回不来了。

1923年9月12日,张勋在天津病故,终年七十岁。次年8月,张勋棺木启运回乡,并于当年11月底下葬于奉新县赤田乡陶仙岭下。张勋去世后,前清废帝溥仪赐谥号"忠武"。

阁中帝子今何在,槛外长江空际流。袁世凯复辟失败,张勋复辟也失败,这说明民国之后,假皇帝当不得,真皇帝也当不得了。正应了梁启超的那句话,帝位如同墙上泥塑木偶的菩萨,一旦被人扔进猪圈,就是洗干净再重新供奉,那也早已失去了其神圣性。由此,张勋之败,也是定数。

武夫治国

保地盘：阎锡山自有贵人相助

段祺瑞曾在北洋军中的多个军事学堂当过督办，后来也就有了"好为人师"的毛病。他当时有句口头禅，"全国的督军、军长、师长、旅长，有一半是我的学生"。由此，一些人便投其所好。譬如，阎锡山不是他的学生，也给他具门生贴拜在门下，而老段也一向是来者不拒。

阎锡山原是清廷派往日本士官学校的毕业生，回国后在山西新军中担任标统并在辛亥年中夺得督军一职，当时的他尚未满三十岁。由于老阎一向懂得韬光养晦，善于自保，因而民国期间盘踞山西近四十年，是军阀圈里赫赫有名的"不倒翁"。

民国初年，阎锡山慑于袁世凯的淫威，其最初对山西的军政大事一概不闻不问，政事都付给袁世凯派来的巡按使（即省长）金永，军事则交给自己的同学兼盟兄弟、第十二混成旅旅长黄国梁，自己却只挂着督军的虚名，无为而治。

等到袁世凯一蹬腿，阎锡山便活跃了起来，他先派人将袁世凯的亲信金永赶出山西，然后又想收回军权，这不免与黄国梁起了矛盾。阎锡山是个善于跑关系的人，他在日本留学回来后，曾通过拜访陆军部侍郎、山西同乡姚锡光而获得姚家父子（姚锡光之子姚鸿法是山西新军督练公所总办，负责军校毕业生的分配）的好感。但是，阎锡山回山西后，他却先把同学黄国梁推荐给姚鸿法，先让黄当上了标统，而自己去督练公所做练兵官，直到次年才当上标统。

由此，阎锡山自认为对黄国梁有恩，他曾对人说："黄绍斋（黄国梁的字）这个人，只有他对我下命令，却从来不接受我的命令。他有多少事对不起我，我总对得起他。"原来，阎督军韬光养晦期间，山西军务都是由黄国梁负责，但后者是个彻头彻尾的军人，阎锡山对他有什么指示，能办到的他就去办，不能办到的就一口回绝。因此，在当时山西军界中，众人皆知有黄国梁而不知有阎督军。

在黎元洪接任总统后，原籍湖北的晋北镇守使孔庚与北京暗通声息，企图与黄国梁里应外合，夺了阎锡山的督军位置。这事被阎锡山暗中得知，他却不动声色，直到山西军队扩编时，这才突然采取了激烈措施。

原来，在袁世凯时期，阎锡山为了表示自己无野心，一度将山西军队裁减到只有一个旅（黄国梁任旅长）。袁死后，阎锡山便让黄国梁拟一个扩军的计划，要将一个旅扩编为一个师。黄国梁拟定计划时并未和阎锡山沟通，而直接将一个详尽的计划书交了上去。阎锡山看后十分恼怒，他把计划书扔到地上，拍桌子大骂道："绍斋也太不把我放在眼里了，他要这样做，我这个督军干脆让他来做好了，何必还用我这个傀儡呢？"

原来，黄国梁拟计划书时，将所有准备任用的营长、团长、旅长都安排好了，唯独剩下一个师长未安排，这明摆着是让阎锡山来填"黄国梁"这三个字。军阀年代，军权无比重要，阎锡山这时已无法容忍了，他随即致电总统黎元洪和总理段祺瑞，称"黄国梁桀骜不驯，不服节制"，随后，又立即招来宪兵司令，令他带人将黄国梁逮捕，并限即日离开太原。

命令来得过于突然，加上黄国梁是个相对单纯的军人，他没有想到阎锡山会跟自己来这手，因而一时措手不及，只得乖乖就范。登上火车离开太原时，黄国梁愤愤地说："我并非是留恋什么旅长的位置，只是百川（阎锡山的字）要我离开，他可以预先和我说明白的，我也不会不同意。何必像这样押解出境似的，这未免也逼人太甚了吧！"

武夫治国

从革命党人到地方军阀的阎锡山，成为民国政坛的不倒翁

黄国梁被逼走后，孔庚里应外合的计划也就宣告流产。不久，阎锡山接到总统黎元洪的电报，要他入京议事。和见袁世凯完全不一样的是，阎锡山去见黎元洪没有一丝怕意（想必是年龄和阅历上去了），他回来跟幕僚哈哈大笑说："黎元洪那个神气，望之不似人君，简直是个窝囊废。难怪辛亥革命时，他藏到床底下，人家把他拖出来，硬把个都督加在他头上，他还不敢干，深怕犯了灭门大罪呢！"

不过，阎锡山太小看黎元洪了。第二天晚上，总理段祺瑞突然派人将阎锡山请到自己的公馆，阎锡山去后，回来半天没有吭声。身边幕僚知道一定是发生什么大事了，但他们又不好直接去问他。闷了好大一会后，阎锡山才开口说话："黎元洪这老小子，竟然要端我们的窝啊！"

原来，段祺瑞把阎锡山找去是要告诉他一个重大内幕，说是在黄国梁被撤职后，孔庚仍旧不肯死心，他再三鼓动黎元洪，用"调虎离山"计将阎锡山弄到北京，然后准备和黄国梁秘密返回太原，届时总统府发布命令，让黄国梁当山西督军，孔庚为山西省长。而这时阎锡山正在北京，想反对也来不及了。

这事被徐树铮知道后，他立即报告了段祺瑞，而阎锡山曾给老段送过门生贴，他念及师生之谊，便把阎锡山找去，并给他指了条明路，让他即刻化装悄悄离开北京，从间道回到太原。只要阎锡山回了山西，黎元洪、孔庚这些人就不敢贸然动手了。

阎锡山说完后，当即决定明日一早就回山西。他对幕僚说："我明天坐京汉线的慢车动身，不过我不从车站上车，免得引起他们的注意。明天你们先去车站，跟扬旗手和火车司机说好，叫火车到扬旗的地方尽量开慢，让我能够设法上车。只要我离开了北京，就什么事情都没有了。你们等我走了之后，谁也不要出门，总统府派人来找我时，就说我病了，要是他们派人来看我的病，你们就撒个谎，说我去哪家哪家医院了，尽量拖延时间。"

次日一早，阎锡山和幕僚依计行事，其幕僚在塞给了火车司机和扬旗手一些钱后，阎锡山顺利地上了火车，两天后便回到了太原。随后，阎锡山给总统府打电报，声称自己已经回到太原，孔庚的计划也就再次落空。

由此，阎锡山对黎元洪极为愤恨，在后来的"府院之争"中，阎锡山始终站在段祺瑞的一边，并大力支持老段的"武力统一"政策。在段祺瑞派兵南下与西南军阀作战时，阎锡山还积极派了一个混成旅前去参战，以表示对段祺瑞的感谢。不仅如此，阎锡山还常在别人面前颂扬老段："段先生正派，做事肯负责，是个爱国的军人"。

后来，阎锡山派出的这个旅在湖南战场上全军覆没，但也没见阎锡山对段祺瑞有任何的抱怨。这一来二去的，阎锡山这个原革命党也就逐渐成了半路出家的北洋军阀了。

武夫治国

冤报冤：徐树铮擅毙陆建章惹祸端

民国风云人物冯玉祥的起家，和袁世凯的手下干将陆建章慧眼识人有很大的关系，但陆建章后来却被段祺瑞的亲信徐树铮给擅自枪毙，这在当时可是轰动一时的大新闻。

与段祺瑞等人一样，陆建章也是小站旧人，而且一直是袁世凯的心腹亲信。清廷覆灭后，陆建章担任右路备补军统领（后改为警卫军）和北京军政执法处处长，对异己分子向来就毫不手软，因其杀人如麻，人送绰号"陆屠夫"（武汉首义的张振武即死于其手）。在剿灭民国初年的"白狼之乱"中，陆建章被授为陆军第七师师长，后率兵进入陕西剿匪并担任督军，帮袁世凯稳固了陕西的地盘。

袁世凯称帝失败后，陆建章被原陕南镇守使陈树藩排挤，给撵出了陕西地盘。1918年，失势后的陆建章便投靠了冯国璋，并暗中为冯服务，奔走赣、鄂，为和议出力。而在这时，正协助段祺瑞推行"武力统一"政策的徐树铮，其对陆建章的幕后行动早有所知，心里恨得牙痒痒，于是将其约请到奉军司令部一谈（徐正和张作霖打得火热而被委为关内奉军副司令）。陆建章虽知小徐不怀好意，但想自己是北洋前辈，去了又有何妨。

进得营内，徐树铮开始还好言招待，大家觥筹交错，把酒言欢。酒席吃到一半，徐树铮突然对陆建章说："后面有个花园，里面景色极佳，我想请你进去游玩一番，顺便谈点私事。"陆建章不知其中有诈，便欣然入内。不料两人进去后，徐树铮立刻翻脸厉声呵斥道：

"你知罪否?"陆建章大惊失色,说:"我有何罪?"徐树铮骂道:"你为南方做走狗,成天里东奔西走,妄谈和议,破坏段总理的统一政策,你还敢说自己无罪?"

陆建章一听是这事,便冷笑道:"主和之人,又不止我一个,难道都要归罪于我?"徐树铮变脸道:"哼,今天恐怕容不得你说什么了!"说罢,徐树铮手一挥,令左右将陆建章绑上。陆建章见势不妙,慌忙改口愿为段总理效力,但小徐完全置之不理,随即掏出手枪亲自把昔日威风凛凛的陆将军给枪毙了。

事后,徐树铮这样上报此事:

> 迭据本军各将领先后面陈:屡有自称陆将军名建章者,诡秘勾结,出言煽惑等情。历经树铮剀切指示,勿为所动。昨前两日,该员又复面访本军驻津司令部各处人员,肆意簧鼓,摇惑军心。经各员即向树铮陈明一切,树铮独以为或系不肖党徒,蓄意勾煽之所为,陆将军未必谬妄至此。讵该员又函致树铮,谓树铮曾有电话约到彼寓握谈。查其函中所指时限,树铮尚未出京,深堪诧异。
>
> 今午姑复函请其来晤。坐甫定,满口大骂,皆破坏大局之言。树铮婉转劝告,并晓以国家危难,务敦同袍气谊,不可自操同室之戈。彼则云我已抱定宗旨,国家存亡,在所不顾,非联合军队,推倒现在内阁,不足消胸中之气。树铮即又厉声正告,以彼在军资格,正应为国出力,何故倒行逆施如此?从不为国家计,宁不为自身子孙计乎?彼见树铮变颜相戒,又言:"若然,即请台端听信鄙计,联合军队,拥段推冯,鄙人当为力效奔走。鄙人不敏,现在鲁皖陕豫境内,尚有部众两万余人,即令受公节制如何?"云云。

武夫治国

　　树铮窃念该员勾煽军队，联结土匪，扰害鲁皖陕豫诸省秩序，久有所闻，今竟公然大言，颠倒播弄，宁倾覆国家而不悟，殊属军中蟊贼，不早清除，必贻后戚。当令就地枪决，冀为国家去一害群之马，免滋隐患。除将该员尸身验明棺殓，妥予掩埋，听候该家属领葬外，谨此陈报，请予褫夺该员军职，用昭法典。

　　徐树铮妄逞辣手，擅毙将军陆建章，此举可谓石破天惊、胆大包天。消息传出，海内震惊，就连段祺瑞都惊得半天没说话，随即令人给陆建章的遗属送去五千大洋，以示慰问。冯国璋还是在接到要将陆建章勋章撸去的命令时才知道此事，但人都死了，还要勋章干什么？不过是徐树铮非要给陆建章一个"煽惑"之罪，以示名正言顺罢了。

　　据说，冯国璋开始不肯给这道命令盖印，其愤愤地对手下人说："你看看，这有多么荒唐！徐树铮这么胡闹，难道芝泉就一点都不管吗？"最后，冯国璋又生了一会闷气，但事已如此，也只好把印一盖，了结了这段公案。

　　陆建章虽然被杀了，但后事还没有完。冯玉祥在得知自己的恩帅被杀后，气愤难平之下，从此对段派阳奉阴违，不再服从。至于徐树铮，最后也是冤冤相报，为自己惹下杀身之祸。不过，这是七年后的事情了。

　　1925年底，在段祺瑞当上临时执政后，本在外国游历的徐树铮也兴冲冲地回国，并在北京到处活动，似有东山再起之像。但是，当时冯玉祥的国民军控制了京津一带，而冯本人显然没有忘记徐树铮当年擅杀陆建章一事。因此，当时空气对小徐非常不利，段祺瑞似乎也感觉到点什么，他一见到徐便说："这时候你回来干什么？"说完，便撵他快走。

　　但小徐并没有把这当回事，他在北京待了近半个月后才准备经天津南下上海，但就在去天津的路上，徐树铮在廊坊车站被人刺杀了。据国民军的说法，是陆建章之子陆承武为父报仇，但真实的情况恐怕只有国民军自己最清楚。

据说，当徐树铮出京的消息被鹿钟麟所侦知后，其立即用长途电话向驻在张家口的冯玉祥报告，冯当时没有说什么。过了两个小时，冯玉祥突然给鹿钟麟打电话："处置徐树铮的办法，就是逮捕枪决！"鹿钟麟犹豫了一下，说："这个问题太大了吧？"冯玉祥厉声答道："天塌了有柱子接着！"

随后，鹿钟麟又用电话将命令转给驻扎廊坊的张之江，让他执行这个任务。张之江说："此事重大，不宜鲁莽！"鹿钟麟说："这是命令！"于是，张之江便让卫队驰往车站守候。

据徐树铮之女徐樱在《先父徐树铮将军事略》中的说法，等徐树铮的专车抵达廊坊后，张之江的参谋长便持张的名片登车，称张司令请徐下车一叙。徐树铮恐有意外，拒绝下车。参谋长听后立刻声色俱厉，令随行士兵将徐树铮强行押下车，同行随员也被赶下车。到张之江的司令部后不久，突然听见几声枪响，徐树铮便由此毙命。

更离奇的说法是，鹿钟麟在当天夜里派人把陆建章的儿子陆承武从天津送到廊坊，然后让他扮演为父报仇的角色，以此来免除此事与国民军的关联。不管是谁下的手，总而言之，这个极具才华但又飞扬跋扈的徐树铮是死了。

据说，段祺瑞最后一次下野后，其专列路过廊坊时特意命人在徐树铮被杀的地方停留三分钟，老段久久地凝视着窗外，老泪纵横。尽管徐树铮恃才傲物，但他对段祺瑞却是忠心耿耿，鞍前马后，尽力辅佐，也是老段最宠信的部下。徐树铮的死，对老段的打击很大，从此后他一心吃斋念佛，再未涉足政坛。很多年后，段家在祭祀祖先时，按照段祺瑞的吩咐，徐树铮的灵位也都供奉上。

更离奇的是，徐树铮从国外返回后，曾到南通拜访过状元、著名实业家张謇，当时两人探讨了很多时局与学术等问题，徐树铮对张謇的学识佩服得五体投地，临别时还一再表示："今后将奉啬老

武夫治国

（张謇号啬庵）为师。"

徐树铮走后不久，张謇突然感到烦躁不安，一夜突然梦见徐树铮来向他告别，并吟出一首绝命诗："与公生别几何时？明暗分途悔已迟。戎马书生终误我，江声澎湃恨谁知？"

张謇惊醒后，立刻下床把梦中所闻之诗写下。细读再三，他心里不免有些发毛，觉得"徐树铮必有事故，难道来与我作梦魂之别"？果然，数日后便传来徐树铮在廊坊被杀的消息。

世间是否真有心灵感应，恐也未为可知也。

落水狗：张敬尧督湘三年落荒而逃

"五四运动"前后，湖南人曾发起数次"驱张运动"，这里要驱逐的"张"，便是湖南督军张敬尧。张敬尧，安徽霍丘人，少年无赖，流落徐州、天津一带，后在袁世凯小站练兵时投身行伍，并先后进入北洋新军随营学堂、保定军官学校学习，由此在北洋系中崭露头角。民国初年，中原一带闹"白狼"，袁世凯派张敬尧率部前去清剿，最终将这股流民起义镇压，由此获得了袁世凯的欢心。

在筹安会六君子、交通系魁首梁士诒等人搞帝制运动时，张敬尧便是积极参与者。有一次梁士诒等人邀请各省督军代表和军政要人在同兴馆赴宴，准备筹备组织各省请愿联合会，张敬尧当时也在被邀之列。当晚，张敬尧的表现很是出彩，只见他手持旱烟管，一边吸，一边大呼道："大总统高升一级，做大皇帝，只要下一道上谕就行了，谁敢不从？这有什么可讨论的？还请什么愿，费那劲干嘛？"

袁世凯听说，心头窃喜却佯作大怒道："变更国体，应征全国同意。张敬尧这个莽夫，竟敢在大庭广众中信口开河，看我怎么罚他。"没多久，蔡锷在云南举起护国军大旗，袁世凯首先派去镇压的部队，却正是张敬尧的第七师，这大概就是所谓的"貌怒而心许"吧。

张敬尧在四川与护国军交战时，其部军纪败坏，纵兵为盗，老百姓前来投诉，张敬尧却无端发怒道："本军纪律严明，秋毫无犯，无知细民，竟敢毁我军誉耶？"说完，便令手下士兵以军棍将投诉的百姓打出。那些士兵听说后，就更加肆无忌惮了。

张勋复辟时，张敬尧在接到老师王士珍的密电后，随即带领两个团进京准备参与复辟。后来，在王士珍引见下，张敬尧见了前摄政王载沣并曾入宫叩谢"天恩"。据说，摄政王载沣曾送给张敬尧一套朝服，但裤子太长而靴子又太小，因时间来不及改做，只好上身穿着朝服，下身穿着军裤、军靴入宫请安。如此不伦不类，当时被引为笑谈。更无耻的是，张敬尧还以同姓的名义，给复辟总指挥张勋送了一张门生帖子，以表忠心。后来风向变了后，王士珍赶紧通知张敬尧立刻跑路，这才免于被讨逆军所捉。

段祺瑞当政后，张敬尧又以同乡的名义投靠老段，附于皖系。段祺瑞随后命张敬尧与吴佩孚率军出击湘桂联军，并由其出任了湖南督军。张敬尧做了督军后，湖南人可就倒霉了。张之为人，非常贪婪，其督湘三年，搜刮之狠，一时罕见。在他的当政之下，凡长沙城内，谁家死人了，都必须呈报到督军署中，由署中派员监督收殓，然后纳印花税费一元，方可举棺出城。不然的话，守城兵士就扣押不放，以此为敛财之手段，令人发指。有一次，某刘姓人家没有呈报，出城时便被张敬尧的兵士所阻拦，丧家百般哀求而不得出，最后还是要开棺检验，并罚银百元以儆效尤。湖南一贯民风淳朴，以孝为重，张敬尧敛财居然主意打到死人的头上，实在是千夫所指，骇人听闻。

张敬尧嗜好吸鸦片，每天要吸阿芙蓉膏一两有余才能治事。平日里，张敬尧除了吞云吐雾外，则是拥妻抱妾，寻欢作乐，所谓军政民政，一概让他的几个弟弟去打理。张敬尧不是好人，他的几个弟弟更不是东西，湖南人当时送他们弟兄四个诨号，曰："大草包、二饭桶、三乱子、四混蛋"，而看这几个人的举止行事，确是草包。

张敬尧的四弟张敬汤，最为无赖，此人自封"四帅"，还经常装斯文穿八卦衣，动辄问左右："我这个样子，像不像孔明啊？"左右阿谀道："孔明哪里能跟四帅比！"张敬汤听后，喜不自胜。更招人恨的是，张敬汤常出入于当地豪绅富贵之家，见到别人家的宝贝，必抚摸再四，赞不绝口。识相的主人明白他的意思，只能将之赠送；碰到不识相的，张敬汤也要托词假用，强行索取。因此，湖南士绅见到张敬汤来了，便偷偷相告说："孔明又来作贼了！"

张敬尧武人出身，缺乏文化，其接见宾客时，经常是衣冠不整，有时还光着脚就出来了。湖南士绅朱某曾因事谒见张敬尧，侍从将他引至督军花厅后，见一人光着膀子倚在榻上吸烟，脚丫也光着，形似黄包车夫，朱某就问他："督军在哪？"此人听后说："咱老子就是督军。"朱某不信，以为他在戏弄自己，便与之对骂："我孙子才是督军！"所幸这时有人过来，告诉朱某这的确是张敬尧张督军，闹剧才算结束，亦可笑也。

安福系办理选举时，以为有张敬尧的强力外援，湖南选举当不成问题。不料投票后，非安福系的人当选颇多，而安福系指定的人反而落选。安福系的人大骇，急忙请张敬尧想办法，张敬尧笑道："你们这些人哪，亏你们还读书识字。这点屁事还搞不定？小事一桩嘛！"

安福系的人问他怎么办，张敬尧说："这有什么难办的？把选票都毁了，再重新搞一套就是了。一句话而已。"旁人说："这万一犯了众怒，可怎么办？"张敬尧拍着胸脯保证说："有我张某承当，湖南人还敢捋虎须耶？"后来公布选举结果，安福系的人全部上榜，，舆论一片哗然，但在张敬尧的淫威之下，也是无可奈何。

张敬尧的第七师初入湖南时，本与吴佩孚的第三师战斗力相当。但入湘之后，兵士养尊处优，不耐劳苦，加上军纪败坏，水平已远不如前。主将张敬尧也是如此，当年剿"白狼"时还算彪悍，但做了督军后只知吸鸦片、玩女人，非但置公事于不问，其人也变得胆小如鼠。

某日，长沙南门外银盆岭有土匪百人乘夜沿途抢掠，一时枪声四起，该处驻军以为是南军大至掩袭，竟吓得仓皇四窜。有人以电话报告到督军署，此时张敬尧正在吸烟，他听到后即刻坐一小轿，出小西门,藏到了往来湘汉的一艘日本商轮上。第二天,全城人都知道昨晚是土匪闹事,而张督军却找不到了。直到午后,张敬尧才返回督军署,手下报告说昨夜乃是土匪而非南军,张敬尧抹了抹头上的汗,大骂道:"既是土匪,怎么谎报南军?害得老子白受了一夜的惊吓。"

后来,曹锟、吴佩孚的直系与段祺瑞的皖系闹僵,张敬尧的好日子也就到头了。当时驻防在湘南的吴佩孚第三师下令北撤,其他直系的北洋军也纷纷撤防。这下,张敬尧慌了手脚,其属下第七师在南军攻击之下完全不堪一击,张敬尧只能急电段祺瑞请求援助。

段祺瑞当时无兵可调,只能命令驻扎鄂北的长江上游总司令、妻弟吴光新部调往洞庭湖、岳州一带。但是,老段的这个小舅子吴光新也实在是不争气,他虽然被老段送到日本士官学校学习过,但所带部队并没有什么战斗力。

接到段祺瑞的命令后,吴光新率部东行,但湖北督军王占元不知其来意,还以为他要袭取武汉,因此一度给予阻击,延缓了吴光新与张敬尧合兵的计划。至于张敬尧,他的部队并不敢去撩拨吴佩孚的军队,当吴军以战斗序列通过长沙时,他们只能眼睁睁地看着第三师从容北撤。吴佩孚所部路过武汉时,王占元还赠银六十万元,以示支持。

至于吴光新,直到吴军已渡过洞庭湖,他才刚刚赶到汉口。不久,王占元请吴光新前去赴宴,吴的部下都劝他不要去,吴光新不以为意,他笑着说:"你们怎么这么胆小!"随后便带着十来个人去赴宴。到后,王占元设下的果然是鸿门宴,吴光新被扣留,其部队或被收编,或被遣散,直到直皖战争结束,吴光新才被释放。

大势已去的情况下,张敬尧能做的就是赶紧把这两年来搜刮的钱财紧急北运,随后便放弃长沙,撤往岳州。撤出长沙前,张敬尧还下令将军火库放火焚烧,结果长沙城内一片火光,在轰隆隆的炮弹爆炸声中,张敬尧逃走了。

兵败后,张敬尧发电报指责其他北洋部队坐视不救,不战先逃,以推卸自己的责任。可惜的是，此时的北京政府对他早已失去了信心，随即便下令将张敬尧革职查办，由在汉口的吴光新接任湖南督军（当时吴光新尚未被王占元软禁）。

张敬尧逃到汉口后，吴光新让他把湖南督军和省长的两颗大印交出来，张敬尧开始还不相信，吴光新便拿出电报给他，张敬尧看后气呼呼的要求吴光新拿二百万大洋作为交印的条件。吴光新哪肯理会这一套，当场便令卫兵将张敬尧的印给夺了下来。

后来，惶惶然如丧家之犬的张敬尧跑到武昌去找湖北督军王占元，诡称自己还有一师一旅的兵力，希望老朋友拉他一把，接济点军饷和派点援兵，以打回湖南，继续做他的督军。王占元坐镇湖北已经七八年，早已是官场老狐狸，他哪里肯相信张敬尧的鬼话，当场便不客气地拒绝了。

被拒之后，张敬尧还想发火，王占元呵呵一笑，又掏出一张电报给他看。张敬尧不看则罢，一看就一屁股在椅子上半天都没有起来——电报上明明白白地写着：令吴新田代理第七师师长，并收容张敬尧的残部！

督军没了，军权也没有，张敬尧这回是彻底栽了。这位在民初"剿白狼"立下大功的四十岁汉子，在这双重打击下忍不住放声大哭。想当年，张敬尧也是北洋系中的一名骁将，没想到做湖南督军腐败了两年，居然成了现在这副熊样。事后，张敬尧的弟弟张敬汤也因为之前无恶不作，最后因兵败而死于非命。

从此后，张敬尧便一蹶不振，虽然一度投奔张宗昌、张作霖试图东山再起，但终究时运不济，只是一个无关轻重的小卒子。据称，张敬尧曾一度投奔冯玉祥，冯见后便命绑起来，并数落其祸湘之罪，要重重严惩。张敬尧一再求饶，冯玉祥见他可怜，便交给他一册《新旧约》和《三民主义全集》，说："你要是能熟读这两部书，我便放你走。"张敬尧拿书读了两个月，竟能成诵，冯玉祥只好把他放了，这也是个奇谈。1932年伪满洲国成立时，张敬尧被委派为平津第二集团军总司令，做了可耻的汉奸，结果在一年后被人刺死于六国饭店,终年五十三岁。

　　张敬尧督湘时,湖南人称之为"民贼";后受日本人豢养而被歼于义士之手,国人又谥之为"国贼"。军阀为贼者不在少数,但像张敬尧那样祸国殃民、身兼两贼的,却是不多。

非常卒：江苏督军李纯死因成悬案

冯国璋当总统时，其所依仗的便是所谓"长江三督"：江苏督军李纯、湖北督军王占元及江西督军陈光远，而"三督"之首，即江苏督军李纯。

李纯，字秀山，天津人，年轻时曾贩鱼为业，后入天津武备学堂，毕业不久即跟随袁世凯编练新军，标准的科班出身、小站班底。由此，李纯在军途上也是一帆风顺，顺风顺水，清末时即升为第六镇统制，可谓年轻有为，机遇眷顾。

"二次革命"后，李纯因作战有功而升任江西都督。冯国璋去北京代理大总统后，李纯又被调任江苏督军。试想，四十出头便做到前两江总督的位置，这要是放在前清，堪称腾云驾雾般的升迁速度了。

北洋系军阀成长的标准模式大体如此：早年就读天津武备学堂、毕业后跟随袁世凯小站练兵、清朝覆灭前充当新军高级将领、民国后派任地方作督军，而在任各省督军期间，又通过投资实业等办法聚敛了大量的财富。这些人中，李纯可谓其中最典型的一例。但令人意想不到的是，这么个官场、商界都顺风顺水、春风得意的大人物，却突然于1920年10月12日夜在督署内暴卒，年仅四十六岁。

冯玉祥曾率部驻扎南京，其在回忆录中描述说，李纯"当时四十多岁，浓眉大眼、鼻头端正，相貌很雄武，长处是勤勉、细密、精明、干练。"他还说这样一个故事：李纯在南苑当协统（旅长）

时，因为营房、操场还没有建成，李纯便在那一大片空地上种上麦子，麦子收割了，李纯也没有报账。他手下有个外号叫"殷大头"的营长，最是刺头，他到处跟人说，李协统收了几千担麦子，自己收着不报账了。李弄得没有办法，召集了一个会议，说买了多少多少农具，买了多少多少种子，账目拿出来，都一笔笔记着，大家都没话说了。李纯平日里有一个小本子不离身，和谁说话，就把那小本子掏出看着，从厕所说到大厅，从天亮谈到天黑，一件也不遗漏，可见他的细致处。

但是，冯玉祥也同样指出，李纯对部属暴躁，不知爱惜。清末举行河间秋操时，各部队到涿州后，大兵们闲着便跑到街上溜达，军民混杂，场面很是混乱。李纯作为带兵官，他气极了，穿着一身短毛冷衣，带着一个马弁，一手拿枪，一手拿鞭，到街上巡查，见兵就乱打。秋操回来，李纯又下令检查皮鞋，检看皮背包，要弄得干净整齐，不然也要打罚。

但是，就这样一位精明能干的人物，却说死就死了，未免让人疑窦丛生。据官方发布的消息，说李纯是因为国家分裂、政事不修而愤然自戕，并留有遗嘱为证。但是，李纯在官场一帆风顺，在商界投资又生财有道，实在看不出他为何要如此忧国忧民，进而采取如此之激烈举动。要知道，比李纯贪酷十倍不止的军阀比比皆是，人家活得好好的，你李纯着什么急呢？又何必跟这帮人一般见识呢？

官方说法靠不住，小道消息倒是满天飞。有说是李纯的小妾与其马弁（又有说是参谋副官的）私通，不巧被李纯发现，慌乱之下，马弁竟然将李纯击毙。风行一时的历史小说《民国演义》便绘声绘色地描述此事，说李纯与帮办齐燮元等部下玩牌时，突然肚子有点发痛，于是让人顶了自己的牌局，他自己回内院去大解，不料走到三姨太秋月房间时，猛然听见里面一阵浪笑，李纯心中怀疑，便悄悄走到门口透着门缝往里一瞧，这下不瞧倒好，一瞧竟看见三姨太搂着一个男子在调笑。

李纯堂堂七尺男儿，一省督军，哪里能戴这大绿帽子，当下便拔出手枪，一脚踹开房门，要结果了那对狗男女。谁知要闯进房门时，李纯却被地上的一个黑影给绊倒，原来三姨太派了一个老婆子在门口看门，不巧这老婆子累了竟睡着了，结果也是李纯命中该绝，这老婆子虽未及时发现李纯，却把这位怒发冲冠的督军大人给绊倒在地，结果那对奸夫淫妇见事情败露，一不做二不休，干脆捡起地上的手枪把李督军给结果了。

枪声响后，齐燮元等人纷纷赶来，但此时李纯早已倒毙在地。人死不能复生，事情到了这地步，当时的二号人物齐燮元倒是又喜又悲，悲的是老领导死于非命，喜的是自己终于可以借机上位了。一阵商议后，齐燮元等人觉得此事败露出去有损于李督军的一世英名，于是捏造了一份"忧愤自杀"的遗嘱，另再将那对奸夫淫妇和老婆子暗地处死不提。

除此外，还有几种离奇的说法。一是说李纯暴死是因为被北京政府授了苏皖赣巡阅使，但安徽、江西的军头不服管制，李纯因此受了刺激，精神失常所以开枪自杀；还有一说更邪乎，说是李纯和养女有染，养女婿不甘受辱，结果愤然将之刺死；更有人说，哪有那么复杂，李纯其实就是被自己部下给做掉的，而其中嫌疑最大的，莫过于遗嘱中的指定接班人、帮办军务齐燮元。

总而言之，李纯究竟是怎么死的，这众说纷纭的，谁也说不清。而死人又不会说话，也只能算是民国的一桩悬案。不过，李纯的死倒是便宜了部下齐燮元，让他接任了江苏督军。

齐燮元，直隶宁和人，和李纯算老乡，后考入保定军校而走上军途。据说，齐燮元原名叫齐英，其投军前曾中秀才，后来又赶上保定陆军速成学堂招生，于是他又弃文修武，跑到保定报考去了。当时陆军学堂招考，一要试文才，齐燮元当然不在话下，但等到体格检查这关，就未免有点犯难了，因为齐燮元当时身材瘦小，一只眼还有点斜，而当时陆军学堂培养的是未来带兵打仗的军官，学员们个个身材魁梧、体格健壮，齐燮元这副样子，恐怕就不入考官的法眼了。

武夫治国

不管怎么说，齐燮元还是想去碰碰运气。体检当天，报考者从高到低一字排开，齐燮元很不幸被排到最后一个。当时负责体检的两位教官，一个姓于，一个姓杨，两人从队首走到队尾，最后到了齐燮元面前。于教官看了看齐燮元，不由地摇了摇头，打算第一个淘汰他。

齐燮元一看情况不妙，他急中生智，抢先敬礼道："学生身虽小，但志如鸿鹄。"于教官一听乐了，觉得这小子还挺懂人的心思，看来有点培养前途。杨教官这时也被吸引了过来，他仔细看了看齐燮元的相貌，结果又注意上齐的眼睛，齐燮元见机行事，他又是一个敬礼，报告说："学生眼虽斜，但能识远！"两个教官听了齐燮元的申辩，当场就有了印象，后来齐燮元也就入了北洋陆军速成学堂。

毕业后，齐燮元投到老乡李纯的麾下，一路紧跟，最后由第六镇参谋长做到江苏军务帮办，并进而当上了江苏督军。可惜好景不长，后来奉军南下时，齐燮元丢掉了自己的地盘，但他仍不甘寂寞，竟在日本侵华期间相继充当伪华北临时政府治安部总长、伪华北绥靖军总司令等职。1945年日本投降后，齐燮元被捕，他在军事法庭上居然振振有词："汪精卫是汉奸，因为他听日本人的；蒋介石是汉奸，因为他听美国人的；我齐燮元不是汉奸，因为我只听我自己的。"次年，齐燮元被处决于南京雨花台。北洋军阀中，因背上"汉奸"之名而被枪决的，这实属绝无仅有。

民国史上，自杀或被"自杀"的督军除李纯外，还有陕西督军阎相文，且时间仅隔一年。在李纯"自杀"的次年，新任陕西督军阎相文也突然自杀于督军署内，这实在令人奇怪得很。按说，督军们个个都是土皇帝，上管不着，下不敢管，天不怕地不怕，为何好好的幸福日子不过，偏一起玩起了自杀的把戏呢？

阎相文是直系曹锟的部下，直皖战争后，其率部前往陕西将皖系督军陈树藩驱逐，然后由他出任了陕西督军。但是，做官也得看人，会做的往往风生水起，不会做的疲于奔命，不堪其苦。不幸的是，阎督军偏是后者。当时陕西连年荒灾，境内军队又多，而阎相文入陕后，曹锟、吴佩孚手下的顾问、参议等都拿着条子跟了进去，这些人个个都有后台，成天找到阎相文要吃要喝要官要贪，没一个好对付。穷于应付而不可得的窘境下，阎相文竟然干脆自寻短见，于1921年8月22日吞服鸦片，自杀于陕西督军行署。

由此看来，官也不是随便哪个人都可以做的，特别是脸皮薄的人，官做不得哪！

武夫治国

离间计：陈光远略施小计挫败张宗昌

张勋复辟中，有支部队开始附逆，又转而讨逆，这就是陈光远的第十二师。

陈光远，字秀峰，直隶武清县人，其幼年为粮店学徒，后因与掌柜不睦而从戎参军，并投到了袁世凯的麾下。武昌起义后，陈光远率部随冯国璋攻陷汉口、汉阳，由此获头品顶戴和黄马褂，并以提督记名简放。民国后，陈光远被调为模范团团长，负责改造北洋军队。1915年，模范团被改编为陆军第十二师，陈任师长，并负责京畿一带的防卫。张勋复辟时，陈光远开始并未反对，而是亦步亦趋，依从画诺，直到段祺瑞的讨逆军打到京城，陈光远这才反戈一击，转而进攻张勋的辫子军。

张勋复辟失败后，冯国璋北上代理大总统，陈光远因为倒戈有功，非但未受惩罚，反而被冯国璋派去继任因李纯调任江苏而遗下的江西督军一职。就这样，陈光远和弟弟陈光逵乐滋滋地带着第十二师去了江西新任，而原江西省督军李纯和陈交代后，其自率第六师赴江苏。到任不久，陈光远又为弟弟陈光逵成立了一个第九混成旅。由此，陈光远在江西便有了一师一旅的兵力。

段祺瑞复任总理后，力推"武力统一"政策，北洋军阀由此与西南军阀在湖南展开了激战。当时，吴佩孚所部由湖北入湖南、张怀芝与张宗昌所部由江西入湘东北。由于江西和湖南主战场接壤，陈光远对双方都很警惕，特别是借道而过的张宗昌所部。

张宗昌是冯国璋部下，其去了北京后很快被任命为第六混成旅旅长，并率军南下作战。张宗昌所部在湖南战场一度取胜，并扩充为暂编第一师，但后来因为吴佩孚违令北撤，导致其他各部腹背受敌，张宗昌也深受其害。在湘军的猛烈攻击下，张宗昌只好沿原路退回江西，将所部驻扎在江西北部，这让陈光远感到了很大的威胁。

1920年冬，张宗昌亲赴北京索取陆军部拖欠的军饷时，曾与皖系段祺瑞势力接洽，打算回江西后逼走陈光远，由其接任江西督军一职。计策既定，张宗昌途经南昌时大飨宾客，凡陈光远部队上校以上者都有请柬，并给每个人都赠送了礼物。

张宗昌的举动让陈光远极为警惕，随后其调集第十二师及陈光逵的第九混成旅对张宗昌所部形成包围，并进而分化瓦解张宗昌的部队。由于张宗昌所部系新建立的部队，其中的一个团长本是小站旧人，陈光远于是派人前往争取。张宗昌是绿林大学毕业，他和正宗的北洋系颇有隔膜，因此该团长很快就倒向了陈光远一边。张宗昌发动之初，这位团长便密报陈光远，并率部倒戈。经此变故后，张宗昌所部在陈光远军队的打击下溃不成军，余部大都被缴械，张宗昌仅以身免，由此才有了后来的投奉之举。

在之后的直皖战争和第一次直奉战争中，陈光远采取两面派的手段，见风转舵，对双方均不得罪。当曹锟、吴佩孚得势后，陈光远便每月分送保定（曹）协饷银十万元，洛阳（吴）五万元；半年后，又改为各送五万元；后来，只给保定每月五万元；再后来，保定的五万元也不送了。陈光远如此做法，让曹锟、吴佩孚很不痛快，由此也构成了其下台的主要原因。

曹锟、吴佩孚在接连击败段祺瑞与张作霖后，其势力如日中天，当时的绥远都统蔡成勋便大力巴结，他不像陈光远那样小里小气，而是源源不断地将大批绥远烟土运往保、洛，这当然大得曹、吴之欢心。不久，曹锟打电报给陈光远说："虎臣兄（即蔡成勋）有事到南昌与吾弟面洽，希妥为招待。"

所谓"来者不善，善者不来"，蔡成勋来的不是一个人，而是其所部整整一个师。陈光远知道曹锟要将他从江西挤走，于是等蔡成勋来到南昌后就对蔡说："我已接到曹三爷的电报，交代我也准备好了，请你接事吧！"随后，曹锟给陈光远发电报："吾弟迅即北来，另有借重。"陈光远到保定后，曹锟对他说："请老弟到北京担任卫戍总司令，如何？"陈光远很识相地说："我身体不好，先休息休息再说吧！"

于是，陈光远就此下野，不问政事，并带着多年积存的万贯家财去天津租界当他的富家翁去了。陈光远幼年当过学徒，吃过苦，因而和冯国璋一样对钱看得很重，并且精于盘算。譬如他手下第十二师和第九混成旅原系国家正式在编军队，其春冬两季服装费照例由陆军部拨款或承做，但民国财政时时不稳定，不能如期领到时，陈光远便以先自筹措为名，由地方上来支付一笔钱款，然后由陆军部核发。由于多了一道手续，其间必有种种机关，而其中流出的款项也就难免进了陈光远的私囊。不过，陈光远对待自己的部队还算仁义，他从不吃空名，不喝兵血，不克扣军饷。就这点而言，他比其他军阀还是要高尚那么一点点。

陈光远下台后，投靠张作霖的张宗昌在第二次直奉战争中咸鱼翻身，当时他便在北京放话，要和陈光远算老账。陈光远听后十分惊慌，好在他认识的军政界人物很多，于是托了人请张宗昌来天津吃饭，打算花钱免灾，大家和解，握手一笑算了。据说，张宗昌来后，中间人把张、陈二人让进里间小客厅，说："你们两人都是我的好朋友，咱们都是自己人，没有什么好说的，你们两人自己谈吧！"说完后，他便退了出来，把房门带上。

据侍候在门外的当差说，他从门隙中看见陈光远向张宗昌作了三个揖，又拉着张的手说："兄弟要用钱，只需一句话，只要我能办到的，一定照办。"说完，陈光远便交给了张宗昌一张支票。张宗昌也是个豪爽的人，他见陈光远服了软，便说："过去的事一笔勾销，咱们还是好朋友，你要有用我的地方，尽管说话。"由此，陈光远和张宗昌两人手拉手，欢欢喜喜地走出小客厅，对中间人说：

"我们之间没事了，大家都是好朋友，你放心吧！"据事后了解，陈光远给张的支票是二十万元。

陈光远到天津后，投资于各种实业而拥有巨资，其为自保，还颇动了一些脑筋。其中的一个方法就是，让子女们与军政要人们联姻，譬如其长子娶龚心湛（曾任国务总理）之女，二子娶天津巨商黄丹甫之女，三子娶天津盐商李颂臣之女，四子娶张锡元（曾任察哈尔都统等职）之女，五子娶潘复（曾任国务总理）之女，六子娶张勋之女，七子娶孙传芳之女。由此，陈光远家门鼎盛，蔚为显族，这在天津租界的下岗军阀中是不多见的。

武夫治國

巢难守：王占元被窝囊地赶下台

"长江三督"里，湖北督军王占元可能是最不起眼的。按时人吴虬的说法，"王占元在袁世凯心目中，原视同草苞，任意践踏，略无爱惜。'二十一条'问题尚未结束时，王受幕僚张跛子之怂恿，通电有所主张，袁复电大骂不留余地，并通电各督军知照戒彼辈勿妄言。"

王占元，山东冠县人，1861年生人，只比袁世凯小两岁，在北洋系将领中算是年长的（比段祺瑞大四岁）。据说，王占元年轻时家里很穷，由于父亲去世得早，缺乏父教，因而养成了好吃懒做的坏习气，并常和当地流氓痞子混在一起。其母劝诫无效的情况下，后来也一气去世了，王占元还是靠邻居帮忙才买了一张芦席将母亲安葬。由于担心娘舅前来斥责，王占元将母亲掩埋后就跑了。等他舅舅得知后，气得要死，他开始想把妹妹刨出来重新安葬，但到坟地一看，作为风水先生的他却十分惊讶，因为王占元给老娘选的坟地竟然是块风水宝地，而且预示着这个外甥将来会贵为将相，于是改葬计划也就只好作罢了。

以上野史颇为离谱，不太可信。不过，王占元在最初的人生事业上的确不算突出，他开始是投入军伍，后被保送入天津武备学堂第一期学习。按他的这个资历，本该像同学冯国璋、段祺瑞、王士珍那样大红大紫才对，但王占元直到清廷覆灭时，连个镇统制都没有捞着，足见袁世凯对其之轻贱。

直到武昌起义爆发后，冯国璋率军南下镇压，王占元当时是军中协统（旅长）。据说，在进攻汉口前，王占元突然在阵前给手下部卒们磕了三个响头，然后站起来说："今天我先给大伙磕个头，大家今天帮帮我姓王的，以后我一定不会亏待大家的！"后来，王占元所部对民军打了个大胜仗，由此在湖北立下脚跟，后又当上了湖北督军。

北洋军阀中，王占元在地方上作督军算是时间长的，但他似乎也确实没什么才能，以至于当了这么七八年的督军，非但湖北人对他没好感，就连自己的部队也弄得怨声载道。之所以如此，还是王占元自己过于贪酷，非但搜刮本地人的油水，就连自己所部军队也不放过。

有一次，王占元亲自到北京去索要欠饷六百万元，陆军部被逼得没法，只好筹措了一半给他。但是，他拿到这笔巨款后，却先存了一大半到自己的银行户头，只留下一小笔去打发自己的部队。听说王督军已领了一大笔军饷回来后，部下们正嗷嗷待哺、翘首以盼之时，却发现老王竟然只拿这么点小钱来跟大伙淘气，于是宜昌、武昌几个地方先后发生哗变，乱兵们在军官的唆使下到处焚掠，商民叫苦连天，损失不下千万。

事情闹大了，王占元也自觉面子上过不去，于是假意抚慰，并答应补足欠发的军饷，不过条件是让那些参与兵变的士兵领了钱后就立即退伍。那些士兵们听说可以补发军饷，退伍当然很乐意了，因为本就不想在王的手下当兵了。不料这些人领了钱并被集体送上火车准备回家时，却被王占元派人拉到荒野全部枪杀，那些钱也重新回到了王的手中。

由此也可看出，王占元做事手段也忒过毒辣，而此时各省自治的风潮颇为流行，什么"湘人治湘"、"鄂人治鄂"，特别在湖南人将张敬尧驱走之后，一些湖北人也想来个"驱王运动"，把这山东老汉王占元给赶出湖北，来个"鄂人自治"。

1920年吴佩孚率军北撤，湖南便成了湘军赵恒惕的天下。当赵恒惕忙于制定首部湖南省宪时，同为日本士官学校毕业的几个湖北佬，如做过陆军部次长的蒋作宾，还有李书城、孔庚几个同学跑到湖南来求助，要求湘军帮助出兵湖北，驱逐王占元。

来到湖南后，蒋作宾便鼓起如簧之舌，他对赵恒惕说："赵兄赵兄，你湘军帮助我们赶走王占元是大有好处的。你看啊，我们拿下湖北后，汉阳兵工厂便可为你所用，今后枪械子弹不用发愁；其次，你现在不是在湖南搞自治嘛，如果我们拿下湖北，届时湖南、湖北搞联省自治，岂不声势更壮？还有，你们要是帮我们赶走了王占元，届时你们可以派两个师驻扎鄂北，费用由我们湖北来出，也可以帮你们解决点财政困难，这多好的事啊！"

赵恒惕开始觉得挺好，但他想起之前与吴佩孚的约定，于是犹豫了一下，说："这王占元毕竟是直系的人，万一吴佩孚援助他的话，恐怕不是那么容易拿下吧？"蒋作宾说："哎呀，这你就不用担心了。我们在直系也布有眼线，现在王占元在直系已经失势，吴佩孚是不会帮他的。再说了，直系和奉系现在关系也很紧张，他们自己在北方还乱糟糟的，哪有时间来管湖北的事呢？"众人七说八说之下，赵恒惕也就动心了，他说："既然如此，我们就走一步是一步，试试看吧！"

蒋作宾说王占元与吴佩孚有矛盾，这倒不是捏造。当时吴佩孚以"鄂人治鄂"为借口，将籍贯湖北、曾做过总统府秘书长的夏寿康推荐去做湖北省长，意在分权，但夏寿康带着随从去上任后，却被王占元派出部将孙传芳率兵挡驾，夏寿康在威胁和恫吓之下只好怏怏而退，由此王占元与吴佩孚便落下梁子。

不久，湘军进攻湖北的战役正式打响。搞笑的是，王占元为了祸水南引，还在之前给了赵恒惕一些军火、军粮和银元，试图让湘军去驱逐湖南境内的滇军，没想到这笔生意赔了夫人又折兵，亏大发了。

听说赵恒惕正式出兵"援鄂"后，王占元慌忙组织防守战线，但湘军这次来者不善，王占元也只好厚着脸皮向曹锟、吴佩孚发电报请求援助。吴佩孚接到王占元的电报后，勃然大怒道："赵恒惕不守信用，那就休怪我无情！要不把他们打回去，我们北洋系颜面何在？不行，非把他们赶回去不可！"

说罢，吴佩孚便乘车到保定去请示曹锟去了。曹锟接报后，随即召开军事会议讨论"援鄂"问题。会上，直系各将领王承斌、张福来、萧耀南、彭寿莘等人均主张出兵，顺便把湖北也拿下算了。

曹锟也主张出兵，但他不希望过于直接，毕竟王占元是自己多年的同袍，面子上说不过去。吴佩孚见曹锟不肯明确表态，便说："我因为王子春是北洋老人，对咱们还算不错。趁他危急之时，把湖北拿下来，的确有点不好意思。不过，若按他那种愚蠢腐败来说，早应当让他下台。既然大家都支持出兵，我看就先打一下，至于会发生什么情况，到时再说。"

曹锟听说后，未置可否，只说由吴佩孚看着办，只是不要让王占元太难堪。

会后，吴佩孚命靳云鹗所部及河南宏威军赵杰部为前锋，萧耀南第二十五师为主力随后跟进，出兵援鄂。出兵的同时，吴佩孚已秘密安排萧耀南出任湖北督军，并暗授机宜，让萧耀南到湖北后只作壁上观，迫使王占元自动引退。

萧耀南率军到达汉口后，他并不与王占元见面，而是暗中鼓唆汉口镇守使杜锡钧进行"倒王"活动，敦促王占元赶紧下台。此时的王占元前线吃紧，请求萧耀南派军支援又被置之不理，这时他也知道曹锟和吴佩孚打的什么算盘了。内外交困下，王占元只好向大总统徐世昌提出辞职。几个小时后，总统府便下令准免王占元的本兼各职，并随后任命吴佩孚为两湖巡阅使，萧耀南为湖北督军。

王占元离开湖北时，曾非常恼怒地对人说："我一个快六十岁的人了，在湖北也呆了近十年，最后竟然以这种方式被赶下台。这'曹贩子'、'吴小鬼'也不讲义气了！今后看谁还敢跟他们共事！"

说归说，在力大为王的军阀年代，枪杆子永远比嘴皮子来得管用，王占元也只好就此认栽。其后避居天津租界，又投资房产、矿产、纺织等实业，收益比做督军可能还要强一点呢。

武夫治国

东北王：张作霖北人南相善于下手

清末民初是乱世不假，但草莽英雄们却由此有了出人头地的好机会。民国史上，有两位姓张的草莽英雄，一是张作霖，另一是张宗昌，而前者的成就又比后者要大得多。

晚清年间，随着东三省藩篱的不断解禁，不少直隶、山东、热河的农民纷纷加入了"闯关东"的行列，张作霖的先祖即其中之一。光绪初年，已是闯关东第三代的张作霖出生于奉天海城县，但由于其父张有财是个游手好闲之徒，后因欠人家赌债而被仇家债主所逼死，十三岁的张作霖便提前走上了社会。

张作霖小时因家里穷而读不起书，但他本人却十分好学。当时有位名叫杨景镇的私塾先生，他好几次看到一个小孩在窗外偷偷听他讲课，于是将其唤入，小孩说："我叫张作霖，我想念书，但家里穷，上不起学，因此常在这里偷听"。

杨先生觉得这孩子看来天资聪颖，日后不定能成大器，于是决定不收学费而让他随班就读，还免费提供给他书籍和纸笔。通过这种方式，张作霖算是读了一点书。其后张作霖看起来北人南相，文质彬彬，一点都不像土匪出身，或许与这段经历有关。张作霖也是个知道感恩的人，他后来发家后，特地派人把杨先生请到家里开了私塾，并让他的子女如张学良等人跟杨先生读书。

社会上混迹数年后，张作霖在甲午战争爆发时加入了马玉昆的队伍抗击日军，并做上骑兵营小头目。可惜的是，由于清军在战争中惨败，张作霖的队伍被打散，他也只好返回家乡。

庚子年后，由于沙俄的入侵，东北一时兵荒马乱，土匪四起。张作霖趁机拉起一支队伍，并打着"保境安民"的旗号与来往流窜的胡匪相斗争，由此崭露头角，并在当地商会的帮助下转为地方团练。后来，盛京将军增祺在东北推行"化盗为良"政策时，张作霖抓住这个"招安"的机会而顺利成为朝廷承认的巡防营。

清末的东北一直不太平，1904年又发生了日俄战争，张作霖见风使舵，谁强大就投靠谁，他开始时接受俄军的一批枪械并为之服务；俄军战败后又与日军合作，由此左右逢源，队伍不断扩大。等到清末时，张作霖已由一个拉杆子起事的草莽英雄变成了手下拥有五个营的巡防营统带，成为东北地区一个不容小觑的军事首领。

武昌起义后，东三省也陷入了"保皇还是革命"的困境当中，当时驻东北的新军将领希望革命，推翻清王朝，而东三省总督赵尔巽却主张暂时观望，反对革命。这时，深知赵尔巽心思的张作霖当机立断，他亲率所辖全部人马从驻地出发，马不停蹄，日夜兼程，直奔奉天省城。

到达省城后，张作霖马上求见赵尔巽，他假装诚惶诚恐地说："因局势紧张，惟恐总督陷于危境，下官迫不及待，率兵前来勤王。如总督认为未奉命令，擅自行动，下官甘愿接受惩处。"正被新军将领包围的赵尔巽见张作霖率领人马及时赶到，他谢天谢地还来不及，哪里还会给予处罚？

在张作霖等巡防营旧派势力的支持下，赵尔巽随后便精心布置，邀请其他新军将领前来议事。会议召开前，赵尔巽派张作霖在会场内外布置人马，持枪待命，准备在局势失控的情况下使用武力镇压。

等到各将领到会场后，张作霖陪着赵尔巽最后来到，他手里拿着一个羊肚毛巾包，一进屋便"啪"的一声甩到桌上，恶声恶气地说："妈拉巴子，这是炸弹！咱们今天谁要是说妨碍皇上的话，咱就戳响它，谁也别想逃出这屋子！"

张作霖说完，便一边坐下，一边握着那个羊肚毛巾包。赵尔巽

武夫治国

听后，却笑嘻嘻地招呼大家坐下，宣布开会。赵尔巽老奸巨猾，他先是说了一通"大家都是拿朝廷的俸禄，吃皇上的饭，要鞠躬尽瘁，死而后报"的大道理，随后又假装循循善诱，说"各位年轻，遇事喜欢莽撞，千万要见机行事"，以此来蒙骗各位新军将领。

但是，赵尔巽苦口婆心的劝说并没有赢得那些新人物的支持，只是大家对那个羊肚毛巾包里到底是什么东西没有把握，于是会场上一片安静，大家谁也不肯表态。赵尔巽见气氛尴尬，于是给身旁的张作霖使眼色，让他继续表演。

张作霖见后，便又跳了出来，他恶狠狠地掏出手枪往桌子上一拍，大声喝道："我张某身为军人，一切以大帅之命为从。倘有不平，我张某虽好交朋友，但我这支手枪，却是认不得人的！"

这时，预先布置好的巡防营士兵也纷纷持枪进入会场。无奈之下，新军将领只得同意赵尔巽的意见，东三省暂时观望，不宣布独立。

由于张作霖的出色表现，革命党在清末民初时未能在东三省搞出动静。袁世凯当上民国大总统后，对张作霖也非常赏识，特别在与日本人的交涉中，更是对张作霖极为倚重。据袁世凯的女儿回忆，袁世凯接见一般将领都在外客厅，唯独接见张作霖时是特邀他到办公室会面。张作霖在谈话时，不时地注视离他座位很近的四块打簧金表，这四块表样子极其精致，每块表的边上环绕着一圈珠子，表的背面是珐琅烧的小人。袁世凯见张作霖十分喜欢这玩意，谈完话后就当即送给了他。

袁世凯在日本压力下签订了"二十一条"，但暗地里却有意破坏，要"让它答应了等于没有答应"，这大概就是所谓权谋了。袁的方法是：日本人想购地，但叫他一寸都买不到手；日本人想杂居，叫他一走出附属地就遇危险；至于用日本人做警察顾问，不过是给他几个钱，顾不顾，问不问，权力却不在日本人。暗地里，袁世凯又拟定了一个惩治卖国贼条例，其中规定，未经政府许可擅自卖地给日本人者，杀无赦。这个条例虽未正式公布，但在东北却人所皆知，这其中奥妙，恐怕只有袁世凯和张作霖知道。由此，张作霖在民国初年迅速崛起，这和袁世凯的扶持大概是分不开的。

袁世凯是乱世枭雄，张作霖也同样如此。别看张作霖身材瘦小、北人南相，脸上总是露出一丝狡黠的笑容，但他的心胸、他的志气——大着呢！按说，关外辽阔的东三省，无论如何都不能算小，但这不能满足张作霖的雄心壮志，

张作霖北人南相，前途无量

他有事没事都竖着耳朵、眯起小眼关注着关内的一举一动，这种"身在关外心在内"的问鼎之心和染指之意，其中的乐趣恐怕只有他自己才能体会品尝。

和袁世凯一样，张作霖也非常善于笼络部属，并经常利用子女联姻来发展自己的势力。这一招一式，骨子里都有些袁世凯的味道。或者说，袁世凯是正路子的枭雄，张作霖是野路子的枭雄，两人都精于计算、善于权谋。事实上，张作霖最崇拜的偶像，恐怕就是老袁。

武夫治国

关外人：张作霖作风粗蛮惹人笑

张作霖虽然长得像个书生，但毕竟是绿林大学毕业，加上关外民风一向强悍，因而其作风也不免随乡就俗，由此衍生出不少轶事趣闻。

譬如武人演讲，一向是最容易出笑话的，张作霖也不例外。某次东北讲武堂的学员即将毕业，学堂督办便请张作霖来致训词，张不便拒绝，但又不知道该说什么好，于是让参谋先去拟好一篇，然后看熟了再去讲。

等到典礼那天，张作霖走上讲台，他一看台下黑压压一大片人，立刻犯了演讲者最容易犯的错：忘词了。可这时又不比开小会，全场这么多人一齐望着他，他不说话，下面更是鸦雀无声。试想张作霖这个紧张啊，老半天才想起了开头一句："作霖戎马半生，饱经忧患"，接下就一片空白了。

眼看下面人都在等着他的下一句，张作霖只好又把他记住的那句重复一遍："作霖戎马半生……"可"半生"后面也给忘记了。这下惨了，下面的人知道张作霖忘词了，但又不敢提醒，更不敢笑，这个场面极为尴尬。

僵持半晌后，张作霖突然破口大骂道："他妈的！老子原来背得很熟的，只是看到你们，一高兴，竟全忘了！"说完，张作霖急忙跳下这该死的讲台，他走进学员中去，一会拍拍这个的肩膀，问："叫什么名字？"一会捶捶那个的胸膛，说："好，不错，挺结实！"

走了一圈后，张作霖也干脆不去想那个文绉绉的狗屁演讲稿了，他再次跳上讲台，并用自己最习惯的腔调大声道："今天我看到大家太高兴，可许多要说的话偏想不起来。你们都是好小子，好小子就要好好干！等你们下了部队，可以当排长，要是好好干，今后还可以升连长、营长，一路上去再当团长！只要你们不贪生怕死，肯努力，想要什么就有什么，想要什么，我都可以给！不过，只有一样例外，老婆我是不能给你们的！"

听了张作霖这样的演讲，台下的人这才放松了下来——这才是张大帅的本色嘛！

说到老婆，张作霖其实非常保守而传统。尽管张有多房姨太太，但其家风严谨，门禁森严，他曾亲自下令："午夜一过，任何人不准出入。"某夜，张作霖自己回来晚了，他叩门时，门房以"过了时间"为由，拒绝开门。

张作霖恼了，高声骂道："我是大帅，你小子赶快开门！"门房却恶狠狠地回道："大帅也不行！大帅规定，如果午夜一过，谁都不准进去！"张作霖气得要命，只好绕到后门，费了老大的劲才得以进入。

第二天，张作霖便把门房找来，当副官以为他要将那个不识好歹的东西给毙掉时，张作霖却大力表扬他敢于坚持原则不开门的精神，并打算破格升他去当看守所所长。门房听后大惊，叩头说："昨晚小的不知真是大帅回来，才没开门的。小的罪该万死，哪里还敢去做什么官？"张作霖摆摆手，笑道："你做得很对，我就是因为这个才提拔你的。我说你行，你就行！"门房说："我连字都不识，怎么做官呢？"张作霖不以为然地说："这好办！我给你请个识字的秘书就成！"

北洋时期的军队中，奉军的作风、军纪都是比较差的，和奉军交手两次的吴佩孚就说："张作霖的兵，哪里配说与我打仗，我只当打猎一般。"其大意是，奉军蠢笨如牛，只配当"野兽"打矣。时人笔记《民国官场现形记》中说，1924年第二次直奉战争后，获胜的奉军开进京畿一带，京中市民每提到这些大兵时（奉军自命为"大兵"，以区别于寻常小兵也），闻者股颤，大有止小儿夜啼之声势。后来奉军败退出关，消息传到京城，又有人写了这样一首童谣："头带金边帽，腰悬盒子炮，妈的巴子是免票，后脑壳子是护照，听说要打仗，拿着枪儿往老家跑。"此谣也不知何人所做，一时倒流传很广。

北京中央公园有个茶社名"来今雨轩"，上面的题额为大总统徐世昌所书，其笔法苍秀，俨然台阁气息。茶社里紫檀木椅，大理石桌，陈设也很精致。最初，这里是办事人员的内部场所，游客不能进入，而后来之所以开放，却是拜张作霖所赐。

民国六年时，张作霖入京谒见段祺瑞。公事之余，张作霖带着随从到中央公园游玩，走到"来今雨轩"时正好有点疲倦，于是走进去休息，并讨杯茶喝。看门的人见张作霖等人闯入，忙起身拦阻，说这里并不对外开放。张作霖听后大怒，厉声问："既是公园，难道还有禁地不成？"

见张作霖举止行动不似常人，看门人也不敢强争，只得说："公园规制是内务部所创，朱总长（启钤）也在这里呢。"张作霖听后勃然大怒，道："我没空和你们这些人扯谈。你去把老朱给我叫来，我当面问他。"

旁边的办事人见张作霖来者不善，慌忙进去请朱启钤。朱总长这时正在曲榭品茗，听报后不知来的何方人物，于是先到窗外偷看了一下。这不看倒罢，一看是关东胡帅张作霖，他急忙奔回来告诉办事的人说："此人脾气太坏，千万别惹，让他们随便坐会吧，过会他们自己会走的。"果然，张作霖坐了一会，便带着随从走了。经过这么一闹，"来今雨轩"也就辟为对外开放的茶社，免得以后节外生枝。由此，每到溽暑时节，来人在此乘凉品茶时，还会追念胡帅张作霖据理抗争之功呢。

事实上，奉军中不仅是张作霖作风粗蛮，其部下也是如此。据传，吴俊升刚接任黑龙江督军时，一位名叫钟毓的军署参议因久未返乡，他在迎接新督军上任后便收拾行装，预备请假回乡探亲。孰料当他到军署告假时，吴俊升却莫名其妙的勃然大怒，并骂他有意拆自己的台，下令推出枪毙。所幸周围的人求情，并说钟乃是张大帅的故交，不可轻判死刑，吴俊升这才改命监禁。

五日后，张作霖来电请将之释放，吴俊升这才勉强放出。钟毓离开黑龙江后，发誓再也不踏入黑省一步。事后，有人问吴："你跟钟有仇吗？"吴俊升竟说："我跟他没仇。只不过新官到任，必须摆一摆下马威，给属僚看看。《三国演义》上说，张飞鞭敲督邮，就是这个意思。"周围的人听后，不免哑然失笑。

1928年6月3日凌晨，张作霖从北京乘火车出关，返回东北。当晚，留京的吴俊升之子吴泰勋闲来无事，便自个儿在灯下扶乩问事，张学良在旁边看着玩，便戏问他"大元帅行止"如何。过一会，乩语上出现"大帅归矣"四字，张学良笑道："谁不知大帅回去了，这还用问?!"不料次日早晨便有噩讯传来，张作霖在皇姑屯被炸为重伤。此后不久，就有了这个"归矣"！

武夫治国

摆资格:"东北王"瞧不起"吴秀才"

1920年直皖战争爆发前,大总统徐世昌还想从中调和,避免皖系段祺瑞与直系曹锟、吴佩孚的人马兵戎相见,于是他先后电请"东北王"张作霖和江苏督军李纯来京调停。李纯接电后不想趟这浑水,称病不到;张作霖则欣然入京,充当调和人。本来嘛,张作霖的眼睛就一直盯着关内,这次大总统有请,那还能错过这大展身手的机会?

随后,张作霖翩然入京,当时大家都对这个自告奋勇的和事佬寄予了厚望,就连一向跋扈的徐树铮都亲自到车站迎接,这等礼遇实在不低。张作霖的高兴就更不用说了,要知道,仅仅做个"东北王"对他来说简直是锦衣夜行,唯有成为北京甚至全国的焦点,这才是他追求的目标。这一次,他受万众瞩目,身负调和之重任,倘若大家都卖他个面子,那别提多风光了。

张作霖到京后,首先去见大总统徐世昌,听听阁老的意见;接着,又去见了总理靳云鹏,劝说劝说,疏导疏导,但这都是表面功夫。张作霖心里也很清楚,总统和总理都是线外傀儡,真正的幕后人却是段祺瑞和曹锟,这二位才是决定局势的重头人物。

来京前,张作霖已经准备了一个调停方案,段祺瑞看后未置可否,徐世昌则请他去征求曹锟的意见。曹锟和张作霖是儿女亲家,他见张前来拜访,自是殷勤备至,好生招待。但是,酒桌上的谈笑风生总归是吃吃喝喝的范畴层次,一旦说起正事,那气氛可就不同了。曹锟和张作霖关系不一般,自然不好拂了老张的面子,但其主要部将吴佩孚则义正辞严地斥责段祺瑞等皖系军人,这让张作霖很下不了台。

说句实话,张作霖看不惯段祺瑞手下的那个嚣张跋扈的徐树铮,但曹亲家下的那个吴佩孚也是个刺头,特别是吴秀才在会上的发言,让他听得是句句刺耳。

张作霖心想,你吴佩孚不过是个小小师长,动不动就老段如何如何,你又算老几呢?我们和老段、老曹出来混时,你小子还不知道在哪呢?回京后,张作霖把曹锟和吴佩孚提出的条件交给段祺瑞,后者一看便跳了起来:"吴佩孚不过区区一师长,竟公然要挟罢免边防大员!此风一开,中央政府威信何在!若要如此仗势欺人,尽管与我兵戎相见,难道我还会怕他不成?"

见段祺瑞真的动怒了,张作霖只好劝说道:"我也是苦苦相劝,但不见他们让步。段总理也别生气,为个后生小子气坏了自己身体,大可不必。"

段祺瑞听后,恨恨地说:"徐树铮不费一枪一弹便收回外蒙古,他有什么对不起国家的,如今却非要罢他的官职?打狗还要看主人,这分明是要和我过不去。他们如果一定要罢免徐树铮,那好,吴佩孚也必须同时罢免!"

在直皖双方剑拔弩张的情况下,张作霖也只能宣布调停失败,灰溜溜地自个出关去了。这次,事没办成、面子被驳的张作霖感到十分不爽,由此也与吴佩孚结下了梁子。

直皖战争中,曹、吴的直系军队将段祺瑞的皖系人马打得兵翻马仰,吴佩孚在国内的地位和威望也由此不断上升。张作霖是看在眼里,气在心头。之后两年中,张作霖不顾吴佩孚是曹锟主心骨的事实而多次对吴进行贬斥,比如吴佩孚通电要求取消新旧国会和南北议和代表、成立国民大会以解决南北分裂的问题时,张作霖就很不以为然,他在公开场合对别人说:"我就知道曹巡阅使。吴不过是个区区师长,全国的师长有好几十个,我手下就不少,倘若人人

武夫治国

干预政治，那成什么话？"

眼见吴佩孚由一个小小的师长变成了与自己平起平坐的两湖巡阅使，张作霖心里别提有多气恼了。为获得补偿，张作霖以辞去蒙疆经略使、对蒙边问题甩手不干为要挟，最后迫使徐世昌将原热河都统姜桂题调回北京充当有职无权的陆军巡阅使，而改由奉军第二十八师师长汲金纯出任热河都统，张作霖这才算出了口气。

这时，北京政府的财政危机再次爆发，内阁总理靳云鹏焦头烂额之下，坚决辞去总理一职。无人接手的情况下，张作霖把洪宪帝制的罪魁、安福系骨干梁士诒给推了出来，这又引发了与曹锟、吴佩孚的矛盾。

梁士诒其实也没什么办法，不过利用过去积累的老关系向日本进行借债，条件是中国用钱赎回胶济铁路，而赎回前日本仍旧有权进行管理。消息公布后，吴佩孚激烈抨击梁士诒"牺牲国脉、断送路权"，不异于李完用、张邦昌之流。数天后，吴佩孚再次攻击梁士诒，并称"梁士诒借日款及共管铁路"，即为"全国之公敌，凡我国人，当共弃之"。吴佩孚还杀气腾腾地表示，要"为民请命，敢效前驱"。

这种情况下，作为梁士诒保荐人的张作霖不能再保持沉默了，其随后发表通电支持梁内阁，并指斥吴佩孚"是非不问，辄加攻击"。而吴佩孚更加咄咄逼人，称"若有袒护梁氏者，即为国人之公敌，当誓死杀尽，以除国奸"。直奉相互攻讦，相持不下，梁士诒的戏也无法再唱下去了。好在梁财神还有自知之明，他知难而退，在组阁不到一个月便告假出京，做了缩头乌龟。

电报战中，张作霖非但没有占得上风，反而屡次被吴佩孚用"爱国大义"这个独门暗器点中要害，不免有些恼羞成怒，要耍起胡子作风蛮干了。眼看这些武夫又要动刀动枪，大总统徐世昌不免有些着急，但他也没什么实质性办法去约束这些人，只好请出北洋系的元老们王士珍、鲍贵卿等人分别去奉天和保定劝导张作霖和曹锟两个大佬，请他们以黎民性命安危为重，不要再次大动干戈。

几个和事佬的劝导给双方消了点气，毕竟双方还没有到彻底决裂的地步。不久，曹锟派弟弟曹锐去奉天给张作霖祝寿，顺便也探探张作霖到底是怎样的底牌。曹锐到奉天后，张作霖对军政事务避而不谈，只是派部下孙烈臣来问："咱们大帅想请教曹四爷，到底是部下亲呢，还是亲戚亲？"

曹锐听出了话中的意思，加上他一向对吴佩孚的作风很不以为然，于是回答说："请转告张大帅，我们曹家兄弟是不会做对不起亲戚的事的！"

到这时，张作霖才提出了他的要求，那就是：一、梁士诒销假复职；二、直军退出京汉线北路；三、吴佩孚专任两湖巡阅使，不得兼任直鲁豫巡阅副使。

曹锐回到保定报告后，曹锟一听就皱起了眉头，说："我是直鲁豫巡阅使，京津一带本就是我的地盘，如何让我撤出京汉线北路呢？就其他两项，子玉（吴佩孚的字）恐怕也不会答应呢！"

得知曹锟的态度后，张作霖决定先下手为强，随即便往关内运送军队，准备以枪杆子决胜负。吴佩孚这边也没闲着，他也借着做寿的名义，将直系将领集中到洛阳召开军事会议，商议对奉军作战。由此，直皖战争结束后不到两年，第一次直奉战争就爆发了。

武夫治国

北秀才：曹锟夸吴佩孚"金星转世"

《民国官场现形记》中说，第一次直奉战争开战前，曹锟四弟曹锐力主联合张作霖，反对与奉系开战。曹锟听后大怒，当众拧弟之耳，大声道："功名富贵，皆我挣来。今决计牺牲，你如不赞成开战，登报脱离兄弟关系可也！"

说罢，曹锟当下便给吴佩孚发了个电报，说："你即是我，我即是你。亲戚虽亲，不如自己亲。你要怎么办，我就怎么办。"身边幕僚觉得这说得太粗俗，想改得文雅点发出，曹锟摆摆手，说："不要改，就这样发！"

有人也许会觉得奇怪，直系新大佬曹锟如何会这样信任吴佩孚呢？这说来话长了。

吴佩孚，字子玉，山东登州蓬莱人，由于其从小机灵话多，人送绰号"吴小鬼"；又因其中过秀才，成名后又与广东的陈炯明并称为"南北两秀才"。吴秀才从小好动贪玩，有一次某官绅家里召请堂戏，他与几个朋友本与人家素昧平生，却非要上门蹭戏，结果别人不让他们进，双方大打出手，在人家门外上演了一场武戏。

官绅并非寻常人物，结果一道书信到了吴佩孚家乡的地方官那里，巡警前来捉人，吴佩孚得了消息后急忙跑掉，但"跑得了秀才，跑不了学籍"，结果吴秀才又变回了吴佩孚——秀才功名被当地学政革掉了。

吴佩孚逃跑后，先去了天津，后来又到了北京，因为衣食无着，只好街上摆张桌子，帮人写写书信并兼职算卦，算是学有所用。后来，由于写字算命的收入实在太差，吴佩孚便去投奔两个在聂士成所部武卫前军当兵的本家哥哥，也想投入军伍，混碗饭吃。但是，他的两个哥哥认为他是秀才，今后前途无量，开始不同意他入伍，殊不知吴的秀才功名早被革去。

在吴佩孚的再三请求下，其本家哥哥才答应推荐给自己的顶头上司王怀庆。王怀庆听说秀才效仿古代投笔从戎之故事，那当然欢迎得很。由此，吴佩孚不但当了小兵，后来还被推荐到开平武备学堂学习。

庚子年八国联军之役中，聂士成力战身亡，武卫前军也被打散，吴佩孚在开平武备学堂本还有几个月就毕业了，结果毕业证没拿到，落入失学又失业的境地。被再次推上社会的吴佩孚流落京津，只好又一次重操旧业，继续帮人写字算命。

这时，吴佩孚的运气来了。庚子年后，袁世凯继为直隶总督并推行新政，其中一项即为试办警察，吴佩孚在天津巡警道段芝贵的属下找到一份工作，而且新单位恰好有位名叫郭朝栋的师爷，其见吴小鬼既是老乡，又是秀才，于是对他另眼相看，多多提携。不久，吴佩孚便在郭师爷的推荐下，经天津巡警道保送进了陆军测绘学堂。

毕业后，吴佩孚被分派到北洋第三镇充当队官。1904年日俄战争爆发后，当时急需军事人员前去东北收集情报并勘测战况，吴佩孚的专业正好符合要求，于是他应募前去。这次的任务中，吴佩孚表现出色，他时而扮成老本行算命先生，时而装成行旅商人，上下奔走，四处打探，终于将东北的军事地形及日俄双方情况摸了个透，回来后即受到嘉奖并提升为营管带。

武昌起义后，第三镇火速入关并进驻石家庄，以防范山西革命党。后来，第三镇进攻娘子关时，吴佩孚所带的第十一标第一营首先攻入。事成之后，吴一面向协统卢永祥报告，另一方面又派人送信给镇统制曹锟，报告了战斗的经过。得知吴佩孚越级上报后，协统卢永祥非常生气，他找了一个借口狠狠训斥了吴佩孚一顿，由此

武夫治国

两人心生芥蒂。

娘子关之役中,第一营缴获了三箱山西钱票,吴佩孚提出在十一标中均分,但其直接上级、标统王治国不同意,吴佩孚十分生气,第一营的士兵们得知后也个个发牢骚,以为王治国想私吞这笔钱。由于立功没有受奖,抢了钱又没有分到手,吴佩孚认为标统和协统做事不公,一气之下他便请了假,想去北京找曹锟曹统制告状。

不巧的是,吴佩孚向标统王治国请假后,后者却没有向协统卢永祥报告,结果第一营士兵在吴佩孚走的当晚便闹起了兵变,并抢劫了当地的一些商家。事后,卢永祥给曹锟打电报,称吴佩孚擅离职守,导致兵变,应予以撤差处置。曹锟接电后,批了一个"准"字。

得知自己被撤差后,吴佩孚气得一佛出世、二佛升天,随后便赶到北京向曹锟报告了自己作战有功而王治国、卢永祥两个人欺压属下的冤情。由于吴佩孚的口才确实是好,曹锟觉得他说得在理,人才可用,弃之可惜,于是将吴留在身边做他的副官。

不久,吴佩孚的好运气又来了。在蔡元培专使团请袁世凯南下就任总统时,不知道是被指使还是自发行为,第三镇士兵突然在某夜发生兵变,乱兵们在北京大抢大掠,闹了整整一晚。这次事件中,炮队标统刘学信一时过于兴奋,指使所部在兵变时对着朝阳门向城内开了几炮,伤人无数,影响极坏,结果为舆论所不容,曹锟为避风头而将其撤职,所遗之缺便落到了吴佩孚的头上。

事后,吴佩孚得意洋洋地说:"卢永祥不让我当管带,那又能怎样?现在我当了标统!就算卢永祥徇私,王治国贪婪,可天生德于予,卢、王又能奈何?"

"二次革命"时,吴佩孚率炮兵团南下助战,由于秀才兄改不了夸夸其谈的毛病,又经常端出曹锟副官的架子,因而在同僚中很不受欢迎。当时就有人这样讽刺他:"嘻、嘻、嘻,语言乏味;哈、哈、哈,面目可憎。"有一次,吴佩孚预定了一桌酒席请同僚们吃饭,结果只来了军医处长刘国庆和时任第九团团长的萧耀南两人。

遭此冷遇，吴佩孚却毫不在乎地说："都不来，更好。咱们可以多吃，多说话。"由此可见其人缘的确不佳。

不过，吴佩孚的口才和文才虽在同僚们面前不受欢迎，但在关键时候发挥了重要作用。某次湖南督军汤芗铭请曹锟赴宴，开席前，汤在欢迎词中极力夸赞了曹锟一通。按当时的规矩，主人致欢迎词了，客人也应该致答谢词，不过曹锟向来不善辞令，于是诡称自己感冒而让副官吴佩孚来代为致辞。

吴佩孚哪能放弃这样的表现机会？致辞中，他将湖南的人文历史、道德文章以及汤督军的丰功伟绩都添油加醋的颂扬了一番，说得是字字珠玑、滴水不漏，令在场人士刮目相看。事后，汤芗铭对曹锟说："哎呀，你的部队真是人才济济啊！你看你这位副官长，真是文武全才，人中精英啊！"

说完，汤芗铭打算把吴佩孚留下来给他帮忙，并答应委派他做个旅长。曹锟本来觉得吴佩孚这小子能力虽然还可以，但这张嘴成天唧唧呱呱，没个消停，没想到汤督军如此赞许，心想吴佩孚可能还真是个人才——那不行，我的人怎么能为你所用呢？

回去后，曹锟便把吴佩孚找来，说："你小子还真行，难怪昨天汤督军这么看得起你。你说你黄头发，黄胡须，两眼炯炯有神，莫非你是金星转世，下凡来帮我的？以后你跟着我好好干，将来一定有个好前途！"

凑巧的是，第三师第六旅旅长张鸿逵突然发病去世，遗缺本应由团长王承斌递补，但因为有人反对王继任旅长，结果曹锟便让吴佩孚升了第六旅旅长。这真叫，"有才又有运，处处同花顺"，吴佩孚也由此成为了曹锟的铁杆心腹，并在北洋军人中崭露头角了。

认真说，曹锟练兵打仗的能力实在乏善可陈，但他有一项本领就是善于发现并笼络人才，而且对部下也一贯维护，因此投入他门下的人才也不少，其中尤以吴佩孚最为典型。事实上，曹锟的成就至少有一半来自吴佩孚，而后者对曹锟又是忠心耿耿，决无二心，真正做到了"你就是我，我就是你"的地步。

武夫治国

　　如此看来，有才不是才，识人才是大才。君不见，刘邦匹夫，一无所能，唯有识人善用，得张良，取韩信，汉家天下四百年；刘备善哭，也得了孔明、赵云等一干贤才良将相辅佐，也曾独领风骚，三分天下呢。

战鼓擂：吴佩孚四照堂上大点兵

直皖战争时，吴佩孚三天之内就击溃了段祺瑞及其手下曲同丰、徐树铮、段芝贵等人马，一时声名鹊起。要说起来，吴佩孚读书时，老段还是他的校长，曲同丰是他的老师呢！

据传，吴佩孚击败曲同丰还有这么个笑话，说曲在武备学堂当教习时，他见吴佩孚是自己小老乡（曲是烟台人，吴是蓬莱人），对吴多有照顾，还称赞吴佩孚将来必是将才。但战场毕竟是战场，师徒兵戎相见，讲不得什么情面。曲同丰兵败之时，亲自将他俘虏的正是这位小老乡，当时吴佩孚率部策马奔袭，直扑边防军司令部，曲同丰正错愕间，只见吴佩孚已出现在自己面前，并给昔日老师敬了个礼，报告说："老师，你已经被俘了！"

另一位皖系宿将段芝贵就更加荒唐，其在战前还十分猖狂，不但把司令部设在火车上，还声称不需几天便可把直奉两军彻底击溃，届时仍坐火车返回。据称，段芝贵的火车上不但有军用品，还有烟枪十四杆、麻将牌七副，专门的大厨就有二十四名。直皖两军交战后，段司令仍坐在麻将桌上不肯下来，当随员们向他报告战况时，他就一边打麻将，一边读战报，并为自己镇定从容的大将风度而陶醉。后来，听说吴佩孚的军队已经攻过琉璃河并向长辛店扑来时，段芝贵这才慌了手脚，急令火车立刻启动，撤回北京。所幸段司令有先见之明，火车头都是朝北的——其将司令部设在火车上，原来逃跑也比较方便。

武夫治国

直皖战争中，段芝贵已无当日之勇

段芝贵逃回北京后，众人围住他问前线战况，这时他这才缓过劲来，摸着头连声说："好险！好险！"而吴佩孚听说段芝贵在交战过程中还在打麻将，其忍不住大笑道："老段用小段这样的人做前敌司令，如何能不败?!"

1922年直奉战争中再次击败奉系张作霖后，直系势力急剧扩大，吴佩孚本人也达到了个人事业和声誉的顶峰。1924年阴历三月初七，这一天是吴佩孚的五十大寿，在寿诞当天，前来洛阳给吴佩孚祝寿的宾客如云，高朋满座，各界名流达到上千人，其中有各省军政长官、驻军将领或者代表等，还有康有为、徐谦甚至前清摄政王载沣的代表。

由于之前准备的招待所已经住不下，吴佩孚只好将部队的团部、营部腾出来，以招待安置这些客人和随从。在继光大楼（明朝抗倭名将戚继光是吴佩孚的同乡，因而吴将自己的办公大楼以此命名）的寿堂，各地送来的礼物堆积如山，如载沣送的"白玉如意"，其成色极佳，洁白得如羊脂一般；还有不知是谁送来的仇十洲的名画《汴洛图》，不仅是稀世珍宝，而且画的又是本地风光，也算是动了一番脑筋；还有赵恒惕送来的湘绣八扇屏，马富祥送来的两匹伊犁名马等等。

最奇特的一套礼物是冯玉祥送来的，一坛玉泉山的清水。众人见后十分诧异，觉得冯玉祥未免太不近人情而近乎无礼了，当事人吴佩孚倒打着哈哈说："究竟焕章是个有心人，他这是表示我们两人是君子之交淡如水呀!"

所有礼物中,康有为的一幅寿联是吴佩孚最最喜欢的:

牧野鹰扬,百岁功名才及半;
洛阳虎视,八方风雨会中州。

康有为是前朝大名士、戊戌年的风云人物,他写的这对寿联可谓为当时呼风唤雨的吴佩孚锦上添花。据说,吴佩孚见到这副寿联后,连对康有为鞠躬三次,高兴地说:"皇帝天子的赏赐我都不稀罕,唯独康先生赠我的这两句名言,将是无价之宝,伴我永年!"

话说回来,"百岁功名才及半,八方风雨会中州",这两句不仅是康有为对吴佩孚的恭维,而确确实实是吴佩孚当年全盛时期的写照。

在吴佩孚的声名如日中天之时,就连欧美人士也对他极其看好,并认为他将带领中国走出混战,走向统一。1924年9月8日,吴佩孚登上了美国《时代周刊》的封面,其下注释为:General Wu。

1924年9月8日,
吴佩孚登上了《时代周刊》的封面

半年后,张作霖重整旗鼓后,再次率奉军卷土重来,第二次直奉战争爆发。曹锟、吴佩孚也不甘示弱,其随后发出对奉系的讨伐令,而吴佩孚则在中南海四照堂点兵,吴自命为讨逆军总司令,调集二十万大军准备迎战。

不过,冯玉祥在回忆录中提起这次著名的"四照堂点兵"时,却以十分轻蔑的态度描写道:"四照堂四面都是玻璃窗,电灯明如白昼,厅中置一长桌,挨挨挤挤,坐满了六十多人,大家坐了许久,才听到有人大声报告说:'总司令出来啦!'接着,吴佩孚摇摇摆摆走到堂中,且看他那副打扮:下面穿着一条白色裤子,身上穿的是紫色绸子的夹袄,外面一件黑色坎肩,胸口敞着,纽子也不扣,嘴里吸着一根纸烟。他走到座上,即盘腿在椅子上坐下,斜身靠着条桌,那种坐法,宛似一位懒散的乡下大姑娘!"

"接着,吴佩孚又念各路军作战任务,命令下完,吴即站起来说:'没有了吧?我们就这么办吧!'此时海军总长连忙站起来说:'报告总司令,命令上没有提到海军,我们的舰队怎么办?'吴答道:'哦哦,海军没有提,在命令上添一条吧,你们自由巡弋,以防意外。'航空署长也站起来说:'还有我们空军呢,怎么办?'吴又哦哦连声,说:'也添上一条,你们随时准备,相机出击。'接着,其他没有分派任务的将领也相继请示,吴佩孚摇了摇头,不耐烦地说:'这样尽着往下添,还成命令吗?今天就这样了,散了吧,散了吧!'大家才一哄而散了。"

当然,冯玉祥与吴佩孚矛盾很大,其对吴的描写往往有故意丑化之嫌,譬如他有一次去向吴佩孚报告河南省旱情并请这位巡阅使想办法解决时,他是这样描述的:吴佩孚要他先别忙,然后煞有介事地取出六枚制钱,连掷数次后,满脸堆笑地跟他说:"你不用着急,明天就会下雨,旱情即可解除。"冯觉得吴是在装神弄鬼,于是故意问:"卦上有没有说,明天几点钟下雨?"吴十分肯定地说:"下午两点。"见吴佩孚这么说,冯也好只好告辞回去了。次日一直等到下午三点,也没见半点雨下来,冯于是理直气壮地去找吴佩孚并质问道:"你说今天下午两点会下雨,现在都已经三点多了,怎么没看见一滴雨?"吴佩孚面无表情,不慌不忙地说:"谁讲的,雨正在下呢!只是你没瞧见罢了!"冯觉得莫名其妙,便问:"你说在下雨,请问在哪里下?"吴佩孚狡猾地说:"在西北方的莫斯科!"

"四照堂点兵"后,冯玉祥极其不屑地评价道:"这样重大的事,办得如此轻率儿戏,吴之鲁莽灭裂,往往似此!"果然,在两个多月后,吴佩孚在这次战争中遭遇惨败,声名扫地,从此元气大伤,几至一蹶不振。

吴佩孚失败的原因有很多,最离奇的说法是:一个电报要了吴佩孚的命。这事还得从吴佩孚的参谋长说起。1923年时,吴佩孚的原参谋长李倬章调任河南省长,遗缺由参谋处长张方严接任。张自知能力不济,便向吴佩孚请辞,说:"我的军事学不行,政治、经济、外交都很幼稚,恐怕不能胜任,还是请大帅另委贤能吧!"

吴佩孚听后哈哈一笑,说:"张良韩信,我自任之。一不用你替我拟军事计划,二不用你到前线指挥军队,三不用你带兵去冲锋陷阵。你只要老老实实地跟着我,听我的话就可以了。"如此,张方严还有什么话可说,只能感谢"大帅栽培"了。

之后,张方严便像影子一样跟在吴佩孚的后面,从来没有做过参谋长出谋划策的事情。因此,有人在背后嘲笑他:"这哪里是参谋长?分明就是个高级副官嘛!"

直奉大战最激烈时,恰恰是这位从不出谋划策的参谋长自作主张了一次,用他自己的话来说,就是"给直军开了一张送死的药方"!

这是怎么回事呢?原来,当时吴佩孚亲临前线指挥作战去了,而张方严在总司令部给吴看摊。这时,前线来电告急,要求速调援军,而靳云鹗部正好有两个旅开到并准备到营口登陆,张方严觉得预备队陕军张治公部战斗力不强,于是想让这两个旅前去支援,但靳云鹗的旅长看不起张参谋长,便推脱说:"我们另有任务,你直接跟我们头儿说吧!"

军情急如星火,张方严一时间又找不到靳云鹗,于是只能发电报给援军总司令张福来速调军队前来支援。电报发出后,张方严又觉得远水解不了近渴,他突然想起第三军冯玉祥部尚未发动战争,于是又给冯玉祥去一个电报,说:"此间形势危急,不有意外胜利,恐难挽回颓势",并希望冯玉祥赶紧出兵夹击奉军,以奏大功。

冯玉祥本来就一直关注着山海关大战的局势发展,正当他举棋不定之间,张方严的电报来了,于是冯玉祥判定吴军一定不行了,之后断然决定班师回京发动政变,囚禁大总统曹锟,这下给吴佩孚来个釜底抽薪。

北京政变的消息传到山海关后,吴佩孚所部军心动摇,张学良趁机指挥奉军精锐突破直军防线,一举击溃吴佩孚的主力并缴械纳降达三万余人。经此大败,吴佩孚率数万残兵败将连战连退,而冯玉祥等部又向东进军包抄,吴佩孚只剩下数千兵卒退守天津,最终浮海逃遁。

乘坐军舰离开天津时,吴佩孚手下的那些残兵败将们愤恨张方严擅发电报导致功败垂成,一个个要求将张方严扔到海里去喂王八。吴佩孚摆摆手,苦笑道:"这也不能怪他。全怪我运气不好,还是算了吧!"

所以说,每个成功人士的背后,总是需要一点点好的运气,因为这是天命。不过,人同时也是需要敬畏天命的,那些自以为是、牛皮哄哄而不敬畏天命的人,必终将为天命所弃。所以说,人还是学点谦卑为好。

望满洲：吴大帅酒席折服东洋客

吴佩孚的老家山东蓬莱，明朝时出过著名的抗倭将领戚继光。据说吴佩孚快出生时，其父因疲倦而打了个盹，梦见名将戚继光来到家中。梦醒后，吴佩孚呱呱坠地，吴父遂给新生儿起名叫"佩孚"，字"子玉"（戚继光字佩玉）。

吴佩孚投入军伍后，常跟部下们提两个人，一是戚继光，另一是宋庆。为什么呢，因为这两人都是山东蓬莱人，而且都抗过日。吴佩孚在日俄战争时去东北做过军事测绘，对日本人的横行霸道十分痛恨，他后来还写了一首《登蓬莱阁》并定为自己部队的军歌。每到行军之时，吴佩孚便命士卒们高唱这首雄浑有力的军歌，以鼓舞士气：

> 北望满洲，渤海中风浪大作。想当年，吉江辽沈，人民安乐。长白山前设藩篱，黑龙江畔列城郭，到而今倭寇任纵横，风云恶。甲午役，土地削；甲辰役，主权堕。江山如故，夷族错落。何日奉命提锐旅，一战恢复旧山河。却归来永作蓬山游，念弥陀！

日本人听了这歌很不高兴。后有个日本记者来采访吴佩孚，当时就很不客气地提出质问说："在你们山东登蓬莱阁，难道真的能看到长白山？"吴佩孚嘴一撇，说："我心眼通灵，不但能看到长白山，还能望见你们富士山呢！"日本记者愕然之下，只得赧然而退。

还有一次，有两个号称"中国通"的日本人来拜访吴佩孚，言语间对中国很是不敬。吴佩孚见后很不高兴，便说："我姓吴，是吴泰伯之后，我是泰伯第一百零一代子孙，你们日本天皇也是泰伯之后，大正天皇是泰伯一百零二代子孙，皇太子裕仁就是一百零三代了。这是有谱系可查的，怎么你们皇太子大婚，也不给我捎个信？我要是事先知道，也好派代表给他送个礼啊！"两个"中国通"没听说天皇和吴泰伯有什么关系，一时竟无语以对。

吴佩孚对洋人一向有偏见，某次英国使馆武官陪一位名叫吉庆纳的将军前来洛阳访问吴佩孚，其手下参谋问是否准备大菜（西菜）招待，吴佩孚摆摆手说："干嘛要给他们准备番菜？咱们准备最好的中国菜，让他们见识见识。他们吃了中国菜，回去也可以学着做。得让他们知道中国有多悠久的历史和文化，知道咱们国家有多伟大。"参谋说："怕他们吃不习惯吧？"吴佩孚说："管他们惯不惯！我到英国去，难道他能给我找中国厨子准备中国菜吗？"这时，有人插了一句："洋人恐怕连筷子都不会使，叫他们怎么吃？"吴佩孚说："这不是问题。给他们预备一份刀叉，反正得让他们学着吃中国菜！"

英国人来后，席间吹嘘起他们的飞机，并称今后的战争将主要依靠飞机。吴佩孚不以为然地说："我看飞机也没有什么大的用处。飞机本就是中国人发明的，我们不过不喜欢用它罢了。"英国人没听说飞机是中国人发明的，就故意问他："你说是你们先发明的，那请问是谁呢？"吴佩孚说："早在两三千年前，中国就有飞机了，不过那时不叫飞机而叫'飞鸢'罢了。这个东西，是我们山东一个名叫墨翟的大学者发明的，那是我国战国时期的事情了。墨翟是个大学问家，而且还是个能工巧匠，他造的飞鸢，就是现在飞机的滥觞了。"

见英国人无法反驳，吴佩孚越说越来劲："我们中国古代不但会造飞机，而且还能制服飞机。从前有个能人名叫广成子，他能造

'翻天印'，只要把'翻天印'扔上天去，不论什么飞机都会坠到地上，摔得粉碎！"说到这里，吴佩孚便哈哈大笑，硬是把几个英国人说得哑口无言。

不过，稍有科学常识的人都知道，吴佩孚说的这些看似是引经据典，其实都是东拉西扯，胡说一气。但是，吴佩孚的手下却很得意，认为吴大帅在酒席上折服了洋鬼子，而吴佩孚也自认为替中国争得了面子。

北伐战争战败后，吴佩孚彻底下野，退居北京，生活一度极端困窘，甚至无下锅之米。尽管如此，吴仍以安贫自慰，从不向他人告贷。直到后来，张学良入关驻扎北平，因为吴与张作霖有八拜之交，才每月接受张学良的若干接济。

1935年，日本侵略者为分裂中国而搞"华北自治"，当时他们就找到隐居的吴佩孚，想请他上台当傀儡，但遭到后者的坚决拒绝；1938年6月，伪"华北临时政府"与伪南京"维新政府"合并，又派人去请他出来当官，吴佩孚仍以坚拒。事后，吴佩孚自撰一联以自警：

得意时，清白乃心，不纳妾，不积金钱，饮酒赋诗，犹是书生本色；
失败后，倔强到底，不出洋，不入租界，灌园抱瓮，真个解甲归田。

1939年12月，吴佩孚因吃饺子被骨屑伤了牙齿，后引发败血症而身亡。也有人说，是因为吴佩孚不肯屈服，而被日本特务头子土肥原贤二指使牙医下毒将其害死。此说姑存。

吴佩孚此人，在军阀中确实独树一帜，非同凡响，一般军阀的毛病如拥兵害民、贪婪无度、吸大烟、好女色、赌博纵饮、荒淫无耻，等等，他从来不沾这些，可见其人品道德之高。治军方面，吴佩孚纪律严明，疾恶如仇，也是近代军人之罕见。

董必武曾这样评价吴佩孚："虽然他也是一个军阀，但有两点

武夫治国

却和其他的军阀截然不同：第一，他生平崇拜我国历史上伟大的人物是关羽、岳飞，他在失败时，也不出洋，不居租界自失，……他失势时还能自践前言，这是许多人都称道他的事实。第二，吴佩孚做官数十年，统治过几省的地盘，带领过几十万大兵，他没有私储，也没置田产，有清廉名，比较他同时的那些军阀腰缠千百万，总算难能可贵。"

大红人：给总统擦背也能升官发财

"贿选总统"曹锟在民国的很多演义小说中往往被说成是贪财好色的主，更让人不齿的是，这位爷居然还有"断袖"之癖，这就是当时总统府的大红人李彦青。

据说，李彦青原是一家澡堂的小伙计，清末曹锟驻军东北时，因为关外天寒地冻而常去澡堂泡澡，由此认识了李彦青。李当时年纪虽小，却很会识人，当时曹锟是新军高级将领，他也没放过这个献媚的机会。李彦青在澡堂子里负责擦背和抈脚，曹锟一来，就围着曹团团打转，又是捶背，又是捏脚，推推拿拿，擦擦揉揉，把曹锟弄得浑身发酥，十分舒服。

曹锟见这小伙人长得一表人才，又非常机灵，于是将他弄到身边当差。等曹锟做上直鲁豫巡阅使后，这小子居然当上了巡阅署的军需处处长。而曹锟当上总统后，李彦青也扶摇直上，权重一时，成为总统府的贵人。

宰相门房七品官。李彦青得志后，各路高官名流纷纷前来巴结，如交通总长、外交总长、财政总长等，都与之订金兰之契，呼"六爷"而不称其名。李彦青也志满意得，目无余子。不过，李虽然贵为处长，但曹三爷入浴后，仍要照旧找他，"非李擦背不乐"。据当时流传的一个笑话说，李彦青正和一帮显贵打牌，总统府来电话，说"总统已披浴巾，请六爷（指李彦青）速去勿延。"李彦青听后，立刻丢了手上牌匆匆而走，一时传为笑柄。

其实细说起来，李彦青是有点来头的。其父本是张志潭（曾任内务总长）家的膳房主任（厨师长是也），后因招摇纳贿给张老太爷给赶了出来。所幸李少爷当时已攀上了曹锟这棵更大的树，李老太爷也由此"父因子贵"，当他回去看望旧主时，张太夫人对其刮目相看，并将他请到书斋，款以茗点。正闲谈间，前总长张志潭从外面回来，见昔日庖人成为座上客，不免大发脾气，李老太爷也抱惭逃回。

李彦青听后大怒，说远伯（张志潭的字）小子，不给老子的老子面子，老子一定要给你点颜色看看。这事被财政总长王克敏得知后，王与张交谊不错，于是想替两人居间调停。当时正好赶上李老太爷诞辰，李家设宴款客，王总长强捉张前总长前往致贺。到后，张志潭却不肯去寿堂祝寿，而直接跑去看戏。李彦青更加生气，认为张志潭有意侮慢自己，并迁怒于王克敏。王克敏眼看事情弄僵，只好邀请李到私邸小酌，并令宠妾小阿凤捧杯劝饮，这才消了"六爷"之怒，王克敏的财长一席，才得以保全。

不过，曹锟虽然嬖幸李彦青，但他并不糊涂。李在外头风光无比，但在家里，曹锟仍把他当厮役看待，不假词色。当时有个叫程克的政客，一度曾为内务总长，因赋闲已久，于是走李彦青的门路并与之结为兄弟，百般奉承，打算在内阁中谋一总长之职。后来，李彦青找到个机会向曹锟进言，说："程某才堪大用，愿侍奉三爷，给他个内务总长干干如何？"曹锟正横卧抽烟，其听后虎跃而起并掷烟枪于地，厉声斥道："你是个甚么东西，总长也是你能够保举的吗？"李见曹三爷发怒，只好赧然谢过，不敢吭声。

李彦青为人机警，善投曹锟之所好，因而曹不可一日无李，李也得以一手遮天，擅作威福，外面很多事情都是曹锟所茫然不知的。曹锟为人，恢豁大度，视财帛如粪土，其私蓄都是托其四弟、时任直隶省长的曹锐来管理。曹锟最初无子，因而将曹锐之子当自己儿子来养。后来，曹锟之妾生子，爱侄之情有所转移，因而常向曹锐要钱，多少都由曹锐来定。

李彦青乘机进谗说："三爷今贵为总统，而财权在四爷手，俯仰由人，这怎么可以呢？何况小公子今后读书到发展事业，都需要一笔固定储金。三爷固然是手足情深，但小公子将何以度日？"曹锟听后觉得很有道理，于是逐渐将管财之事交给李彦青，而与曹锐日渐疏远。

曹锟贿选成功时，曹锐到京祝贺，李彦青为府中司账，竟不为曹锐备餐。曹锐饿得不行，只好命随从去外面买些羊肉包子果腹。吃完后，曹锐一怒返津，临行前跟直系诸将说："你们大家抬三爷做总统，不问他够料不够料，将来总得闹出乱子！"此后一年中，曹锐不再来京，曹锟也不召他，兄弟情分日渐薄弱。

曹锟当总统时，某次内阁会议，总统府突然来电话："李六爷即来列席，三爷有话，命彼向内阁传述。"内阁成员大吃一惊，心想李彦青又有何种资格来参加内阁会议呢，真是视国事为儿戏也！好在某总长是政界老手，其在李彦青来后便将内阁会议改成非正式谈话会，才算没坏规矩。另有一次，政客孙洪伊去总统府见曹锟，李彦青带他进去，并告诉他说："公见三爷，请勿谈政治。近来三爷心绪不宁，以免他发怒。"孙洪伊愕然道："我不谈政治，还谈些什吗？"一时传为笑谈。

第二次直奉大战期间，冯玉祥所部突然回京倒戈。当时天色未亮，有人打电话到李彦青家中报告，仆人于睡梦中披衣起，持听筒在手，怒斥道："此何时，扰乃公清梦！"人家说："有十万火急的事要报告六爷！"仆人厉声道："六爷刚睡不久，就算有杀头的事，也等到天明再说！"说罢，仆人"砰"的一声将听筒挂上。不料数分钟之后，冯玉祥的国民军已经赶到，随即便将李彦青席卷了去，稍加审讯即绑赴郊外，执行枪决。李彦青被杀后，据说从其他家中抄没了数十万，也有传数百万的，亦不知真假。

据正史记载，李彦青实则为曹锟跟随多年的亲信，时任总统府收支处处长兼任北京官钱局督办，兼管理曹锟财产。1924年秋，冯玉祥发动北京政变后被捕，随后被京师警备总司令鹿钟麟下令绑赴

武夫治国

天桥执行枪决,抄没的赃款是四十五万元。

冯玉祥痛恨李彦青并非没有原因。据其回忆录中说,有次曹锟拨给冯军三千步枪、十八门炮及几百万子弹,但条子虽然批了,领取枪械时却被李彦青卡了脖子。好说歹说,冯命军需官凑了十万元送上去,这事才算办成。事后,冯玉祥恨得牙齿格格响,而第二天他去见曹锟时,曹笑嘻嘻地说:"焕章,你这么苦,还给我送钱,我实在太过意不去。"冯玉祥心想,我带这支部队千辛万苦,告贷无门,原来这混账总统也得了钱。如此,还不反他娘的?

"所谓元首,受其播弄;衮衮百官,为所挟持。"李彦青这种现象,其实历朝历代都有。当年魏忠贤权倾一时,士大夫如崔呈秀、魏广微之流不也舐痈吮痔,无所不为,并以拜"干爹干爷爷"为无上之荣宠吗?前清不远,李莲英受宠之时,号为刚劲的总督岑春煊,也奔走其门,不以为耻。朝政失纲,亿民腾笑,"阉宦"虽已成历史之名词,但"太监"现象,实则历久弥新,百变不离其宗矣。

闹兵变：冯玉祥一路走来颇多坎坷

北洋时期，一度被认为最有希望统一中国的吴佩孚吴大帅，在第二次直奉战争中的惨败，主要原因就在冯玉祥的突然倒戈上。

冯玉祥，字焕章，祖籍安徽巢县，其父早年投入刘铭传的铭军，曾参加过镇压太平军、捻军等战事，并曾跟随左宗棠所部入新疆平定阿古柏之乱。同光年后，天下太平，因铭军解散，冯父也就解甲归田。但是，多年的从戎生涯使得他已无心从事其他行业，最后还是投入淮军并随军分驻直隶等地。

淮军后改为练军，冯父在军中仅是个低级军官，收入有限，加上家里孩子多，因而生活非常艰苦。冯玉祥曾回忆说，自己家中房子之小，有时候客人来了连坐的地方都没有。年少时，冯玉祥都跟着哥哥去拔草拾柴，帮衬家计。由于生活艰辛，冯玉祥经常要去当铺典当家中物品（因为大人不好意思去），以勉强维持家中生计。这样的生活经历，也让冯玉祥对清廷几无好感，对旧社会极为痛恨。

有意思的是，冯玉祥原本不叫冯玉祥而叫冯基善。当时保定练军大都是父子兵，也就是父亲退役、儿子递补进营，外面不相干的人很难补得进去。因此，一年半载出个缺，争的人很多。冯家当时境遇困难，这是其同袍所深知的，有次营中正好出了个缺，当时一个姓苗的管带便说："这回补冯大老爷的儿子。"旁边人问："那他叫什么名字？"苗管带一下想不起来，那人便说："让我问问去。"苗管带怕他去一问而耽误了时间，于是忙摆手道："我知道，用不着问。"随后便在纸上写了"冯玉祥"三字。

于是，冯基善便摇身一变，成日后赫赫有名的"基督将军"冯玉祥。

冯玉祥补上学兵时尚未满十一岁，但其从小就长得高大，天生是军人的料。成年后，冯的身高超过一米九，膀大腰圆，人称"冯大个儿"。但是，冯家并没有什么显赫的背景，冯玉祥小时受的教育也很有限，不像其他军官有过军事学堂的背景，他完全是靠着自己的努力，在军队里摸爬滚打了多年才逐步升迁的。正因为如此，冯玉祥的日常作风非常简朴，也从不沾染当时的恶习如吸鸦片、赌博、狎妓等，这和其他高级将领完全不同。

由于当时淮军已是疲弱不堪，冯玉祥后来便改投了袁世凯的武卫右军，因为当时的武卫右军无论在训练还是待遇方面都是最好的。由于其身材高大，慈禧太后从西安回銮时，冯玉祥还作为仪仗兵在保定亲眼见过慈禧太后（心里那个恨）。在袁世凯的军队中，冯玉祥逐渐由副目、正目、哨长、队官等一路升迁上去，并在清末时做上第二十镇营管带（标统为冯国璋，镇统制前为陈宧，后为张绍曾）。

1911年武昌起义爆发后，潜伏在第二十镇（驻扎滦州）的革命党也蠢蠢欲动，当时的骨干便有营管带王金铭、施从云、冯玉祥及其张树声、张之江、鹿钟麟、李鸣钟、龚柏龄、商震、刘骥等同袍或部属，就连镇统制张绍曾也是倾向革命的，由此也引发了后来的"滦州兵谏"并迫使清廷公布了"十九信条"。

可惜的是，由于张绍曾举棋不定，自请辞职，"滦州兵谏"最终以王金铭、施从云等十四名革命党被杀、冯玉祥等参与者被解除军职并押回原籍而告终。无巧不成书，当军法处人员押送冯玉祥路过北京时，正好偶遇了曾经的老上级陆建章。

原来，袁世凯复出后对之前编练的北洋军已无绝对掌控能力，因而急于组建一支忠于自己的嫡系军，这就是之后的五路备补军。当时陆建章被袁世凯从广东潮州镇守使调回担任左路备补军统领，他对当年冯玉祥带兵的印象不错，而他这里又急缺优秀的中下级军官，于是当即决定让冯玉祥留下来帮忙。

陆建章小站练兵时便一直跟随袁世凯，可说是北洋系的老前辈，当时押送冯玉祥的军官也同样是他之前部属，陆便对他说："你是我的部下，冯也是我的部下。你们的长官，从协统到标统，也没有一个不是我的旧部。你把人交给我，这事就算这么结了。"

由此，冯玉祥便留在陆建章的左路备补军中担任营长，随后又升为团长。民初剿"白狼"时，冯玉祥被提升为旅长，并随陆建章入陕。袁世凯称帝后，冯玉祥的第十六混成旅奉命开进四川与护国军作战，但未及半年，袁世凯即因病去世，护国战争不了了之。

而在这时，忠于袁世凯的陕西督军陆建章也被皖系军阀陈树藩驱逐，冯玉祥失去了靠山，第十六混成旅也险些被解散。所幸的是，后来张勋闹复辟，第十六混成旅正好派上用场，这才被复任总理的段祺瑞给保留了下来。

但是，冯玉祥终究不是段祺瑞的皖系，也不是冯国璋和曹锟、吴佩孚的直系，因而经常被人排挤，有时连军饷都发不出。好在冯玉祥本人贫困出身，其一向艰苦朴素，与士卒共甘苦，因此他带的部队很团结，凝聚力很强，战斗力不容小视。

吴佩孚掌握直系大权后，冯玉祥被排挤到有职无权的陆军巡阅使任上，两人矛盾由此激发。早在第二次直奉大战前，冯玉祥便通过部下与奉系接洽，密谋共同反吴。而张作霖得知冯玉祥在京中极为苦闷困窘之后，他当即决定联合冯玉祥并接济了冯部一些军械和钱饷，共组反吴联盟。

冯玉祥看上去高大魁梧，像个军界老粗，实际上则胆大心细。第二次直奉大战打响后，冯玉祥以训练新兵为借口，在城中留下一营兵力作为内应，其他部队则陆续开出城外，但每日行程不过二三十里，行动十分缓慢。冯的司令部到达古北口后，随即借口筹措给养，并令鹿钟麟部每日练习行军，让沿途居民见怪不怪，免得到时班师回京引起外间的注意。

鹿钟麟学兵出身，在四川时投入第十六混成旅任营长，很受冯玉祥的器重。其率部进入北京时，每次都派两连人装作拿东西的样子，但每次都进多出少，这样就陆续在城内聚集了近一个团的兵力，而早已结成反吴同盟的孙岳所部守城部队对此也是睁一眼闭一眼。

政变当晚，孙岳下令放开城门，鹿钟麟部则大举进城。由于之前内应的士兵已在各街道做好指引，政变做得神不知鬼不觉，竟然未放一枪一弹。等到第二天早上，城中居民起来一看，街上到处都是冯玉祥国民军的安民布告，各交通要道也站满了缠着"誓死救国，不扰民，真爱民"白色臂章的国民军士兵。而此时北京与外界的电报、电话早已被操练了多次的内应部队给切断，总统府卫队被缴械，曹锟也被软禁在中南海延庆楼内。

曹锟总统做得好好的，一夜之间遭此变故，也是惊诧莫名。当冯玉祥的代表去见曹锟时，曹的口气仍旧非常强硬，连问："子玉在哪？"并说："此次对奉作战，虽是子玉主张，但也是我同意的。要办子玉，就先办我曹某。"

但是，人在屋檐下，不得不低头。逼迫到最后，曹锟不得不发出停战令并将吴佩孚解职。消息传到前线，吴佩孚还不敢相信，一再通电这是"伪诏"，企图负隅顽抗。但由于此时军心大乱，吴军大败，只得退守天津。就在这时，冯玉祥等人的国民军又相继在杨村、廊坊一带将吴佩孚的原驻军击溃。至此，吴佩孚的失败已是无可逆转。一周后，曹锟宣布辞去大总统职位，而吴佩孚得知曹锟下台的消息后，也知道困守天津毫无用处，随后率残卒两千余人浮海南遁，由上海改赴武汉，准备东山再起。

后来，冯玉祥的国民军与张作霖的奉军在华北争地盘，张作霖为确保对国民军的胜利，决定化敌为友，联合在湖北收拾余部的吴佩孚对国民军南北夹击。吴佩孚接到张作霖的建议后，当即回电说："我平生最恨反覆不定的小人，没想到我这里出了冯玉祥，你那里也有个郭松龄，叛乱相寻，纪律败坏，真是可悲可叹。既然你已经开口，那我就悉力相助，共张挞伐，让这些叛徒无所逃罪而后已。"

冯玉祥得知张作霖与吴佩孚联手后，便派人去游说吴佩孚，说：

"我之前曾开罪于公,现在后悔莫及,我决定即刻下野,国民军全听您的指挥。直系的大敌本是奉军,如果我们能及时携手团结,敌忾同仇,则胜算可操,届时全国都唯公命是听,岂不更好!"

吴佩孚听后,哑然道:"冯焕章还知道有我这个人吗?他之前不仁不义,假借外力颠覆吾辈,现在形势不利了,又想借我们的力量来保持他叛乱所得的成果,难道我会傻到被他这样玩弄的地步吗?如今他已被我直系的全体袍泽所唾弃,这绝不是我私人所能曲予包容的。"

最后,吴佩孚仍与张作霖联手对付国民军,并最终在南口大败之。可惜的是,这已是北伐前夕,随着北伐军的北上,吴佩孚的势力也随着土崩瓦解,但终其一生,他都没有原谅过冯玉祥。

武夫治国

掏炸弹：逊帝溥仪被强逼出皇宫

冯玉祥发动"北京政变"后，其做了一件大事，即下令将前清逊帝溥仪驱逐出宫。

据时人记载，冯玉祥的部下鹿钟麟和临时内阁代表李石曾带着手枪队，拿着临时内阁签署的《修正清室优待条件》，杀气腾腾的来到故宫，要求溥仪在修正书上签字，并限令两个小时内搬出紫禁城。

内务府大臣绍英见天降横祸，一时急得要命，他先走到李石曾的跟前说："你不是大学士李鸿藻的公子吗，如何也帮着当局欺压清室呢？"见李扭头不理他，绍英又哆哆嗦嗦地走到鹿钟麟的面前哀求道："你不是太傅鹿传麟的嗣子吗，如何对清室苦苦相逼？"

鹿钟麟听得不耐烦了，他从怀里掏出一个炸弹，往桌上重重一放，喝道："要是再不搬出，我就要令景山上开炮了！"

从经验上说，武力威逼一般都是成功的，也可以免去很多的口舌之争。于是，溥仪等人被吓得魂不附体，慌忙从紫禁城中搬出。当时国民军给溥仪等人预备了五辆汽车，由鹿钟麟亲自将他们送到溥仪父亲、前清摄政王载沣居住的醇王府（北府）。

溥仪下车后，鹿钟麟笑嘻嘻地上前跟逊帝握手，并问："溥仪先生，你今后是打算做皇帝，还是要当个平民？"

溥仪说："我愿意从今天起就当个平民。"

鹿钟麟听后松开溥仪的手，笑道："好！那么我就保护你！"

听到这里，周围的国民军士兵也都一齐鼓起掌来，中国至此终于没有合法的皇帝了。

冯玉祥将逊帝逐出紫禁城并不奇怪，其在回忆录中就多次提及有此愿望，特别在反张勋复辟期间，如果不是段祺瑞阻拦的话，他弄不好就要一直打到紫禁城。这本也不奇怪，革命党和皇帝一向势不两立，岂容你一个莫名其妙的人住在紫禁城享受假皇帝的特权？

然后，驱逐逊帝出宫固然大快人心，但当时的国际舆论却"非法干涉"我国内政，加上国内民众觉悟太低，冯玉祥之举在当时竟然饱受批评。除孙中山发出通电大表赞赏外，其他如各国驻华公使均对此表示抗议，其认为冯玉祥违背民国此前所做承诺，无视国际规则；而段祺瑞、张作霖等军阀大佬也认为如此逼迫清室实属毫无必要，且有自毁诺言、毫无诚信、践踏法律之嫌。就连当时的名流胡适，也极力为溥仪鸣不平并谴责冯玉祥驱逐孤儿寡母是"东方的野蛮"。

不管怎么说，政变后的北京完全处于冯玉祥的控制之下，即使有人想帮溥仪，那也是无能为力。溥仪被赶走了，冯玉祥将紫禁城封存清点，并预备作为博物馆进行开放。但是，紫禁城面积之大，藏物之多，并非一年半载所能清点完成，之间种种变故乃至文物流失，难免瓜田李下，揪扯不清，冯玉祥也因此受到舆论的误解和批评。

据《李宗仁回忆录》中说，北伐战争结束后，蒋介石、冯玉祥、阎锡山、李宗仁等军政巨头在北平召开编遣会议。有一次，冯玉祥做东在故宫宴请中央要人和军政干部，到场的有上百人。正当大家酒酣耳热之时，忽然进来百余名大小职员和工友，他们排队走进餐厅前的天井里，参加宴会的人不知道这些人意欲何为，一个个愕然瞠视。

这时，冯玉祥站起来说："我冯玉祥在民国十三年（即1924年）将清废帝溥仪赶出故宫时，外界谣传我冯某曾趁机偷窃故宫财宝。刚才进来的这一批人，都是在故宫中做事的人，知道溥仪出宫的情形最为详细。"

说罢，冯玉祥扭头大声问道："你们都是在故宫做事很久的人。你们直说，宣统出宫时，我冯玉祥偷过东西没有？"

站在天井里的那些人都大声回答说："我们都知道冯总司令没有偷东西！"

冯玉祥又大声问："你们说话诚实不诚实？"

众人又大声回答说："我们说话是诚实的！"

冯遂转身对众宾客行一鞠躬礼，说："诸位现在已知道我冯玉祥并未偷过故宫宝物吧！"

据李宗仁的回忆，冯玉祥的话立刻引起了众人的哄堂大笑，而那一大群"证人"遂又整队退出，一场助酒的喜剧才告收场。

不过，将溥仪驱逐成紫禁城固然痛快，但也留下了一个重要隐患，那就是给日本分裂中国提供了一个有用的工具。驱逐事件发生后，日本人对溥仪给予了高度的同情和异乎寻常的关注。后来，在日本军部的密谋下，溥仪逃到了日本使馆，随后又逃到天津日租界，并在日本人的卵翼下，于"九一八事变"后出任伪满洲国执政。

看来，日本人的眼光确实比较远，投资都是放长线。早在辛亥革命前，革命党便在日本人的教唆下，鼓吹"驱除鞑虏"——可驱逐到哪里去呢？唯有效仿北元，退回关外。

目前有一种阴谋论的说法，即日本人篡改炮制《扬州十日》等煽动性的小册子提供给在日本的清国留学生，从而煽动那些年青的革命党实行种族革命。从逻辑上看，"驱除鞑虏"思想和辛亥革命时出现的"十八星旗"（不含满洲，即东三省）一脉相承，这也是日本借革命党在中国制造族群对立并分裂中国为本土十八省（汉人）和满洲（满人）的长期阴谋之一。

吊诡的是，日本在辛亥年后却加大了对满族亲贵"宗社党"的支持而背弃了昔日的革命党，其逻辑非常清晰，那就是清帝退位，满人退回关外建立"满洲国"，以便其上下其手，并最终加以吞并。如此，日本便可以向关外大量移民并最终合并朝鲜、中国东北，最终实现其"大日本帝国"计划。如果这一切成为现实，那将是中国人至少五百年的噩梦。

　　事实上,在伪满洲国成立后,日本差点就"成功"了,只是日本军人后来野心太大,侵华战争、太平洋战争规模的扩大最终使得日本全盘皆输。

武夫治国

借外力：张宗昌的土匪团与白俄军

民国枭雄中，绿林大学出身的不少，其中有两位姓张的，一是张作霖，另一是张宗昌。

张宗昌，字效坤，山东掖县人，其父是个吹鼓手（农村婚庆丧仪中不可缺少的气氛制造者），住乡间一破屋中。某日，张父从外做事回来，饥甚，就炉煮粥但老打不着火。这时，一贫妇路过看到，便笑道："大男人怎么做得来这个，我来帮你吧！"粥做好后，张父邀请这女子一起进食，由此常相往来，结成夫妇，并生下了张宗昌。

据说，张宗昌之母身材高大，力气过人，一只手便可轻轻挟起一口袋粮食，乡人常嘲笑她，给她取了个绰号叫"大脚"。由于张家田少家贫，有一年闹灾荒，家里揭不开锅，张父便外出谋事，张母在家饿得不行，于是乘着傍晚，拿了根棍子出去准备劫道搞点吃的。没多久，正好有个人拿着烙饼十余枚蹒跚而来，因为天黑看不清是谁，张母于是当头一棒，将其打晕后抢了人家的烙饼奔回家了。

回家不久，张父回来，连呼晦气，说自己在路上被人打晕，做事后人家给的烙饼被抢走了。张母大惊，说："拿棍子打你的，就是我。所幸肥水不流外人田，饼我吃了几个，剩下的你赶紧去吃吧。"张父大怒，骂道："我们家虽然穷，但怎么能做这种强盗的事情？你赶紧走吧，这里不能留你了！"张母大怒，后来便改嫁了他人。

因为家贫无计，张宗昌少年时便跟着别人闯关东，他曾在哈尔滨淘过金、修过铁路，也在镖局做过镖手。后来，张宗昌到海参崴华商总会中作了一名小协警，并在当地混得如鱼得水。因为经常和俄警打交道，张宗昌学了一点简单的俄语，这在后来帮了他的大忙。

由于张宗昌身材高大魁梧（可与冯玉祥相媲美），为人行侠仗义，加上工作性质的缘故，其很快在海参崴的黑社会中崭露头角，而辛亥革命党也有不少是混黑社会的，因而张宗昌多多少少也交到些这样的朋友。武昌起义后，上海革命党陈其美派人来海参崴招收革命义士，张宗昌也想投机一把，于是代为招抚了一股土匪，随后坐俄国邮船到上海闹革命去了。

按之前约定，这批人到上海后应由这股土匪的头子出任团长，但不知张宗昌用了什么手段，最后自己当上了团长，而那土匪头子只混了个营长，这位老兄后来不知是为革命献身了还是怎么样，总之默默无闻、未见记载，倒是张宗昌投机成功，由此顺风顺水，屡遇贵人，最终成就了民国的一段传奇。

"二次革命"时，革命党阵营一方的张宗昌率骑兵团在徐州与冯国璋、张勋等部激战，但其队伍毕竟不是专业出身，结果一战即溃。张宗昌在这场战斗中也打得很惨，手掌受贯通伤。失败之后，张身穿和服，裹着伤，投降了冯国璋。冯国璋见张相貌体格皆属不凡，因而将之纳入麾下并令其收复旧部，也借以宣传并瓦解革命党的军心。

由此，张宗昌拜到了冯国璋的门下，后来还当上江苏军官教导团的团长。冯国璋去北京代理大总统后，张宗昌也跟着出任总统府的侍从武官。一次阅兵时，张宗昌身着笔挺的将校服，骑着马在前面做引导，因而也引起了总理段祺瑞的关注。最后，张宗昌奉命回江苏成立第六混成旅，后来参加了湘鄂之战。

1920年吴佩孚率军北撤后，张宗昌部退入江西，后被赣督陈光远缴械，张宗昌仅以身免。回京后，张宗昌结识了曹锟军官教导团的教官许琨，于是想通过他的关系去走曹锟的门路（此时老领导冯国璋已死）。这时，他与陆军部结算的二十万军饷拿到手，于是打了

武夫治国

八个金寿星送给曹锟作寿礼，这在当时可算是惊人之举了。

曹锟为人随和，他收了金寿星后很满意，加上许琨在旁边说好话，于是答应将直皖战争中缴获的一批军械拨给张宗昌，让他重新组织人马。但是，吴佩孚得悉此事后坚决反对，张宗昌借机复起的愿望由此落空。

许琨在曹锟面前帮张宗昌说了几次话也不成功，于是愤而说："此处不留爷，自有养爷处，咱们走吧！"于是张宗昌便与许琨到关东投奔了张作霖。最开始时，张宗昌并未受到重视，而他的旧部一两百人也都陆续到沈阳投奔了他，有段时间其境遇十分困窘。

直到后来，张宗昌接受了一项剿匪任务，张作霖和吴俊升分别给了他一些简陋武器，张宗昌带着旧部抓住这次机会，一举端掉了近千人的土匪窝子。由此，张作霖对张宗昌刮目相看，并有心要培养他一下。

后来，张宗昌被任命为绥宁镇守使兼吉林边防军第三混成旅旅长，而这时他的好运气又来了。当时俄国爆发革命，中俄边境上涌来了很多沙皇的溃兵，这些人走投无路之下，愿意把武器交给张宗昌而只需折算一点遣散费即可。由此，张宗昌在获得了大批俄国军械的同时，又编成了一支五百人的白俄军，也就是后来的铁甲兵团。

通过收编这支白俄军，张宗昌获得了大量的俄制武器，计有六千支步枪、二十多门大炮和四十几挺重机枪，还有整箱整箱的手雷，这在当时可是不容小觑。而且，沙俄溃兵听说张宗昌收编白俄军后，也都纷纷赶来投靠，白俄军规模扩大到两千余人，成为张宗昌手下一支能征善战的外国雇佣军。

白俄军的士兵个个身材高大，作战勇猛，其中还有不少军械专家，因而很受张宗昌的青睐。特别被这些人改装过的装甲列车，在战争中往往能起到奇兵的作用。另外，这支外国雇佣军使用的枪械武器都是俄国生产，其饮食也同张宗昌的其他部队不一样，平时都是吃面包黄油，拿的军饷也远比其他部队高。

有一次，张宗昌检阅部队，某司令部的官佐跑步不成样，举手也不习惯，张宗昌一开始就很不高兴。这时，有个戴眼镜的军需官用左手敬礼，张宗昌怒不可遏，跳起来用主席台上的铜墨盒盖向他扔去，所幸只把眼镜打掉，并未伤人。更可笑的是，这个军需官是高度近视，眼镜被打掉后手忙脚乱，连自己的队伍都找不到了。接着，由于这支部队里的很多兵是临时雇来的，跑步不整齐，点名又不答应，或者同时两人应到。更夸张的是，里面还有跛子、独眼龙，单独行动不便，于是推推搡搡、拉拉扯扯，简直不成样子。看到这里，张宗昌再也忍不住了，其站起来拍案大骂，停止点阅这支部队。

等到检阅白俄雇佣军时，这支部队虽然军纪不好，但精神饱满，训练有素，张宗昌这才转怒为喜。在白俄兵表演马术挥刀过堑时，张宗昌不住地用俄语夸道："好！"

最后训话时，张宗昌把被检阅的部队长官痛骂一顿，说："你的司令部是狗屁。什么大学生、举人秀才、念书的人，都是狗屁。打仗不顶用。叫你们去送枪也送不到地方。我张宗昌没念过书，不识字，我是从血里爬出来的。你们要是占着茅厕不拉屎，就给我挪窝！"检阅结束后，张宗昌令白俄官兵每人赏四块大洋，其他兵只有两块，很多人还没有领到。

由于张宗昌对这支白俄雇佣军爱如至宝，所以有人将这支白俄军称作"张宗昌的白毛子队"，这些白俄官兵也自认是"张宗昌的老毛子"。白俄兵不会讲中文，只会说"张宗昌的老毛子"这几个字。作战时，友军问白俄兵口令，他们就答"张宗昌的老毛子"，当时很多人就和他们开玩笑："你爸爸是谁？"白俄兵就答道："我爸爸是张宗昌！"一时传为笑谈。

后来，在与孙传芳的作战中，这支白俄铁甲兵团被断了后路，雇佣军们在铁甲车上负隅顽抗，打到最后，弹尽粮绝，伤亡殆尽，陷入了绝境。由于这些人平时军纪很坏，经常抢劫甚至强奸妇女，他们觉得如果被俘的话肯定死路一条，于是将铁甲车点燃，全部自杀而亡。经过这次打击后，张宗昌的白俄军也就一蹶不振，剩下的一些雇佣兵也大都返回东北并陆续遣送回了苏联，这是后话。

武夫治国

三不知："狗肉将军"能屈也能伸

1923年秋，张作霖为报第一次直奉战争的一箭之仇而在奉天举行陆军演习，以考察部队能否对曹锟、吴佩孚开战。当时张宗昌的部队虽然人马很多，但不少是土匪出身，纪律败坏，尽管力加整顿，但队伍中仍匪气很浓。另外，为给部队发军饷，张宗昌又偷偷种鸦片，这事被捅到张作霖那里后，总参议杨宇霆便说："每年花一百多万，养着这帮人种鸦片烟，那太不成话了。这次演习，要是看着他们不行，就把他们就地解决，遣散算了。"

由此，检阅大员郭松龄对张宗昌的这支部队要求特别严格，而演习那天正好又下了大雪，田野里的庄稼已经收割，但地里全是高粱秆子，硬挺在地上，被雪给遮盖了。张宗昌的士兵在雪地卧倒，因为看不见高粱秆，很多人因此受伤。张宗昌看到后，心里就很不痛快。

休息时，张宗昌带着几个随从找了间房子进去暂避风雪。进屋后，张宗昌满腹牢骚地蹲在炕上，他把随身带着的烧酒拿出来喝，边喝边骂："他妈的，这是哪个龟孙制定的计划，把我们弄成这样！"

正骂着，郭松龄突然推门而入，他听到张宗昌的牢骚话，便问道："你在骂谁？"张宗昌说："这是我的口头语，并非骂谁。"郭松龄顿时大发雷霆，气势汹汹地指着张宗昌的鼻子大骂道："我×你妈，这也是我的口头语！"

听了这话，张宗昌的脸色由红变黑，他从炕上一翻身跳下来，随从们大惊失色，以为他要翻脸拿手枪打郭松龄。不料张宗昌跳下炕却突然改口对郭说："郭二大爷，你×俺妈，你是俺的亲爸爸，还有什么说的？"郭松龄无话可说，气呼呼走了。

郭松龄走后，张的参谋还想去拉住郭，替他们劝解一下，但张宗昌一把拽住参谋，不让他去劝。之后，张宗昌满不在乎地说："你听我说，我叫他爸爸——反正他不是我爸爸！"

得知郭松龄与张宗昌骂架后，张学良亲自来视察张的部队，并试图加以劝慰。到后，张学良见张宗昌的部队器械一新，武器精良，不免有些吃惊，便问张宗昌这些武器是哪里来的，张回答说，是收编白俄溃兵时接受的，并且主动送了十箱手雷给张学良。

张学良回去后，向张作霖报告了张宗昌部队的情况，张作霖也认为张宗昌可以重用，于是张学良把张宗昌与郭松龄都请来，说："我们这个团体，内部不要闹意见。我们现在要做的是联合起来，同心协力的对付直军，打倒吴佩孚。茂宸（郭松龄的字）和效坤（张宗昌的字），不要把你们闹别扭的事情搁在心上。"

这样，郭松龄向张宗昌赔礼，彼此表示歉意后，这事也就算过去了。事后，张宗昌所部被改编为奉军第三混成旅，成为奉军的正规军，各方面待遇也得到提高。一年后，张宗昌的部队便作为奉军主力参加了第二次直奉战争。

虽然张作霖对张宗昌的部队待如亲兵，但张宗昌心里却不糊涂。出战前，张宗昌对部下说："这回我们要是战胜了，毫无问题，什么都有。要是战败回来，奉天是不会养活闲人的，到时我们就找个山窝去落脚吧！"

开战后，张宗昌的第三混成旅作为奉军第二军前锋进攻热河北部，首先遭遇的是直系劲旅董政国部。一番血战后，张宗昌迫其退却，并攻克冷口，奇袭滦州。而此时正好冯玉祥倒戈，直军一片混乱，张宗昌趁机挥兵追击，并大肆收编溃散的直军，其部队一下膨胀了七八倍，成为奉军中不可小视的力量。

武夫治国

到了这时,张宗昌才算是扬眉吐气。多年寄人篱下的他,终于占据一方,成为国内屈指可数的军阀之一。不久,张宗昌衣锦还乡,当上了山东督办。不过,这也不是什么好事,因为张宗昌这个人带兵打仗固然勇猛,但本人却是好赌好色、草菅人命的混世魔王,其督鲁三年,坏事干得不少,好事干得不多,人送绰号"狗肉将军"、"三不知"。

"狗肉"者,非张宗昌爱吃狗肉而是喜推牌九赌博的缘故(牌九俗称"狗肉")。当时也有另一种说法:张宗昌某次阅操时,一条野狗突然闯入阵中,不但咬了他的坐骑,还咬破了他的皮靴。尽管卫兵们一拥而上把狗打跑,但张宗昌被这么一吓,一则惊魂未定,二则因为卫兵们竟然没有把狗打死而大发雷霆。其回到督军署后,不但将卫兵们每人鞭笞数十下,而且下令在济南城内全员出动打狗(打死后大家吃狗肉)。此令一下,济南大街小巷满是手持大棒的警察士兵,他们见狗就打(也不看主人面了),数天后,狗尸遍地,狗踪全无,张宗昌也由此被人称为"狗肉将军"。

张宗昌的绰号前还有三个字,那就是"三不知"。"三不知"者,即这位狗肉将军从来不知道他自己"有多少兵、有多少钱、有多少姨太太"是也。先说第一个"不知"。张宗昌的部队成员复杂,有华人、有俄人,有土匪、有正规军,器械也是各种制式,新旧不一。另外,张宗昌特别喜欢招兵扩大自己的势力,前来投奔的土匪流寇基本来者不拒,如后来也成为军阀之一的孙殿英,便是张宗昌做山东督办时收编的。而且,张宗昌扩军也不管人数,投奔的人报多少是多少,还没多长时间,就搞出十几个军来了,所以他也不知道自己到底多少条枪、多少人马。

第二个"不知",说张宗昌不知道自己有多少钱,也没有冤枉他。和其他军阀相比,张宗昌的搜刮能力也是无人能比,当时山东的各种捐税、摊派、军用票,完全是随心所欲的乱来。其他军阀,好歹还要顾及下自己的乡土情谊,但张宗昌对自己家乡一点也不放过。不仅是各种苛捐杂税,张宗昌还公开地走私贩毒来养活他的军队，真可谓令人发指。

　　第三个"不知"那就更搞笑了，说张宗昌不知道自己有多少个姨太太，但这事还真的一点不假。有次张宗昌去千佛山登高，只见他身穿长袍马褂，口里含着雪茄走在前面，后面跟着四十几个奇装异服的年轻女人，一个个油头粉面，身旁还有众多的丫环伺候，其姨太太之多，可见一斑。张宗昌不但姨太太多，据说还是"八国联军"，日本的、韩国的、俄国的，应有尽有。更可笑的是，张宗昌喜欢带着姨太太招摇过市，当时报上就刊有此等场面的照片：张宗昌走在前面，后面就跟着一队马弁和一大堆的姨太太。

　　最荒唐的是，张宗昌喜欢逛窑子，看上哪个窑姐就带了回去做姨太太，并在外面弄个房子，派两个卫兵，挂个"张公馆"的牌子，就算多了一个。过段时间，张宗昌忘了这位"新人"，卫兵撤回，这"姨太太"也只好重操旧业。所以有嫖客经常戏言："走，跟张宗昌的老婆睡觉去！"这话传到张宗昌的耳朵里，他也不恼，一笑置之，其荒唐可知矣。

武夫治國

性本粗：张宗昌附庸风雅笑料百出

民国大小军阀中，张宗昌大概是文化程度最低的一个，他没有正儿八经地上过一天学，但这位"三不知"将军平时却喜欢附庸风雅，因而也闹出不少笑话。

当年湘鄂战争中，有一日军中无事，张宗昌邀集一帮人到江边亭子间喝酒。喝着喝着，张宗昌忽然诗兴勃发，非拉着同座联句。好在席上人都有点文化，此等风雅之举也不在话下。开始后，先是首席念了一句："风景一天秋"；次席的人接道："浔阳百尺楼"；第三个说："登临思帝子"。最末到了张宗昌，他却对不上来，几如《红楼梦》那个薛蟠，眼瞪得铜铃那么大，抓耳挠腮，久思不得其句。这时，江岸有两渔人互殴，张宗昌触景生情，便急忙对道："两个渔翁揪打。"

席上人听后忍俊不禁，大笑不止。有人说："六字不能联，不如截去最后那字，这样不但意思对了，而且还押韵。"张宗昌不懂押韵不押韵的，听人家这么说，也就唯唯而已。回来后，张宗昌把这事告诉他的秘书。秘书也大笑，抚掌顿足道："该打该打。"张宗昌莫名其妙，说："本是有'打'字的，他们非劝我改去。"

军阀本武人，平时耀武扬威惯了，偶尔也要弄点文的，但有的人弄得好，有的人就不咋地了。譬如张作霖，他也是绿林大学毕业，但其留下来的一些字帖题字，尚有可观之处。至于张宗昌，除留下一大堆笑话外，题字倒不曾见。

张宗昌虽然没有留下字帖，但人家有诗歌传世。有人或许以为这是在开玩笑，这样一位大字不识一个、连韵脚都搞不清的粗鄙武夫，还会写诗？非也非也，这位张督军非但会写诗，而且还出过诗集呢。要不信，就抄几首：

一、《俺也写个大风歌》，作者：张宗昌

"大炮开兮轰他娘，威加海内兮回家乡；数英雄兮张宗昌，安得巨鲸兮吞扶桑。"

二、《游泰山》，作者：张宗昌

"远看泰山黑糊糊，上头细来下头粗；如把泰山倒过来，下头细来上头粗。"

三、《天上闪电》，作者：张宗昌

"忽见天上一火链，好像玉皇要抽烟；如果玉皇不抽烟，为何又是一火链。"

四、《笑刘邦》，作者：张宗昌

"听说项羽力拔山，吓得刘邦就要窜；不是俺家小张良，奶奶早已回沛县。"

前面都好理解，最后一句就有些文不对题，什么叫"奶奶早已回沛县"？其实啊，这句少了一个字，那就是"奶奶（的）早已回沛县"。张宗昌作诗，一向把骂娘的话也写进去，也是古今诗坛一大特色。

说到这诗集，其实是张宗昌请前清状元公王寿彭给他做的，因而虽说粗鄙，终究还有些打油诗的风味。张宗昌督办山东时，为表示自己重视教育而不惜花费重金将王寿彭请来做山东教育厅长。不仅如此，张还故作姿态，拜王寿彭为老师，向他学习如何作诗，于是就有了张宗昌的个人诗集：《效坤诗钞》（效坤为张宗昌的字）。诗集弄好后，凡是亲朋好友，人手分赠一册，老张总算是甩掉了"文盲"的帽子。

张宗昌虽是个粗人，但有一点颇值得称道，那就是尊孔。他不但出过诗集，而且还大量出版印刷过儒学十三经。据印刷界人士评

武夫治国

价，张宗昌弄的十三经可能是历史上纸张、印刷和装帧最好的一套版本。其主政山东期间，不知道是教育厅长王状元的意见还是张宗昌自己的意思，山东各学校里都大力提倡尊孔读经，儒学经典是各级学校的必读课程，说是当时世风日下，尊孔读经是为挽回道德人心。

张宗昌曾在曲阜孔庙举办过一次规模盛大的祭孔典礼，主祭人便是张本人。礼成后，张宗昌说了这样一番话："我张宗昌小时，是个穷人，又是个粗人，长大后闯关东，闯到今天，倒成了武人。我今天同许多文武官员来到孔老夫子的家乡，恭恭敬敬地祭拜这位老圣人。祭祀的礼节，我本来不懂。前天来后，先请司礼官讲解了祭孔的礼仪，参观了庙堂礼器，叫我心里更加敬佩。我的祝辞和讲稿，全是王状元作的，已经印出来了，准备每人发给你们一张，希望大家回去好好地念念，好好地想想，将来就好好地做去。咱们大家要一同向孔夫子学习，才配来祭孔老夫子，这些年有人要打倒孔家店，我看打不倒。现在我拨一笔款重修孔庙寝殿，修完这里，再修奎文阁。打的让他们打，修的我们还是修，陈焕章会长（康有为弟子，孔教会会长）在外国还参加重修孔庙，并且亲自运过大梁，何况是我们？"

张宗昌的这段话倒是情真意切，有点像人话，后来中原大战，蒋介石、阎锡山、石友三的军队在曲阜大战，就毁坏不少孔庙建筑。就这点而言，这些人尚不如张宗昌呢。

不过，张宗昌虽然表面尊孔，但骨子里对头上的三尺神明其实是大不敬的。他初到山东时，正好遇上一场大旱灾，好几个月不下雨，按当地风俗，老百姓请地方长官向老天爷祈雨。张宗昌本不信这套，但初来乍到，不好违逆民意，所以还是命人在龙王庙前设祭坛，并答应亲自去祭祀。

等到了祈雨那天，张宗昌来到龙王庙坛前，等了半天也不下雨。一怒之下，他既不拈香，也不祭拜，而是大跨步走到神案前，照着龙王像左右开弓搧了几记耳光，还恶狠狠地骂道："妈个巴子！你不下雨，看害得老百姓多苦！"

骂过后，张宗昌丢下那些惊骇的民众，径自坐上汽车走了。打也打了，骂也骂了，但老天爷还是不下雨，张宗昌心里憋着气，于是命炮兵团搬来十九门大炮，气势汹汹地排于龙王庙前，并下令齐向天空轰击。可惜的是，张宗昌用的不是专业人工降雨的炮弹，一阵胡乱轰炸后，还是一丁点雨都没有下来。

张宗昌虽喜附庸风雅，但对文化人其实毫不在意。湖南才子杨度曾以总参议名义入其幕中，张宗昌常以汉高祖刘邦（儒冠中撒尿的那位爷）自命，而喜欢戏呼杨度为张良。杨度有一次笑道："汉高祖能役功人，公仅能役功狗耳。我固然不足以当张良，公亦非汉高可比。"张宗昌顺口就说："那你就是功狗啦？"说罢，张放声大笑不已。最逗的是，张宗昌以杨度为参赞，常戏呼杨为"羊肚参赞"，有人以"狗肉将军"与之相配，亦绝对也。

后来北伐军起，杨度密告张宗昌加入国民党，以免被消灭。张学良得知后，问张宗昌："听说兄台欲为国民党，不知有这事吗？"张宗昌愕然道："有倒是有。不过你怎么知道？此乃是杨度教我的。"张学良不满地说："我家父与中山先生有旧，与国民党合作，我们应一致行动。如今北伐兵尚未渡河而自相割裂，人必轻我。且家父为吾等团体领袖，如此事宜应由家父出面，才符合规矩。"张宗昌自知失言，只好唯唯答应。

这时，湖南人薛大可也在座，张学良便扭头对他说："烦请寄语晳子（杨度字），如果他再饶舌，我到时要他的脑袋。"事后，杨度大骂张宗昌竖子不足以谋，随后连夜逃走。不久，北伐军如风卷残云般进军华北，张宗昌一败涂地，最后遁居东瀛，其不免仰天叹道："真后悔不用晳子之谋也！"

张宗昌任山东督办一年，敛财达二百万，其亲戚旧友来访者无不满意而归，以至于张宗昌死时竟没有余钱。张宗昌的朋友们都称赞他仗义疏财，但是，张宗昌所疏者，乃是三千万鲁人之财，又有何可取之处哉？

武夫治国

逞辣手：张宗昌枪杀名记林白水

1926年，奉系军阀张作霖及"狗肉将军"张宗昌以"通赤"罪名枪杀知名报人邵飘萍、林白水，两人之死相距不过百日，某报遂以"萍水相逢百日间"相吊唁，一时反响激烈。

林白水原名林獬，因发表文章均署"白水"，人忘其名而直呼"林白水"。林为福建侯官人（今福州），少时才气纵横，曾相继创办《杭州白话报》、《中国白话报》、《社会日报》等，均风行一时。

林白水有句名言，曰："新闻记者应该说人话、不说鬼话；应该说真话、不说假话。"这也是他一生事业的座右铭。1904年11月，此时正值日俄战争期间，但清廷仍为慈禧太后七十寿辰而大肆庆贺。愤然之下，林白水写下一副对联，一时广为传诵：

今日幸西苑，明日幸颐和，何日再幸圆明园，
四百兆骨髓全枯，只剩一人何有幸？
五十失琉球，六十失台海，七十又失东三省，
五万里版图弥蹙，每逢万寿必无疆！

此联可谓字字辛辣、句句见血，时人为之拍案叫绝。直奉战争期间，有职无权的大总统徐世昌游离于直奉之间，林白水作诗讽刺："兵锋已及长辛店，祸水终弥水竹村（徐世昌诗文署名水竹村人）。"未几，徐世昌果然被逼去职，林白水一诗被传为妖谶。

林白水的文章一向以犀利与讽刺闻名,读者看了固然痛快,但被讥讽的人就未必了。所谓"常在河边走,哪有不湿鞋",终于有次得罪了张宗昌,误了卿卿性命。张宗昌极厌恶新闻记者,但他对舆论颇为注意。据说,1925年夏张宗昌率部驻扎南京时,某日与张学良及原浙江督军卢永祥之子卢筱嘉闲谈,时有卫兵持名片入,报称某王姓记者请见。张宗昌看后皱皱眉头,作"切了"状。片刻后,卫兵进来报告:"那记者已被枪毙。"卢听后大惊:"为何要杀此记者?"张答:"我看那记者名片上光头衔就列了十几条,一看就是招摇撞骗之人,杀了也好。"

无名记者被杀事尚待考证,但张宗昌擅杀林白水却是千真万确。林白水的被杀,原因是他在《社会日报》上发了一篇《官僚之运气》的讽刺文章,其中说:"狗有狗运,猪有猪运,督办亦有督办运,苟运气未到,不怕你有大来头,终难如愿也。某君者,人皆号之为某军阀之'肾囊',因其终日系在某军阀之裤下,亦步亦趋,不离冕刻,有类于肾囊之累赘,终日悬于腿间也。此君热心做官,热心刮地皮,因是有口皆碑,而此次既不能得优缺总长,乃并一优缺督办亦不可得。……甚矣运气之不能不讲。"

此文被讽刺的主角乃张宗昌督署总参议潘复,因为潘复字"馨航",其音与"肾囊"音近,而总参议本是智囊,如今却变成了"随人不离之肾囊"(即睾丸),是谓"累坠(赘)徒招人厌也"。另外,张宗昌所部因行军奇快,人又送绰号"长腿将军",如今"长腿与肾囊"正好相得益彰,不免让人联想。文章见报后,众人提及潘复时,都不名"馨航"而戏称"肾囊",潘复受此奇耻大辱,恨得牙齿嘎嘣响,杀心顿起。

林的文章下半部分涉及张宗昌聚赌之事,这下"肾囊"先生找到把柄,随后拿着报纸找张宗昌并添油加醋诋毁一番,意在借张之手杀了林白水。张宗昌听后拍案怒喝:"吾必杀之!"潘怕他还不够坚决,又逸称林某所办《社会日报》乃宣传共产主义,不去之必有后祸。张宗昌和张作霖一样仇视共产主义,曾把其统治称作"木棍子打人",而把共产主义比作"铁棍子打人","肾囊"此语,可谓触及要害。

张宗昌听后,当即下令抓捕林白水。当晚,林白水刚从海军俱乐部宴会回家,正在烟榻上构思社论,忽听到外面砸门声,开门后见便衣二人,正愕然间,便衣问:"你可是林白水?"林尚不知大祸临头,问:"何事?"便衣说:"司令请你谈话,跟我们走吧!"

林白水办报常受警厅拘传,家人习以为常,只是这晚听到"司令"二字,才知事态严重。时人刘以芬在《民国政史拾遗》中称,林白水被捕后,有同乡李律阁为张宗昌之赌桌好友,他受林家所托,前去找张宗昌说情。张宗昌一见李即问:"你深夜来此,可是为了林白水?"李说:"是,不知他为何开罪大帅?"张说:"我与他倒没有什么仇怨,但听说他宣传共产主义,我必杀之。"李问:"大帅如何知道?"张说:"他办《社会日报》,不是共产主义是什么?"李曰:"倘若如此,我也想杀了他。但这次实属冤枉,他以'社会'二字为报名,乃是想表明为社会服务之意,与共产主义实毫不相涉。"张说:"你说的倒也不错,可以放了他。"于是李律阁请张宗昌下手令,张说:"你代书,我盖印。"

李律阁大喜过望,以为林白水幸免一难,不料张宗昌的手谕到宪兵司令部后,林白水竟已被枪决。原来,潘复得知李律阁前去见张宗昌后,知道他来为林白水求情,于是急忙打电话给宪兵司令王琦,催促他立刻解决,结果林白水就这样丧命了。

被杀前,自知凶多吉少的林白水于凌晨写下遗嘱:"我绝命在顷刻,家中事一时无从说起,只好听之!爱女好好读书,以后择婿,须格外慎重;可电知陆儿回家照应。小林、宝玉和气过日。所有难决之事,请莪孙、淮生、律阁、秋岳诸友帮忙。我生平不做亏心事,天应佑我家人也。"一代报人,就此亡之。

文字狱古而有之,但在新闻还算自由的北洋时期,却有两位名记者在百日之内遭无故枪杀,足见军阀之凶焰。民国元年,戴季陶因反对屈辱借款而在《民权报》上发泄愤之文,曰:"熊希龄卖国,杀！唐绍仪愚民，杀！袁世凯专横，杀！章炳麟阿权，杀!"

简简单单的几句话，竟有四个"杀"字，可谓杀气腾腾。戴季陶后被租界当局以"鼓吹杀人、任意毁谤"而拘捕，但令人惊奇的是，当时的内阁总理，也是被骂之人唐绍仪却亲自为其说情，理由是"言论自由，约法保障"，而挨了骂的大总统袁世凯既未吭声，也未加追究。殊不知，民国不过十余年，军阀已堕落成土霸王，可谓一代不如一代。

武夫治國

幕后人：张宗昌刺人亦遭人刺死

张宗昌做旅长时，有个跟随多年的部下名叫程国瑞，其所部军纪很差，大家都议论纷纷，啧有烦言，就连张宗昌的参谋长都提出要将其撤换，但张宗昌始终不肯答应。有一次，其参谋长再次提出要撤换程国瑞，张宗昌很不高兴地说："别人说他怎么怎么样，那都不用去管他。你当参谋长，可不能这样说。你要晓得我跟程竞武（竞武是程国瑞的字）的关系，当年人家花了四十万元，让我派人打死陈其美，事后我一个子儿都没有给他（即程国瑞）。我觉得对不起他，现在他当个团长，那又有什么呢！"

张宗昌的一席话，立刻解开了当年革命枭雄陈其美被杀的一个谜团。原来，袁世凯称帝后，陈其美也在上海积极活动，准备组织反袁行动。后来，袁世凯将这一情况通报给了江苏督军冯国璋，后者即将刺杀陈其美的任务交给了时为江苏军官教导团团长的张宗昌，赏金是五万元（与张宗昌所说的四十万相异）。

张宗昌和陈其美都混过黑道，而且都是青帮成员，其接到任务后，便决定用黑道的方式来解决。张宗昌知道，陈其美是个好吃爱玩、喜欢赌博的人，于是派程国瑞、王栋等人假装富商，打入陈其美设在上海租界的秘密组织。程国瑞等人投其所好，陪着陈其美吃喝玩乐，后者也就日渐放松了警惕。

某日，程国瑞等人假称要为革命捐款，双方约好在某住所会面。陈其美因筹划革命正需要钱款，于是信以为真，按约前去。谁知到那之后，半天不见人来，正当他要离去之时，程国瑞等人突然杀出，对着陈其美就是几枪，结果陈一命呜呼，而程国瑞等人急忙逃回了南京。

程国瑞等人熟悉黑道手段，这个案子做得滴水不漏，很长时间里都查不出谁是凶手。直到事情过去多年后，才由张宗昌的嘴里漏了出来，大家也算看清了张宗昌的真面目。按理，辛亥革命时，张宗昌带着一帮人马来到上海投奔革命，陈其美既是他的上级领导，又是帮中的弟兄，到最后闹到内部血拼，也是一叹。

张宗昌使用下三烂的手段将陈其美刺死，但他没有想到的是，自己也是以这种方式结束性命。原来，北伐军越过长江后，张宗昌的"直鲁联军"被打得溃不成军，最后失去了所有的人马，连地盘也被新崛起的军阀韩复榘给抢了去。

数年后，张学良在中原大战中出兵支持蒋介石，因而被后者委托整理华北。张宗昌认为自己原来也是奉系的一员，便想抓住这次机会东山再起。这时，在天津做寓公的石友三也来找张宗昌，因为他和山东省主席韩复榘原是西北军的同袍，他有两个旅的队伍后来被韩复榘收编，因此也想到山东谋一落脚之处。不过，石友三觉得自己的实力不够，因而想拉上张宗昌，利用他当年在山东的旧关系和部属，一起来个咸鱼翻身。

张宗昌听后一拍即合，于是两人一起到北平去见张学良，而这时张学良正好在北京召集华北各主要将领的军事会议，韩复榘也来参会。在张学良的撮合下，张宗昌、石友三和韩复榘三人换了帖子，结为把兄弟。韩复榘当场表示，欢迎张宗昌和石友三去山东，并邀请他们去济南商议扩军事宜。

韩复榘既然这样表了态，张宗昌自然心头窃喜，于是他召集原来的旧部，打算去山东打探一下。张宗昌的部下认为韩复榘心怀叵测，这时候去山东过于冒险，大家都劝他不要去。当时一起做寓公的下岗军阀吴佩孚、孙传芳也告诫他，山东万不可去，否则必有奇祸。张宗昌又去问张学良，张学良也劝他暂时不要去，并答应会对他有所安排。张宗昌的老母听说他要去济南，十分惊骇，竟横卧在公馆大门前，不准汽车出入。张宗昌后来想了想，于是也打消了复起的念头。

但这时，石友三已经到了济南，而韩复榘也发电催促他来山东，张宗昌不免又有些动心，于是又改变主意，并瞒着其母带着原来的参谋长金寿良等人秘密去了济南。等张母发觉并告知张学良后，张学良急电天津东站进行拦截，但此时火车已经开出，无法追回了。

张宗昌到济南后，先去见了石友三，然后在石的陪同下去与韩复榘会面。韩表面上仍旧热情招待，但在饭后休息时，张宗昌突然看见大厅的墙壁上挂着郑金声的相片，立刻打了一个寒战，心想大事不好。

原来，在当年北伐战争中，张宗昌与冯玉祥的国民军交战，郑金声是冯玉祥部的军长，后被张宗昌捕获而遭到枪毙。张宗昌知道形势对自己不利，于是有意将自己新买的手枪送给韩复榘，以换取后者的好感与谅解。韩复榘接受了张宗昌的手枪后，仍旧非常客气，随后张宗昌等人便回到公馆休息。

当晚，张宗昌原来的幕僚前来告密，说韩复榘将对他不利，让他赶紧跑路。张宗昌于是在第二天诈称自己的母亲生病，并买好了当天下午五点的火车票准备返回北平。韩复榘闻讯后赶来与张宗昌设宴饯行，一帮人虚与周旋，一直闹到下午三点，韩复榘借口要去阅兵而离去，并安排石友三等人去车站给张宗昌送行。

等张宗昌等人上了火车之后，石友三等人寒暄几句即下车。就在这时，突然有刺客冲出，并向张宗昌等连连开枪。张宗昌见势不妙，慌忙躲进餐车，并沿着车厢走到另一个车门逃窜。可怕的是，当时刺客并非一人，而是还有两人前后包抄，势在必得。尽管张宗昌的身手还算敏捷，但其副官及参谋先后一死一伤，两个刺客仍对张宗昌穷追不舍。张宗昌跳下火车后，正要向北奔逃时，一列兵车开来，将他的道路堵住，而貌似其他地方也响了枪声。混乱之中，张宗昌头部中弹倒了下去，两个刺客赶上前去，又在张宗昌的要害处补了几枪，这下狗肉将军只好一命呜呼了。

等到军警赶来后，两名刺客丢下枪，一个大呼道："我是郑金声的嗣子郑继成，我杀张宗昌是为父报仇，我愿意担任这个责任！"另一个则大呼道："我是郑金声军长的卫士陈凤山，当年郑军长被杀时，我被随从陪绑，我是为了军长报仇，也是为自己报仇！"

张宗昌被刺杀后，各报刊很是热闹了一阵。有人说张宗昌该死，有人称郑继成、陈凤山无罪，一时间纷纷攘攘，莫衷一是。后来，郑继成、陈凤山被判有罪，但在冯玉祥等人的斡旋下，没关几年便被放了出来。

至于张宗昌，到底是真的有人要为父报仇还是韩复榘的有意安排，这几同于徐树铮被刺一样的谜案，无可追究也无人会去追究。总而言之，张宗昌这个土匪出身的枭雄终于走完了他的风云史，他到底是被谁谋害死的，这已经不重要了。

武夫治国

郭鬼子：郭松龄为何倒张作霖的戈

奉系军队中，最为精锐的莫过于张学良与郭松龄带的"一三联军"。但是，在奉军击败曹锟、吴佩孚的直系势力并准备打垮另一竞争对手冯玉祥的国民军时，其内部却在毫无征兆的情况下闹出了一个大乱子，这就是历史上所称的"郭松龄倒戈"。那这个郭松龄，又是何路好汉呢？

郭松龄，字茂宸，人送绰号"郭鬼子"，其在清末时入奉天陆军小学堂学习，后又相继进入北京将校研究所和中国陆军大学深造，毕业后被北京讲武堂聘为教官，属于军界中典型的学院派出身。

在陆大同学、时任奉天督军署参谋长的秦华介绍下，郭松龄先进入督军署任少校参谋，随后又调任东三省讲武堂中校教官，由此结识了一位贵人，这便是少帅张学良。张学良生于1901年，十九岁时进入东三省讲武堂学习军事。作为张作霖的公子爷，张学良难免有纨绔子弟的风气，因而其他教官也就对他放松要求甚至放任自流。唯独不同的是，郭松龄却不信这个邪，他对张学良像其他学员一样不加分别，给予了严格要求。由于郭松龄是学院派出身，也确实有几把刷子，张学良很快为其渊博的学识和扎实的功底所倾倒，并尊之以师，待之以友，由此确立了信任关系。

讲武堂毕业后，张学良随即被张作霖委派为卫队旅旅长。其上任后的第一件事，便是将郭松龄调为卫队旅参谋长并兼任第二团团长，郭松龄也由此成为了带兵官，并在之后的军旅生涯中一再升迁。

郭松龄身材高大，双目炯炯有神，一看便是有大志的人。平时生活中，无论春夏秋冬，郭松龄总是一身制服，面容严肃，其作风一向井井有条，生活上节约简朴。郭松龄的夫人韩淑秀是燕京大学毕业生，与冯玉祥的夫人李德全为莫逆之交。

直皖战争后，张学良担任奉天陆军第三混成旅旅长，郭松龄为第八旅旅长。由于张学良另外担任了其他职务，因此两旅合署办公，其训练、人员管理等工作也全部交由郭松龄负责，时人称之为"三八旅"。

在此期间，张学良和郭松龄的关系亲密无间，张学良对郭是疑人不用、用人不疑，完全放手让郭松龄训练军队，而郭松龄也对张学良衷心拥戴，恭顺服从，两人甚至结为了异姓兄弟。就像曹锟和吴佩孚的关系一样，张学良也常说一句话："郭茂宸就是我，我就是郭茂宸。"郭松龄的决定与作为，张学良基本都给予了支持。

在张学良与郭松龄的精诚合作下，"三八旅"在第一次直奉战争中表现出色，由此也获得了张作霖的极大重视。直奉一战失败后，张作霖整军备武，其中举措之一便要将张学良与郭松龄的部队打造成奉军中的王牌军，即后来的"一三联军"。

郭松龄是靠着少帅张学良青云直起的，他这派势力的崛起难免和其他老派系产生矛盾。当时奉系可分为三派：第一派是"绿林元老派"，譬如张作相、张景惠、汤玉麟等人，他们原本是一群绿林豪杰转化来的军中老粗，已经跟随了张作霖多年，地位根深蒂固。

第二派是"日本士官派"，如杨宇霆、姜登选、韩麟春等人，这些人都是清末从日本士官学校毕业归国的留学生，当时这种现象不仅存在于奉军，其他军阀中也是屡见不鲜，譬如李烈钧、蔡锷、阎锡山等人，均可划入此派。

最后一派即以郭松龄为首的"北洋陆大派"，这一派人既包括了陆军大学的毕业生，也包括了"东北讲武堂"训练出来的学生，其中便有魏益三、刘伟等中高级将领。

从古至今，中国人在一起便喜欢拉帮结派，几乎无处不党、无处不派、党中有党、派中有派、党中无派、千奇百怪，奉军也是如此。作为后起之秀的郭松龄这派人，他们年青、有冲劲，思想也比较先进，因而难免与那些"绿林元老派"、"日本士官派"发生矛盾冲突。再者，"绿林元老派"、"日本士官派"当时已经在位攘权，郭松龄这派人想要上位的话，必然引起另两派人的警觉和反感，并进而激化矛盾。

在这些人中，郭松龄与杨宇霆的矛盾最大。首先，这两人都刚愎自用，恃才傲物，谁也不把谁放在眼里。其次，当时杨宇霆在奉军任总参议兼参谋长，无论政务还是军事，张作霖都倚之甚重，言听计从，可谓奉军中极显赫的人物，而郭松龄掌握了奉军劲旅，背靠少帅张学良，可谓是旗鼓相当。因此，奉系中竞争最激烈的便是杨宇霆和郭松龄，而且两人政见一向不合，加之平时争权夺势，双方积怨很深。

第二次直奉战争后，奉系各大佬如李景林当上了直隶督办、张宗昌当上了山东督办、杨宇霆做上江苏督办、姜登选上任安徽督办，出力最大的郭松龄反在战后的地盘分配中颗粒无收。张作霖的想法，固然是传统的按资排辈，先照顾老同志，但对于郭松龄一派人来说，这未免太过奖赏不公，由此也引起了他们的强烈不满。

张作霖原本安排姜登选为江苏督办而让郭松龄当安徽督办，谁知任命发布前，杨宇霆突然跳出来把江苏督办的位置给抢去，因而姜登选便代替了郭松龄出任安徽督办。在此之前，郭松龄已经派出一个旅前往安徽蚌埠并做好了出任安徽督办的准备，谁知遭此变故，竹篮打水一场空，其心中的激愤，可想而知。

张学良也理解郭松龄当时的心情，他曾对郭的参谋长魏益三说："将来他（郭）想要地盘，黑龙江、吉林任他选择。但是，现在还不是时机，尚需少安毋躁，届时一定会解决好这个问题。"

但是，郭松龄此时已经忍无可忍，不想再等了。

第二次直奉战争后，前往各地占领地盘的大都是奉军的次级部队，其精锐部队"一三联军"改由"京榆驻军司令部"管辖，其中包括六师十二旅，骑兵一师两旅，炮兵两旅，外加工兵一团，兵力达七万五千人，这些是奉军的最精锐部分，而军权掌握者为少帅张学良，郭松龄副之。当时张学良所兼职务太多，军权实际上掌握在郭松龄手中。

由于郭松龄夫人韩淑秀与冯玉祥夫人李德全的特殊关系，冯玉祥的"北京政变"难免会对郭松龄产生影响。郭松龄和一般的北洋军人不同，其在辛亥年间参加过革命，经历和冯玉祥类似，因此对军阀的那一套作风很看不惯。另外，冯玉祥成功倒戈后，势力扩展迅速，这也给郭松龄树立了一个榜样。相比而言，郭松龄在奉军中的地位和实力远比冯玉祥在直系中更为优越，既然冯玉祥能够取得如此大的成功，那他也同样搞一下"反奉倒张"，自己当个"东北王"，那胜算应该是很大的。

据说，郭松龄倒戈还有一个原因，那就是当年他奉派前往日本观操时，偶然得知了日本与张作霖的卖国密约，出于爱国热忱而愤然倒戈。此次日本观操，冯玉祥也派了部下韩复榘前往同去，于是郭松龄便通过韩复榘与冯玉祥达成七条攻守同盟的密约，共同反奉。与此同时，郭松龄又与同样受到排挤的李景林达成默契，准备合作。

1925年11月22日，张作霖突然电召郭松龄返回沈阳，以讨论对国民军的作战问题。郭松龄以为事已泄露，时不可待，于是决定提前倒戈反奉。当天，郭松龄发出三道通电，宣布主和拒战，并提出张作霖下野、请张学良主政、严惩主战的罪魁祸首杨宇霆等要求。

当天晚上，郭松龄在滦州召集军事会议，到会的"一三联军"军官有近百人，郭的夫人韩淑秀也参加了这次会议。当时的会场气氛紧张，戒备森严，担任警戒的卫兵一个个荷枪实弹，来回巡查。郭松龄在宣布反奉倒张之后，请愿意参加的各师长、旅长、团长在参战书上签字，不签的也不勉强。

由于事发突然，这些中高级军官一个个面面相觑，不知所措。最后，齐恩铭、裴春生等四位师长公开表示反对，后来这几个人被送到李景林处软禁，而其他人大都在参战书上签了字，表示愿意跟

武夫治国

起兵反奉的郭松龄

从郭松龄倒戈反奉。

郭松龄倒戈的消息如同一枚重磅炸弹，几乎把张作霖给炸懵了。张学良得知后，也是惊诧莫名，几乎不敢相信自己的耳朵。当时的张学良正忙于招抚渤海舰队，还真没想到郭松龄会在背后这么搞他一下。

更要命的是，郭松龄最初一直打着"清君侧"、"拥护张学良主政"的名义反奉，这让张学良显得尤其被动。11月24日夜，张学良乘火车南下，但因陆路被阻而改由海路到达秦皇岛，他先派自己的日本顾问仪峨诚也少佐与在滦州给郭松龄治病的日本医生守田福松通电话，希望能亲自见一次郭松龄，但遭到婉拒。

无奈之下，张学良只得托人给郭松龄送去一封亲笔信，信上说："承兄厚意，拥良上台，但我对于朋友之义尚不能背叛，又岂能见利忘义，背叛自己的父亲呢？所以兄台所谓统驭三省、经营三省者，兄台可自为之，我虽万死也不敢承命，免得落下千古忤逆之骂名。"

尽管张学良一再向郭松龄保证，只要停止军事，一切善后问题由他负责，但郭松龄此时已是开弓没有回头箭，除了一意往前，并无第二条退路。在此情况下，双方也只能兵戎相见，在战场上一决高下了。

和张作霖相比，郭松龄这个人在政治权谋上还是欠稳妥的。比如其宣称这次倒戈是要"清君侧"、"拥少帅上位"，张作霖将计就计，很快便将杨宇霆撤职查办并让张学良前往招抚，但郭松龄拒绝与张学良见面的事实,等于是不打自招,不但让这两个号召在无形中化为乌有,反而让自己这种口是心非的"司马昭之心",将士皆知。

毕竟,奉"少帅"伐"老帅",这不仅违背了中国传统的基本人伦大道,在策略上也并不高明,而率少帅之兵行逼迫之实,也是一种不忠不义的不耻之举。此时的中国距辛亥不远,传统的儒家道义还是有的嘛。

在处理与其他奉军将领的关系上,郭松龄也是刚愎自用、举止操切。如擅杀奉系将领姜登选,便是一例。姜登选是"士官派"的重要成员,此人一向沉默寡言,性格沉稳平和,在奉军中很得人心。但在第二次直奉战争中,郭松龄与之发生矛盾,姜登选还曾在张作霖面前告过郭松龄一状,郭由此怀恨在心。

在后来的安徽督办问题上,尽管姜登选挤掉郭松龄出任了督办一职,但原因并非姜登选要抢,而是因为杨宇霆抢掉了本该由他出任的江苏督办,这事要怪只能怪杨宇霆而不该迁怒于姜登选。但姜登选在孙传芳军队夺下苏皖后,其在返回奉天途中被郭松龄截住并下令枪决,借口便是"为穷兵黩武者戒"。

说姜登选"穷兵黩武",盖的帽子显然大了点,而未经审判便枪杀一位陆军上将,更是让奉军内部人心惶惶,人人自危。郭松龄这种挟嫌报复、草菅人命的作法,实在是给对手加分而给自己减分的愚蠢之举。当然,郭松龄杀姜登选固然有个人嫌隙之原因,但也很可能是要拿姜登选来"祭旗",以表明自己"有进无退"的决心。是啊,既然造反,就只能往前,若存侥幸之心,则必死无葬身之地矣。

郭松龄统率的军队是奉军中最精锐的部队,从宣布起事不到半个月,郭军便相继击溃了张作相、汲金纯、张学良的守卫部队并进占锦州,此时离攻下沈阳已是指日可待。

可惜的是,由于进兵速度过快,加上后勤等方面原因,郭军此时已是疲惫不堪,郭松龄也只好命令部队在锦州休整三天。由于郭军未能猛追穷寇,以至奉军得到宝贵的喘息时间,而吉林等方面的援军此时也源源不断地开到,这对郭松龄是极其不利的。

更要命的是,张作霖利用此机会加紧了与日本的勾结,并不惜签下密约,以获得日本关东军的支持。郭松龄起兵造反后,日本方面也极为关注,他们分别派出代表前往张作霖和郭松龄处打探,希望获得对他们有利的信息。对此,郭松龄只希望日本保持中立,并未答应他们的侵略要求,而张作霖则在失败的阴影下孤注一掷,答应了日本在东北享有土地商租权、杂居权及铁路修筑权等要求,条件就是日本关东军协助奉军击败郭松龄部队。

得到张作霖的保证后,日本随即向东北调集军队,并警告郭松龄部不得进入南满铁路二十里内,否则关东军将采取非常措施。换言之,南满铁路以东便成了张作霖的安全地带,而郭松龄的部队只能沿着锦州北上进攻沈阳。不仅如此,日本关东军还为张作霖刺探军情,指引目标,甚至派日军穿上奉军的服装帮助张作霖作战。

在此情况下,郭松龄部北上占领新民后,与奉军在沈阳北边的巨流河一带展开决战(齐邦媛之回忆录《巨流河》,即指此。当时齐父为郭松龄部下)。由于奉军以逸待劳,又有空军和大队骑兵相助,而郭松龄的部队久经跋涉,补给不足,此时已成强弩之末。在奉军的猛烈进攻下,郭松龄部全线崩溃,后方司令部也被吴俊升的骑兵包围。两天后,郭松龄夫妇率少数随从逃出白旗堡,但很快又被奉军王永清所部骑兵追上,最后被枪杀于辽河之畔。

带着张家的子弟兵去造老张家的反,郭松龄的失败应该说并非偶然。民国初年,中国人传统的观念如"君君臣臣"、"忠义孝悌"等"封建道德"仍旧是当时的主流,张作霖经营东北二十余年,有礼于士大夫,有恩于士卒,其军心所向,仍在老张家,而郭松龄不能一鼓作气拿下奉天,其败走麦城的结局,也算是定数。

冷幽默：韩复榘演说令人哭笑不得

抗战爆发后不战而逃的山东军阀韩复榘，其传闻轶事颇多，其中不乏令人忍俊不禁者。韩复榘，字向方，直隶霸县人，其少年时闯关东，后投入北洋第二十镇当兵，成为冯玉祥的部下。辛亥革命期间，参与滦州起义，事败后还乡。辛亥年后，韩复榘再投冯玉祥部，期间历任连长、营长、团长、旅长、师长等职。

韩复榘是西北军行伍出身，原长官冯玉祥的平民思想对他影响至大，他认为人拉人和人抬人是最不平等的，因而从来不坐人力车和轿子。韩复榘文化不高，酷爱看戏，其对"包公"的青天思想最为服膺。其在作山东省主席时，经常坐着火车到各地去"坐堂审案"，而且也不讲什么程序和规则，火车一停，他就在站台空地上摆开架势"受理冤情"，那些前来告状的，经他问明之后当场判决，该抓的抓，该毙的毙，完全凭个人的感觉与好恶来判案，而且不准别人有异议。

更可怕的是，韩复榘的判决一下，就得立马执行，也不管什么人命关天、会不会制造冤假错案。不过，有些老百姓倒是认同这种审案方式，当时就有人在判决完后给他叩头，高呼"韩青天"。这时，韩复榘就十分得意，自以为在为民申冤，为民除害，俨然以"青天"自居。等到了下一站，韩复榘又如法炮制。

韩复榘做山东省长时，还喜欢微服出巡，查探民情，而且从来不以为苦。某天清早，韩复榘穿着简陋的军服骑着自行车出去，远远望去就像一个传令兵。这时，路上有一人行色匆匆，不小心与之互撞，韩复榘猝不及防，自行车翻入沟边，人也掉入泥淖中，满身污渍。

韩复榘大怒，他上岸后扯住那个人斥责道："你的长眼睛没有？敢耽误老子的公事！"说完，他一把拉住那个人，一定要他赔偿。那个人急匆匆地想甩开他跑路，说："你这衣服能值几个钱？不是我不赔偿你，而是我有刻不容缓的公事要做呢！"韩复榘一愣，心想老子是山东省主席，难道你还会比我更忙，于是问道："你是谁啊，有个啥公事？"那人说："我是省财政厅的书记员，今天韩主席要召集扩大纪念周，现在时间快到了，不能再延误一分一秒了。我家住在某巷某门牌，我姓某名某，你晚间来找我，我赔你就是，现在我不跟你唠絮不休了。"

说罢，那人又做欲奔样。韩复榘听后，心想此人如此敬业，而且对自己颇为景仰，心里很是高兴，便放手让他走了。第二天，韩复榘把财政厅长找来，问厅中是不是有某某人，厅长想了半天，说："是有这么个人，不过他只是厅里的一个书记员，小职员而已。主席怎么会知道他的？"韩复榘说："你不必问了，如有科员缺，就立刻提升他。"

厅长听后，心想这小子一定是韩主席的亲戚或者旧友，于是不等出缺便提升他为科员。某人入谢时，厅长客客气气地问他："你与主席有旧？"某人愕然道："没有啊。"厅长不悦道："你不会是忘记了吧？"于是又告诉他韩复榘的长相，以做提醒。某人听后，猛然省悟道："啊，我昨天在路上碰到这个人，还以为是信差，难道他就是韩主席？要真是他，我岂不是大祸临头？"厅长大笑道："你小子真是交好运了！韩主席就是喜欢你这样尽心办事的人，你好好干，一定会大有前途的。"

侯宝林先生有个著名的相声段子叫"关公战秦琼"，其中就提到韩复榘下令给运动员每人发一个篮球，省得场上再争抢的笑话，其实这个笑话的来源出自于一个演讲。某次，韩复榘前去出席齐鲁大学校庆演讲,他那天也不知道发什么神经,突然突发奇想,妙语连珠却又错谬百出,搞得满座师生不知道他到底是什么意思。韩主席的演讲是这样的:

> 诸位,各位,在其位:
> 　今天是什么天气?嗯,今天是演讲的好天气。……开会的人都到齐了没有?……好,看样子大概有个五分之八啦。……没来的举手!……很好,都到齐了。你们来得很茂盛,敝人也实在很感冒。……今天兄弟召集大家,来训一训,兄弟有说得不对的地方,请大家互相谅解,因为兄弟和大家比不了。你们是文化人,都是大学生、中学生和留洋生,你们这些乌合之众是科学科的,化学化的,都懂七八国的英文,兄弟我是大老粗,连中国的英文也不懂。……你们是笔筒里爬出来的,兄弟我是炮筒里钻出来的,今天到这里讲话,真使我蓬荜生辉,感恩戴德。其实我没有资格给你们讲话,讲起来嘛就像……就像……对了,就像对牛弹琴。

下面的人听得哭笑不得之时,韩复榘又接着往下说:

> 　今天不准备多讲,先讲三个纲目。蒋委员长的新生活运动,兄弟我双手赞成,就是一条,"行人靠右走"着实不妥,实在太糊涂了。大家想想,行人都靠右走,那左边留给谁呢?……还有件事,兄弟我想不通,外国人都在北京的东交民巷建了大使馆,就缺我们中国的。我们中国为什么不在那儿也建个大使馆?说来说去,中国人真

武夫治国

是太软弱了!

第三个纲目则讲他的进校见闻,也就是学生的篮球赛,韩复榘痛斥总务处长道:

> 要不是你贪污了,那学校为什么这样穷酸?十来个人穿着裤衩抢一个球像什么样子,多不雅观!明天到我公馆再领笔钱,多买几个球,一人发一个,省得再你争我抢。

最后,韩复榘故作神秘地说:"今天这里没有外人,也没有坏人,所以我想告诉大家三个机密:第一个机密暂时不能告诉大家,第二个机密的内容跟第一个机密一个样,第三个机密前面两点已经讲了。今天的演讲就到这里,谢谢诸位。"

这个演讲的笑话被改成相声后流传甚广,但关于篮球的说法未必是真的。为什么这么说呢,因为韩复榘本人是很喜欢体育的,当年在冯玉祥部队里,就有篮球队、足球队等,他和西北军的另一位大将孙良诚都是积极分子,经常一起参赛的,这在冯玉祥的回忆录里都有记载。韩复榘主政山东后,曾在济南专门搞了一个"进德会"的体育组织,里面有室内游泳池和各种健身场所,这在当时可是很时髦的。

不过,韩复榘原本是冯玉祥在河北招的一个大兵,文化程度实在不能算高,但和张宗昌一个毛病相同,他这个人也喜欢附庸风雅。济南有个大明湖,四面荷花三面柳,一城山色半城湖,韩复榘某次到此游玩,看到大明湖的风景是如此优美,一时间诗兴大发,于是当场做诗一首:"大明湖,明湖大,大明湖里养荷花;荷花上面有蛤蟆,一戳一蹦跶。"

还有一次,韩复榘去参观济南名胜趵突泉,他看到了翻滚如柱的泉水后又赋诗一首:"趵突泉,泉趵突,三个眼子一般粗,咕嘟,咕嘟，咕嘟。"

后来蒋介石搞"新生活运动"，韩复榘也很有见解，他说："既然是新生活，公务人员的服装与发型都要一律。"于是乎，山东的公务员都要穿布制服（冯玉祥的作风），夏天一律穿白、白衣、白帽、白袜、白手套；春秋冬三季则一律穿黑、黑衣、黑帽、黑袜。他手下的干部有时候开玩笑说："夏天是一群白羊，冬天是一群黑猪！"

更有意思的是，韩复榘还不准公务员留发，要一律剃光头（类似于军事化管理）。谁要违反了被他发现的话，轻则侮辱戏弄一顿，重则要撤职。有一次省政府开会，韩复榘发现一个青年公务员留发，他上前就把人家的帽子摘下来，并扯住人家的头发骂道："你特别，你漂亮，你留洋头，你留狗头！"

另外，韩复榘还规定男人在大热天不许穿短裤头，女的不许穿短袖褂子，以免有伤风化。有一次，他坐车出去办事，在街上看到三个女学生，她们上身穿着蓝色短褂，下身穿着青色短裙，韩复榘看了十分不爽，立刻命令停车，并叫停了那三个女学生，骂道："你们穿得不男不女，成何体统！"说罢，韩复榘竟然扇了一个女生两记耳光，并喝道："以后不准穿这种衣服上街！如再发现，定不轻饶！"等到他继续往前走，又遇到几个女学生，也都是穿着同样的短袖褂和短裙，韩复榘大怒，便奔到警察局，下令将街上类似打扮的妇女一律抓起来。警察局不敢怠慢，一下就抓了三五百人，直到后来人家跟他解释，说这是女学生的标准校服，并非什么有伤风化，韩复榘这才同意放人。

军阀趣事多多，多是缺乏文化所致，但要是不扰民害民的话，倒也只是多一点笑料而已。相比于张宗昌，韩复榘主政山东还算做了点实事。

武夫治国

报仇女：五省联帅孙传芳血溅佛堂

北伐战争中，蒋介石军队在东南沿海遭遇的主要劲敌，便是被称为"五省联帅"的孙传芳。作为北洋军阀的后起之秀，孙传芳的一生也颇多传奇色彩。

孙传芳，字馨远，山东历城人，其家世代务农，家境贫寒，据吴虬在《北洋派之起源及其崩溃》中说，孙传芳的胞姐被袁世凯武卫右军执法营务处总办王英楷收为小妾，年少的孙传芳随母前往依附，但王英楷称其姐乃系金钱购来，不配与他讲亲谊，后来经人转圜，才勉强将孙传芳收为马弁。时间长了，王英楷觉得这小子还算聪明，于是让他陪自己的儿子读书，不久又送到北洋陆军速成学堂学习，而且后来以官费留学日本士官学校。

孙传芳回国后，老姐夫王英楷已没，于是转而投靠湖北督军王占元，进而由参谋逐渐提为营长、团长、旅长等职。1921年湘鄂战争后，湖北督军王占元被曹锟、吴佩孚的直系势力挤走，因孙传芳部在作战中表现出色，吴佩孚对他很是赏识，于是让他接任第二师师长，并当上了长江上游总司令。

1922年，孙传芳奉曹锟、吴佩孚之命率军从湖北经江西入闽，次年任福建军务督理。两年后，江浙战争爆发，孙传芳率军攻入浙江并迫使卢永祥下野，孙传芳出任闽浙巡阅使兼浙江军务督理。1925年奉军南下后，孙传芳组织东南五省联军向张宗昌部发动进攻，夺得江苏地盘，由此成为雄踞东南的大军阀，人称"五省联帅"。

孙传芳的统治时间不算长，但也闹了不少笑话，譬如其干涉国画大师刘海粟使用女模特一事，便颇为可笑。刘海粟早年任上海美术专科学校校长时，其不但率先使用女模特儿作画，而且还首次公开展出了裸体模特儿的素描。由于当时社会风气远未开放，此次展览立即引起了轩然大波，刘海粟也背上了"丧心病狂、败坏风化"的骂名。

上海县知事危道丰为人保守，他跑到时任五省联军总司令的孙传芳那里去告状，孙传芳一时没听懂，便问："什么是模特儿？"危道丰忿忿然地说："所谓的模特儿，就是让大姑娘光了屁股，任人观摹作画，毒害青年！"孙传芳听后大受刺激，其勃然大怒道："这不是以夷狄之恶俗，坏我中国男女之大防吗？真是岂有此理，混账至极！"说罢，孙传芳立刻下令查封上海美专，并派人去将刘海粟捉起来。

直到后来，有人告诉孙传芳说，画家临摹裸体模特在国外乃是司空见惯，这种事情最好别管，不然闹大了只会让外国人取笑，到时大家都不好下台。孙传芳听说外国人也这样，只好罚了刘海粟五十大洋就算了事。

孙传芳不但禁止裸体模特，他对女人穿旗袍也十分反感。在其眼里，旗袍"太勾男人的眼珠儿，且女人露臂袒膀有伤风化，易招（男）人想入非非"。据说，孙传芳每看到年轻女子穿旗袍招摇过市，便紧皱眉头甚至双眼紧闭，以示自己"非礼勿视"。可笑的是，孙传芳反对女人穿旗袍，但他的姨太太却不吃他这一套，孙传芳知道后也无可奈何，只好摇头叹息道："内人难驯，实无良策。"

孙传芳做上"五省联帅"没多久，北伐军便打到了江浙地区。在很短的时间内，孙传芳的地盘尽失，只好率残部逃到山东依附张宗昌。在蒋介石宣告下野，北伐军一度陷入混乱之时，孙传芳一度偷袭南京，并与北伐军血战于龙潭，可惜最后功亏一篑，所部几无生还。孙传芳失败后，曾痛哭道："精锐尽丧，无能为力矣。"不过,张宗昌手下将领褚玉璞在给部下训话时却说:"你们算得什么队伍,像孙联帅的兵,那才真是队伍呢!"

后来,北伐军继续进攻山东,孙传芳与张宗昌再次大败,败讯传到张作霖那里后,张很不高兴,问:"你这仗是怎么打的?"孙传芳说:"打的不错,已去徐州不远,如效坤(即张宗昌)正面不生变化,徐州早已取得。"张作霖问:"部下损失若干?"孙传芳答:"无损失。"张作霖问:"枪械尚有多少?"孙传芳说:"每兵两杆。"张作霖听了很诧异,孙传芳便解释道:"效坤兵溃,沿途遗弃枪械,俯拾即是,可惜我的兵每个人只有两手,若有三手,则每兵三杆矣!"张作霖听后大笑,慰劳甚至。

上述之事不知是真是假,不过依附奉系后的孙传芳此后便不再掌管兵符,而是栖身天津,不再抛头露面。1933年,同样隐居天津的原皖系国务总理靳云鹏见其心绪烦乱,无所适从,便劝他皈依佛门。后来,孙传芳投入佛门,法号"智圆"。

不仅如此,孙传芳还与靳云鹏两人共同出面,将天津东南城角草厂庵的清修禅院修葺后,改名为天津佛教"居士林",由靳云鹏任林长,孙传芳任副林长,并规定每星期日居士们来林念经,由富明法师主讲。由于靳云鹏、孙传芳这两位人物曾经显赫一时,因此吸引了很多信徒。最多时,前来参加诵经活动的居士达到三千多人。

但在两年后,一向安静的居士林殿堂里突然响起了几声枪响,大名鼎鼎的孙传芳中弹倒地,登时毙命。孙传芳在众目睽睽下被人开枪打死,这在当时可是特大新闻。《新天津报》发出号外,标题是:《居士林内昨日骇人惨案:施从滨有女复仇,孙传芳佛堂毙命》。次日,天津、北平和上海各报均以头号字标题刊载了这一消息,全国为之轰动。

令人吃惊的是,刺死这位前"五省联军统帅"的竟是位女刺客,而且也是居士林的一位女居士,这又是怎么回事呢?

原来,这位女刺客名叫施剑翘,她自称是为父报仇,这事说来时间长了。1925年时,张作霖的奉军大举南下,孙传芳则率东南五省联军抵御。两军交战，相互厮杀，不免有人战死、有人俘虏，这原本司空见惯，但孙传芳在其中一件事上做得有点出格，那就是对待山东军务帮办兼奉系第二军军长施从滨被俘一事。

施从滨是北洋旧人，其兄长施从云在清末时曾是冯玉祥的密友，并一起搞过"滦州兵变"，但后来因事败而被杀，也是一位为革命而捐躯的先烈了。本来嘛，军阀间打来打去，将领被俘也是常事，一般情况下大都罚酒三杯，战后放回了事，但这次不知道孙传芳怎么想的，他居然下令将施从滨——斩首。

注意，施从滨不是以当时通常的方式枪毙，而是被古代的刑罚加以斩首。不仅如此，孙传芳还下令将施从滨枭首于安徽蚌埠车站，这做得实在有点过头了。

死讯传来，施从滨的嗣女施剑翘悲愤不已，立誓为父报仇。施剑翘的生父原是施从云，后因其被杀而自动过继给弟弟施从滨。施剑翘当时还写有诗一首，以示此仇必报：

战地惊鸿传噩耗，闺中疑假复疑真；
背娘偷问归来使，恳叔潜移劫后身。
被俘牺牲无公理，暴尸悬首灭人伦；
痛亲谁识儿心苦，誓报父仇不顾身！

但是，施剑翘只是一个弱女子，她要想对孙传芳这样的军阀枭雄复仇，显然是不现实的。最开始时，施剑翘把复仇的希望寄托在堂兄施中诚身上，但当时施中诚已经担任了烟台警备司令的要职，他认为去刺杀孙传芳既无可能，也不想耽误自己的锦绣前程，因而对此表示冷淡。施剑翘一怒之下，便与之断绝了兄妹关系。

数年后，施剑翘又结识了堂兄在保定军校的同学，当时担任阎锡山晋绥军谍报股长的施靖公。施靖公开始对施剑翘表示同情，并答应帮她报仇雪恨，于是施剑翘便对他以身相许。但结婚以后，施靖公把之前的承诺忘得一干二净，当施剑翘提醒他时，他便不满地反驳说，现在已经有儿有女，何必为了陈年往事而冒大风险。

失望之余，施剑翘带着孩子离开山西，并决心要亲自动手，了却自己多年的心愿。好在这时孙传芳已经下野，而且就住在天津租界。于是，施剑翘也赶到天津，并到处探询孙传芳的消息。无巧不成书的是，施剑翘和孙传芳的孩子都在一个学校就读，由此施剑翘得知了孙传芳的具体行踪。1935年10月，施剑翘取名"董慧"并假扮女居士潜入居士林，准备伺机刺杀孙传芳。

当年11月13日，这一天是讲经日，孙传芳一般会到居士林来诵经。但这天突然下起了大雨，施剑翘以为孙传芳不会来，于是没有带枪。不料过了一会，孙传芳却突然赶来，于是施剑翘急忙回家拿枪赶回居士林，最后有了以上刺杀的一幕。

施剑翘刺杀孙传芳后，她并没有逃走，而是对周围的人大声道："各位朋友不要怕，孙传芳是我打死的，我是为父亲报仇，一人做事一人当，不会连累大家！"说完，施剑翘还从包里掏出一大把早已准备好的传单和父亲施从滨的相片发给周围的人，传单上详细说明了她为什么要刺杀孙传芳的原因。

后来，天津地方法院一审判决施剑翘为有期徒刑十年，后经申诉，二审判决改为有期徒刑七年。与施剑翘生父施从云有旧的冯玉祥得知后，经过多方努力，为施剑翘争取了特赦。最后，施剑翘入狱不到一年便由国民政府主席林森签署命令，予以赦免（孙传芳本就是国民党的革命对象，蒋介石乐得对冯玉祥卖个人情，将施剑翘特赦了）。

孙传芳被刺一案发生后，居士们都认为居士林是个凶杀之地，因而这个昔日车水马龙的佛门圣地，从此冷冷清清，一蹶不振。倒是孙传芳的佛门之友靳云鹏在《大公报》上撰文为之惋惜："馨远系余劝其学佛，平日作功夫甚为认真，诚心忏悔。除每遇星期一三五来诵经外，在家作功夫更勤，每日必三次拜佛，每次必行大拜二十四拜，所以两年以来神色大变，与前判若两人。遭此惨变，殊出人意料之外，几使人改过无由，自新亦不可得……"

靳氏言及至此，不觉拍案叹息，"此风万不可长。……人非圣贤，谁能无过，要在知过改过。若努力改过犹遭不测，则无出路可想。"

所以说，做任何事情，都不能做得太绝。做得太绝，必有报应，即便是如孙传芳一样投入佛门真心忏悔，也未必就有出路呢。

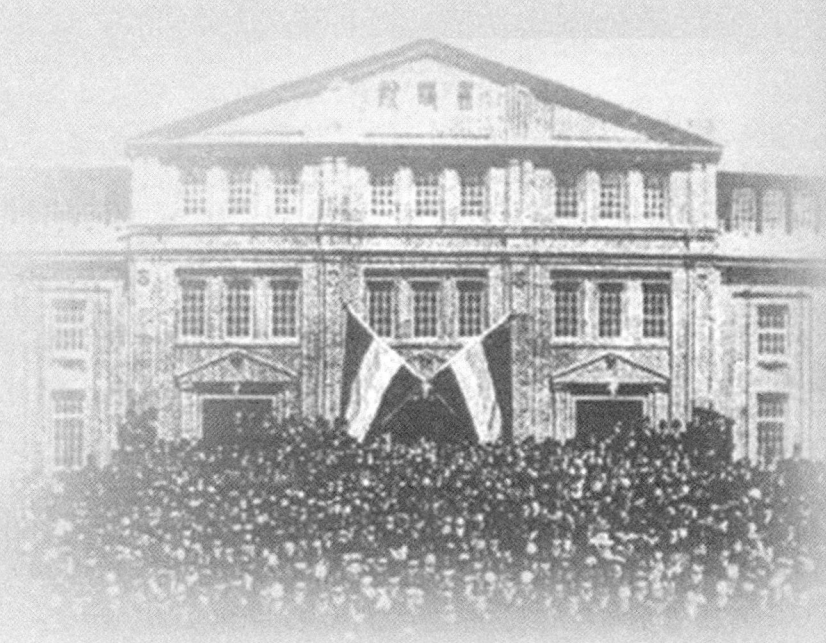

政坛酱缸
究竟谁是弄潮儿

北洋年代,共和乎?乱世乎?忆当年,清帝退位,群雄逐鹿,眼看他八仙过海,各显神通,禁不住十六年后人散曲也终。生逢乱世,各路英雄豪杰龙争虎斗,各派新潮人物轮番登场,进步乎?倒退乎?莫衷一是,不过是各写春秋。

武夫治国

开头难：首任总理不好当

光绪年间，为学习西方的先进技艺，清廷先后派出四批幼童前往美国留学，后来虽因各种原因而中途召回，但这些人中仍出了不少的知名人物，民国首任内阁总理唐绍仪即为其中之一。

唐绍仪，字少川，广东香山人，其出生于1862年，与孙中山是地道的老乡。由于毗邻香港，唐家很早即与洋务打交道，其父是在上海经营茶叶的买办，其族叔唐廷枢则做过上海轮船招商局和开平矿务局的总办。

由于家族的缘故，唐绍仪从小便在上海读书，接受新学知识。1874年，年仅十二岁的唐绍仪作为清廷第三批官派留美幼童前往美国，念完中学后又顺利进入纽约哥伦比亚大学学习。可惜的是，由于国内顽固派们的阻挠和责难，这些留美学生在未完成学业的情况下即被全部召回。唐绍仪在美国呆了七年多，回国时只有十九岁。

由于学业未成，李鸿章觉得这批半拉子"海归"闲置可惜，于是将这批人分别送到天津各洋务学堂回炉再造，唐绍仪也由此进入天津税务衙门任职。袁世凯担任清廷驻朝鲜通商代表时，唐绍仪被派往朝鲜协办税务，两人由此结下不解之缘。此后，唐绍仪一直追随袁世凯，堪称袁总统手下资格最老的部下。

在袁世凯的帮助下，唐绍仪在仕途上也是一帆风顺，其先后做过外务部侍郎、奉天巡抚和邮传部尚书。1908年，袁世凯被摄政王载沣踢下台后，唐绍仪作为袁世凯集团的重要成员也自觉地辞职赋闲，直到袁世凯再度出山。在同南方革命党的谈判中，唐绍仪一直担任南北议和的北方总代表，而在袁世凯当上临时大总统后，唐绍仪则被提名为首任内阁总理。

万事开头难，首任总理不好当。由于当时南北冲突，派系林立，因此唐绍仪首先要做的是调和各派系矛盾，在权力分配上达到平衡。为此，唐绍仪提出将南京临时政府的九部分为十三部，除外交、内务、财政、陆军、海军、司法、教育七部外照旧外，实业部拆分为工业、商业和农林三部，另将商业部拆为交通和邮电两部。

唐绍仪分拆各部的目的，无外乎可以多安排几个部长，以调和人事安排上的矛盾。可惜的是，这一提议遭到临时参议院的反对，参议员们只同意将实业部拆为工商和农林两部，邮电仍属交通部，不必分离。因此，南京临时政府便由最初的九部变成了十部。

在各部总长的人选问题上，唐绍仪也颇为思量。首先是陆军总长的位置问题，非常棘手。按南方革命党人的想法，黄兴既然不做内阁总理，那他作为南方军界的领袖，就应该担任陆军总长兼参谋总长。但陆军总长这么重要的职位，袁世凯岂能让革命党人染指？袁世凯的意中人乃是他的心腹大将段祺瑞，其声称，如果段不能担任陆军总长一职，他也只好辞去大总统一职。南方革命党人听后群情激奋，反非要争这个职位不可。

在此情况下，黄兴顾全大局，自甘退让，其公开声明自己不接受陆军总长的职位，并恳求大家不要再争。说到动情处，黄兴竟然声泪俱下，终于使这场风波平息。黄兴一生淡泊名利，其座右铭是"名不必自我成，功不必自我立，功成亦不居"，可谓革命党人中的道德楷模，实在是个厚道人。

陆军总长的问题解决后，唐绍仪向临时参议院提交了首届内阁的各部总长候选人名单：外交总长陆征祥、内务总长赵秉钧、陆军总长段祺瑞、海军总长刘冠雄、财政总长熊希龄、教育总长蔡元培、司法总长王宠惠、农林总长宋教仁、工商总长陈其美、交通总长梁如浩。

武夫治国

从名单上来看，外交总长陆征祥是无党派人士，同时是数一数二的外交好手；内务总长赵秉钧、陆军总长段祺瑞、海军总长刘冠雄和交通总长梁如浩是袁世凯的人马；教育总长蔡元培、司法总长王宠惠、农林总长宋教仁和工商总长陈其美是南方革命党的同志，南北双方可谓平分秋色。

在随后的投票中，除交通总长梁如浩因票数未过半而被否决外，其他人选都顺利通过。由于交通总长人选被否决，唐绍仪随后又提名汤寿潜为总长人选，但再次被临时参议院否决，最终由唐绍仪自兼交通总长一职。

3月30日，袁世凯根据临时参议院的议决结果发布任命，由唐绍仪组织的民国首任内阁宣告成立。有意思的是，在南北议和及南京组阁过程中，唐绍仪与南方革命党人颇多交往，双方倒很有共同语言，似乎其早年的共和、民主观念被再度唤醒。内阁成立的当晚，唐绍仪在孙中山和黄兴的介绍下欣然加入了同盟会。因此，唐绍仪的这届内阁也有人称之为"同盟会内阁"。

唐绍仪加入同盟会的本意，可能是想借此调和南北矛盾，以顺利开展内阁工作，但在袁世凯看来，唐绍仪未免和革命党人走得太近了，已经有了离心的倾向。由此，唐绍仪也与袁世凯埋下了不和的祸根。

危机首先在内阁中爆发。唐绍仪组阁后，部分内阁成员对职位安排并不满意，他们纷纷向唐绍仪提出辞职。譬如农林总长宋教仁，这位三十出头的年轻人，他认为当前有着更重要的事情要办，小小的农林总长完全满足不了他的雄心（他要自己组阁）！因此，宋教仁一而再、再而三地请求辞职，弄得唐绍仪非常难堪。

内阁中的另一位同盟会员陈其美，其认为工商总长一职不过是调虎离山，因此他根本就没打算去北京上任，而只是委托了王正廷作为次长前去代他处理事务。财政总长熊希龄本是介于袁世凯势力和南方革命党之间的统一党成员（原为清末立宪派），他鉴于当时的财政问题极其困难，加上内阁中派系复杂，因此也打起了退堂鼓，再三向唐绍仪请辞。

按约定，南方的国务员们在组阁后应立即往北京就任，但在这种情况下，唐绍仪发布内阁任命后只能一直滞留南京，他百般劝说宋教仁等人，希望大家以大局为重，早日北上。眼看首届内阁难产，袁世凯也非常着急，他通过电报不断地对各方进行疏通，以求事态得以圆满解决。

这时，身在武昌的副总统黎元洪站了出来，他一封接一封地给南京发电报，劝告国务员们尽快北上。电报中，黎元洪几乎是一把鼻涕一把泪地劝说道："民国初建，国本未定，民心动摇。即使大家群策群力，尚难图存，何况各部虚悬？各位要是以灭种为旁观，以覆邦为快事，那我黎元洪宁愿垂手待毙，也无怨言！如果各位还看得起我，还请大家按照约定尽早就职，在北京的总长可以先行筹办，在南京的总长还望轻车简从，迅速启行！如果各位北上招致危险，请杀我黎元洪以谢天下！要是各位拥兵自重，以致祸端，那也当罪诸位以谢天下！要是五日之内各位还在延宕观望，那国民必认为诸位是有意弃我民国，如何得了？"

在舆论的压力下，南京的国务员们也只好勉为其难地前往北京就职。由此，民国初步的政治构架总算是搭了起来。客观地说，这种民主尝试在中国历史上可谓绝无仅有、毫无先例，而中间不过短短两三个月，其速度不可谓不快，成绩不可谓不大。

但是，中国有句古话叫"欲速则不达"，这民国元年的气象看起来虽说是姹紫嫣红，颇有欣欣向荣之势，但其内部隐藏的各种汹涌潜流却也不容小视。作为首任总理的唐绍仪，后面也将会遇到更多的波折。

武夫治国

起风波：唐绍仪不辞而别

民初政坛的混乱，主要问题出在总统和总理的权限上，其中尤以总理的副署权最为棘手。这不，唐绍仪组织的首任内阁就出了大问题。

就说袁世凯和唐绍仪的关系，从十九世纪八十年代开始，唐绍仪便一直追随袁世凯，其僚属身份保持了近三十年，忽然有一天，袁世凯发布命令还需要唐绍仪来副署，非经唐总理的签署不能生效，这叫袁世凯如何接受得了。

而另一边，唐绍仪虽然追随袁世凯近三十年，但其骨子里还是个书生。清帝退位前，唐绍仪受命前去南方谈判时，他登上南下的火车后便剪去了脑后的长辫，貌似利于谈判，实则已与清廷决裂。在南北谈判和南京组阁过程中，唐绍仪与南方的革命党相处甚欢，这就不得不引起袁世凯的怀疑与猜忌了。

按袁世凯最初的想法，他举荐唐绍仪为内阁总理，原本是希望后者作为自己的副手帮助处理政务，而如今唐绍仪与革命党过往甚密，那就未免有借南边的势力与自己对抗之嫌了。

公道点说，唐绍仪虽与革命党关系密切，但实际上仍是袁派中人，不过因为责任内阁起见，为政见而屡屡与袁世凯相争。可问题是，袁世凯是旧派人物，哪里懂得什么总统、总理、责任内阁相互牵制的道理？在他看来，唐绍仪就是小人得志，无礼至极，难以忍受。

就连总统府的人，每次见了唐总理前来商讨政事，都私下里愤愤不平地说："今日唐总理，又来欺负我们总统吗？"下人的观念尚且如此，身为大总统的袁世凯，其角色又如何转换得过来？

有一次，唐总理因为某事与袁总统起了争执，老袁听得不耐烦了，勃然作色道："少川，我现在已经老朽了（袁其实就比唐大三岁），你来做这个总统，可好吗？"唐总理骤然听得这么一句，当场就被吓得冷汗直流。这多年的僚属在官长面前，腰杆子终究是硬不起来。

由于与唐绍仪之间的抵牾过多，袁世凯干脆就撇开这个国务总理，直接指挥赵秉钧、段祺瑞等人。有了袁的撑腰，原本就对前者言听计从的赵、段等人更不把这新官上任的唐绍仪放在眼里。弄到最后，赵秉钧这些人连国务会议都不去参加。这下好了，唐绍仪这个总理就难做了，用他自己的话来说，"我之内阁，乃背包内阁。多任总理一日，即多负罪一日！"

唐总理不但和总统府的关系搞得很僵，连国会也时时刁难他。由于民国初年财政收入毫无保障，唐绍仪便向外国借了几笔贷款，但一些议员随即要求唐绍仪及其阁员前往参议院说明情况。会议上，年轻气盛的议员们对唐绍仪群起责问，他们不但追问借款的用途，还指责唐总理失信于国民、见嫌于邻国，甚至有人大骂唐绍仪是"亡国总理"。

唐绍仪哪里见过这般架势，竟至于在会场疲于应付，到后来干脆就失去反应，在那里呆若木鸡，一言不发。这下，知道民主的厉害了吧。在无端受了参议院的这番逼迫后，唐绍仪也是气得无处发泄，当晚他就向袁总统提请辞职。袁世凯虽然对唐绍仪不满，但他也不想让首任内阁这么快就垮台，只好温言挽留，劝唐绍仪稍安勿躁，姑且忍耐一二。

一波未平，一波又起。借款一事暂时搁下不提，直隶都督的人选问题又起波澜。原来，在辛亥革命后，各省都流行由本省人担任都督，如黎元洪督鄂、李烈钧督赣等，当时直隶一些议员如谷钟秀等人便提议由王芝祥担任直隶都督。

王芝祥,直隶通县人,原为广西布政使并兼巡防营统领,辛亥年中反正参加革命,后来由于陆荣廷出任广西都督,王芝祥在广西立足不住,便率部前往南京准备参加北伐。后来北伐未果,南方革命党便想让他出任直隶都督,以扩大革命党的势力。

想法虽好,但操作起来很难。直隶是北洋军的心腹地带,卧榻之侧岂容他人鼾睡?因此,袁世凯对此提议完全置之不理,而是任命了自己的心腹张锡銮出任直隶都督。唐绍仪在南京组阁期间,试图调和南北矛盾,当时也附和了南方革命党的要求,并向袁世凯提出由王芝祥出任直隶都督。袁世凯听后虽然心中不快,口头上却不作反对,只说让王芝祥先来北京。唐以为袁世凯已经同意任命王出任直隶都督,于是兴冲冲地给王芝祥发电报让他来京。

等王芝祥到了北京,唐绍仪请求袁世凯发布任命书时,袁世凯拿出几份电报,这却是直隶五路军界反对王芝祥就任都督的通电。唐绍仪看后极为气愤,说:"大总统前面已经答应,如何能失信于人?何况,军人干涉政治,恐怕非民国之福。"

袁世凯哼了一声,说:"之前那是你答应的,我何曾答应?王芝祥是革命党人,他要是来做直隶都督,岂不是引狼入室?"唐绍仪忿忿然道:"任命不任命那是内阁的职权,岂能因军人干涉就随意改变?再者,王芝祥已经到京,叫我这个内阁总理如何交代?"袁世凯掀须一笑,道:"这却不难,老夫自有办法。"

正当唐绍仪被弄得十分被动,不知如何向王芝祥解释时,袁世凯却单独召见了王芝祥,答应给他一笔丰厚的经费,让他改任南方军队宣慰使,回南京协助江苏都督程德全遣散军队。唐总理的面子毕竟不如袁总统的大,而王芝祥原本也是个见风使舵的官僚,他得到袁世凯的保证后,竟对朋友的支持置之不顾,当场就答应了袁世凯的新任命。

等到王芝祥拿着任命书到唐绍仪那里要他副署时,唐总理竟然完全蒙在鼓里,丝毫不知道这回事。等唐绍仪回过神来,这才知道他被上司袁总统和朋友王芝祥双双出卖。愤懑之下，唐绍仪断然拒绝了副署的要求，而王芝祥却是个很在乎官位的人，他竟然拿着没有内阁总理副署的任命书，径直赴南京就任去了！

当晚，唐绍仪一夜未眠，彷徨终夜。此时的他，想起就任总理几个月来的种种挫辱和非难，心中仿佛打翻了百味瓶，伤心、愤懑、孤独、无奈，真是百感交集，一时俱来。独坐到半夜，唐绍仪不免自言自语道："民主共和，乃《临时约法》所定。既然大总统的命令不需要内阁副署，我这个总理还当它做甚？"言毕，唐绍仪心意已定，待到天色渐亮，他就收拾行囊，携家眷直接奔火车站往天津去了。

唐绍仪的不辞而别，看起来是偶然事件引起（即王芝祥任命书的副署问题），但实际上却隐含着权力体系构建与现实情况冲突的基础性问题，而这在很大程度上又是因为《临时约法》中不切实际的规定所引发。如果从遵守法律、遵守《临时约法》的角度出发，唐绍仪的辞职是一件值得赞扬的事情，因为他用自己的个人牺牲挽救了法律的尊严，而不至于使责任内阁制陷于袁世凯的淫威之下。如果从功利主义角度出发的话，唐绍仪的辞职显然不合时宜，因为民国初建最需要的是大局稳定，而当时唯一具有号召力的莫过于大总统袁世凯。

可惜的是，未出三个月，唐绍仪的第一任内阁便以这种闹剧收场，这也实在是出人意料而又不得人心的。

官难做：陆征祥被议员轰下台

首任总理唐绍仪自动引退后，袁世凯随后提名外交总长陆征祥来担任总理职务。陆征祥是上海人，其早年就读于上海广方言馆（相当于现在的外语学院），后来又进了京师同文馆学习，精通多国语言，特别是俄语。

据说，陆征祥读书时鼻子特别敏感，能准确预测到天气的阴晴变化，好比一个人体气象台。有很多次，陆征祥总在天气晴朗、艳阳高照时带着雨伞，同学们都笑他杞人忧天，但一到放学，便突然天降大雨，其他人都淋成了落汤鸡，唯独陆征祥神机妙算，不被雨淋。后来有人问他如何能未卜先知的，陆征祥就故作神秘地说："我的鼻子能测天气阴晴，故先准备。"有时若遇雨天，同学问他雨何时会停，他就走出去深嗅几下，说："明天中午雨停日出。"第二天，还真就应验了。因此，同学们又送他一个外号叫"晴雨表"。

因为家庭的缘故，陆征祥从小就受洗，并成为一名虔诚基督教徒。早年在俄国担任外交官时，陆征祥认识了一位在俄国教授贵族法文的比利时姑娘，两人一见钟情。经过二年的交往，陆征祥决定与这位姑娘结婚，但由于当时中外文化观念差异很大，这种东西方的异国婚姻极其罕见，因而双方家长都极力反对（女方父亲还是比利时的一位将军）。当时的使馆人员也警告陆征祥说："你这样做，会断送前程。"但是，陆征祥宁可放弃做官，也要和自己相爱的姑娘结婚，最后还是驻俄大使特别通融，才让这对异国恋人喜结连理。

婚后，陆征祥陆续调任欧洲各国的驻外公使，其外国太太对陆的事业也帮助颇大。

陆征祥在前清就做过多年的驻外公使，在外交界享有盛誉，对外情也了解至深。更重要的是，陆征祥是个超然派，他不属于任何政党势力，因此容易被各方接受。在后来的投票中，临时参议院以74票通过、10票反对的表决结果高票通过了陆征祥出任总理的提案。

陆征祥被任命为内阁总理后，同盟会本部会议鉴于唐绍仪混合内阁相互倾轧的教训，决定让内阁中同盟会籍的国务员集体辞职，以免政党之争妨碍将来的施政。同盟会此举，一来可以成全陆征祥组建一个超然内阁，二来也表示同盟会员甘于牺牲，决不贪恋权位。但当蔡元培、宋教仁、王正廷等人派出代表向袁世凯提请辞职时，袁总统却故作挽留，以示包容。原来，袁世凯并不懂什么政党内阁、超然内阁，不过希望延揽天下英才为我所用，如果大家都辞职了，反而是挖他的墙角，显得他没有威信。

为表示辞职的决心，蔡元培等人写信给新任总理陆征祥，称同盟会国务员今后不再到部办公，同盟会员也不再参加新的内阁。在同盟会员去意已决的情况下，袁世凯签署命令批准了蔡元培等人的辞职。

至于新总理陆征祥，他开始并非袁世凯的最佳人选，只是因为徐世昌不肯出山也不能通过，这才被袁世凯推到了前台。陆征祥常年在国外办外交，对外是把好手，但他对于内政却是一窍不通，因此对组阁也缺乏信心。好在袁总统答应帮他物色新的内阁总长人选，陆征祥这才答应出任总理。

尽管同盟会声明不再参加新内阁，但袁世凯不知是真的爱才如命还是故意挑拨同盟会内部的关系，他非得提名同盟会员孙毓筠、胡瑛及沈秉堃为教育、农林、工商三部总长。孙毓筠、胡瑛及沈秉堃三人均为老同盟会员，孙毓筠担任过安徽都督，胡瑛担任过烟台都督，沈秉堃则担任过广西都督。不过，他们到北京就任参议员后，

武夫治国

政治表现稳健,与袁世凯相处甚恰,因而得到提名。

对此,同盟会方面非常生气,宋教仁指责袁世凯这是在"逼奸",并要求袁尊重别党决议。袁世凯自然不知道什么"别党不别党",他只管搞他的人才内阁。后来,因为共和党对胡瑛有异议,袁世凯又用王人文替换了胡瑛,最后提出新的替补名单是:财政总长周自齐、交通总长胡惟德、司法总长章宗祥、农林总长王人文、工商总长沈秉坤、教育总长孙毓筠。

数日后,陆征祥前往临时参议院发表施政演说,同时也提请参议院批准新的内阁人选。由于陆征祥常年在外国办理外务,之前又是高票通过,很多参议员都很想一睹其风采,因此对他的演说极其期待。

等陆征祥翩然进入参议院后,众参议员们都拍着巴掌表示欢迎,会场气氛很是热烈。大概是工作关系,陆总理擅长外语却不擅国语,加上又是个说着吴侬软语的上海人,说话声音太轻,很多议员都听不太清。等到大家竖起耳朵要倾听期待已久的一番宏论时,陆总理却尽说些鸡毛蒜皮的小事,真是应了"盛名之下,其名必副"的那句古谚,让众议员好生扫兴。

你猜陆总理说些什么?他说的不是什么国家大政方针,也不是什么激动人心的计划战略,而是说了一番车轱辘话,淡得如白开水一般:"兄弟我第一次来贵院,十分之荣幸。鄙人二十年来一直在外国,二十年间,第一次回国仅三个月;第二次回国还是在前年,呆了有十一个月。回来之后,和外界交往也少,鄙人又不愿吃花酒,不愿恭维官场,亲戚也抱怨我不肯引用己人,不肯借钱,因而在交际场中颇为冷淡。如今以一个不愿吃花酒、不愿恭维官场、不肯引用己人、不肯借钱的人来办一番大事业,鄙人实在是诚惶诚恐。如今有了国务总理,断不可无国务员,若国务员没有才干,单靠着一个总理,也断断不能成事。譬如人家过生日,也须先开列菜单,挑选可口的菜蔬,何况是重大的国务员呢。"

陆征祥的演讲内容大大出乎议员们的意料之外,他们本以为新总理会有一番高论，帮助新政府渡过当前的危机，不料却是一番极其琐碎甚至猥琐的发言。听到这里，众议员面面相觑，非但没有一点掌声，反而在台下私自议论起来，弄得台上的陆总理极为尴尬，也无意继续演说下去，他将新提名的国务员名单交给议长，随后提前告退。说来可怜，也没人送他。

等陆征祥走后，众议员不免抱怨起来，说："民国初立，本希望来个有才干的总理方能兴利除弊，要是这一位来做总理的话，恐怕没有什么指望了。"在这种情绪下，议员们对新内阁人选名单一股脑儿全投了反对票，六位候选人无一通过。

在听说新人选全被否决后，陆征祥干脆躲进医院装病，并以"无组织内阁之能力"提出辞职，连兼任的外交总长一职也要一并辞掉（不肯留恋官位，倒也值得尊敬）。袁世凯得知后颇为诧异：这些议员们前几天还高票通过了陆征祥的总理提名，今天却又将提名的内阁新成员给全部否决，这变化也未免太快了吧！

被任命为总理的
陆征祥来不及上任就被轰下了台

要说起来，中国人过惯了太平日子，突然搞起了民主，没有经验情有可原，乱搞一气也实属正常。就说那些年轻气盛的参议员吧，这些人大都三四十岁，他们大都是按照西方的教科书来行使权力，无意中却造成了立法权和行政权的冲突，而中国的传统是没有立法权的。

作为一个新诞生的共和国家，在传统皇权缺位的情况下，不为

武夫治国

人知的立法权导致新内阁的难产，这使得当时的局势更为扑朔迷离，也更加的不稳定。因此，当临时参议院否决新内阁人选的消息传出后，一些党派团体和舆论都纷纷发表看法，批评临时参议院不顾实情，过于意气用事，导致了这场政治危机。

但话说回来，参议员们其实也没有错，他们中的大多数人并非出于私心，而是希望能够组建一个合格、健全、有力的政府内阁，如果他们苟且迁就，到时成立一个无能之政府，亡国丧邦，又如何对全体国民交代呢？当然，也有很多人认为，在当时局势混乱的情况下，有政府胜于无政府，这次的组阁风波应该由临时参议院完全负责。

内阁难产这种政治危机，如果在成熟的西方民主国家也算不得什么大事，但在中国，当时是初试民主，又是共和新立，危机才显得极为敏感而迫切。事实上，最初实行内阁总理制的法国，其倒阁率也是极高的，这个问题直到二战后引进半总统制才算解决。至于民国嘛，倒阁率比法国还要高出几倍，像陆征祥这样未正式上任便被赶下台的，一点都不稀奇。

章疯子：章太炎大闹总统府

民国初年，政党林立。在袁世凯的授意下，共和党、民主党、统一党合组为进步党，以对抗当时在国会中的第一大党国民党。不过，重组后的进步党势力仍然过弱，所以有人主张将与知名度很高且与国民党关系闹僵的章太炎引入。

章太炎来北京后，先是住在前门内大化石桥的原共和党本部，谁知他刚到不久，门前已布满军警，名为保护，实则监视。原来，袁世凯对章太炎颇为忌惮，因为章太炎是老革命党，而且喜欢大发言论、无所顾忌。这不，章太炎一进北京，就等于是自投罗网了。

后来，章太炎的弟子钱玄同等人前来探视，其见老师极为郁愤，因而托人为章太炎想出路。钱玄同开始找到时为农商总长的张謇，后者想了个主意，那就是设立一个"弘文馆"，让章太炎领一些弟子去编字典，同时还可以进行讲学研究等。征得章太炎同意后，张謇又去请示袁世凯，袁说："只要章太炎不出京，设立弘文馆自可照办，这没有什么大问题。"袁世凯还当场答应拨给数千元作为开办费，以后每月固定拨给若干。

事情虽然说好了，但办事机构的效率极低，时间一晃就到了民国三年的元旦，章太炎等得不耐烦了，于是打算离京南下。钱玄同等人听说后，赶忙前去劝老师不要走，章愤愤然地说："袁世凯欺人，居心叵测，这里我一天也呆不下去了，明天我就先去天津，再由天津南下。"钱玄同说："弘文馆的事已有成议，老师还是不要走

武夫治国

吧?"

章太炎哼了一声,道:"袁世凯只能骗尔等,岂能骗我!你以为他真的肯拨款办弘文馆吗!"钱玄同说:"袁世凯还不至于吝啬这点小钱,只是官场办事向来迟缓,以至弘文馆一再延滞,老师还是再等等看吧?"章太炎气呼呼地说:"吾意已决,必不再留!"但是,章太炎次日去火车站,很快便被军警们截留,于是有了"章太炎大闹总统府"之事。

民国小说《纪念碑》对此做了精彩描述:

> 民国三年的新年节,正月初七日下午傍晚时,总统府新华门内,忽听见吵嚷的声音,随后数十兵士,即拥着一人出来,将那一人推至马车中,前后左右,皆有兵士团团的围着,押至宪兵教练所去了。……及细细询问起来,才知道获住的是个疯子,他老先生这一天忽然高兴起来,于清晨八时径赴总统府,请谒见总统。
>
> 他身穿一领油烘烘的羊毛皮袄,脚踏着土埋了似的一对破缎靴,手擎着一把白羽扇,不住地挥来挥去;又有光华华的一件东西,叫做甚么勋章,不在胸襟上悬着,却在拿扇子那一只手大指上提着。……歪歪斜斜地坐在总统府招待室里头一张大椅子上,那一种倨傲的样子,无论什么人他都看不到眼里。
>
> 列位想一想,总统府是何等尊严的地方,凡请见总统的人,是何等礼服礼帽,必恭必敬的样子,尝看见那些进总统府的官吏们,皆是蹑手蹑脚的,连鼻子气儿也不敢出,往来的人虽多,一种肃静无哗的光景,就像没有一个人一样,哪见过这个疯子,这个样儿怪物呢!不消说传事的人

一回报，袁总统自然是拒不见的了。这个疯子真是有点古怪，越说不见他，他是偏要请见。

直等到天色已晚，他不但不去，还要搬铺盖进来，在此处值宿。适听见传事的人报大总统延见向次长瑞琨，他发起怒来道："向瑞琨一个小孩子，可以见得，难道我见不得么？"他自言自语，越说越有气，索性大骂起来。卫兵请他低声些，他即怒卫兵无礼，摔碎茶碗，即向卫兵投去。其初卫兵见他提着一个光华华的东西，思量着他许有些来历，不知道他究竟能吃几碗干饭，也不敢较量，只得由他去闹。随后不知道从什么地方来了一个命令，如此如此，卫兵们就把他拿小鸡子似的从招待室里头拿出来，并拿进马车里去，一溜烟就送到一个地方，把他入了囚笼了。

原来，他姓章号太炎，浙江余杭人，讲起旧学来，无人不佩服他，不过因他举动离奇，一般人叫他章疯子。自此以后，章疯子囚犯的时代甚长，由宪兵教练处移囚至龙泉寺，又由龙泉寺移囚至徐医生家，俱是后话。且说章疯子被囚后，也有许多营救他的。有一人转求袁总统最亲信的张秘书，为他缓颊道："袁总统挟有精兵十万，何畏惧一书生，不使恢复其自由呢！"袁瞠目答道："太炎的文笔，可横扫千军，亦是可怕的东西！"所以太炎被囚了，人人断其无释放的希望。这是深明白当道的意思的……

章太炎被移拘外城龙泉寺后，恼怒异常，他愤而拒绝官厅供给，平日生活所需只依靠自己来京时所带的旅费，以示"义不食袁粟"。不久，旅费全部用光，章太炎便开始绝食。袁世凯知道后，他也不

武夫治国

想背上逼死国学大师的骂名,因而特地将京师警察总监吴炳湘招来,让他妥为设法劝导处置,千万不要让章太炎真的绝食死了。

接到这个棘手的任务后,吴炳湘找到官医院院长徐某,让他出具一报告书,说章太炎患病,龙泉寺与其病体不相宜,应迁地疗养,于是将章太炎移居到东城本司胡同徐某的寓中,以便随时调护治疗,章太炎的绝食之举也就无形中有所转圜。

除防止章太炎绝食外,徐某还暗地负有劝服章太炎的任务。有一次钱玄同等弟子去见章太炎,便听到他在众人面前演说:"你们老师是大有学问的人,不但我们佩服,就是袁大总统也很是器重。如果你们老师明白大总统的好意,彼此相投,大总统定然另眼看待,决不亏负与他。可是大总统的火性也是厉害的,倘或不知好歹,一定要触怒了他老人家,他老人家也会翻脸不认人。'扑通'一声(言至此,作枪击之势),你们老师的性命难保了!你们总要常劝劝他才好!"当时徐某的表演可谓是声容并茂,钱玄同等人也无话可说,章太炎听后不过微微冷笑。

章太炎在徐寓住下后,袁世凯仍不许其出京而只答应供给在京之费用,即按月付五百元,作为"高等囚粮"之用。但是,这五百元并非直接交给章太炎,而是由徐某经手,因此章太炎实际所得只有三百元。后来不知何故,章太炎又闹起了绝食,徐某劝说无效下,不免大怒斥责道:"袁大总统每月白送你五百元,你何等舒服,竟尚不知足,无端绝食,真不知好歹!"言毕,徐某冷笑而去。

徐某当时只顾发怒,不慎将五百元之真相泄出,而这话被在场的钱玄同等弟子听到,于是大家一起去找徐某,说:"你以经手人之资格,今已明向章先生说出五百元;要是今后还只付三百元,章先生必以见欺而益愤,后果你承担得起吗?"经此一番交涉,徐某这才将五百元如数给予。

《一士类稿》中说,章太炎被袁世凯羁留在京期间,神经受到重大刺激,其时行为颇为可怪。他后来移居钱粮胡同后,即传集寓中全体仆役颁示条规:一、仆役对本主人须称"大人",对来宾亦须称以"大人"或"老爷",均不许以"先生"相称;二、逢阴历初一、十五,须一律向本主人行大礼,以贺朔望。其还声称,"如敢故违,轻则罚跪,重则罚钱"。

在前清,主人即使纵官至极品,其所用仆辈也只以"老爷"呼之,而章太炎却要家仆对主人称"大人",钱玄同等人觉得很好奇,遂问其故。章说:"之所以如此,是因为'大人'、'老爷'都是前清之称谓,而'先生'是吾辈革命党创造民国后的称呼(南京临时政府内务部曾下令禁称'大人'、'老爷',一律改称'先生'),如今北京仍为帝制余孽所盘踞,岂配有'先生'之称谓?我不过以此表示北京犹是'大人'、'老爷'之世界耳!"

章太炎生平特立独行,人称其为"章疯子",但他知道后,非但不以为忤,反而赞成对方的说法,并自认是神经病,且希望他的同志、朋友,都能带点神经病。他在东京加入同盟会时便曾这样说过:"大凡非常的议论,不是神经病的人断不能想,就能想亦不能说。遇着艰难困苦时,不是精神病的人断不能百折不回,孤行己意。所以古来有大学问成大事业的,必得有神经病,才能做到。为这缘故,兄弟承认自己有精神病,也愿诸位同志人人个个都有一两分精神病。近来传说某某有精神病,某某也有精神病,兄弟看来,不怕有精神病,只怕富贵利禄当面出现时,那精神病立刻好了,这才是要不得呢!"

章太炎所说的神经病,大概就是所谓的"孤愤"吧。如此,章太炎后来也的确成为了一代国学大师。

武夫治国

熊凤凰：软肋被拿没话可说

湖南自古多才子，清末民初时就有两个，一个是杨度，一个是熊希龄。熊希龄，字秉三，原是湖南凤凰厅（今凤凰县）人，人称"熊凤凰"，其人自幼天资聪慧，十四岁中秀才，二十一岁中举人，二十二岁顺利通过会试，正等着参加殿试一举登科之时，却被考官挑剔说书法不合殿试要求，给打回去练习写字规范。

一直等到1894年，二十五岁的熊希龄才点了进士，进了翰林院。不过，熊希龄虽是科举中人，却思想新潮，赞成维新。戊戌变法期间，熊希龄被湖南巡抚陈宝箴任命为时务学堂总理，熊希龄新官上任的第一件事便是邀请梁启超来担任中文总教习。好在戊戌政变时，熊希龄正好因病在乡，这才逃过一场劫难。

1905年，清廷派出五大臣出洋考察宪政，熊希龄也作为随员一同出发。考察团到巴黎时，熊希龄还闹出了一个大笑话。某日，熊希龄回到旅馆，一推门，竟发现自己房间里躺着一个全身赤裸的金发美女，那女子见熊闯了进来，吓得花容失色，惊声尖叫。熊希龄听不懂她说什么，便辩解道："这是下官的房间，你是如何进来的？"由于双方语言不通，结果引来了其他旅客前来看热闹。

这时，考察团的翻译赶到，他赶紧将熊希龄拉出房间，然后向那位美女道歉并解释一番。熊希龄觉得莫名其妙，后来他才知道，原来外国大旅馆的每层楼房间都是一样，而且里面的摆设雷同，他本是住在六楼，因为自己疏忽而误进了五楼的房间，这才闹出大笑话。

考察结束后，编写考察报告的事情便落在了熊希龄的身上。据称，五大臣的那份考察报告实际上出于流亡日本的梁启超和杨度之手，而熊希龄正好是朝廷大臣与梁、杨等人的中间桥梁。1909年，熊希龄奉命前往奉天省（今辽宁）整理地方财政税收等，成果蔚然，一时脱颖而出，被誉为朝中的理财高手。

袁世凯剿平"二次革命"后，便由御用的进步党推出熊希龄来组阁。熊希龄原在唐绍仪内阁中做过财政总长，这次他挟进步党之势力，网罗了梁启超、张謇、汪大燮等名流，组成了号称"第一流"的人才内阁，其阵容之豪华，就连国民党（此国民党非1920年后改组后的国民党）也得甘拜下风。

由于当时的国民党是国会第一大党，让袁世凯备感威胁。为了搞掉国民党，袁世凯想来想去，决定还是让熊希龄出马更为名正言顺。有人也许会问，熊希龄是进步党员，他毕竟不是北洋集团的人，怎么会对袁世凯俯首听命呢？

有这么一个传闻，说熊希龄辞去财政总长时，袁世凯为了笼络他，特命他出任热河都统，以示器重。热河是前清皇帝们的避暑胜地，熊希龄到后，就把公署搬进承德避暑山庄内。但是，在这昔日皇帝的行宫中办事，宫中的珍宝太多又未曾清理，不免有些瓜田李下之嫌。

据称，有一次袁世凯的心腹姜桂题来访，熊希龄在好生招待之余，临别时又偷偷地将一把乾隆皇帝的折扇作为私人馈赠送给了姜桂题。姜某是个粗人，也不识好歹，他为了取媚袁世凯，回京后又将此折扇转送给了袁大总统。袁世凯由此派人前去暗中调查，发现避暑山庄失窃了不少珍宝，熊希龄由此便在袁世凯的黑账上记了一笔。

熊希龄得知袁世凯要求他下令解散国民党后，未免也有些兔死狐悲之感，因为熊在政治立场上一贯跟随主张政党政治的梁启超，如果今天国民党被解散，那谁又能保证明天进步党不会被解散呢？

但袁世凯的理由也很冠冕堂皇,"警备司令部查获乱党李烈钧与国民党议员徐秀均等人来往密电,试图分裂国家",因此国民党不能辞其咎。

袁世凯并没有公然胁迫熊希龄签署解散国民党的命令,而是派人暗中将热河行宫盗宝案在报纸上放出风声,先给熊希龄一点压力,让他识相点。数日后,袁世凯将熊希龄召到总统府议事,并让手下有意无意地将查办热河行宫盗宝案的卷宗给熊希龄看到。熊希龄见后大惊失色,只好乖乖地在取消国民党员的议员资格及解散国民党命令上签字。这人要是被拿住了要害,好比睾丸被捏,实在是有苦难言哪。

这边熊希龄在命令上一签字,那边三百多军警早已准备妥当,随后便凶神恶煞般地直扑广安门内大街的国民党北京支部,不仅代理事长吴景濂被当场逮了个正着,其他的职员也通通被关押起来,不得外出。等拿到国民党议员的住址后,这帮军警当晚又按图索骥,分批闯入每个国民党籍议员的家中,第一件事便是搜缴议员证章、证书。倘若议员们稍有质疑与反抗,这帮大兵老爷便拔出手枪,恶狠狠地顶在议员脑袋上威胁。

这秀才遇到兵,哪里还有什么道理可讲。

等到午夜时分,军警们已经缴得三百五十多件国民党议员的证章、证书,正待他们想去总统府邀功请赏时,袁世凯却又下了一道严令,让他们继续搜缴"二次革命"前已经脱党及跨国民党的议员证书,而且必须在当晚完成。没办法,这些鹰犬们只得在凌晨时分挨家挨户地继续搜查,直弄得北京城内鸡飞狗跳,鸡犬不宁,等到破晓时分,最终又收缴了八十多件。

原来,老袁做了一个算术题:要是只收缴三百五十件国民党议员证书的话,剩余的议员在国会中仍旧过半数,还有可能继续开会,现在又剥夺了八十多名脱党及跨党议员的资格,这下两院议员已经去了大半,国会就开不成啦!

等到第二天,议员们前去参众两院开会,那门口早有荷枪实弹的大兵老爷拿着一张名单在此站岗，凡是进入的都必须检查议员证书，那国民党及其参加过国民党的议员们的证书昨晚便被这些人收缴了去，哪里还进得去？

当时的国会，有个诨号名叫"八百罗汉"，就是说国会中有八百二十人，但在昨晚被取消资格的便达到四百三十八人，这参众两院的议员尚不足半数，还怎么开会？国会既然瘫痪了，那附属的一切委员会，尤其是宪法起草委员会和制宪会议，也就无限期的延宕了。

那些残余的议员们气愤不平，还要向总统府提出抗议，但很快被老袁骂了回来："你国会都开不成会了，抗议何来？"还未等到这些人再闹事，袁世凯干脆一不做二不休，在1914年的元月10号发布了一道洋洋数千言的命令，将国会解散，议员们通通遣散回籍。老袁的理由同样是冠冕堂皇：既然国会已经开不成会了，那民国岂能再给你发工资？即使要再开国会，那也得重新召集。由此，中华民国的第一届国会在干完选举袁世凯为正式大总统的一件正事后，也就此寿终正寝。

国会是个伟大的东西，但它的伟大只有在失去之后才会显示其价值，而其存在时却往往受到人们的百般拨弄和嘲讽。眼看木已成舟，这班议员们也只能自认倒霉，白白丢了年薪五千元的职位不说，最后在那些大兵老爷的威喝之下，只落得领取几十块大洋的川资打道回府，实在是晦气之至。

在将国会解散后，袁世凯意犹未尽，又下令将地方议会也一并解散。对于这点，各省的都督倒是很乐意去做，谁也不想受到议会的限制啊。不过，国务总理熊希龄在受到多次的胁迫后，这时再也忍耐不住了，其签署解散地方议会命令后便向袁世凯提出辞职，而司法总长梁启超、教育总长汪大燮也受他的牵连一并辞职。

袁世凯见熊希龄去意已决，也就稍作挽留后照呈批准，暂由外务总长孙宝琦代理国务总理一职。湖南才子熊凤凰拜相还不到半年，除了给老袁当枪使，基本什么事都没干成。这还不算，熊才子最后还落得一身的不是，真是弄得声名扫地，狼狈不堪。

武夫治国

受此挫折后,熊希龄也就绝意仕途,从此告别政坛,转而从事慈善和教育事业去了。二十多年后,熊希龄再度成为哄传一时的新闻人物,不过这次不是政治,而是情场得意。原来,熊希龄的夫人朱其慧在1931年8月病逝后,熊希龄悲恸欲绝,他蓄起长须,持一手杖,以示洁身自爱。后来,某热心人将民国的知名女性毛彦文(大才子吴宓的苦恋对象)介绍给熊希龄相识,结果两人相互仰慕,相见恨晚,引发了一段良缘。由此,熊希龄弃杖剃须,并于1935年与毛彦文在上海完婚。当时熊希龄六十六岁,由于双方年龄差距近一倍,舆论界一时引为笑谈,很是炒作了一番。

熊希龄洞房花烛之夜,前来祝贺的名士甚多,当时留下了不少致贺诗联,如沈尹默贺联云:"且舍鱼取熊,大小姐构通孟子;莫吹毛求疵,老相公重作新郎。"老同盟会员刘成禺打油诗一首道贺:"闺人应惜首飞蓬,燕婉新词老凤雄;不用丈夫髯发美,更无长鬣话元丰。"

最逗的是某友人,平日称毛为姐,称熊为伯,而今熊、毛结为夫妻,于是巧贺一联:"旧同学成新伯母,老年伯做大姐夫。"

另外,某些报纸上也拿两人的年龄开玩笑,登了几则颇为诙谐有趣的贺联,试录如下:

"熊希龄,雄心未泯;毛彦文,茅塞顿开";"九九丹成,恰好三三行满;双双如愿,谁能六六无能";"老夫六六,新妻三三,老夫新妻九十九;白发双双,红颜对对,白发红颜眉齐眉"。

所谓自古佳人爱才子,这老熊倒也艳福不浅。

总统威：浙督朱瑞怕见袁世凯

袁世凯在清末被人称为"不学有术"，张之洞则说他不但"有术"，而且是"多术"，自叹弗如。就张之洞的评价而言，倒也还算中肯。作为乱世之枭雄，袁世凯不具备大政治家的胸怀与抱负而惯以权谋手段取一时之势，还自以为得计，这大概是洪宪帝制最后覆亡的原因之一罢。

清末时，袁世凯手下有个重要的幕僚名叫阮忠枢，据说其一度迷恋一个名叫小玉的妓女而走火入魔，并打算将之纳为小妾。袁世凯得知阮忠枢因此不务正业后，狠狠地将他痛骂了一顿。但骂归骂，事过之后，袁却又派人将小玉秘密赎出，还给她购置了房舍和家用物品，随后把阮忠枢带过去。阮一进屋，便听见一个小丫头喊："新姑爷来啦。"他仔细一看，里面那位新娘子打扮的俏佳人，不正是自己朝思暮想的小玉姑娘吗？从此，阮忠枢也就对袁世凯更加的忠心。袁世凯的权术，可见一斑。

接见下属时，袁世凯特别喜欢用权术，孙中山就曾经被他迷惑："袁氏初见面时，颇含一副至诚推解之态度，绝不似权诈之流；及谈吐稍进时，深心辨识，则觉其语有锋芒，眼光四射，询非寻常可以窥测之辈。然我终疑成见在胸，有意探测其挟城府相临耳。及考其行事，乃全与所言向左。然则彼固一魔力惑人之命世英雄哉！"

袁世凯第一次见到宋教仁时，他看到宋穿的西装还是十年前留日时做的，于是暗地里派人去了解宋的体型，后来给宋送去的西装

武夫治国

竟然比宋自己定做的还要合体。送西装的同时,袁世凯还送了一本交通银行的支票,里面有五十万元,请宋教仁自由支用,其用心可知。后来,宋教仁只留下衣服,支票则在离京时让人退还给袁世凯,并修书一封曰:"绨袍之赠,感铭肺腑。长者之赐,仁何敢辞。但惠赠五十万元,实不敢受。仁退居林下,耕读自娱,有钱亦无用处。原票奉璧,伏祈鉴原。"

对于一些年青的将领,袁世凯则惯于使用恩威并济的手段,以资慑服。袁世凯的身材粗短,但其年轻时喜好武术,善骑悍马,后来又从戎多年,因而无论走路还是坐着办公,都是身板笔挺,不怒自威。阎锡山当时就闹过笑话,他曾被袁世凯召见两次,但有人问他袁长什么样子,阎锡山不好意思地说:"真是可怕!……我没有看见,我只看见他的靴子。"

后来,阎锡山回忆起这事,他对人说:"我一生见过了多少位咱国家的元首,如孙中山、黎元洪、徐世昌、冯国璋、徐树铮、曹锟,甚至张勋、段祺瑞以至蒋介石等,没有哪一个像袁世凯的两道目光那样虎视眈眈的逼人,使人不敢仰视。"

因此,阎锡山见完袁世凯后还不知道老袁长什么样,这还真不是杜撰出来的笑话。事实上,与阎锡山有同样经历的,还有当时的浙江都督朱瑞。

朱瑞,浙江省海盐人,曾就读于南洋陆师学堂,参加过光复会和同盟会,后在浙江新军中任标统。辛亥革命后,朱瑞率浙江新军光复杭州,后又率江浙联军参加光复南京之役并建有功绩。民国成立后,朱瑞回到浙江任都督。"二次革命"时,朱瑞和云南都督蔡锷都宣告中立,但袁世凯对这些非北洋出身的新军将领并不放心,因而在镇压"二次革命"后便将他们召到北京进行考察。

陶菊隐在《北洋军阀史话》中说,朱瑞到北京后,他换了一身军服,按照疆吏入觐大总统的仪式,在总统府承启处等候召唤。不一会,袁世凯的承启官走出来说:"总统吩咐,朱都督是自己人,不要拘形迹,请换便衣来见。"朱瑞听后便起身要回去换便衣,不料那位承启官早有准备，他将朱瑞引到另一间屋子，并拿出一套现制的狐皮袍子和马褂给他换上。穿好后，朱瑞对着镜子照了一下，真是"增之一分则长，减之一分则短"，好像是量着他的身材裁剪的一样。这时，承启官在旁边告诉他："总统知道朱都督初次来京，一定还没有订制，所以先给您准备的。"

等到承启官再把朱瑞引到居仁堂，只见一个矮矮胖胖的老头子和颜悦色地坐在大厅中间，身上也穿着一套狐皮袍子和马褂，颜色、花样、质料都和朱瑞的那套一式一样。朱瑞初次见到这位威名赫赫的袁大总统，开始也紧张得说不出话来。倒是袁世凯像老熟人一样，请他坐下，然后东南西北、海阔天空的闲扯一通，这才使朱瑞的紧张情绪慢慢地平静了下来。

正当朱瑞感到放松之时，袁世凯突然话锋一转，把话题引到南方革命党的讨袁运动上去，并出其不意地问："介人（朱瑞的字），你若是反对我，就应该宣布独立；若是反对乱党，就该明白表示。你宣告中立，是何用意呢？"

听到袁世凯的话里有话，朱瑞一下就慌了神，以至于一句话也答不上来。袁世凯看出朱瑞的窘状，其微微一笑，随后又用别的话题岔开，而且还像刚才那样的和善与亲切，好像对朱瑞宣布中立的这个问题毫不介意。谈到末了，袁世凯站起身送客，最后只淡淡地说："你还是早点回去吧，地方治安要紧。"

几天后，朱瑞仍穿了上次所赐狐皮袍子和马褂到总统府去向袁世凯辞行，不料这次情形却完全不一样了，只见总统府三步一哨，五步一岗，戒备严密，仿佛要举行什么重大仪式一样。朱瑞被引到居仁堂后，只见那里站了一大列全副武装、面容肃穆的北洋兵士，袁世凯则穿了一套金边耀眼的大元帅服，在总统椅上巍然高坐，其场景仿佛是来到一个阎罗殿。

还没等朱瑞开口，宝座上的那个活阎罗便声色俱厉地训诫了起来，什么"军人不可无纪律"，"军人应以服从为天职"，口气十分严厉。朱瑞在下面听了，吓得一个字也说不出，头也不敢抬起来，浑身淌着大汗，里面的衣服都湿透了。

朱瑞此次进京，见了袁两次，但两次的效果却完全不同，弄得他战战兢兢，完全摸不着头脑。其实，这是袁世凯驾驭部下的惯用手法，所谓"怀之以德，临之以威"，这套权术也不是袁世凯发明的，只不过是他从古代奸雄那里学来的罢了。

被这么吓唬了一下后，朱瑞回浙江后诚惶诚恐，死心塌地地跟着袁世凯混了。帝制运动中，朱瑞按照袁世凯的旨意举行"国体投票"，全省七十五名代表一致赞同君主立宪，并拥戴袁世凯为"中华帝国"皇帝。蔡锷等人举起"护国反袁"的大旗后，朱瑞等人发表通电，指斥蔡锷等人的举动是"倡乱为叛，附从为逆"，并警告其勒马悬崖，否则必"孤立速败"。不仅如此，朱瑞还率浙省军政官员合力敦请袁世凯"早正大位"，表现可谓积极。

袁世凯称帝后，特封朱瑞为一等侯。可惜后来好景不长，袁世凯称帝很快失败并一命呜呼，朱瑞也就大势已去，后来仓皇出逃上海，并在当年病死于天津。

六君子：复辟小丑枉称"君子"

据说，袁世凯死时说了一句话，叫："杨度杨度，误我误我！"这里说的杨度，就是鼓吹洪宪帝制的"筹安会六君子"之首。

杨度，湖南湘潭人，其祖父杨礼堂为湘军李续宾部哨长，后在庐州三河镇一役中阵亡，其伯父杨瑞生则死里逃生，后在征战中步步升迁，先后做上了归德镇、朝阳镇等地的总兵。杨度之父杨懿生则身体羸弱，不能随父兄拼杀于疆场，后于杨度六岁时不幸去世。此后，杨度及其妹杨庄被伯父杨瑞生接到自己的驻地，代为抚养。

杨瑞生以军功起家，深知战争之残酷，因而他不希望侄子走上自己的道路。在很小的时候，杨瑞生便看出杨度天分很高，因为只要是他看过的东西，就基本能做到过目不忘，而且杨度从小就眉清目秀，五官端正，颇有贵人之相。为此，杨瑞生花费重金为子侄们请来了知名的塾师，以求这一代人能够金榜题名，为杨家争一口气。

后来，湘中名士王闿运得知了杨度的文名，他派人将杨度招至自己所办的石鼓书院，重点栽培。在王闿运的门下学习三年后，杨度顺利的考中了举人，时年十九岁。甲午年后，会试的失败加上时局的变化，杨度的思想发生转变，后与长沙时务学堂的谭嗣同、熊希龄、唐才常、梁启超等人过往甚密。

1902年，杨度瞒着王闿运自费前往日本留学，并入东京弘文学院师范速成班学习新式教育。次年，清廷按"博学鸿词"科旧例举行经济特科考试，学有所成的杨度便回国参考，初试揭榜后，杨度

武夫治国

高中一等第二名，第一名则是后来总统府的秘书长梁士诒。

梁士诒是广东三水人，与梁启超同时就读于佛山书院且于1889年同榜中举，后又在1894年中了进士，入翰林院学习散馆后供职国史馆。梁士诒喜研究财政、河渠等实用之学，当时朝廷给他分配的工作不符合他的兴趣，于是他参加了1903年的经济特科考试并且勇夺第一，但在复试时被小人中伤，说他是逆党梁启超之弟，名字也很反动，所谓"梁头康尾"（康有为，字祖诒，梁士诒的父亲倒是曾与康有为同榜中举），人品可知。当时慈禧太后最恨康、梁二人，人所皆知，梁士诒也就心灰意冷，退出竞争，而杨度因是被杀的杨锐、刘光第的同门（同出于王闿运的门下），也就识趣的远遁而去，免得招来横祸。

受此挫折后，杨度再度远赴日本学习法政，由于他人品潇洒，智商很高，于是很快便声名鹊起，当时还被推为留学生总会干事长。孙中山对杨度也颇为欣赏，一度还想拉他入同盟会，但杨度在政治上倾向于君主立宪，既不保皇，也不革命，于是婉拒了孙中山的请求。在日本期间，杨度发表了大量政论文章，一时被人称为"宪政理论家"，后来清廷派出的五大臣考察宪政，据说交差的调研报告还有一部分是出自杨度的手笔。

清廷实行预备立宪后，杨度也在军机大臣张之洞与袁世凯的共同保荐下进了宪政编查馆，由此与袁世凯拉上关系。不过，袁世凯被赶回老家后，杨度并没有与之同进退，而是继续留在北京为官。等到袁世凯复出并就任大总统后，杨度发现曾与自己一同落难的梁士诒"梁大财神"，竟然早已在总统府秘书长的位置上坐得稳稳当当，成为了袁总统的红人，真是羡煞人也，气煞人也。

杨度早年跟随王闿运学习帝王之术，这时也敏锐地看到了"太子"袁克定的帝制阴谋，随后两人便很快气味相投、勾搭成奸。1915年4月，杨度写了一篇《君宪救国论》的文章，经袁克定牵线搭桥，袁总统得见此文且十分欣赏，当时亲笔写下"旷代逸才"四个大字，并制成金匾赐给杨度。杨度见了这四个字，既喜又忧，喜的是袁总统还认可他这个人才，但忧的是，他在袁总统的眼中只是个"旷世逸才"，尚不能得到重用。这想必也是杨度急于表现的原因罢。

由此，杨度随后组织了"筹安会"，正式揭开了洪宪帝制的帷幕。说起来，"筹安会"挂牌的那天倒也无甚大的动静，不过将写有"筹安会"三个大字的招牌挂出，不知道的人还以为出了一帮能人策士，可将这乱象百出的民国筹划消停，让小老百姓也能过个安稳日子，倒也不失为一桩善事。

不料数天后，杨会长便在各大报纸上发布筹安会成立启事，并公布该会之宗旨宣言，其中在宣言中便掐头去尾地窃用了总统府特别顾问、美国教授古德诺在文章《君主共和论》中的话，说什么"君主实较民主为优，而中国则不能不用君主国体"，"我等身为中国人民，国家之存亡，即为身家之生死，岂忍苟安漠视，坐待其亡！用特纠集同志组成此会，以筹一国之治安。"

最后，杨会长还公布了发起人，分别为：杨度、孙毓筠、严复、刘师培、李燮和、胡瑛，也就是人们常说的"筹安六君子"。

杨度等人尽管声称自己是学术团体，尽管有"爱国热忱"作为掩护，但此文发表后，筹安会的"六君子之心"，也就路人皆知了。筹安会显然不是什么简单的学术研究机构，而实质上是政治团体。这"六君子"之说法也颇为滑稽，也不知是帝制派媒体还是当时的评论家给他们送了这样一顶帽子，结果一传十、十传百，都喊他们叫"筹安会六君子"。

这"六君子"本是好词，在中国历史上就有两组非常知名的，一是反对明朝宦官魏忠贤而惨遭迫害的"六君子"，即左光斗等人；二是戊戌政变后被慈禧太后所害的"戊戌六君子"，即谭嗣同等人。这杨度几位仁兄，叫他们一声"帝制六人帮"倒是恰如其分，他们又何德何能，能配上"六君子"之称呢？真是奇哉怪也，想必是意在讽刺，不足为喜。

认真说，"六君子"中的孙毓筠、李燮和、胡瑛这三人，原本是革命党，这次的华丽转身也着实让人大跌眼镜。孙毓筠是安徽寿州人，其于1906年便在东京加入了同盟会，辛亥年后又出任安徽都督，是一名老资格的革命党了。但在"二次革命"失败后，孙毓筠先后出任政治会议议员、约法会议议长、参政院参政等职务。这次杨度发起筹安会，孙毓筠也是积极响应，并担任了会中的副理事长。

胡瑛是湖南桃源人，与宋教仁同乡，也是个老革命党，其曾在1905年时与吴樾密谋炸死出洋考察的五大臣，结果事情没办好，吴樾成了革命烈士，胡瑛则亡命东京，并于当年加入同盟会。后来，胡瑛又回国参加日知会，与黄兴等人密谋举行长沙起义，但因事泄而被捕入狱。武昌起义后，胡瑛出任湖北军政府外交部部长，南京临时政府成立后又被孙中山任命为山东都督（实际上只占据烟台一地）。袁世凯当上大总统后，胡瑛被解除职务而委以陕甘经略使、青海屯垦使之类的虚职。好在胡瑛和杨度是好朋友，于是也列名"六君子"之一。

三个湖南佬，共唱一台戏，李燮和是湖南安化人，他先后参加过华兴会、光复会、同盟会，武昌起义后他与陈其美一起组织了上海起义，并出任吴淞军政府都督。由于与陈其美关系不和，李燮和随后又出任光复军总司令，并与江浙联军一起攻打南京，为革命事业立下了汗马功劳。

这三位朋友，原本是同盟会骨干，辛亥前后也曾为共和革命而冲锋陷阵、出生入死，如今却摇身一变，反水投靠帝党，真是人事易变，世态无常，令人慨叹。也许是对革命前途极度失望并发现共和政体不适合中国国情罢，也许是民国后分配国事未能如偿所愿，这三人因此穷而思变，虽被革命朋友视之为"反骨仔"也在所不惜。

至于严复与刘师培，那都是当时学界的国家级大师，如此德高望重、人所景仰的人物，如何也来掺和这趟浑水，倒是令人百思不得其解。严复是福建闽侯人（今福州），原本是福州船政学堂中的最优等生，在学业上比北洋舰队中的那些老同学刘步蟾、林泰曾、邓世昌等人要更胜一筹，后来又被选送到英国皇家海军学院留学，可惜学成后没能调入北洋舰队，而是被任命为北洋水师学堂总教习。如此安排，想必文人出身的李鸿章认为最优秀的学员上战场冲杀是一种浪费，派去培育更多的人才方是正途。不过，这也是好事，不然严复极有可能像他的那些老同学一样，或在黄海大战中葬身鱼腹为国捐躯；或在威海兵败后举枪自戕以身殉国。

严复在担任北洋水师学堂总教习期间，此时的副总统黎元洪还是他的学生。甲午战败后，严复也就绝意海军，改而从事翻译著述事业，如赫胥黎的《天演论》、亚当·斯密的《原富论》等，都是出于严复的手笔，其提出的"信达雅"三字，至今都是翻译学的"圣训"。

可惜的是，严复虽然被誉为"西学第一"，但因为各种原因都没有得到重用，唯独袁世凯出任直隶总督后对他青眼有加，不过此时严复已绝意仕途，他拒绝了袁世凯延他入幕的再三邀请。尽管如此，严复对袁世凯的慧眼识人还是心存感激，当袁世凯被罢出京时，严复挺身而出，其大声疾呼："世凯之才，天下无两"，"此人国之栋梁，奈何置之闲散"？

民国后，严复被袁世凯任命为北京大学（原京师大学堂）第一任校长，蔡元培和胡适都应算是他的后辈，以他在学术界的地位，当时无人及其项背。有意思的是，严复虽然精通西学，却在民国初年极力倡导"复古尊孔"，并发起了北京孔教会——另一名知名的翻译家林琴南也积极参与之，怪哉，不怪哉？不过，也有人说严复列名筹安会乃杨度肆意为之，严复并不知情，但从之后情况来看，尽管严复从来没有参加过筹安会的具体活动，对帝制运动也持消极态度，但他在整个过程中一直保持沉默，并没有公开站出来辟谣，足见他对帝制之说并不反感——"复古尊孔"的结果嘛。

刘师培是江苏仪征人，是当时与章太炎齐名的国学大师，他早年留学日本时也曾加入同盟会，但后来又叛变革命而专心学术，他回国后被两江总督端方延入幕府，学问也大有长进。后来，端方奉命入川，时逢辛亥而被杀，刘师培也险些遇难。民国成立后，刘师培一直郁郁不得志，他倒是对帝制运动颇有兴趣，在杨度发表《君宪救国论》后，他也发表了一篇《国情论》的文章与之唱和。不过，好在刘师培不太涉足政界，而是醉心于经学、小学、汉魏诗文等中国传统文化，终成一代国学泰斗。

不过话说回来，倘若是一班无耻政客文人鼓吹帝制以图私人之功名利禄，想必袁世凯也能洞察其奸，但杨度这样的才子，加上严复、刘师培等这样顶尖的文化大师们也来支持，要说袁世凯一点都不动心，恐怕也难。据袁世凯的心腹说，袁总统听说连严复都参加了筹安会，"极为欢悦"（此等欢呼雀跃之态，可以想象），随后便拨款二十万，以供筹安会研究之用。

筹安六君子，君子不筹安。文人大多无骨，看来还是有几分道理的。

交通系：梁士诒"要头不要脸"

1915年的帝制运动中，正当筹安会的同党们摇旗呐喊，闹腾得正欢时，另一彪人马却突然异军突起，霎时间便将筹安会们的风头抢去，这又是何人呢？

此人却非他人，正是上文所提到的梁士诒。梁士诒在那次经济特科的考试中遭人暗算，正当他沮丧之时，正好袁世凯在直隶推行新政，延请人才，于是他便在当时袁世凯跟前的红人及老乡唐绍仪的推荐下，出任北洋书局总办。由此，梁士诒也就跟随唐绍仪的门下，成为一个北洋系下"唐记小集团"的成员。

1906年，唐绍仪接替盛宣怀督办铁路总公司，梁士诒也就协助唐绍仪主持路政，由此发挥专长，一发而不可收拾。等到唐绍仪出任奉天巡抚后，梁士诒也已立稳脚跟，成为五路铁路提调（总经理）。邮传部成立后，梁士诒顺势当上铁路局局长，后来又奏办交通银行，由此发展出一大势力——交通系，人送绰号"梁大财神"。

袁世凯当上大总统后，梁士诒出任总统府秘书长，并先后兼任过交通银行总理、财政部次长等职。"袁记约法"颁布后，由于责任内阁制被总统制代替，袁总统在总统府下设立政事堂以取代之前的国务院，徐世昌充当国务卿，杨士琦、钱能训分别为"左、右丞"，结果梁士诒一时失势，无处安身，最后只捞得税务督办一职，令梁大财神好生懊恼。祸不单行的是，肃政厅（相当于前清的御史台，专门弹劾各级官员）此时又提出了"三次长参案"和"五路大参案"，搞得交通系上上下下，人人自危。

所谓"三次长参案"，指的是对陆军次长徐树铮、交通次长叶恭绰和财政次长张弧的弹劾，而叶恭绰和张弧都是交通系的人马；"五路大参案"则是关于津浦、京汉、京绥、沪宁、正太五大铁路局的营私舞弊案，更是矛头直指交通系。在此情况下，交通系大佬、当时还兼任交通银行总理的梁士诒当然脱不了干系（叶恭绰是副总理）。

没办法，梁士诒只好去找"太子"袁克定帮忙。在"太子爷"的一番指点后，梁随后便召集交通系的干将开会。会上，梁士诒明白提出："目前交通系之窘境，唯有支持帝制，方可取消参案；要是不赞成帝制，后果恐怕不堪设想。"

诸干将议论纷纷，莫衷一是，梁士诒在旁边听得不耐烦了，他干脆直截了当地点破道："赞成帝制不要脸，不赞成就不要头。要头还是要脸，你们自己看着办。"会上诸人你看看我，我看看你，最后一致同意："要头不要脸！"

财神出马，一个顶十。数日后，参政院门口突然涌来了大批的请愿团，各行业、各阶层，琳琅满目，应有尽有，他们手里拿着请愿书，口里还呼着口号："变更国体，唯我民意！""君主立宪，造福万民！"

这势头，与甲午战败后的"公车上书"有几分相似，又与清末的国会请愿运动雷同，但这骨子里终究透出点"星宿老仙派"的味道。

自从清末实行预备立宪后，民意渐开，请愿本也不是什么稀罕事，当年为请求清廷"速开国会"，各省立宪团体就曾进行过全国总动员，这次貌似依葫芦画瓢，但总觉得有点不对劲。问题还出在这个"民意"上。按理说，这次来请愿的诸多人等穿着打扮远不如清末的那些立宪派士绅，应当更代表民意，但这些人的脸上又看不出发自内心的热忱，反倒像是未经排练的啦啦队，和之前选举大总统时的公民团倒有几分神似。

原来，梁士诒等人在决定"要头不要脸"后，随后便发起了一个公民请愿团的组织，成员除了交通系人马外，又有张镇芳、那彦图、梁鸿志、阮忠枢、夏寿田一干政界名流，并公推了沈云霈为会长，预备发起请愿。

这时，署理湖北军务的彰武上将军段芝贵从武昌回来，他原本是袁世凯的干儿子，这次回京不为他事，只因筹安会给地方遍发电报，寻求支持，已具声势，他不能让这六君子抢了"拥帝"的头功，这才急匆匆回京，要大展拳脚的。

段芝贵回京后便去拜访了老友阮忠枢，在后者的牵针引线下，段芝贵与公民请愿团一拍即合，决定由段芝贵出面邀请朱启钤、雷震春、江朝宗、周自齐、袁乃宽、朱家宝、张作霖、陆建章、顾鳌等实权人物，共同组成全国请愿联合会。由此，请愿会的帝制派一时间声势大振，会中骨干则人送绰号"十三太保"。

在梁士诒、段芝贵等人的秘密操作下，各地官吏也应邀派出"公民"前来代表"民意"（费用当然由交通系全包）。随后，这些人又买通一些报纸，每日以民意的幌子鼓吹帝制，弄得跟真的一样——只要有真银子，就不怕什么假民意嘛！

全国请愿联合会有权、有钱、有势，当然不是那耍耍笔杆子的"六君子"所能匹敌，而在参政院门口递请愿书的表演，其实就是"十三太保"策划的杰作。这次来请愿的分为商界请愿会、学界请愿会、各省请愿会、妇女请愿会，等等，凡来参加请愿的，都发参政费，人人有份，按照不同的身份、地位、名气分别给予不同的价码。交通系遍地撒钱，这声势能小嘛！

杨度见梁士诒等人后来居上，将自己的风头抢去，忍不住悲愤地说："梁财神啊梁财神，你可真行啊！你财大气粗，人多势众，我搞不过你，但你也别猖狂，我们走着瞧！"

但秀才们囊中羞涩，区区二十万元终究做不成什么大事，最后也只是组织些财神看不上眼的乞丐请愿团、妓女请愿团，聊壮声色。在请愿会的压迫下，筹安会很快变成了明日黄花，最后落得门可罗雀、无人过问的境地。恼羞之下，杨度只得灰溜溜将"筹安会"的招牌摘掉，又换了个"宪政协进会"的牌子挂出来，但终究是老酒新瓶，搞不出什么新花样。

无可奈何花落去，辛苦一场为他人做嫁衣裳。由此，"筹安六君子"也就让出舞台，请愿改制的大任改由梁士诒那个经费充足、人才鼎盛的全国请愿联合会一肩单挑了。

在全国请愿联合会的大肆造势下，中央大员除黎元洪、段祺瑞数人不予理会外，其他人几乎是争先恐后地排班劝进，而各地劝行帝制的电报也如雪花般飘进参政院——都是民意哪。帝制先锋、"御干儿"段芝贵更是联合龙济光、张作霖、赵倜、倪嗣冲、陈宧、汤芗铭、阎锡山、张怀芝，等等，发出所谓的"十九将军联名劝进"通电，更是把这场帝制运动推向了高潮。所以说，袁世凯称帝，其实是很有"民意"的！

安福系：被金钱驱动的乌合之众

民国六年（1917年），在张勋胁迫黎元洪解散国会后，复任总理的段祺瑞却拒绝恢复原国会，而是另搞了一个临时参议院来替代。

当时临时参议院的主要任务，是对民国初年的国会组织法和两院选举法进行修改，即将之前参众两院的人数加以缩减，由"八百罗汉"改为"五百大仙"，免得开会时人多嘴杂，每次议事都是议而不决，决而不议，徒然浪费纳税人的钱。

经修改，原参议院议员名额由两百七十四人减为一百六十八人，众议院则由五百九十六人减为四百零八人，相当于一百万国民中选出一个代表。另外，参议员也不再由各省议会选出，而改为组织地方选举会选举产生，避免各省督军从中干涉舞弊。

为筹备即将到来的选举，有一个像政党又不像政党的非正式组织横空出世，这就是民国史上的"安福俱乐部"。

所谓"安福俱乐部"，其得名于所在地西单安福胡同，这里原本是王揖唐、曾毓隽等皖系政客为招待各地来京的参议员而租赁的一座大宅院，原名梁式堂宅。在开始时，一些搞政治的人不过晚间到此坐坐，彼此闲聊，偶尔交换交换政治看法，辩论几句，当时也无专人召集或主持。但时间长了，这里的名气就开始大了起来，来的人也越来越多，因此在寻常的聚会之外，又搞了一些棋牌麻将之类的娱乐器具，这就有政治俱乐部的味道了。

等到新的国会组织法和参众两院议员选举法颁布后，这座大宅院立刻热闹了起来,那些亲皖或试图投靠皖系的政客官僚们如同苍蝇一般,一个个都跑到这里来打探消息,谋求发展。这些天里,梁式堂宅里每日每夜都是高朋满座,宾客盈门,而安福胡同内也是车水马龙,几乎人满为患。

某晚,皖系政客要人王揖唐、曾毓隽等人在梁式堂宅开会,打算成立一个团体,以方便在随后的选举筹备工作中开展活动。既然是个组织,就得有个好名字,一干人七嘴八舌的,提了许多好听的名字,但终究因众口难调,没有一个能得到全体赞同。

议到最后,众人也乏了,这时有个人灵机一动,说:"咱们开会的地方不是叫安福胡同吗?得,干脆叫'安福俱乐部'得了,名字吉利,说起来也好听。"众人一想,这名字好啊,安福安福,安国福民,这不正是本团体的一贯宗旨吗?好,就这么定了!

名字定好了,安福俱乐部便在次日(3月8日)宣告正式成立。

安福俱乐部成立后,相继设立了干事部、评议部、政务研究会等机构,而干事部又细分为文牍、交际、会计、庶务、游艺五课,其中又以交际、会计最为核心。有人也许会奇怪,这搞政治嘛,当然要善于"交际",但为何"会计"也是核心业务呢?

这倒是个好问题。所谓"安福俱乐部",到底是个啥玩意?是政党吗?不是。它既没有党纲也没有章程,更没有统一的信仰体系,不过是一些亲皖系的政客集合,而且它的成员又不稳定,大都以投机为主,分分合合,有利则来,无利则去,实则是王揖唐等皖系核心政客驱使的一群乌合之众。

既然是乌合之众,那什么让他们聚合在一起呢?太史公在《史记·货殖列传》中说,"天下熙熙,皆为利来;天下攘攘,皆为利往"。说白了,就是一个"利"字。安福俱乐部幕后的真正老板并非王揖唐和曾毓隽,而是段祺瑞的亲信代表徐树铮,王、曾不过是前台的马仔罢了。

那徐树铮有何等能耐,能让这些自命不凡的"政治家"们为皖系利益而上下奔走呢?对此,徐树铮曾一语道破天机:"我用金钱让他们做事,不担心他们不为我效劳。这些人所希望的无非是功名利禄,我将尽力满足其欲望,还怕他们不跟着我跑?"

功名利禄,我所欲也。是人便有欲望,有欲望就容易受制于人,这世间有几个搞政治的能做到"无欲则刚"的地步?那些在官场上上下钻营、四处奔波的人,无非是为了功名利禄、金钱女人,倘若"欲"都没了,还搞什么政治?所以,往安福胡同里钻的人就跟苍蝇一样,赶都赶不走,天性使然耳。

那有人要问,徐树铮的钱从何来?据统计,主要有这么几笔大款子,一笔是徐树铮在做关内奉军副司令时,挪用了军饷四十万以用于选举运作(后被张作霖发现而闹僵);另外一笔则是"梁大财神"梁士诒资助了二百万元。可梁士诒凭啥资助这么多钱呢?

原来,梁士诒本是交通系的党魁,算得上清末民初的第一理财高手,他所把持的交通系(交通部、交通银行及其相关的铁路建设投资事务及人员所构成的无形体系)更是当时的大肥缺,可惜因为在洪宪帝制中表现得过于露骨而遭民国政府通缉,这时正好跳出来献金,试图来个咸鱼翻身(也有说是交通系资助了一百四十万的)。

另外,各地方督军尤其是皖系在选举期间对安福系的活动也多有补助,如奉天督军张作霖、安徽督军倪嗣冲、黑龙江督军鲍贵卿等人,据说各出了数十万元。除此外,也有人说安福系的财源还可能来自日本的西原借款,此款原为对德参战之用,也被挪为选举费用,再者就是盐税被挪用。总而言之,有了这些钱,选举工作就好办了。

在徐树铮的幕后指挥下,王揖唐、曾毓隽等人指挥着安福俱乐部的皖系党羽走卒,由他们分持巨款,奔走各省,以图包揽各地选举。在这些人的暗中操纵下,各种选举丑剧就不免以常态出现了,什么高价买票、军警干预、抽换选票,诸如此类,不胜枚举。

以陕西为例,该省参众两院议员定额为十九人,徐树铮提名十二人,留七名给督军陈树藩自行把握。选举过程中,陈树藩以张作霖为榜样,非但指定人选而且派军警现场监督,有三人未按照指定名单投票,被陈树藩查出后遭到逮捕,险遭杀身之祸。

贿选也是民国政治的一大特色。据说安福系在每省计划投放十万元,具体到实处,则初选每票一至两角钱,到复选阶段,票价则升为百元以上,加上运动费、交通费,都是大有可观的。既然选举人已被收买,投票时就未免肆无忌惮了,譬如自填自投者有之,反复投票者有之,在察哈尔多伦的投票,监督人竟自投两千余票。

贿选还算好的,选举过程中有时还会出现暴力。譬如在江苏江宁,投票过程中竟然发生硬抢选票的事情;江苏无锡也发生了类似的事件,"投票之日,突来顽民,到所便抢选举票十张;不予则大肆殴打,毁坏器物,扰乱秩序";安徽安庆的投票日则"有五六百人蜂拥入内,抢夺选举票、签名簿,且互相殴斗,拳足交加,有杨某被打得头破血流,一时人声鼎沸,愈集愈众,实难排解",闹到最后,"所有执事人员见势不佳,均抱头鼠窜而去"。

此等热闹场面,正如当时人写诗讽刺的:"投票场为打架场,公民气象本轩昂;能文能武谗人杰,姓氏还教千载香!"

龙虎斗：总理靳云鹏左右为难

人人都说总理好，其实民国的总理最难当。就以在任时间而言，很少有超过一年的，不过有两个人时间较长，这就是段祺瑞和他的大弟子靳云鹏。

靳云鹏的老家是孟子故乡山东邹城，家里兄弟姐妹共七人，靳云鹏为长兄（在其帮助提携下，其胞弟靳云鹗也成为北洋后期的风云人物）。靳家是一个普通农家，由于父亲早逝，家里主要靠寡母邱氏卖煎饼维持生计，因此靳家兄弟姐妹在小时候也常常沿街叫卖，做过小小货郎。甲午年后，袁世凯所编练的新军到山东招兵，十八岁的靳云鹏因生活所迫而自愿入伍，当时又恰好成为了段祺瑞的手下一兵。

靳云鹏小时候念过两年私塾，粗识文字，在训练中又很卖力，因而很快从一千五百多名粗笨的大兵中脱颖而出，并引起了炮队统带段祺瑞的关注。数年后，靳云鹏被段祺瑞推荐到随营武备学堂第一期学习，毕业后又留校担任教习（段祺瑞为随营学堂监督），由此成为了段祺瑞手下的主要干部并列名"四大金刚"之首。

袁世凯死后，段祺瑞出任总理，此时正值第一次世界大战后期。在日本的支持下，段祺瑞成立了参战军训练处，准备训练一支新军队参加一战，当时的编练事务便交给了靳云鹏负责。

段祺瑞对参战军的编练非常重视。在开训典礼上，他兴致勃勃地亲自前来讲话。在看见受训士兵的勃勃军姿后，老段十分高兴，

武夫治国

他指着身边的督练靳云鹏对大家说:"你们看!靳督练原来就是我当年小站练兵时的一个炮兵,现在已经是参战军督练了!你们要好好训练,服从命令,将来的前途,必将是不可限量的!"

靳云鹏被老段这么一说,原来准备好的训词给硬生生地咽了回去,只得接着老段的话接着说:"不错!我在小站练兵时,不过是段督办的一个小兵。今天我能站在这里,全是段督办一手栽培提拔的。你们今天做了督办的学生,未来必有远大的前途!"

参战军虽然练成,但一战不久就结束了,实际上并没有发挥作用。后来,"五四"学潮爆发,内阁总理钱能训心力憔悴,他在将"卖国贼"曹汝霖、章宗祥、陆宗舆三人免职后,自己也提出了辞职。钱能训内阁垮台后,大总统徐世昌为平衡各方势力,便提议靳云鹏出任内阁总理。

徐世昌之所以要提名靳云鹏,主要出于如下考虑:首先,靳云鹏是段祺瑞门下大弟子,由他出任总理既讨好了段祺瑞,又能在安福国会顺利通过;其次,靳云鹏为人比较通情达理,不像徐树铮那样锋芒毕露,难以打交道;其三,靳云鹏与张作霖是儿女亲家,据说还与曹锟换过帖,可以缓冲一下皖系、直系之间的矛盾;其四,把靳云鹏由参战军督练改为内阁总理,实际上是武人从文,暗中削弱老段势力。

做上内阁总理后,靳云鹏和段祺瑞及其皖系的关系却有了微妙的变化。说到这里,可千万不要误会,以为靳云鹏做上了原先老段坐过的位置,便不知道自己的斤两,以为可以和老段平起平坐了——完全不是这么回事情。

事实上,靳云鹏在老段的面前,仍旧是毕恭毕敬,还是像当年的那个大头兵一样,而老段也没有因为靳云鹏当上了总理就对他另眼相看,他仍旧是像过去一样,把靳云鹏当小学生看待。

所谓的这个变化,主要是因为靳云鹏当上了民国总理兼陆军总长,那就不能仅仅着眼于皖系的利益,而是要考虑全局,要协调皖系、直系、奉系、西南军阀等各方面势力的关系,还要考虑国家的外交、财政、教育等等方面的问题，这就不能拘于派系立场，而是要开诚布公的照顾好各方利益。但是，靳云鹏的做法引起了安福系政客的极大不满，他们认为靳云鹏这是胳膊肘往外拐，非但不为皖系谋福利，反而帮助其他派系说话。因此，这些人就经常在老段的面前诋毁靳云鹏，并试图将他搞下台来。

老段是三任总理的人，他当然知道内阁总理不好做，因而对于靳云鹏的主政还是以支持为主。但是，这世界上小人太多，这说坏话的人多了，老段后来也不免对靳云鹏有所不满和怀疑了。

段祺瑞门下的"四大金刚"：靳云鹏、徐树铮、曲同丰、傅良佐，后面两个师弟能力差了点，也相对低调一点，但大师兄和二师兄的关系却是形同水火，一直就不和睦。徐树铮做事风格一向专断跋扈，不但皖系外的人憎恨他，皖系内喜欢他的人也没几个。但最奇怪的是，老段却对小徐信任有加，对其倚重甚至超过了靳云鹏。

因此，靳云鹏和徐树铮的矛盾，不仅仅是个人风格的冲突，另外还有争宠之忧。据说，靳云鹏与徐树铮两人关系极坏，有一次徐树铮来到部里找段祺瑞汇报工作，正巧段不在，于是徐树铮便沿着各办公室一一查看，到了靳云鹏的办公室后便在窗外窥视，被靳云鹏发现后，尴尬之余，徐树铮便一声不吭地扭头走了。

靳云鹏大怒，他追出来对着徐的背影大骂道："徐树铮你奶奶的，你鬼鬼祟祟地想干什么？你来查谁啊？你管得着吗？婊子的儿，整天价不干好事，出坏主意，你是人做的吗？王八蛋！"徐树铮听见后也没有回头，落荒而走。

靳云鹏组阁时，安福系提出了一个"三长一秘"的名单要求加入。所谓"三长一秘"，就是让安福系的曾毓隽出任国务院秘书长、李思浩出任财政总长、姚震出任司法总长、朱深出任交通总长，但靳云鹏在与其他派系协调后，其提出的阁员名单并没有完全满足安福系的要求，而只是将曾毓隽和朱深延请入阁，李思浩和姚震未能当上总长。

在此期间，徐树铮却在蒙古大展身手，不费一兵一卒便解决了

武夫治国

蒙边问题。这事说来，其实也是徐树铮运气好，因为沙俄垮台后，苏俄新政权正忙于国内战事，根本没有精力来插手蒙古事务，倒是之前的一些原沙俄匪兵窜到蒙古边境，试图以蒙古为基地反抗苏俄，这使得蒙古王公感到受了威胁，这才主动要求取消自治，而身为西北筹边使的徐树铮当然要抓住机会，立下不世之功勋。

蒙古的事情办好后，徐树铮得意洋洋、风风光光地回到北京，难免有些恃功自傲，说话也没轻没重了。段祺瑞一向宠信小徐，这次又立下大功，当然不以为意，但在其他派系的人听来就十分刺耳了，他们非但对取消蒙古自治一事视而不见，反而攻击参战军、西北军师出无名，要求取消。

这时，正是靳云鹏组阁的关键时刻，在徐树铮和安福系的压力下，靳云鹏被迫退让，将李思浩安排为财政总长、朱深为司法总长、曾毓隽为交通总长。安福系是满足了，但其他派系不干了，他们把矛头集中指向了安福系的幕后指使人徐树铮，并打出传统的旗号"清君侧"，表面是要求段祺瑞远离小人，实则是对整个皖系提出挑战。

此时的靳云鹏其实是最难过的。安福系不但一而再再而三的攻击靳云鹏，而且还不断地运动段祺瑞对靳云鹏进行训斥。受了这夹板气之后，靳云鹏觉得总理这个职位实在是干不下去了，最后只得以辞职而告终。

话说回来，民国的总理人选一向是个难题，从1912年到1927年这短短的十六年间，北京政府的内阁总理如走马灯一样更换，总共产生了二十七任正式总理，还不包括数量几乎等同于正式总理的代、摄总理，也不包括袁世凯改大总统制和称帝时期的三年。

换句话说，北洋时期几乎每半年就要倒阁一次，除靳云鹏做了两年的总理（中间尚有辞职的三个月）、段祺瑞做过近一年外，其他总理任期都是几个月，甚至一个月都不到。如此频繁的倒阁率，就是最为人诟病、最喜倒阁的法式民主也难以望其项背。由此也可见，民国的总理是好听不好做，这位置可真是个火坑啊。

杂闻逸事
街头巷议采时风

官方发言靠不住,小道消息满天飞。虽说是私家笔记,不登大雅之堂,但风闻逸事,亦入酒肆笑谈中。劝各位,别把豆包不当干粮,别把逸事不当历史……谁说逸事不风流?

武夫治国

胭脂虎：女杰沈佩贞大闹报馆

民国初年有一奇女子名曰沈佩贞，此女既是位女权主义者，又热心于革命并加入过同盟会，在民初政坛上可谓风光一时。据称，当年同盟会在京城举行改组大会时，因新党章中将"男女平权"一条取消，参会的沈佩贞听后大怒，当场与另一女盟员唐群英一起冲上主席台，将主持会议的宋教仁扇了好几个耳光。

不过，沈佩贞虽然貌似追求进步且做事出格，但终究是个投机分子，在同盟会及革命党失势后，沈佩贞便投靠了北洋的当权人物。她先是傍上了执掌京城治安大权的步军统领江朝宗并认其为"义父"；随后，沈又认当时炙手可热的"御干儿"段芝贵为"叔父"，为帝制运动奔走。当然，沈女士性情豪放，这"父女"、"叔侄"间的关系嘛，自然也有点说不清道不明。借着这两位大佬的引见，沈佩贞后来竟自称是"总统门生"，摇身一变成为鼓吹帝制的女界先锋。

上海有一《神州报》，办报人汪彭年系《京报》创办人汪康年之弟，其因选举众议院议员而滞留北京，不得已而在京遥相指挥报务。由于沈佩贞女士的作风一向豪放，后来她在醒春居行酒令的艳事便被《神州报》添油加醋的连刊三日，将其当时丑态尽现无遗，舆论界争相登载，一时引为笑谈。

沈佩贞得知后大怒，随即要求汪彭年请酒登报认罪，汪彭年非但不听，反而继续在报上揭其隐私，甚至把江朝宗、段芝贵等要人也牵扯了进去。沈佩贞也不是吃素的，她随后亲率"女志士"刘四奶奶、蒋三小姐等二十余人，再加上江朝宗派来的卫士，诸多人等一起前往汪彭年的住所施威。

汪彭年提前得了消息，慌忙带着家人暂时躲避在外。等沈佩贞等人到了汪家后，"女志士"们一拥而上，把汪家厅堂上的瓶瓶罐罐一律砸了个稀巴烂，然后捶桌大骂，非要把汪彭年等来与之算账不可。

这时，时任参政院参政的江西籍众议员郭同正好借住在汪彭年家的书房，他见沈佩贞一帮人在汪家撒野，于是出来与这些人理论。沈佩贞正愁找不到发泄的对象，于是又率领女豪杰们冲进郭同所住的书房，捣了个满地狼藉。

郭同大怒之下，对这些人破口大骂，但郭只是文人一个，哪里敌得过众多女豪杰的粉拳，只见这帮人蜂拥而上，有扯住郭同头发的，有揪住郭的耳朵甚至鼻子的，还有扭着郭同的手、抱着郭同腿的，众女豪杰一起用力举起，大呼"滚去"，郭便被丢进了院子的丹樨之中，连裤腰带也被挣断。

闹剧发生后，引来了众多的围观者，江朝宗派来的军警也都在旁边嘻嘻的看热闹，而郭先生却非常之顽强，他虽已是满身污泥，但仍左手提裤，右手指着诸女用各种最难听的话臭骂，而女豪杰们也不甘示弱，还之以各种不堪入耳之言。

这时，汪彭年的朋友、议员刘某正好路过汪所，他见沈佩贞等人在此胡闹，便拉住沈问："你们这些人，也不注意点影响，为了啥事在这演王妈妈骂街的丑戏啊？"沈佩贞说："你是个正经人。我告诉你，汪彭年在《神州报》登载我等在醒春居行酒令事，对我们故意造谣丑化，严重损害了我们的名誉。"刘某问："那你们打人家郭同干啥？"酒令参与者刘四奶奶挤过来说："汪彭年躲了，郭同出来顶包。不打他，打谁？"

这时，江朝宗派来的领队黄祯祥也说："今晚要是汪彭年不出现，我们决不离开此地。"刘某便对黄说："你穿军服领队打人，要让大总统知道，江统领是要受处分的。"过了一会，江朝宗果然打电

武夫治国

话来说："汪彭年今晚不在家，明日再来。"想必是汪彭年已在外面托人警告了江朝宗，于是江便让人撤了，但仍旧要《神州报》请酒登报赔礼，此事方了。

此事延宕多日后，郭同便向首都地方审判厅控诉江朝宗、沈佩贞的集体暴行，而引发事端的汪彭年和刘某均被列为证人。此案被报纸刊载后，知情的人都笑道："郭同被打，汪彭年是事主，却变为证人；刘某则是书僮陪汪公子，逛花园读书。"

《上海时报》上刊登了一首《新华竹枝词》讽刺道："最是顽皮汪寿臣（即汪彭年），醒春嗅脚记来真。何人敢打神州报？总统门生沈佩贞。杯酒调停事不成，郭同起诉地方厅。议场捣乱刘麻子，糊里糊涂作证人。"

《上海时报》除登载《新华竹枝词》外，还有"一辆汽车灯市口，朱三小姐出风头"等诗。所谓"朱三小姐"，指的是前内务总长、登基大典备办处长朱启钤之女，她当时也参与了这场盛事。袁世凯得知此事后颇为震怒，说"都下女风，坏到如此地步，实在是不成体统"，于是命肃政使夏寿康着人整顿闺阃风纪，并令朱启钤严束闺女，而且还要严办沈佩贞。

江朝宗等人见袁世凯发了脾气，都不敢露面袒护，而地方审判厅长尹朝桢也不敢积压，于是开始审讯此案。北京《顺天时报》派有专门记者前去采写此事，并刊发了《打〈神州报〉案观审记》文章，其中颇有令人捧腹之情节：

> 沈佩贞率男女打《神州报》，汪彭年逃，郭同起诉地方法院，传集一干人证，开刑庭大审。京师各部次长以下官，及社会闻人数十人，均坐骑楼观审。尹朝桢莅庭审判，先传郭同，次传沈佩贞等，次传证人汪，次传证人刘。尹对刘说："先宣誓，据实作证。"
>
> 刘说："据实直述，当日男女相骂，状态奇

丑，不堪入耳，照话直说，犯法不犯法？"骑楼上的人大声起哄："不犯法！不犯法！快快说来！"尹乃令宣誓，刘即据事直陈；尹觉得刘某所述过于丑恶，有点听不下去的痛苦表情，刘某笑道："庭长不愿听，我就不必再说下去了，再说就是犯法。"骑楼上的人正听得津津有味，他们又大嚷道："说下去，说下去，不犯法！"……

最后，审判厅判郭同胜诉，沈佩贞则罚禁押半年。宣判后，沈佩贞大哭道："别人叫我去打《神州报》，我却在此受罪！"言外之意，丑剧乃是江朝宗等人所主使。

民国因为办报而引发名誉之争的案件并不在少数，譬如扬州某报登载一介绍女西医生的广告，便引发了事端。当时广告是这么说的："赵竞雄女士为已故名孝廉翰卿先生之女公子。毕业于上海产科专门医院，为院中高才生，毕业名列前茅，于产科一道，极有心得，而内外各科均有经验。其在院实习成绩之优美，有该院院长保证书可考。现因毕业回里，下半年将仍返该院，为院中担任要职。同人等闻悉之下，以为吾扬向少产科能手，今既得斯人，安可不使其在本乡造福。故竭力恳其在扬行道。女士以同人等挽留情切，慨然允诺。特于即日起，设察诊所于花神庙弄本宅候诊。凡有产育及内外各症者，幸勿交臂失之。王某、张某、赵某等谨启。"

赵女士看到报上将"幸勿交臂"之"臂"字竟误为"臀"字后，满脸通红，又羞又气，随后便带人向该报经理汪某质问。后查，该报主笔、经理均一人所兼，排版时的样张初排为"臂"字，后不知为何以红黑水改为"臀"字，而三校由汪某自校，这下事情完全败露。

原来，汪某曾求婚于赵，被拒，因而由爱生恨，此举乃是有意调戏。后来，赵某将汪某及报社控告到法庭，结果赔了若干银元才算了结此事。

武夫治国

痴怨男：唐群英被追风波迭起

辛亥革命后，一些觉醒的新女性打破传统的清规戒律，她们不但创立了女子学校、女界报刊，而且还向南京临时政府上请愿书，要求平等的女子参政权。孰料《临时约法》一公布，女界代表唐群英等人却发现约法对此未置一词，于是愤怒的女志士们骚动了起来，他们随后向南京临时参议院上书请愿，并强闯议事厅要求发表意见。遭到警卫的阻拦后，这群勇敢的女子一举将临时参议院的门窗玻璃给砸了个稀巴烂。两天后，六十多名女界代表带着武器再次来到临时参议院，这次非但顺利地进入了议事厅，而且将那些议员大老爷们吓得抱头鼠窜，弄到最后，议长林森只得向军队求救，事态才得以平息。

民国初年的新女性使用暴力是有原因的，因为这些大老爷们表面上说着"平等、平等"，等女界代表们真把"男女平等"的议案提上来了，他们却总能找到各种理由不予通过。老实说，妇女同志们的愤怒是合情合理的，因为不砸他们家玻璃，不甩几个耳光过去，这帮大老爷们还真就瞧不起女性。中国的妇女被歧视了几千年，当时不用点激烈手段就不能引起重视。

这几次事件的主角唐群英，在民国初年也算得上是位声名远播的人物。唐群英系湖南人，在当时的留日潮中去了日本，并在那里加入同盟会（女性中的第一名），可谓是女界中的革命先锋。革命高潮过去后，唐群英遭遇了个人感情上的纠缠，后来竟因此而砸了

《长沙日报》报馆，由此成为各报竞相炒作的大新闻。

事情是这样。有位名叫郑师道的男子，此人做事一向疯疯癫癫的，当年拿锡箔纸包鸡蛋伪装成炸弹去恐吓国会议员的便是这个顽主。据说，郑师道对唐群英极为迷恋，而唐在与之交往不久后，因其做事过于疯狂而心生嫌恶，后为逃避此人便回到了湖南老家。郑师道还不死心，于是设法弄到一个湖南调查盐务委员的名义，也跟着追到了湖南。

到长沙后，郑师道又缠着要与唐群英结婚，唐见了他躲还来不及，哪里肯答应。郑师道见计不得逞，便自作主张，跑到《长沙日报》登了一个结婚启示的广告，径直宣布自己与唐群英结为夫妇，请亲朋好友某日某时到某酒楼前来喝喜酒。

此报刊出后，唐群英的亲戚朋友都来询问，唐听后勃然大怒，随即带着一群女伴去报社讨说法，并要求更正并道歉。报社人说，我们只管登广告，谁给钱就给谁登，你要找就找郑师道去。唐群英见报馆的人不讲理，于是她更不讲理，随即指挥女侠们打碎报馆的茶碗，砸破人家的玻璃窗，掀翻了椅子桌子等。这些还不解恨，这些人又跑到报馆门口将人家的招牌摘下砸烂，随即又冲进排字房将已排好的版，及其架上的铅字铅件等尽行捣碎。报馆的记者、编辑大多是文人，哪里见过这架势，等他们醒悟过来，唐群英等人早已扬长而去。

后来，报馆向警察厅控告唐群英，并列出损失清单赔偿，计有"碎毁客厅玻璃窗茶碗椅子各件，值洋四元；招牌一件，值洋十元；碎毁排字房铅字及字架等件，值洋八千元；大盆灯五盏，值洋二十元；玻璃窗一处，值洋十元；排字房铅件用具，值洋一千元，共计损失洋九千零四十四元，又耽搁出版，每日实属损失洋二百三十元"。算下来，唐群英要赔偿报馆近九千三百元，这可是个大手笔。其实，报馆也是狮子大开口，因为除茶碗、玻璃这些确实毁坏外，铅字、字架、铅件用具这九千元其实并没有损坏，唐群英赔偿数百元倒是应该。

武夫治国

由此，报馆与唐群英打起了官司，一个声称报馆侵害了自己的名誉，要报馆赔偿精神损失费；一个则控告唐群英砸坏报馆的物件，要求按价赔偿。而其他各报也是推波助澜，有的力挺唐群英，有的支持《长沙日报》报馆，一时间吵得不亦乐乎。后来有一报登了一张滑稽画，上题曰："新人物之面谱，一男面，一女面。女面上题多情学士；男面上题无耻委员。"这就是讽刺郑师道和唐群英的。

至于另一个当事人郑师道，此刻也没有闲着，他声称自己手上有好多唐群英跟他要好的证据，比如信件啊诗词之类的，而且其中措辞极其肉麻，要是唐群英不答应自己的要求，就要向报刊公开之。不过，郑师道还是希望唐群英回心转意，跟自己结婚算了。因此，《长沙日报》总经理文斐在报上讥讽二人是淫妇奸夫，唐群英更是野蛮至极。

由此看来，郑师道和唐群英的确有些瓜葛，他也确实是想和唐群英结婚。但问题是，人家唐群英是新潮女性，女中豪杰，她不想结婚，更不想和一个疯疯癫癫的书呆子结婚。至于之前的卿卿我我，不过是逢场作戏，可怜这书呆子还当了真了。

此案出后，又有人作新《竹枝词》讽刺，曰："结婚何事太荒唐，海誓山盟枉一场。省识销魂滋味苦，从今怕过便宜坊（据说唐与郑曾订盟于北京便宜坊）。"

官司的结果，还是湖南督军谭延闿觉得他们在自己地盘上闹得太不像话，于是从督府拨了一笔钱给报馆，让他们大事化小、小事化了，消停消停。报馆拿了钱，自然无话可说，唐群英觉得再闹下去，对自己名誉也无好处，但郑师道却还不肯消停，声称要是唐群英不和自己结婚的话，就要把自己与唐群英交往的隐私全公布出来。这下把唐群英惹急了，她请一个好友拿着手枪追到郑师道的寓所，迫令其立刻出省，否则即以手枪相对。如此一来，郑师道也只好离开了长沙。

更逗的是，郑师道跑到岳州后，还给唐群英寄了一封信，信上说："我最亲爱之妻唐女士，汝不过因醉后暴动，我二人两方面爱情，决不因此而稍减也。"还真一痴情种子。

同时期，也发生了一件类似之事，王昌国女士因京沪各报登载她与谭人凤结婚启示，大为愤怒，乃遍登广告，声称自己与谭人凤并无关系，并四处跟人说："余誓抱柏舟主义，决不再醮。"事情发生后，唐群英也学着人家说："余亦抱柏舟主义"，闻者为之捧腹。

因为王本为寡妇，可用"柏舟"二字，而唐群英用这两个字那就是笑柄了。当时一些无聊的人，就编出"男道（郑师道）女昌（王昌国）"、"柏舟主义"的笑话到处流传，作为酒后茶余之谈资。而唐群英后来醒悟自己误用"柏舟"故事，贻笑于人，于是改称自己"永抱独立主义"，以便让郑师道死心罢。

闹剧终究是闹剧，本就不会有什么结果的。

武夫治国

鱼龙沙：留日学生人品混杂

清末废除科举考试后，前往日本留学的中国学生骤然增多，并在当时形成了一股风潮，直至民国前十年还经久不衰。但是，去的人多了，又无留学资格之认定，难免鱼龙混杂，泥沙俱下，其间出乖献丑之事，也是屡有所闻。

东京某旅馆有某省选派的官费生六人，同住于一走廊，而门外六双拖鞋，早晚总是在一起的，因为这六人不是同在乙房，便是同在甲房，个人几乎没有独自用功时，而其学习无所用心，一望即知。该旅馆日本使女甚多，说起话来娇声滴滴，这六位官费生便对人家歪缠不休，虽遭人讨厌、嘲骂，仍旧乐此不疲。要是使女对他们笑一笑，这些人就欢喜得几乎要从三层楼上跳跃到地。闹腾得多了，使女们也就不以为怪，应付那些留学生几乎成为她们每天的一大日常功课。

某北方省份的官费生，还算知道他们的留学费用是国家出的钱，于是在饮食上必用国货以示爱国，惟啤酒每吃不过十余瓶，至多不过十余元，不妨用日本货。等到大鱼大肉一到，这些人便猜拳行令起来。殊不知，北方人轻轻说话，已是可怕，何况彼此狂叫大呼，外面人听到，几乎以为里面在打架，而且日日如此。这时间长了，这些人倒也身体健康，运动活泼，想必是中国菜、外国酒能补中益气也。

玩笑吃酒以外，如果无事，大家便关起门来，摸摸纸牌。说它是赌,又不是赌,说它不赌,同赌也有些相像。总而言之,用功之结果,吃酒调情以外,自然要到纸牌儿了。

官费学生还有一种特色,那就是都能唱一句半的《空城计》。虽然音调不对,但一旦发喉,其响声恐怕在上海都可以听得见。会唱的戏虽不多,但此辈精神团结,有一句半《空城计》,也足以令人大饱耳福,够别人受用了。某夜十二点钟以后,人家都已睡熟了,忽闻某人一句:"我本是卧龙冈……"下边却没有了。旁人为之猛然惊醒,而此时脑筋犹在梦境,乃自语道:"吾其已入蜀乎?是何诸葛孔明之多也。"

一些住在外面的留学生,也很不堪。有时候留学生聚集三四人,凑在一起吃吃喝喝,酒气熏天,还时不时地二黄高唱,邻里的日本人家与过路的日本人,无不讽刺其为酒肉动物。与之形成鲜明对比的是,对面楼上却有一白白嫩嫩之少年,身穿西服,鼻梁上架着金丝镜,油头粉面,凭栏扯胡琴,但观其作态,时时下视行人,不过是借以吸引日本女人之注意罢了,其轻薄如此。

由于这些人的品行,当地日本人也觉得他们讨厌,并多有拒绝留学生之事。譬如有留学生去租房,房东见是中国留学生,不免埋怨道:"中国人太好喧噪与污秽。"较为平和的房东则婉言拒绝说:"是间已租给别人了",或说:"有种种不方便处,请另觅别家。"若遇到粗暴的房东,则怒目横眉,大声道:"我这里不住中国人!"

更有甚者,一些留学生还时常召妓,其中又不免发生冲突。某夜,一日本女人在某留学生租房内争吵,据说是因为某生在夜市中引得一淫卖来,但随后又转而介绍给同住之人,此女不悦,不愿做这笔生意,而这人却偷偷将人家放在门外的木屐藏了,想让人家走不成,结果引发此女大骂:"凡事也要看人家愿不愿意,我们日本女人也不是受人强迫的,难道是近日谣传我们日本兵士在你们国家山东强奸妇女,所以你们也想在我们日本女人头上欺凌践蔑、以相报复耶?"后面更是唠唠叨叨,出了无数不堪入耳之语,但这几个留学生却厚着脸皮受此辱骂,终究不肯承认自己藏了此女的木屐。最后，日女也没有办法，只能一路骂着，赤足而去。

当然，日本人在留学生身上也闹了不少笑话。有某生自中国带去皮蛋数十枚，日本舍监不识为何物，再三探询。学生告诉他可以吃，他却不信。等看到学生们用以佐餐，于是讨了几个尝尝，果然味道大不一般，大赞不止。数日后，皮蛋突然骤去其半，乃日人窃去也。留学生宿舍所佣的日本下女，也常偷学生牙粉用来涂面，结果浓淡不匀，形同丑鬼，为诸生所笑。时有人戏为小说回目曰："偷皮蛋舍监尝异味，搽牙粉丑婢卖风流。"也算是留学生界之趣闻。

《革命逸史》中记王宠惠轶事，说他与革命党秦力山在日本"税屋同居，宠惠寓楼上，力山则寓楼下。所佣日本下女貌颇妖冶，爱宠惠少年英爽，屡向之调戏，宠惠以告力山，请其相机制止。某夜，日下女竟伺宠惠熟睡，赤身俯就。宠惠大骇，连声呼力山不已，力山应曰我来我来，日下女始狂奔而去，一时留学界闻之咸为捧腹。"

事实上，早期的留日学生（1899—1905年）因为人数少，且大多是选拔而来，因而声誉还算不错。但到后来，特别是清廷废除科举、鼓励留学后，阿猫阿狗都跑到日本去留学，这就难免一粒老鼠屎，坏了一锅汤。更何况还远不止一粒。之所以对日本趋之若鹜，原因是留学日本路途近且没有门槛，加上当时日本的物价和消费水平低，因而在经济上很合算；加上当时日文和中文差别不是太大，留学生虽不能与日人对话但可以笔谈，一般报纸也大多能看懂，不似后来片假名过多，已难以交流。

人去得多了，难免发生各种不名誉之事，开始时日本报纸还登出借以鉴戒，但这种事情越来越多，譬如有的留学生因为赌博斗殴而被日方拘禁，此类新闻多有报道，几乎成了惯有之事，后来报纸也就不再登了。由此，中国留学生的名誉也就无可挽回了。

留学界中出少数败类，本是不稀奇之事，但和留学英美的相比，清末民初的留日学生整体素质如此低下，倒是留学史上所罕见。正因为如此，那批人未见出什么大才，而尽出了一些革命党罢。

真荒唐：知事考试趣闻多

清末废除科举考试后，官员的资格认定和任免制度有所脱节，因而北洋政府在民国初年举行了四届县知事考试，尽管这种尝试仍保留了浓厚的科举残余色彩，但总体上说还是初步具备了现代文官考试的雏形。作为一个新生事物，县知事考试从无到有，其中难免有各种慌张与荒唐，譬如在《民国趣史》中，就对此做了绘声绘色的记载。

参加知事考试的考生，大都是有一定身份的人，又因涉及到各自的前途命运，所以参考人员都极为重视，譬如穿衣打扮，其中以穿蓝色长袍或天青马褂、脚踏青缎官靴、头戴瓜皮小帽的为多，举动言谈也极力模仿旧时官僚的神态，以期望获得考官的好感。最有意思的是，大多数人都新理了发，新刮了脸，就像大喜之日的新郎官一般，殊为可笑。

知事考试分两场，一是笔试，二是口试。首先进行的是笔试，按规定，考生七点便要到，先点名，后发卷。入场后，考生坐定，大家彼此打量，各自揣测对手的经验资历：有半倨半恭者，一望便知是前清府县官员，因为其曾执手版，有为官经验；有尚带寒酸气习者，可知其为前清京官，因为京官清贫，尚未纯粹沾染官僚气派；有举止轻佻、得意洋洋的，大多是新毕业的学生，因其不知科考的复杂和艰难；还有目空一切、顾盼自豪的，想必是两院议员，似乎还带有掷墨盒打议长的余风；那些颦蹙构思袖底露出败絮的，一定是新闻记者，因其每日要作数千言，伏案日久，袖口难免磨出洞损。

由于人数众多，点名和发试题之间还有一段时间，考生不免枯坐难耐，因而彼此闲谈解闷，人声庞杂。只听一人说话声音特大且情绪激昂，原来是对报馆的报道大为不满："最近几日，各报骂县知事考试太挖苦人，我们考县知事，即便不值钱，也不至于像各报所说的那样不堪，这样搞得我们考试的人，不免大受影响。"旁边人听后，也都附和。

这时，一警官走了进来，只见他手里举着一个大纸牌在考场中来回走动，上面清楚地写着"严搜夹袋"四个大字，以防止考生作弊。刚发下试题，又有一考试委员跑进来大声说："昨日考试，搜出夹袋的考生有十七人之多，诸君都是有用之人材，千万不可再有此等事情发生，毁了自己的前程。如有夹袋，一经搜出，定行扣考，千万留神。"

考试委员说完离去后，考生们这才伏案构思，一一答题。忽然，有人在看完试题后高声抱怨："三道题目，一道比一道难，着实可恨。策问中还偏说我们考县知事的经济宽裕，什么意思嘛！莫非要叫我们捐官么，我们就是因没钱才来考县知事。若有钱，还愿来自讨苦吃耶？"众考生听后，不免吃吃的笑了一阵。

没多久，某监场委员突然大声叫道："此人有夹袋，速扣其卷，赶出去！"众人听后，慌忙抬头乱看，只见一南方老先生正拣视小抄，没想被监场一眼盯上。这老先生见众人看他，开始还勉强脸露微笑，似乎不明白监场委员说的什么意思。但场外很快便来了个警官，一边将他的卷子、夹袋扣下，一边掖他出场，老先生这才明白后果严重，只得含泪而去。此事发生后，其他考生才有所敬畏，不敢再犯。

由于废除科举日久，考生们疏于考场，因而在文思艰窘之际，不免会从袖口或大衣内扯出史论或乡会试闱墨等书，以帮助启发灵感。但监试人员也巡视颇严，有一场考试中，因夹带扣考的便有二十多人，其中还有现任知事二人，被抓后即勒令出场。

有个考生，其接到试题后便从腰间取出巨纸一束，开始照抄。监考人员看见，便过来搜取，此人开始还强辩，说这不是夹带而是草稿纸，并以两手按纸，不让搜取。见监考人员态度坚决，此人又改变颜色，连连向监考人员作揖，求其饶恕一次。这时，门外已走进一个身穿警察制服的人跟他说："先生走罢，下次再来！"此人才沮丧的离去。

更可笑的是，某场考试有一人借上厕所偷看小抄，被监考的警察看到，此人情极生智，竟将夹带掷入尿桶，并以手触之沉底，满手淋漓，臭气扑鼻。警察害怕自己沾上尿汁，竟任他鼠窜而去。

等到口试时，笑话就更多了。未入场前，大家都说口试乃"学识、经验、器宇"三者并重，因而年纪大的人多想办法把自己弄得年青一点，而一些年未满三十的学生，则预留寸许短髯，作流行洋式，以显得自己成熟一点。

第一次口试结束后，考生发现凡身着华丽衣服的，虽对答如流，公事娴熟，但都没有取中。因此，后面的考生赶紧换上宽袍大袖的布衣，做出老成稳重的样子，以迎合主试委员之心理，考场门前也就转成了寒酸气象。

按规定，口试时一般要问考生所在地方的人情、风俗、习惯及人生经验，有时考生难免张冠李戴，蒙混过关。譬如某考生的履历纸上原注明供职礼部，考官问时，故意说："你曾供职学部么？"考生莫名其妙，答道："不是学部，是供职礼部。"这就是考官故意错乱其词，以防止考生假冒。

再如某考生系宜兴人，考官便问："宜兴出好陶器，近来陶器销路如何？"明白的考生便会历举陶器情形来回答，要是对地方不熟悉的考生往往就要吃亏。再如某考生是常熟人，考官就会问："翁常熟（即光绪帝师翁同龢）之后人如何？"考生如是本地人，便会详细回答翁同龢的家世及其后裔状况，这也有利于考官掌握当地舆情。

口试一般也有规律，时间长的约五分钟，时间短的只有一二分钟。大概来说，曾做过县知事及办过地方公务的考生，问话较多，

武夫治国

若仅是学堂毕业或仅在中央为某官的，问话一般不多。譬如有次口试，主考官是内务总长朱启钤，有某众议员前来应试，虽然其报名履历并未注明其议员身份，但朱启钤一见他便说："你是议员罢？"某君答道："是。"朱又问："你是众议员，还是参议员？"某君答："是众议员。"朱再问："你办过行政事务否？"某君答："没有。"朱启钤便不再问，让他去考场。

口试考场里有三个考官，首席考官也问："你做过议员罢？"某君曰："不错。"考官们便摇摇头，又问："你从前没有做过官么？"某君答："没有。"考官们又摇摇头，问："你是何时由东洋毕业，何时回国的？"某君答："我是宣统三年毕业，当年七月回国的。"考官又问："你在东洋共待了几年？"某君答："六年。"考官再问："你毕业回来，曾做些甚么事？"某君答："曾在南京做过参议员。"三考官对视了一眼，大摇头而特摇头道："问完了，请去罢。"某君一见形势不对，只得掩鼻而退。

第一届知事考试揭榜后，刚毕业的学生大多落第。有学生很不服气，愤而上书总长朱启钤，标题为《为呈请删改应试资格以恤下情事》，原文如下：

> 窃读民国二年十二月二日，以大总统命令国务员全体副署颁布之知事试验暂行条例第二条所定应试资格，以三年法政毕业者列诸第一项，皇皇明令，在人耳目，议者均谓政府诚心求才，刷新政治，故学生来应试者独多。
>
> 迨经第一试、第二试揭晓，又居然多列前茅，方谓政府未始无诚。孰意一经口试，大反前案，凡录取者尽是有经验之老人，学生等均以未曾做过前清十年亡国大夫，年龄未达五十岁，离死期尚远，竟不能邀口试委员之青睐而概遭摈斥，或侪于丙等之列，实非意料所及也。

> 政府须知学生等远道来京，大非易易。其中寒苦之士，十居八九，多系典衣卖地，始得凑集川资，来京应试，讵料尽受其骗。夫政府既抱定人惟求旧力排新进之方针，即不应规定毕业资格，今条例若彼，而考试若此，果何以见信于天下？在政府只图开玩笑行诈术，而不知天下之士，莫堪其苦矣！为此请求政府大发慈悲，即将第一项资格删去，以免后来者再受其骗，则寒士幸甚！全国学生幸甚！谨呈。

学生因考试不得录取，行文甚是愤懑而可笑。其实历来科举中榜者便是少数，民国的县知事考试也是如此，毕竟粥少僧多，没得办法。据说，考试结束后，失意而归的有五千余人，以至这几天京汉津铁路上拥挤不堪，倒是让铁路部门占了个大便宜。

武夫治国

为官易：都门酒徒笑论时政

《都门识小录》是民国时人笔记，其中记载了清末民初一些无名氏的言论和趣事，姑摘录数则，以飨读者。

某日，该作者在北京前门大栅栏商业区的厚德福河南酒馆饮酒时，听到隔座两人在闲谈。甲说："近日各报纸竟然明目张胆的诋毁丑化政府，而政府竟也能忍，真是有娄师德唾面自干的风度。倘若我当权的话，早就随便找个借口把这些报馆给全封禁了。"乙笑道："这就是你不能当权的原因了。"甲问其故。乙说："做官嘛，就要懂得做官的规则，这样才能希荣固宠，升官发财。公门之中有十二字诀，所谓'笑骂由他笑骂，好官我自为之'，切记切记！"甲听后有所悟，大笑而止。

过了一会，甲又发议论："度支部前次奏准'移奖实官'至本年二月初一截止，现在忽然又请求展期，其本意恐怕是担心失却大宗利源。倘若此次期满又再次展限的话，这也未免太儿戏了。"乙笑道："度支部神通广大，这算不得什么。听说目前是因为灭鼠疫的经费太巨，无法筹拨，不久恐怕又要奏请开办耗子实官捐了。"

两人说了一阵子闲话，甲看着窗外，忽抱怨道："京城内外，大街小巷，各部院衙门前后，到处都是骡马粪便，一遇到雨雪天气，这些粪便便调成泥糊，臭不可闻，北京城俨然就是一片大粪厂！"乙笑道："你就知道京城地面上像大粪厂，但你可知道这班大老官的肚皮里，装的是甚么？"甲正举杯，听到乙说了这么一句，不禁喷酒满案矣。

清末新政后,京城设立卫生巡警,当时人口死亡的备案也归其管理。一日,某巡警听说酉城粉子胡同某户人家的孕妇因难产而死,便过来调查登记。收殓后,巡警忽然询问宅主:"这死的是妇人,还是姑娘?"宅主大怒,啐了巡警一脸的唾沫星子:"是你家姑娘!"

又有一次,崇文门外高外家营某丁姓人家有人去世,当时已经报知南营参将署,领有收殓执照。忽然有巡警过来,质问他们为什么不报案备查,丁姓人家说已报参署并领有执照。巡警很不满,说:"以后如再死人,须报知本区。"丁姓人家怒骂道:"以后要死也死你一家人!"写到这里,作者也不免笑道:"卫生巡警原本是一种文明办法,但这些人出言唐突,致惹讥评,也是可笑可叹矣!"

北京城开始通电话时,最初设备不甚灵捷,几经改造后仍未见起色。当时很多需要用电话的人深以为苦,经常诘问电话局,但还是不得要领。有一次,电话局局长与客人一起吃饭,吃到一半时,大家开始讲笑话,某客人说:"有个留学生不会作诗,但又喜欢作诗,后来日积月累,写了一大册,然后拿去刊印了遍赠友朋。他听说某名士的诗学功力深厚,便拿了自己的诗册去请教。这位名士读了他的诗后,发现他连声韵都不懂,优劣更是无从谈起。但是,又不好打击人家的积极性,于是在诗册上题了'改良电话'四字。"

局长听后愕然,问:"这,跟我们有什么关系呢?"客人说:"这就说明贵厅的新历史啊。"局长茫然,不知所指。客人笑道:"所谓'改良电话',不就是'不通,不通,又不通'的意思吗?"座中人听后,全部笑倒,局长也忸怩为之有愧。

类似的笑话,古代也有一个。某人写了一篇文章,自以为得意,便拿去请教某夫子,夫子读了几段,觉得惨不忍睹,不能卒读,又不好当场拂了人家的面子,于是在上面批了一句唐诗:"两个黄鹂鸣翠柳,一行白鹭上青天。"此人见是名句,便喜滋滋地拿回去给别人看,借以炫耀。有识货的人看后大笑,此人大怒,问为何笑。人家笑道,"两个黄鹂鸣翠柳",这是说你的文章"不知所云";"一行白鹭上青天",那是批你的文章"离题万里"啊!此人听后大窘,再也不敢拿出去给人看了。

另录一则。虞阳有个名叫李赤鼻的草民,本是世代务农,并没有读书识字。他年少时,听人家说"官吏多贪墨",于是最恨官吏,每次在路上遇到前呼后拥的官员出行时,必指着人家大骂:"贪官!贪官!"

长大后,此民又好贪杯,终因嗜酒过度而成了酒糟鼻子,人送外号"李赤鼻"。李赤鼻醉后,最喜骂官,而且比原来还要骂得厉害。骂得多了,有一次便被官府给逮了进去,被抽了几个嘴巴后,人家问他:"你为啥要骂当官的?人家跟你有仇吗?"李赤鼻说:"我也不知道,只是听人说'官吏多贪墨',所以痛恨之。"

不久,武昌起义爆发,各省纷纷响应,李赤鼻便跟他老爹说:"我们家为什么不起义?"其父说:"真是傻儿子!我们乡下人,种田才是我们的本分。你要揭竿而起,小心身首异处。"李赤鼻大怒,骂道:"懦夫!懦夫!"随后他跑到某学究家里,问"革命"二字如何写法,学究便写了这二字给他。

李赤鼻回来后,便撕了一幅白布,把"革命"二个大字贴在上面,便拿了根竹竿挑在门外,并雄赳赳气昂昂地站在下面,有人从他家门口经过,便扯住人家,说:"我们家起义了!"路过的人无不大笑。

某公听说后,喟然叹道:"真是可惜啊!赤鼻只认识'革命'二字。要是他读了书,那还不当个横行天下的革命伟人?"

李赤鼻的故事,不免让人想到阿Q——想必阿Q当年就是这般革命的。但话说回来,敢起来的阿Q大多愚昧,而更多不敢起来的阿Q就更愚昧了。这大概也就是民众与辛亥革命的真相罢。

纪念日：民国五年国庆见闻

民国的国庆日为每年十月十日，为纪念武昌起义而定。但在袁世凯时期，因其包藏祸心，对国庆不甚重视，直到1916年袁世凯称帝败亡、黎元洪接任大总统后，这一年的国庆阅兵才算是热热闹闹的搞了一次。

国庆前的几天，北京满城风雨，恰是阴雨天气，但到了国庆日，却突然天气转好，天空中乌云散去，旭日当空，迎面惠风和畅，正值秋高气爽的好季节。是日清晨六七点钟，正阳门外大街的马路两旁已经布满军警，各界人士纷纷拥立在店肆之前，只见万头攒动，都想看看新任大总统黎元洪的风采。

阅兵开始后，打头的队伍是陆军方阵，分骑兵和步兵两个兵种，士兵们精神饱满，军帽簪白缨或紫缨，军服则分蓝衣、黄衣两种，分别佩剑荷枪，陆续前行，参加的人数有五六千人，绵延十数里。除了基本的步兵及骑兵部队外，新型的炮兵团、工兵营、机关枪营也随同参阅。

陆军方阵过后，在京的各高级军官如孙武、蓝天蔚、荫昌、江朝宗等也在仪仗兵的引导下，骑着高头大马鱼贯而过。接着，一辆汽车轰轰然开来，引起了观看队伍的一阵骚动，因为当时的汽车是稀罕物，看过的人非常少。在汽车上，站着两个人，一个是大总统黎元洪，一个是总理段祺瑞，两人并肩而立，且行且语，态度颇为亲密，这与传闻中的"黎段交恶"似乎大相径庭。

武夫治国

按之前制定的阅兵礼节，大总统莅场后，军乐团奏军乐，全场官兵行敬礼，其中军官行撇刀礼，步兵行举枪礼，骑兵行马上举刀礼。阅兵总指挥官陈光远上前报告阅兵部队数目，报告结束后，各官兵停止敬礼。随后，大总统在总指挥官的引导下，依次检阅各参阅部队，各部队的师长、旅长、团长须在大总统到达前报告并行礼随同检阅。其后，各参阅部队以营为单位，在大总统离队伍二十步时，营长下令行举枪口令，并吹军号，等大总统巡阅完后，营长再下令停止敬礼与号音。

大总统巡阅结束后回演武厅，总指挥官给参阅部队下稍息命令，随后用号音命令变换队形，准备演排阅操。由于大总统、总理等要人都是军人出身，其对阅操看得极为认真，并不时的相互点评一下。

操练结束后，还有一个新鲜节目，那就是航空表演。当时由航空学校校长亲率飞行员演习飞行，起飞地点在南苑，随后飞到先农坛、正阳门上空绕阅数周，距地甚近，供大总统和民众观看。

由于这次阅兵的规模较大，当时还制定了参观规则如下：一、各参观员上午十点半钟到场。自十一点钟起，前往南苑之马车及小火车，一律暂止交通；二、南苑火车准于十日上午八点九点，分两次由永定门外车站开赴南苑。凡持有入场券者，均可乘坐，不取车资；三、各参观员无论乘火车乘车马，下车下马后，均应按一定路线，步入操场彩门。所乘汽车、马车、马匹或人力车，均应驶入指定之停车场内（下车马处及停车马处均有标识）；四、在场内参观地点，树有标识，各有一定范围，请勿任意移动，免致哨兵干涉，惟特任官及陪观员，于演排时得入演武厅陪视（入场券盖有准入演武厅戳记），由陆军部派员在演武厅各道口招待；五、场内餐棚，备有茶点，在大总统阅兵或休息时，及大总统离去操场后，各参观员可随便入棚息食；六、餐棚后设有厕所，不得任意在外便溺；七、参观员之仆从，一概在停车场静候，不得随便移动及喧哗；八、其余各项规则，均载在入场券内。

由于当时演武厅（临时搭建的主席台）的座位有限，因而在入场券上就出了点小问题。当时总统府给国会两院各送了数十张入场券,但两院议员人数众多,数十张入场券无法分配,于是议长主张,议长、副议长、全院委员长、各股委员长、秘书长、警卫长等人各给一张。普通议员们听说后,立刻提出抗议,声称两院议长系代表议员全体,应享有特别权利,但各委员长等人也享有特别权利,未免在议员中分出等级差别,实属不妥。

后来,议长便解释道:"此次阅兵的入场券,政府所请的其实只有两院议长,其入场券上另有'准入演武厅'的戳记。其他的入场券都是普通券,也仅有数十张,因不知谁人愿去参观,不得以才临时分配,这并非有意要分阶级等级"云云。议员们听说那只是普通券,未必有所招待后,很多人便彼此相约不去参观了。

民众对这次国庆倒是非常热情,城内中央公园古物陈列所、西直门外农事试验场等,都免费开放一日。农商部林务处、美国留学回来的凌道扬还特在中央公园用种种影片模型演讲森林利益、水灾状况,前来听讲的人非常之多。在北京各商业街上,红男绿女,或乘车或骑马,往来于长安街上,可谓是人流如织,这是十数年来难得出现的热闹景象。

这一年的国庆,其他地方也颇为隆重热闹。在上海,淞沪护军使署中将大厅改为礼堂,中间挂着黎元洪大总统的大幅肖像,边上则分列海陆军旗,所有署门至礼堂都张灯结彩,扎上松柏鲜花,并在大门口列成"国庆纪念"字样,还搭建了五色彩棚,彩棚中装设电灯,夜间十分的醒目。国庆日的上午,上海也在龙华举行了阅操。

上海道尹公署也在门前高搭彩棚,署内礼堂大厅挂了两面五色国旗,大总统肖像列在中间。在礼堂中,还挂满了万国小方国旗,并缀有乍明乍灭五色电灯,另外还备有上等西式茶点,供来宾享用。

江苏交涉公署因为要招待外宾,其铺设更为精致。公署门前满扎冬青,遍插鲜花,并用五色电灯缀成"共和万岁"、"国庆纪念"等字样。内部礼堂的陈设尤其华丽,上有五色彩棚,地上还铺上了昂贵的地毯,大厅中也装有乍明乍熄的五色电灯,极为辉煌夺目。

招待室里，设有西餐台，备有上等细致西式茶点、贵重西烟、啤酒等，以备招待外宾。

民间对国庆也十分重视，上海学界举行了提灯会，参加者有寰球中国学生会、中国体操学校、江苏省立第一商业学校、圣约翰大学及青年会复旦公学之童子军等近千人。庆祝会上节目众多，有合唱国庆歌或校歌、演讲改良家庭或顽童感化、掷球竞争、舞蹈、游戏等。到晚间，各校学生举行提灯游行，灯火辉煌，热闹非凡。

上海救火联合会也举行了水龙灯会，其所属各火会会员带着皮带车并洋龙火龙以及各色灯彩，先后齐集小南门救火联合会。七点后，队伍出发，先往东过董家渡，往北老马路出毛家弄，进大马头至十六铺，由民国路往西入小西门、尚文路、银河路、蓬莱路，由庙前街进中华路，然后往南到该会原处，游行一圈结束。水龙灯会进行时，淞沪警厅骑巡队及保安队五十余人各执枪械作为先导，另还有警厅文武军乐团进行奏乐前进，迎来了无数的围观者，小孩子们更是开心得不得了。灯会游行队伍经过南市商会及工巡捐局、各区火会门口时，都有人放鞭炮欢迎，队伍所过之处，结伴观看的民众，如同人山人海。

游行灯会中，还有节目表演，其中便有台阁一座，上面有人身穿御服，头戴御帽，以讽刺袁世凯梦想做皇帝之形状，另外还有人身着礼服，手持劝进表一道，神态极为阿谀，观看者无不拍掌称笑。灯会上，更多是"共和复活"、"国庆纪念"等字灯，不计其数。救火联合会会员们则各执灯球火把，口中高唱《国庆歌》："蔡唐起义兵，讨袁旗高擎。连天火炮鬼神惊，推倒逆袁，恢复共和，全国庆更生。今日国庆辰，滇池健儿血流成。恢复共和兮诸先烈，享幸福兮我国民。同胞同胞，中华民国毋忘于厥心！"

这等热闹之事，是历朝历代从未发生过的。民国之新气象，可见一斑。

蝶恋花：小翠喜有情成眷属

民国初年，直隶河间县有一李姓女，小名小申儿，又名兰芳，从小被卖去学戏，后来得艺名"翠喜"，在京津一带唱戏时擅长二簧须生，有时反唱旦花武生，颇有名气，后不知何故而流落勾栏为妓。

凭着之前练就的身段、色艺，小翠喜自然与一般的同行大不相同，并一度成为八大胡同中的头牌。不久，财政部佥事刘文嘉便被小翠喜给迷住了，其与之私定婚约，要替她赎身，结一段良缘。

刘文嘉屡次托人与鸨母商议赎身之价，但鸨母因为小翠喜与另一位贵人也来往密切，因而认为奇货可居，便一意作梗，试图抬高身价。刘文嘉见鸨母毫无诚意，心中大忿，随后便以叫局为名，将翠喜姑娘叫至香炉营本宅，并发请柬给十余名好友，请他们来喝自己的喜酒，并做证明。

鸨母后来发现事情不对，于是闻风赶来，而刘文嘉已经令仆人将她拒之门外。鸨母不得其门而入，无计可施之下，在门外大哭大骂，并声称要和刘文嘉拼命。鸨母的哭闹，一时间召来了众多的打酱油者，并将警察也给招来了。由于此地系他人私宅，警察也只好劝鸨母回去，再依法控诉。

次日，鸨母便跑到检察厅控告刘文嘉霸占伊女，检察厅随后依法饬令司法巡警前去传讯刘文嘉。巡警找到刘文嘉后，刘借口自己是现任财政部佥事，公事甚忙，没有时间去法庭到对质，竟不加理睬。

武夫治国

检察厅见刘文嘉竟然以财政部佥事的名义藐视法庭,一怒之下便给财政部总长及次长发了一封公函,声称该部职员刘文嘉现被人控诉霸占妇女一案,而刘文嘉还自称是部中荐任佥事并系科长,问是否属实。

财政总长听到这等风流韵事,觉得部员刘文嘉被人控告,已是不成体统,何况还涉及到娼妓,更是不成事体,于是据情呈明总统,将刘文嘉免去本官,令其归案讯办。刘文嘉见事情到了这个地步,干脆一不做二不休,随后便带着小翠喜逃出京城。

鸨母随后又追至天津,将两人告上法庭。庭审中,鸨母本性暴露,肆口谩骂,俨然悍妇举止,而小翠喜的言论风度,毫无瑕疵可言,旁听者都认为她有理。几经审讯后,法官判决刘文嘉、小翠喜无罪,有情人终成眷属矣。

这上边说的,是民国年间的翠喜姑娘,其实在前清,也有一个轰动一时的翠喜姑娘,那就是涉及要人段芝贵的性贿赂案。原来,段芝贵在天津为官时,有一次庆亲王的公子载振来津办事,袁世凯便令其好生招待。段芝贵是何等聪明伶俐之人,他原本是北洋武备学堂出身,一向便善于逢迎,因而在袁世凯编练北洋新军时颇受重视,据说还曾拜袁世凯为义父,显系袁世凯一手提拔。

载振是当朝权势最显赫的庆亲王奕劻的公子,段芝贵哪能放过这个奉承结交的好机会。在设宴给载振接风时,段芝贵很是费了一番心思,他当时想方设法,终于将天津名伶杨翠喜姑娘请来助兴。翠喜姑娘色艺俱佳,当场便把载振看得是目瞪口呆,神魂颠倒。段芝贵也不是傻子,事后咬咬牙,一掷千金,将翠喜买下并给了她一笔价值不菲的妆奁费,把她打扮的漂漂亮亮送到了载振私宅。载振这下高兴得合不拢嘴,于是在其父庆亲王奕劻面前大力夸赞段芝贵,而段芝贵也由此连升三级,由候补道摇身一变,成了署理黑龙江巡抚。

可惜的是,这事被报刊给揭了出来,奕劻和袁世凯也被弄得十分难堪。朝廷严令之下,段芝贵鸡飞蛋打,巡抚的位子屁股没坐热便被撑了下来。至于载振,风头上也不敢明纳翠喜,只得眼睁睁地看着到手的美人离他而去,最后嫁给了某盐商。

说起这个"喜"字,民国初年还有一个更出名的"刘喜奎"。刘喜奎是河北的梆子戏演员,容貌秀丽,扮相极美,1918年《顺天时报》主持评选伶界大王时,梅兰芳以232865票获称"男伶大王",而刘喜奎则以238606票获"坤伶大王",足见其影响力。

民国"四大公子"张伯驹曾在其名作《红毹纪梦诗注》中记载了刘喜奎的一段趣事,说清末民初时,坤伶颇极一时之盛,刘喜奎色艺俱佳,清末演于天津下天仙,民初演于北京三庆园,以《独占花魁》一剧最具盛名,人皆以"花魁"称之,其粉丝几如过江之鲫。

某日,刘喜奎在三庆园演出,夜场散戏后,刘即卸妆回家,走到戏园门口时,突然窜出一个人,强行将她抱住并施以强吻,吓得喜奎姑娘大声尖叫。警察赶来后,将此人送到警察局关了一宿,并罚了五十元钱。后来查明,此人还是个大学生,其放出之后还得意洋洋的四处宣扬:"五十元得一香吻,实在不贵!"

张伯驹录得此事后,还戏做一诗:"独占花魁三庆园,望梅难解口垂涎;此生一吻真如愿,顺手掏来五十元。"当时报上也对此事大加渲染,并刊登了某好事之徒的诗一首:"冰雪聪明目下传,戏中魁首女中仙;何来急色儿唐突,一声心肝五十元。"

当时的北洋政府陆军部次长陆锦,对刘喜奎也是神魂颠倒,其壮着自己的权势,俨然以刘喜奎的护花使者自居,并抓住一切机会大献殷勤,以求赢得喜奎姑娘的芳心。但是,刘喜奎对这位陆大人毫不动心,她真正钟情的却是陆军部中的青年参谋崔承炽,但陆锦偏对刘喜奎死缠烂打,还经常在外面说自己是刘喜奎的什么什么人。

民国十年(1921年)十月,四省巡阅使曹锟在保定举行六十大寿,并重金召集各名伶会演堂戏,陆锦为了讨好曹巡阅使,而百般说服刘喜奎去保定献唱一次,由于曹锟出手阔绰,刘喜奎也经不住诱惑,加上陆锦的一再保证和怂恿,于是也去保定参加了这次演出。

曹锟见了喜奎姑娘后,一下便被迷住了,他非但重重的赏赐了刘喜奎，而且还将她留进内院，想要单独唱几出秘戏，好在曹锟的正太太及时赶到，她见曹锟这个色迷迷的样，不免醋劲大发，大发雌威，刘喜奎这才借以逃出虎口。

刘喜奎出来后，陆锦对她又是赔礼，又是道歉，百般讨好，发展到最后竟然苦苦逼婚。刘喜奎被逼得没办法，便很明白地说："你们都是做大官的人，应以名誉为重，不要为了一个刘喜奎，坏了自己的官声！要是逼急了我，拼着一死也要同他干上！"

被陆大人逼得紧了，刘喜奎只好与崔承炽离开北京，到天津租界隐居去了。从此，刘喜奎洗尽铅华，急流勇退，渐不为人知。

离奇事：乡愚嫁女城隍神

民国成立后，民智仍旧不开，因而各地迷信谬诞之事，不胜枚举。江苏太仓东北有一浏河镇，竟有一乡愚将弱妹嫁神，说来实在光怪陆离，古今罕闻，试录如下。

浏河镇有一世代为农的黄姓人家，其父早故，有一老母和胞妹，其家境一般，仅勉强度日。不过，家里的妹妹长相颇为可观，但身体虚弱，常生毛病，大概有林黛玉之风。黄家老母对这个十八岁的女儿非常疼爱，常对人说："我家的女儿如掌上明珠，才貌兼备，将来一定要选个俊俏的如意郎君不可。"

曾有人向黄母求亲，黄母看后则说："你相貌丑陋，不能当我的女婿。"如此有了两三次，别人也就不来求亲了，因而黄家女儿仍旧待字闺中。一日，女儿突然又犯病，黄家人忙请医生前来诊治，家里乱成一团。医生走后，黄女忽然说："母亲，我昨夜做了个梦，看来很不吉利。我梦见一个人，面白须长，帽纱、帽衣、红袍都像是前代的官员。这人上前抓我的手，亲我的脸，且说必娶我为妻。我当时又羞又气，无地自容，于是惊醒了，不知道这到底是什么征兆。"

黄母听后大喜，说："你这个梦是大吉大利。我也做了个梦，所见的人与你梦见的相同，他也向我求亲，并说'我是洋朱泾庙中的城隍神'，所以我在梦中已将你的终身许给城隍神，这样便可以保你无病而长寿了。乖女儿，你先安静养病，等病好了，就挑个黄道吉日将你嫁给城隍神，我也当个城隍神的丈母娘。"

随后，黄母便唤黄某进来，并让他去预备妹妹的婚事。黄某家里没钱，只好卖了自家的二亩田地，来给妹妹的婚事采购衣服、被褥、箱笼，等等，作为嫁妆。数日后，黄女的病稍有好转，黄母便挑了个好日子，并在城隍庙中挂灯结彩，大设筵席，要把女儿嫁给城隍神。

此等咄咄怪事，一下就传遍乡里，当时来看热闹的人几乎挤满了城隍庙，大家都想看看黄家人是如何与城隍神成亲的。黄母见这么多人来看，不以为耻，反而更加得意。不久，嫁妆等件便从黄家送来，之后黄家女儿也由彩舆送到庙前，一时间鼓乐喧天，热闹非凡。诸多看热闹的人伸长脖子，要看看这新娘子是如何和城隍庙的神像拜堂的。

新娘子下轿后，便真的和神像行礼，并同木偶一同送入洞房。除一事不能实行而外，其他都与通常拜堂一样，不过木偶神像由人来抬动而已。如此一来，黄氏女便俨然成为当地的"城隍夫人"，愚民无知，一时哄传，前来观看的竟然络绎于途。

浏河镇商团的人得知此事后，也前去观看此等奇事。这时正好轮到"城隍"要回拜丈母娘，并请诸舅来行此俗礼。团中人实在是看不下去了，他们商量了一下后，觉得这等愚民做此可笑可叹之事，如果不加阻止，必然会蔓延为害，于是上前将城隍神像拖出，并将头击下丢在地上，其余嫁妆等物也通通付之一炬。

这等变故后，看热闹的人纷纷惊走，商团的人也一哄而散。黄氏女因病初愈，加上受此惊恐，竟然没过几天便一命呜呼。迷信之害，乡人之愚，也是推到极致。若细论起来，还是因为现代教育没有普及，才会有这等离奇之事。

另外录一则民国奇闻。浙东某庵败落已久，到处都是残垣断壁，已经有几十年无人居住了。昔日的院子里也是一片凋敝，长满了半人多高的杂草，人迹罕至。不过，离这破庵不远的地方倒新搬来一户姓石的人家，他们在路口搭了间茅屋就地开荒，为了贴补家计，还养了一窝小猪。但奇怪的是，小猪还没有等长大，便会突然减少，也不知是何原因。

某日夜半时分，石某突然听到猪圈传来的小猪惨叫声，于是急忙披衣而起，前去探视。等到了猪圈后，石某隐约看见一条蜿蜒的东西从圈门边溜走，借着月色，石某看见那东西足有七八尺，似乎有一圈圈的花纹，于是断定这是一条巨蟒无疑。但是，那东西一下子就消失在草丛中，石某也不敢前去追赶，只好暂回屋休息。

等到天明后，石某再去查看猪圈，果然又少了一只小猪。懊丧之余，石某便与家人商量是否搬到另外一个地方去，但他的儿子却十分不甘心，说他曾在街上遇见过一个行走四方的乞丐，听说此人好像会捕蛇，何不请他来试试，也可为本地去除一大患并消去心头之恨。

石某听后觉得有道理，便邀集周围邻居一起上街找那个乞丐，请他来对付这条巨蟒。乞丐见这么多人来请他，于是跟着众人前去探察一番。到后，乞丐仔细查看了巨蟒的游走路线，最后找到了那个破庵。顺着破落的院子，众人看到倒塌的大殿墙角下有个大洞，足有瓮口那么大。乞丐用棍子搅了搅，众人都闻到了一股腥臭的味道，乞丐说："没错，就这。这东西就藏在这里。"

但是，如何把这巨蟒引出来，却是个问题。乞丐毕竟经验丰富，他交代众人说："你们去准备一筐鲫鱼，再准备一桶唾液，这样我就有办法制服它了"。众人说："一筐鲫鱼不难弄到，但一桶唾液却怎么搞？"乞丐说："这好办，你们到街上桥头挂一个桶，旁边设一个牌子，上面写'为捕蟒用，过此者请唾一落'，请来往的人都往桶里吐一口唾液，现在街上人多，赶紧去。"

众人听后，分别行事，不久便提了一筐鲜鱼和一桶唾液来到旧庵，那乞丐还在洞口守着。等东西全部备好后，乞丐交代众人说，"等我引那条蛇出来时，你们就把唾液浇来！"

随后，乞丐让众人后退，而用鲜鱼往洞里扔，便慢慢地钻进了洞口。不一会，只听见洞里呼赫连声，乞丐急忙从洞口钻出，而一

武夫治国

条头大如斗的巨蛇昂着头,也慢慢游出洞口,众人看了大骇,吓得都逃走了。

好在那乞丐颇有勇气,他待那蛇分神之际,突然擒住巨蛇的要害,而那蛇也缠斗在乞丐的身上,试图将其绞死。在搏斗中,乞丐拼尽全力将巨蛇拖出洞口,乖乖,这条巨蟒足足二丈有余!

可叹的是,由于众人胆怯逃去,这乞丐虽然制住了那巨蛇的要害,并将之弄死,但那蛇也拼死将乞丐狠狠绞住,等众人回来时,人和蛇最后竟然同归于尽。众人大惭,将这义丐好生安葬后,最终将破庵付之一炬,以免再养巨蟒,为害地方。

上海滩：乡老沪上出洋相

民国时某人从上海返回老家途中，在一小轮船上遇到一乡老，谈及其游沪趣事，其脑筋之简单，思想之陈旧，足以致人喷饭，因而记录如下，供读者一笑（括号内为笔者加注）：

十七日乘旱火轮到上海，这旱火轮快是快的来，真像驾雾腾云，我活了六十岁，今朝算是亲历其境了。那书中所说的费长房缩地，恐怕就是这样的呢。我到了上海一看，和苏州的市面大不相同了。走出那铁做的篱笆，有两位带洋帽子看篱笆的朋友（检票员），拖牢我要什么票子，我一时发急，对他说道："我身边没什么票子，要家里有二张他人的借票。"他说不是，要车票。我想着了，摸出方在的一张香烟牌子把他，他便许我出门。

我一直走到大路上，那时天已黑了，我又不认识路。问了一个信，道小客栈在那里，那立在马路上一位又长又大的胡子公公，头上扎着红布，手里执着短棒（包头的是印度人，实则租界巡警）。听了我三声，恐是年纪大了，不答应我（人家听不懂）。我不便再问。去问一个拉东洋车的，

武夫治國

他教我坐上车子，情愿拉到我小客栈里。

我心中欢喜，到了客栈门口。那车夫忽地要起钱来，我看他苦恼（不高兴）送他一个铜板，他不肯干休，要什么一角洋钱。我道："一角洋钿，我们乡下人开一日火舱呢。"那车夫便板起面孔了。客栈里的人也帮着他，说是要一角洋钿。我此时无可奈何，就摸出一只大洋兑了，付他十十足足一角小洋钿（不懂行情，坐人力车岂有不付钱之理）。他便叽里咕噜的去了。到客栈，先和他讲好住夜的价钿（价钱），那人指着靠壁一个鹁鸽棚样子的对我说道这里要住一夜，只要三角小洋钿，我不和他争就依了他。尝尝那鹁鸽棚里住夜的滋味罢。

十八日我一早起来，走出门去，想吃些点心，看了几时，却没有合我意的。只见一爿小茶馆门口，摆着一只烧饼炉子，这烧饼却是比乡下的另有一种样子。便唤他取了三个来，一连吃了下去，又吃了一壶茶，共付他六个铜板，还算便宜。

走到栈里，左思右想，我是未曾到过这地的，教我怎样白相（玩）不如教人唤一个乡亲来引导引导。我想得西村的阿木，他在什么北泥城桥金永记木作里边做工。我便唤那栈中人叫他来。不多一刻，阿木来了，他便同我到一爿极大的饭店里吃了饭。说什么今天是礼拜六，同我去看戏。我跟他走入一爿戏馆之中，我说就是二层楼上已经好极了，他却客气直上三层楼（莫非是上海大世界），方才坐下，看那台上的打武都用真刀真枪，像认真的一般。看了好多一刻，才知是一出长毛戏。做完了长毛戏，出场又是什么女戏来了，扭扭捏捏的实在难看得狠。看完了戏回到客栈里，便听见墙头上的自鸣钟便铛铛的敲二记了。

　　二十日，连日承阿木陪我白相，差弗多（差不多）把这上海滩上统统白相到了。什么地洞呢，天桥呢真是见所未见。快乐得我手舞足蹈，就是即刻死掉，也口眼闭了。想我住在乡下，人家都称我是个财主，殷殷勤勤的趋奉我。一到了这里，怎样没一个人和我说话呢？这却不懂什么缘故。独是昨日子走过一条马路，那些站在路旁的妇女们个个粉妆玉琢的，赔着笑脸对我说："老公公，请你到我家里去坐坐。"我虽不曾跟他（她）到家里去，心里却是感激他（她）们的盛意不尽呢。

这老公公还真淳朴，幸好你没去，不然可就要花大价钱才能脱身了，你想那是啥地方，红灯区啊。

散杂文：民国奇闻轶事数则

一、兄妹险成伉俪

广东省广宁人麦辛，其与族兄在腰古开设泥水店，聘请当地人罗明福的女儿为妻。新婚之日，新娘子与新郎拜席之时，觉得此人面熟，于是仔细看了又看，忽然失声大哭。前来吃喜酒的宾客不知何故，为之骇然。过了一会，新娘子对新郎说："你不是我的胞兄亚辛吗？"新郎也为之愕然，仔仔细细看了自己的新娘子后，这才恍然大悟——的确是自己的亲妹妹亚冬。原来，妹妹六岁时被人拐卖，后来被罗氏夫妇收为养女，谁知道阴错阳差，兄妹竟然差点结为百年之好。众宾客听后大笑，所幸当时尚未成礼，而新郎新娘也当场脱下大红装，各自破涕为笑。由此，两人的婚宴改成骨肉团圆之庆筵。大千世界，无奇不有，也算是一桩可喜可乐之事。

二、多夫奇论

广东西樵村张某，有一女名月娥，张某钟爱如掌上明珠。月娥姑娘聪明灵慧，稍通文化，长得又楚楚动人，风姿绰约，因正值二九妙龄，难免发少女思春之幽叹。张家的家法甚严，凡家中妇女，均不许出围门半步，月娥姑娘每遇春风秋月，不免蛾眉深锁，西子含愁，恨不能插翼长飞，飞出这牢笼枷锁。后来，张父去世，世风日开，月娥姑娘于是辞别母亲，到省城某女校学习。由于脱离了家庭的束缚，月娥姑娘在民国初年的自由空气中，经常与数位知心的姊妹谈天说地，鼓吹女权。其中一个言论最为骇人听闻，大意是欧洲有一习俗，主张一妇多夫，最合天然法则（其实不是欧洲风俗，乃是美国之摩尼教也）。月娥姑娘的理由是，就体力而言，男子虽强，但夜不能御三女，但女体之壮者，虽经三四犹有余勇可贾。由此，月娥姑娘大发议论，称中国女人的智慧见识落后于男子，所以一切权利均被男子占尽，这便是不平等的一夫多妻制度的产生根源。如今要发展女权主义，就须反其道而行之，使二万万男子尽伏于石榴裙下，供我辈之玩弄，方可泄我女界数千年之愤气云云。更有甚者，这数位女杰竟将此言论刊印成册，分送女友，见者无不斥之糊涂。

三、不嫁主义

民国初年江阴西门外某女学校，自开办后，发展颇为迅速。最近倒传出一个新闻，说有八位高年级的女生秘密创立一会，名字叫"立志不嫁会"，并有简章四则：

一、目的：以"立志不嫁，终身自主"为目的。

二、义务：会员均有劝人立志不嫁之义务，且有保守本会秘密机关，不使泄漏之责任。

三、入会：凡欲入本会者，宜先申明其理由，并当会众立誓。

四、出会：既入本会，当不参与人之婚姻事，若私与男子往来，经察觉后立除其名。

此等"不嫁会"，实则是开女性"独身主义"之先河（之后想必是"丁克"主义），这等破天荒之组织在创立一月后，便被校长张女士所侦悉。张校长十分震怒，于是召集该会会员大加诲戒，称"男大当婚，女大当嫁，此乃人伦之天职，倘若固守不嫁主义，非但是蔑视己身、沦丧人权，更是一种不爱国、不爱社会之表现，与争取女性权利、促进社会文明与进步背道而驰"云云。在校长的干涉下，"不嫁会"随即被取消，但这个新闻却在校外不胫而走，一时传为笑谈。其实这种事情在民国初年也不稀奇，因为当时思潮汹涌，各种主义多如牛毛，譬如冯玉祥在回忆录中便记载了其部队中有一些文盲士兵组织了一个"不识字会"，以对抗那些有志于学习文化的士兵所组成的"识字会"，其蒙昧可知，亦可笑矣。

四、寻死闹剧

某地某日，有一年纪约二十多岁的妇人，突然鬓发蓬松的从家中奔出，一路嚎啕大哭地直奔河岸，口中还大哭道："我还活着做甚么？"路人大为惊骇，以为此女定要投水轻生，于是停足观望者有之，尾随其后看热闹者有之（国民之劣根性）。但奇怪的是，该少妇快到河岸后，却忽然改奔为走，由快转缓，似乎要等待有人来施以援手。不料围观之辈均良心丧尽或见怪不惊，竟无救者至。该少妇来到河边后，未如人们想象中的一跃而入，反而在河边席地而坐，并从容去鞋，哭泣有声。旁观者大为惊异，因为凡是真心想死的人，必有万不容生之苦处，但求速死为快，如何顾得了其他。但看这少妇，对区区鞋袜尚且不能舍弃，如何能舍命投水。有旁观者急煞，不觉呼道："不得了，死矣死矣！"这时，一中年男子从容而来，只见他走到少妇旁边，非但不施救，反而慢声问："怎么还不死？"说罢，该男子突然以两手抓住此少妇，将其头按入水中，一上一下，将这个女人溺了个不死不活，大呼救命。这男子说："你既来觅死，何必呼救？"女人哀求再四说："今后再也不敢了。"这时，某邻居路过此地，其向围观群众解释说，小两口吵架，没什么好看的，大伙都散了罢！原来，此女素来刁悍，动辄以死吓人，今日因与丈夫口角，遂又故技重演，不料其夫早有手段。路人听后，无不笑疼了肚皮（不厚道）。

五、假死真棺材

波阳某邵姓人家本来家境宽裕，但老头子死后，儿子因好赌而致使家产荡尽，不过六七年，竟然贫无锥之地。一日，其妻即将临盆产子，但邵某身无一文，赤手空拳，竟不知如何对付。焦虑之下，邵某心生一计，于是跑到姐姐家去告贷，伪称其妻因难产而死，无钱成殓。其姊误信为真，悲痛之下当即给了邵某大洋三十，并答应替弟弟代办衣衾棺木等物。邵某拿了钱欣然回家，而其姊却跑到杂货店去购备衣衾材物，并亲自带至弟弟家。刚一进门，其姊便按当地风俗放声大哭，邻居不知发生何事，纷纷跑来看个究竟。后来一问，大家才知道邵某乃是说谎骗钱，并非真有难产丧命之事，于是为之捧腹大乐，其姊亦破涕为笑，随后大骂邵某混账，并将材物掷出门外，用火焚毁，去除晦气。这等事，亦属荒唐。

六、监狱黑

民国六年，广东南海监狱忽然闹出事端，系第三仓牢头牛精月勒诈新进囚徒而引起。当时正值严寒，新囚犯的家属往监狱送来衣食，但都被牛精月所截留并与手下均分，一点都不留给那些新进囚犯。邻仓囚犯范云佳之前也吃过这些人的亏，对牛恨之入骨。于是，范云佳出去作苦工时，偷偷藏了一把利剪带回监狱。当天，牛精月又大施淫威，殴打某刘姓新犯，范云佳愤不可遏，冲上去用剪刀连刺牛腹，洞穿多处，但范也被牛党拳击重伤。当时由于狱长外出未回，监狱委员当即提范审讯，范云佳供认不讳，但求整顿监狱，则虽死犹生。该委员认为范云佳乃激于义愤，不应擅杀，遂命各重责二百板收押，范云佳逃过一劫，牛精月当场毙命。清末狱政改革后，监狱一度文明，但此后又重走老路，监狱中腐败黑暗之事屡屡发生。譬如狱中那些已经定案的老囚犯，其凶狠者往往啸聚从前牢中的二手头目，各树党势，并在牢中私设种种酷刑，有所谓"吃酱馒头"（以秽布塞口）、"咬蔗"（又名"湘子吹箫"，即以绳系圆木之两端反缚于脑后发际）、"卖剩葱"（将囚吊起，斜置其首于秽处）、"货仓监督"（置囚溺桶侧，使监人溲溺，顽悍者竟以溺管注射之）、"祭狱神"（寒天使囚赤体，伏处凳板，以绳系其四肢，于凳之四足，徐加针刺）等名目，种种黑暗，实在是骇人听闻。

七、秦淮河畔

齐燮元在做江苏省长、驻节南京时,因秦淮河污浊,有碍卫生,拟加以整顿。警区得到消息后,遂特派警察通知秦淮河边的妓院酒馆等不准对着河边大便,倘有不遵,照违警章判罚,决不宽贷。于是各妓院、酒馆及茶坊、茶社大为恐慌,纷纷采取措施提前警示。譬如宛中茶舫贴一纸条,上书:"奉警宪面谕,禁止大便,倘不遵令,小舫受罚不起。"这还是明白晓畅的。悦来舫在小便处挂了一木牌,上书:"这是小便处,不能大便的。顾客注意小心洋铁尖"(洋铁尖,令人百思不得其解,想必是恐吓之意)。秦楼阁妓院则写:"老爷不能,小心烂股。"最可笑的,莫过于某大酒馆写的:"照得河水污浊,多半由于大便。顷奉警官面饬通知,贵客知悉解溲请待厕所,切勿自失场面。"

八、屈膝裁判

某警长系巡警学堂毕业生,虽系科班出身,但一向不学无术,因而在执行公务时,难免被人刁难。某日晚巡时,一少年因小事而被拘入署,该警长立命升堂审讯,不料这少年却也是个文明刺头,颇为桀骜不驯。警长大怒,命其跪下,该少年也懂得一点法律,他非但不从,反而厉声责问警长说:"民国成立,法律文明而贵长高高在上,俨然长官模样,请问跪讯之条,出于何律?"警长恼羞成怒,大声道:"我今天便要执行屈膝裁判,你还敢强项不听命令?"少年大笑道:"缺席裁判乃是被告避席不到案,问官按原案的请求遂行判决——想必你误以为是屈膝裁判了吧?"警长一时语塞,不免面红耳赤,只得将此少年放出了事。

北洋时期大事记

1911 年

10 月 10 日，武昌起义爆发。

12 月 2 日，江浙联军攻克南京。

12 月 13 日，独立各省代表齐集南京，筹备临时大总统选举。

1912 年

1 月 1 日，孙中山在南京就任中华民国临时大总统。

1 月 25 日，段祺瑞等北洋将领通电赞成共和。

1 月 26 日，原禁卫军将领良弼被炸死。

2 月 12 日，清帝退位。

3 月 10 日，袁世凯在北京就任临时大总统。

6 月 15 日，唐绍仪出走天津，民国首任内阁垮台。

12 月前后，各省举行国会议员选举。

1913 年

3 月 20 日，宋教仁遇刺，22 日晨去世。

4 月 8 日，第一届国会开幕。

4 月 26 日，赵秉钧内阁与五国银行团签订"善后大借款"协定。

7 月 12 日，李烈钧通电讨伐袁世凯，"二次革命"爆发。

9 月 1 日，张勋等部北洋军攻占南京，"二次革命"失败。

10 月 6 日，在"公民团"的胁迫下，国会选举袁世凯为正式大总统。

1914 年

1月10日，袁世凯下令解散国会，随后又下令解散各省议会。

5月1日，《中华民国约法》公布，《临时约法》被废除。

5月20日，袁世凯成立参政院，代行立法院职权，黎元洪副总统兼任院长。

9月2日，日军借口对德宣战，登陆山东半岛后攻占青岛。

12月29日，袁世凯公布《大总统选举法》，规定总统任期十年，可连选连任。

1915 年

1月18日，日本驻华公使向袁世凯政府提出"二十一条"。

8月3日，古德诺发表《共和君主论》，引发帝制先声。

8月23日，杨度等人成立筹安会鼓动袁世凯称帝。

12月11日，参政院上"劝进书"，推戴袁世凯为"中华帝国"皇帝。

12月12日，袁世凯宣布接受帝位。

12月25日，蔡锷等人在云南宣布独立，护国战争爆发。

12月31日，袁世凯宣布将次年改为"洪宪元年"。

1916 年

1月5日，袁世凯发布讨伐令，对云南用兵。

3月15日，在梁启超的策划下，陆荣廷在广西宣布独立。

3月19日，冯国璋等"五将军"密电要求袁世凯取消帝制，惩办祸首。

3月22日，袁世凯宣布取消帝制。

6月6日，袁世凯在四面楚歌中病故，终年五十七岁。

6月7日，副总统黎元洪接任大总统职。

1917 年

3月14日，民国政府宣布对德绝交。

5月10日，"公民请愿团"围攻众议院，要求通过对德宣战案。

5月23日，大总统黎元洪下令免去段祺瑞总理职务。

6月7日，张勋打着"调停国事"的旗号，率五千辫子军北上。

7月1日，张勋复辟，大总统黎元洪于次日避入日本使馆。

7月12日，"讨逆军"攻入北京，张勋逃至荷兰使馆。

7月14日，黎元洪宣布辞去大总统职。

8月1日，冯国璋就任代理大总统。

8月14日，民国政府宣布对德国、奥匈帝国宣战。

10月6日，湘鄂战争爆发。

12月18日，冯国璋委派段祺瑞为参战督办。

1918年

3月1日，段祺瑞成立参战督办处，扩兵买马；徐树铮成立安福俱乐部操纵议会选举。

3月29日，段祺瑞再次出任内阁总理，并决定对南方用兵，实行武力统一。

9月4日，安福国会选举徐世昌为大总统。

10月10日，徐世昌就任大总统，冯国璋与段祺瑞同时去职。

11月11日，德国宣布投降，一战结束。

11月16日，徐世昌发布停战命令，南北开始议和谈判。

1919年

1月21日，巴黎和会召开，民国政府派出陆征祥、唐绍仪、王正廷为代表参会。

2月20日，南北会谈在上海开幕，唐绍仪与朱启钤为南北方总代表。

5月4日，五四运动爆发。

5月8日，南北和谈宣布破裂。

6月10日，北京政府免去章宗祥、曹汝霖、陆宗舆职务。

6月28日，中国代表拒绝在巴黎和约上签字。

1920年

5月20日，吴佩孚率军北撤。

7月14日，直皖战争爆发。

7月19日，段祺瑞在兵败后宣布下野。

1921年

7月，湘鄂战争再次爆发。

8月27日，吴佩孚率军攻入岳州，湘军赵恒惕部大败。

9月1日，吴佩孚与赵恒惕达成和议，湘鄂战争结束。

11月12日，华盛顿会议召开。

12月24日，梁士诒内阁成立。

1922年

1月，吴佩孚连续通电攻击梁士诒内阁。

4月29日，第一次直奉战争爆发。

5月，张作霖战败退回关外。

6月2日，徐世昌辞去大总统职。

6月4日，东三省自治保安司令部成立，张作霖自任总司令，宣布联省自治。

6月11日，黎元洪复任总统。

1923年

6月13日，黎元洪在直系逼迫下离开北京。

10月5日，曹锟贿选总统成功。

10月10日，曹锟就任总统并公布《中华民国宪法》。

1924年

9月3日，江浙战争爆发。

9月15日，奉军向关内开拔，第二次直奉战争爆发。

10月12日，江浙战争结束，卢永祥通电下野，东渡日本。

10月23日，冯玉祥发动北京政变，囚禁曹锟。

11月2日，曹锟宣布辞职，第二次直奉战争结束。

11月5日，冯玉祥驱逐逊帝溥仪出宫。

11月24日，段祺瑞就任为临时执政。

1925年

3月12日，孙中山病逝。

6月，奉军南下淞沪，与直军孙传芳发生冲突。

10月7日，孙传芳组织"浙闽苏皖赣五省联军"。

10月15日，孙传芳下令讨伐奉军，浙奉战争爆发。

10月21日，吴佩孚组织"十四省讨贼联军"，发布讨奉通电。

11月8日，孙传芳攻入徐州，浙奉战争结束。

11月22日，奉军郭松龄部滦州兵变，奉军退回关外。

12月25日，郭松龄兵败被杀。

12月29日，徐树铮遇刺身亡。

1926年

1月4日，冯玉祥宣布下野。

1月中旬，国奉大战爆发。

3月18日，段祺瑞临时执政府卫队制造"三一八"惨案。

4月20日，段祺瑞临时执政府垮台，段祺瑞最后一次下野并退隐天津。

7月9日，南方国民革命军誓师北伐，进军湖南。

8月13日，张作霖、张宗昌与吴佩孚的奉直联军与国民军在南口激战，国民军败北溃散。

9月17日，冯玉祥在五原誓师，组建国民军联军，宣布北伐。

1927年

2月，奉系军阀增援孙传芳。

4月23日，北伐军攻入南京。

1928年

5月30日，张作霖决定退回关外，孙传芳残部溃散。

6月4日，张作霖在皇姑屯被日军炸死，张学良随后就任东三省保安总司令。

12月29日，张学良宣布"东北易帜"，北洋军阀时期结束。

武夫治国

北洋时期人物小传

一、袁世凯

袁世凯（1859—1916），字慰庭，别号容庵，河南项城人，少年时科举不如意，于1881年投奔淮军统领吴长庆。1882年，随吴长庆率军赴朝鲜。1885年，被李鸿章保荐为朝鲜商务监督（相当于驻朝鲜全权代表）。甲午战争爆发前退回国内。1895年11月，被委派到天津小站接练新编的"定武军"，史称"小站练兵"。1899年底，袁世凯署理山东巡抚并积极镇压义和团，1901年继任为直隶总督兼北洋大臣。1907年，袁世凯调任为军机大臣兼外务部尚书。1909年末，受摄政王载沣猜忌，被勒令回河南彰德"养病"。1911年武昌起义后，袁世凯再度出山并被授权组织内阁。1912年2月15日，被举为中华民国临时大总统。1914年，袁世凯废除《临时约法》，解散国会，并通过修改《总统选举法》而成为终身大总统。1915年12月12日发布接受帝制申令，改民国五年为"洪宪"元年，自称"中华帝国皇帝"。1916年3月22日，袁世凯被迫宣布取消帝制，并于6月6日在北京病死。

二、段祺瑞

段祺瑞（1865—1936），字芝泉，安徽合肥人，1881年投身军伍，1885年考入天津武备学堂炮科第一期，毕业后被选派到德国学习军事。甲午战争后，随袁世凯小站练兵，先后任炮兵统带、随营炮兵学堂总办等职，与王士珍、冯国璋并称为"北洋三杰"。1906年后，先后任第三、第四、第六镇的统制并兼任保定陆军学堂总办。武昌起义爆发后，在袁世凯的授意下联合北洋军各高级将领发表拥护共和通电，迫使清帝退位。袁世凯就任临时大总统后，段祺瑞出任陆军总长，并一度代理国务总理。1916年袁世凯死后，段祺瑞出任国务总理。张勋复辟期间，段祺瑞马厂誓师后宣布讨逆，后再度出任总理。1920年直皖战争中因失败而避居天津租界。1924年，再度出山任临时执政。1926年"三一八惨案"后不久，段祺瑞宣布下野，从此不问政事。

三、冯国璋

冯国璋（1859—1919），字华甫，直隶河间人，天津武备学堂步兵科第一期毕业，后随袁世凯小站练兵，先后任督操营务处帮办、总办、步兵学堂监督等职。1903年，任练兵处军学司正使。1906年，任正黄旗蒙古副都统兼陆军贵胄学堂总办。1907年，调任军咨府军咨使。1911年武昌起义爆发后，率北洋第一军南下镇压并攻克汉口，受封二等男爵，后调任禁卫军总统。民国成立后，任直隶都督兼任禁卫军军统。"二次革命"爆发后，再次率军南下，后出任江苏都督。袁世凯死后，被选为副总统，仍留任江苏督军。1917年张勋复辟失败后，前往北京代理大总统，后于1918年总统选举前通电辞职。1919年12月，冯国璋得急性肺炎去世。

四、徐世昌

徐世昌（1855—1939），字卜五，号菊人，原籍直隶天津，出生于河南省汲县。1897年袁世凯小站练兵时，以翰林身份任新建陆军营务处总办，成为北洋军政集团的重要谋士，此后累获擢升。1901年任练兵处提调，1904年任兵部侍郎，1905年授军机大臣、督办政务大臣兼会办练兵事宜。1907年东北改设行省后调任东三省总督，

1909年任邮传部尚书兼津浦铁路督办大臣，1910年再任军机大臣并授体仁阁大学士。1911年5月，"皇族内阁"成立，徐任协理大臣。民国后，徐世昌一度退隐青岛。1914年5月，徐世昌再度出山，被任命为国务卿。袁世凯死后，多次在幕后调理北洋军阀之间的政治冲突。1918年10月，徐世昌经皖系操纵的安福国会选举为总统。1922年6月，被直系军阀逼迫下台，后避居天津英租界并于1939年因病去世。

五、王士珍

王士珍（1861—1930），字聘卿，河北正定人。1885年入天津武备学堂炮科学习。袁世凯小站练兵后，王士珍被推荐为军事教习，并兼任工程兵学堂监督、右翼工程兵管带等职。1899年袁世凯署理山东巡抚后，王士珍任参谋处总办。1903年袁世凯奏准设立练兵处后，王士珍任军政司正使。1904年后，王士珍先后任北洋第二镇、第六镇统制、江北提督、兵部侍郎等职。1914年，袁世凯设立陆海军大元帅统帅办事处，王士珍被任命为坐办，后任陆军总长、参谋总长。1917年张勋复辟时，王士珍被任命为议政大臣。复辟失败后，冯国璋代理大总统，王士珍一度担任国务总理并兼陆军总长。

六、黎元洪

黎元洪（1864—1928），字宋卿，湖北黄陂人，早年入北洋水师学堂，后分派到广东水师服役，曾随"广甲"舰参与甲午海战。1896年随张之洞编练湖北新军，并在武昌起义前任湖北新军第二十一混成协协统。武昌起义爆发后，被革命党人强迫推举为湖北都督。民国成立后，被选为副总统并兼任湖北都督。1916年袁世凯死后，黎元洪继任为大总统，不久与段祺瑞发生府院冲突，被张勋以"调停"的名义乘机而入，后引发复辟事件。张勋复辟失败后，黎元洪引咎弃职，隐居天津六年之久。1922年第一次直奉战争后，复任总统，实则为曹锟贿选总统作铺垫。未及一年，被逼弃职而再回天津，后于1928年6月在天津去世。

七、唐绍仪

唐绍仪（1862—1938），字少川，广东省珠海人，1874年作为第三批留美幼童选派到美国留学，后入读哥伦比亚大学，学业未竟即被清廷集体召回。1881年回国后被派往朝鲜办理税务，成为时任驻朝鲜商务监督的袁世凯之得力助手，由此成为北洋系的早期骨干，并先后任天津海关道、奉天巡抚、邮传部尚书等职。辛亥革命期间，作为袁世凯内阁的全权代表与南方民军代表伍廷芳举行议和谈判。袁世凯就任临时大总统后，出任首届内阁总理，后因过分接近革命党及总理权限不清而遭北洋系忌恨，三个月后即弃职离京。1919年作为南方总代表参与南北议和谈判，谈判失败后一度退居乡里。北伐胜利后，以国民党元老的身份担任国民政府委员、监察委员等职务，后于1938年在上海寓所被人刺死。

八、张勋

张勋（1854—1923），字少轩，江西奉新人，早年曾栖身盗匪，后投入军伍并参加过中法战争。甲午战争期间随提督宋庆北上抗击日军，大败而归，后前往小站投奔袁世凯。1901年，在慈禧太后回銮期间率部执行护送任务并调北京宿卫端门，由此得到慈禧太后的恩宠。1909年，调任江南提督。辛亥革命期间，率部在南京与民军展开激战，后不敌退驻兖州。"二次革命"期间，张勋率部首先攻下南京，后调为长江巡阅使。袁世凯死后，张勋趁黎元洪与段祺瑞发生冲突期间，借口调停而逼迫黎元洪解散国会，进而发动复辟，张勋自命为议政大臣、直隶总督兼北洋大臣，封忠勇亲王。段祺瑞马厂誓师后，"讨逆军"很快攻入北京，张勋仓皇逃入荷兰使馆，复辟仅维持了十二天。此后，张勋蛰伏天津租界，并于1923年9月病死。

九、曹锟

曹锟（1862—1938），字仲珊，直隶天津人，天津武备学堂毕业，后随袁世凯参与小站练兵，先后任管带、协统、第三镇统制等职。"二次革命"后，任长江上游警备司令，率第三师进驻湖南岳州。袁世凯死后，任直隶督军。1919 年底冯国璋死后，曹锟成为直系新领袖，并在 1920 年直皖战争中击败段祺瑞，由此控制北京政府。1922 年，与奉系发生第一次直奉战争并取胜。战后不久，将总统徐世昌驱走，并以"法统重光"的名义拉黎元洪复位。1923 年，又将黎元洪逼走，并采用收买议员的办法贿选总统成功。1924 年第二次直奉战争期间，冯玉祥发动北京政变并将其囚禁，直至 1926 年方释放。重获自由后，曹锟长期寓居天津，后于 1938 年 5 月在天津去世。

十、吴佩孚

吴佩孚（1874—1939），字子玉，山东蓬莱人。1903 年，入保定陆军速成学堂测绘科学习，次年毕业后分至北洋督练公所参谋处任职。1914 年，升第三师第六旅旅长，1918 年升第三师师长并南下进攻湘军。1920 年 5 月，吴率军北撤，并在直皖战争中击败段祺瑞的边防军，曹锟、吴佩孚由此把持北京政府近四年。1922 年 4 月，在第一次直奉战争中击败奉系张作霖。1924 年 9 月，第二次直奉战争爆发，因冯玉祥在后方发动政变而遭遇惨败。1925 年 10 月，孙传芳发动反奉战争时，吴佩孚复出并出任"十四省讨贼联军总司令"，与孙传芳联手讨伐奉军，后又与张作霖化敌为友，共同进攻冯玉祥的国民军。1926 年北伐战争后，吴佩孚连遭惨败，由此一蹶不振。1932 年，回北平隐居，期间拒绝出任伪职。1939 年 12 月，吴佩孚患牙病暴卒，传为日本人谋害。

十一、徐树铮

徐树铮（1880—1925），字又铮（或幼铮），安徽萧县人，秀才出身，1901年投入段祺瑞门下，受赏识，并于1905年保送日本士官学校留学，毕业后仍回段祺瑞部，先后任第六镇军事参议、第一军总参谋等职，为段祺瑞的重要心腹。民国后，段祺瑞任陆军总长，徐树铮任次长。1916年袁世凯死后，段祺瑞出任国务总理，徐任国务院秘书长。1918年编练参战军（后改边防军）并操纵安福国会，为段祺瑞倚重。1919年，趁俄国爆发革命之际，徐树铮一度赴库伦取消外蒙自治。1920年直皖大战后，皖系失败，徐树铮遭通缉，后逃到上海避难。1924年第二次直奉战争后，段祺瑞出任临时执政，徐树铮从国外回来，后于1925年12月29日深夜在河北廊坊火车站被刺杀。

十二、靳云鹏

靳云鹏（1877—1951），字翼青，山东邹城人，后迁济宁。早年投入袁世凯的新建陆军，隶属于段祺瑞部下，受青睐，先后推荐到炮队随营武备学堂及天津武备学堂学习，并成为段祺瑞手下的"四大金刚"之首。民国后，经段祺瑞保荐，出任北洋军第五师师长，后督理山东军务。袁世凯死后，段祺瑞出任内阁总理，靳云鹏被委任为将军府果威将军、参战军督练等职。1919年，任国务总理兼陆军总长，因与段祺瑞的另一心腹徐树铮发生矛盾，一度称病辞职，进而酿发1920年的直皖战争。段祺瑞失败后，重任内阁总理，次年12月辞职移居天津租界，后于1951年1月在天津去世。

十三、李纯

李纯（1874—1920），字秀山，直隶（今天津市）人，天津武备学堂毕业，后协助袁世凯编练新军，历任北洋常备军军政司教练处提调、北洋第六镇第十一协协统等职。民国后，任第六师师长，

1913年前往九江镇压"二次革命",并陆续担任九江镇守使、江西护军使、江西都督。1914年被封为昌武将军并署理江西军务。袁世凯死后,李纯追随江苏督军冯国璋,唯其马首是瞻。1917年7月,在冯国璋前往北京代理大总统后,李纯调任江苏督军,并先后担任长江巡阅使、苏皖赣三省巡阅使,晋英威上将军。1920年10月,在督军署内离奇身亡,年仅四十六岁。

十四、孙传芳

孙传芳(1885—1935),字馨远,山东历城人,保定北洋陆军速成学堂步兵科毕业。民国后,随王占元所部第二师驻防湖北,历任营长、团长、旅长等职。1921年湘鄂战争后,出任长江上游总司令并兼任第二师师长,投入直系阵营。1922年10月,孙传芳奉曹锟、吴佩孚之命率军从湖北经江西入闽,次年任福建军务督理。1924年江浙战争爆发后,孙传芳率军攻入浙江并迫使卢永祥下野,孙传芳出任闽浙巡阅使兼浙江军务督理。1925年奉军南下后,孙传芳组织东南五省联军向张宗昌部发动进攻,夺得江苏地盘,由此成为雄踞东南的大军阀。1926年北伐战争后,孙传芳与吴佩孚、张作霖结盟共同对抗北伐军,但于当年年底遭到惨败,由此一蹶不振。

十五、张作霖

张作霖(1875—1928),字雨亭,奉天海城人。甲午战争后组织团练,后被改编为巡防营。民国后,受到袁世凯的青睐和重用。袁世凯死后,被任命为东三省巡阅使。1920年直皖战争期间,张作霖入关支持直系,1922年又与直系曹锟、吴佩孚发生战争,大败而归。精心准备两年后,张作霖再度与曹、吴发生第二次直奉战争,大胜后把持北京政府。1925年,张作霖派张宗昌等部南下,将奉系势力扩展到江苏、安徽,后被孙传芳驱逐。1926年初,与吴佩孚联合击败冯玉祥的国民军,但奉军在随后的北伐战争中节节败退。1928年,在退入关东的途中被日本人炸死。

十六、张宗昌

张宗昌（1881—1932），字效坤，山东掖县（今莱州）人，辛亥革命期间，其由海参崴招兵前往上海革命，后投入陈其美部下并出任光复军骑兵独立团团长。"二次革命"期间转投冯国璋，先后任江苏陆军军官教育团团长、江苏将军公署副官长、总统府侍从武官长等职。1921年，张宗昌改投奉天张作霖，东山再起，先后任绥宁镇守使、东北第三混成旅旅长等职。1925年，任山东军务督办并兼任省长。北伐战争后，张宗昌兵败下野，先后逃亡大连、日本。1932年由日本回国后，一度潜居天津租界，后因试图在山东复出而于同年9月被刺杀于津浦铁路济南车站。

十七、冯玉祥

冯玉祥（1882—1948），字焕章，原籍安徽巢县，长于保定。少时家贫，父子从军，后改投袁世凯的武卫右军，历任队官、管带等职。辛亥革命期间，因倾向革命而参与滦州起义，失败后被革职递解回籍，途中被原长官陆建章截留，出任右路备补军营长，后升任第十六混成旅旅长，1920年直皖战争后任陕西督军，1922年改任河南督军。1924年第二次直奉战争中，与胡景翼、孙岳联合发动"北京政变"，囚禁贿选总统曹锟。1926年8月中旬，在绥远五原誓师宣布北伐，参加国民革命，后于1930年中原大战中战败下野。1937年全面抗战爆发后，积极从事抗日救国活动。抗战胜利后，因反对蒋介石而被逼出国游历。1948年7月，自美国回国途经黑海时，因轮船失火而遇难，年六十六岁。

十八、韩复榘

韩复榘（1890—1938），字向方，直隶霸县人。少年时闯关东，后投入北洋第二十镇当兵，成为冯玉祥的部下。辛亥革命期间，参与滦州起义，事败后还乡。1912年后再投冯玉祥部，历任连长、营长、团长、旅长、师长等职。1926年南口之战国民军失败后，一度投靠山西阎锡山，冯玉祥"五原誓师"后复归冯部。1929年5月，韩与石友三投靠蒋介石。1930年蒋冯阎中原大战期间，率部开赴山东并任山东省主席，长达八年之久。抗战爆发后，为保存实力，不战而放弃济南，1938年1月被蒋介石诱至开封遭逮捕，并于次年1月以"违抗命令，擅自撤退"的罪名被处决。

十九、陆征祥

陆征祥（1871—1949），字子欣，浙江吴兴人，早年就读于上海广方言馆，后入北京同文馆学习外文，精通俄语。1893年随驻德奥俄荷四国公使许景澄前往欧洲担任翻译官，为中国早期知名的外交家。在俄国期间，陆征祥结识比利时女子培德，后与之成婚。1906年，陆征祥升任中国驻荷兰特命全权大使。辛亥革命后，应临时大总统袁世凯电命，从驻俄大使任所返回国出任外交总长，期间一度出任国务总理。1915年，参与"二十一条"谈判。1919年，率中国外交团参与巴黎和会谈判，力争无果，最终未在《巴黎和约》上签字。1949年于比利时因病去世，葬于比国布鲁日圣安得鲁修道院。

二十、梁士诒

梁士诒（1869—1933），字翼夫，号燕孙，广东三水人。1889年中举人，1894年中进士，授翰林院编修。1907年，任邮传部京汉、沪宁第五铁路提调、交通银行帮办、铁路总局局长等职。民国后，任袁世凯总统府秘书长，兼任交通银行总理、财政部次长，人称"梁财神"，并成为旧交通系首领。帝制运动期间，大力筹措经费支持袁世凯称帝，并发起全国请愿联合会向参政院请求变更国体，借以邀宠。袁世凯死后，被列为帝制祸首而受到通缉。1918年，经特赦后回到北京，被选为交通银行董事长及安福国会参议院院长。1920年12月，经张作霖推荐，出任国务总理，后于1933年4月去世。

后 记

北洋时期是民国史上一段波澜壮阔、人才辈出的时期，同时也是严重的内忧外患及其各种力量相角逐的重要时期。但由于种种原因，民众对这段历史的印象往往是一部充满臭味的军阀秽史，而这又被后来的历史书写者所暧昧不明地加以承袭。由此，一部充斥了"军阀混战"、"政治反动"、"经济掠夺"、"保守落后"、"黎民流离失所"的北洋史，便成了一部全程妖魔化的历史，这未免让人感到有些遗憾。

如何从诸多复杂的历史事件中勾勒出历史发展的基本脉络并结合一种适合现代人阅读的写法，这是目前大众历史或者说通俗历史写作的一大问题。客观上说，通俗历史不仅仅是学术历史的一种简化和普及，而且是建立在广泛阅读及细致的辩驳之后的一种基本认同。通俗历史并不因为其简化与通俗而失去客观性，这也是通俗历史与历史小说的本质区别。

一切历史都是当代史，我们其实一直生活在历史当中。换句话说，我们现在遇到的很多问题，其实都与前一百年中的各种事件、观念、制度息息相关，而我们目前的幸福、痛苦、欢快与烦恼，都是来自于前人创造的不可逆转的结果。如果我们要改变我们的未来，就必须要知道问题是从哪里来的、又将往何处去，这也是人们呼唤客观公正历史的原因所在。

北洋乃至整个民国的历史离当下并不遥远，我们脑海中正确或者错谬的观念也往往取决与历史书写的立场和态度。好在这几十年前的历史尚未完全凝固，读者在读完本书后，也许最终会恍然大悟：哦，北洋原来是这样，军阀原来也可以是这样！这大概是笔者最大的欣慰了。

作　者
2015年夏　上海